Israel x Palestina
100 anos de guerra

O livro é a porta que se abre para a realização do homem.

Jair Lot Vieira

JAMES L. GELVIN

ISRAEL X PALESTINA
100 ANOS DE GUERRA

TRADUÇÃO
ALEXANDRE SANCHES CAMACHO
Tradutor há mais de 16 anos,
especialista em textos jornalísticos e biografias.
Cursou a Faculdade de Filosofia,
Letras e Ciências Humanas da USP.

© James L. Gelvin 2006, 2008, 2014
Syndicate of the Press of the University of Cambridge, England
The Israel – Palestine conflict: one hundred years of war – Third Edition

First published by Cambridge University Press 2006

This publication is in copyright. Subject to statutory exception and to the provisions of relevant collective licensing agreements, no reproduction of any part may take place without the written permission of Cambridge University Press.

Copyright desta tradução © 2017 by Edipro Edições Profissionais Ltda.

Todos os direitos reservados. Nenhuma parte deste livro poderá ser reproduzida ou transmitida de qualquer forma ou por quaisquer meios, eletrônicos ou mecânicos, incluindo fotocópia, gravação ou qualquer sistema de armazenamento e recuperação de informações, sem permissão por escrito do editor.

Grafia conforme o novo Acordo Ortográfico da Língua Portuguesa.

1ª edição, 2ª reimpressão 2023.

Editores: Jair Lot Vieira e Maíra Lot Vieira Micales
Coordenação editorial: Fernanda Godoy Tarcinalli
Tradução: Alexandre Sanches Camacho
Editoração: Alexandre Rudyard Benevides
Revisão: Juliana Welling
Capa: Paulo Damasceno
Diagramação: Karina Tenório

Dados Internacionais de Catalogação na Publicação (CIP)
(Câmara Brasileira do Livro, SP, Brasil)

Gelvin, James L.
  Israel x Palestina : 100 anos de guerra / James L. Gelvin; tradução de Alexandre Sanches Camacho. – São Paulo : EDIPRO, 2017.

  Título original: The Israel-Palestine Conflict: one hundred years of war
  Bibliografia
  ISBN 978-85-7283-984-6

  1. Árabes palestinos – Política e governo – Século 20 2. Cisjordânia 3. Conflito árabe-israelense 4. Judeus – Israel – Política e governo – Século 20 5. Palestina – Política e governo I. Título.

16-08210   CDD-956.042

Índice para catálogo sistemático:
1. Israel x Palestina : Conflitos : História : 956.042

São Paulo: (11) 3107-7050 • Bauru: (14) 3234-4121
www.edipro.com.br • edipro@edipro.com.br
 @editoraedipro   @editoraedipro

Sumário

Lista de imagens e mapas	9
Notas do autor	11
Linha do tempo dos eventos	13

Capítulo 1 • A terra e seus encantos   17
Sugestões de leitura complementar   29

Capítulo 2 • Culturas nacionalistas   33
A nacionalização da Palestina Otomana   37
A nacionalização dos judeus da Europa   53
Sugestões de leitura complementar   64

Capítulo 3 • O sionismo e a colonização da Palestina   67
O início da colonização sionista   77
A mudança de perfil da colonização sionista   86
Os *Doppelgängers*   94
Sugestões de leitura complementar   98

**Capítulo 4 • A Primeira Guerra Mundial
e o Mandato da Palestina**   101
O Mandato   109
Sugestões de leitura complementar   116

**Capítulo 5 • Do nacionalismo na Palestina
ao nacionalismo palestino** 119

A Grande Revolta Árabe 130

Sugestões de leitura complementar 142

Capítulo 6 • Da Grande Revolta à Guerra de 1948 145

A Guerra Árabe-Israelense de 1948 155

"Destruição e exílio" 165

Sugestões de leitura complementar 173

**Capítulo 7 • O sionismo e o nacionalismo
palestino: um olhar detalhado** 175

A "Palestina Judaica" vai à feira 176

A experiência do exílio:
a poesia da Palestina e a política israelense 186

Sugestões de leitura complementar 195

Capítulo 8 • O conflito árabe-israelense 197

Guerra e diplomacia 206

Os territórios ocupados 215

Sugestões de leitura complementar 229

**Capítulo 9 • Amadurecimento do
Movimento Nacional Palestino** 233

Intifada 250

Concorrência 259

Sugestões de leitura complementar 266

**Capítulo 10 • Fechando o círculo:
Oslo e suas consequências** 269

O declínio do processo de Oslo 278

Seguindo sozinho (Parte I) 282

Não é o fim se ainda não terminou 293

SUMÁRIO | 7

Mergulhando no abismo 296

Seguindo sozinho (Parte II) 300

O Acordo de Oslo chegou ao fim? 303

Sugestões de leitura complementar 307

Esboços biográficos 309

Índice remissivo 313

Glossário 339

Lista de imagens e mapas

Imagens

1. Mapa topográfico da "Terra Sagrada".	19
2. Cerimônia em Massada.	24
3. Mercado de Jafa no século XIX.	44
4. Colheita de azeitonas.	48
5. *Shtetl* judaico.	58
6. O barco a vapor T.S.S. Polonia.	63
7. Theodor Herzl como ícone sionista.	76
8. Fotografias dos *kibutz*.	93
9. Membros do Betar.	96
10. Chegada de tropas britânicas a Jerusalém.	111
11. Imigrantes judeus no porto de Jafa.	131
12. Tel Aviv, 1937.	132
13. Rebeldes presos por britânicos durante a Grande Revolta.	139
14. Refugiados palestinos, 1948.	166
15. Selos da autoridade palestina, 1995.	173
16. O Pavilhão Palestino Judeu, na Feira Mundial de Nova Iorque de 1939-1940.	182
17. O Quarteirão Judeu, Fez, Marrocos.	199
18. Assentamentos na Cisjordânia, com estilo suburbano.	225
19. Assentamentos no topo de um morro.	228
20. Yasir Arafat.	238

10 | ISRAEL X PALESTINA

21. Crianças da *intifada*.   249

22. Muro de separação.   289

Mapas

1. A Palestina e o Oriente Médio.   18

2. Israel e os territórios palestinos.   21

3. O Império Otomano e seus arredores em 1850.   38

4. Os Limites do Assentamento Judaico.   59

5. (a) Assentamentos judaicos na Palestina, 1881-1914.   82

    (b) O *Yishuv* às vésperas da guerra de 1948.   83

6. (a) O plano de distribuição das Nações Unidas, 1947.   162

    (b) Limites do armistício, 1949.   163

7. Campos de refugiados operados pela UNRWA, 2005.   171

8. Israel e os territórios ocupados depois da guerra de 1967.   208

9. Assentamentos israelenses na Cisjordânia, 2011.   222

10. Zonas de controle na Cisjordânia de acordo com a Oslo 2.   277

11. O muro da separação, conforme planejamento de 2002.   288

Notas do autor

Este é um livro sobre a criação, a evolução, a interação e a definição mútua de duas comunidades-nação. Ele trata do conflito entre essas duas comunidades, da lógica interna que levou a esse conflito e das condições históricas que delimitaram o seu curso. E justamente em virtude de sua persistência e longevidade, a questão Israel x Palestina ganhou características únicas. Vista sob outras perspectivas, ela pode também ser entendida como uma das mais relevantes questões da era moderna. De qualquer forma, é uma história que merece ser recontada.

Algumas vezes, o conflito entre as duas comunidades-nação na Palestina ficou imerso em conflitos mais complexos, que envolviam poderes e forças externas. Houve um período em que ele quase saiu de cena totalmente. Por 45 anos, entre 1948 e 1993, grande parte do mundo preferiu entender a guerra da Palestina como um atrito entre árabes e israelenses, como se algum poder externo pudesse atender às necessidades daqueles envolvidos, ou simplesmente eliminá-las. Analisando a história em retrospectiva, podemos agora entender melhor a questão. O conflito árabe-israelense foi apenas uma fase de uma guerra muito maior, que já fechou um círculo completo, e nenhum tratado externo de paz entre Israel e seu soberano vizinho trará fim a essa questão. Somente os protagonistas principais podem acabar com isso.

Escrevi este livro para estudantes e público em geral que desejam compreender a vasta relevância do conflito israelense-palestino e situá-lo em um contexto global. O livro não é, nem teve a pretensão de ser, enciclopédico. Ele é interpretativo. É também conciso e, espero eu, cativante. Caso tenha sido negligente ou realista demais com seu herói favorito, peço desculpas antecipadas. Você pode ter como consolo o fato de que eu moldei a narrativa que está prestes a ler com todo o cuidado. Além disso, pode servir também como consolo a certeza de que, apesar de alguns pequenos detalhes terem sido sacrificados, a preciosa pérola será entregue. Onde mais você poderá encontrar a teoria da governamentalidade de Michel Foucault resumida em alguns poucos parágrafos e escrita como se alguém quisesse que você a entendesse?

Aqueles que tentam defender algum dos lados do confronto estão, obviamente, longe de conseguir qualquer tipo de consolo. Como você em breve perceberá, me refiro ao sionismo como um – talvez o – protótipo do movimento nacionalista do século XIX. Não o vejo como o complemento da história judaica (como defendem seus seguidores), nem acho que ele seja uma "forma radical de racismo" (como o classificam seus opositores). Como movimento nacional, o sionismo é, para parafrasear Henry Fielding, nada mais do que ele de fato deve ser. E, sim, a palavra "Palestina" se refere a uma nação genuína, embora a história de sua linhagem antiga seja tão espúria quanto a genealogia de qualquer outra nação, e "Palestina" pode também ser um substantivo, e não apenas um adjetivo sinônimo de "terrorismo". Assim como a função do crente é acreditar, a função do historiador é tratar os clamores de autoengrandecimento de todo e qualquer movimento nacionalista com ceticismo. E os clamores de seus oponentes também. Apenas espero que tenha feito isso de forma eficaz e equilibrada.

Os céticos, assim como os pioneiros, recebem todas as flechadas. Portanto, não posso deixar de sentir certo tremor ao listar aqueles que contribuíram com meus esforços. Vou primeiramente citar Marigold Acland, minha editora original da Cambridge University Press, que sugeriu que eu escrevesse este livro, apesar de eu perturbá-la insistentemente com outro projeto. Esse é meu castigo. Gostaria também de agradecer a outras pessoas da parte editorial deste livro: Eric Crahan, Isabelle Dambricourt, William M. Hammel, Pauline Ireland, Sarika Narula e Sue Nicholas. Depois vêm aqueles amigos e colegas que leram esta versão, ou uma anterior, e fizeram sugestões, ou contribuíram de alguma outra forma: Carol Bakhos, David Dean Commins, Michael Cooperson, Kristen Hillaire Glasgow, Roya Klaidman, Ussama Makdisi, David N. Myers, A. Rantin Polemick, Manal Quota e Jihad Turk. Finalmente, a essa lista gostaria de adicionar os alunos de graduação que leram este livro em seus estágios preliminares e graciosamente chamaram minha atenção para erros de digitação, vírgulas em lugares errados, além daqueles que levantaram questões que me forçaram a reescrever ou repensar o que estava tentando dizer. Mais uma vez, gostaria de dedicar este livro a todos eles.

Linha do tempo dos eventos

1516	Otomanos incorporam a Palestina em seu crescente império.
1772	Primeira divisão da Polônia entre Rússia, Áustria e Prússia; o Império Russo se torna lar de um grande número de judeus.
1791	A França se torna o primeiro país europeu a emancipar os judeus; o Império Russo estabelece os Limites do Assentamento Judaico.
1831-1841	Ocupação egípcia da Palestina.
1839	O governo otomano emite o Hatti Sharif de Gulhane, marcando o início do período de "reforma" otomana.
1858	O governo otomano elabora um novo código de leis sobre as terras, garantindo reconhecimento oficial da propriedade privada da terra no império.
1873	Começo da primeira depressão internacional real.
1881	Com o assassinato do Czar Alexandre II, diversos pogroms explodem na Rússia; Comitês dos "Amantes de Sião" são fundados na Rússia e Romênia.
1882	O sultão otomano sanciona oficialmente a imigração judaica ao Império Otomano para regiões fora da Palestina.
1882-1903	Primeira *aliyah*.
1896	Theodor Herzl publica o livro "O Estado Judeu".
1897	Formação da Organização Sionista Mundial.
1901	Cria-se o Fundo Nacional Judaico para coordenar as compras de terras sionistas na Palestina.
1903	Pogrom de Chisinau.
1904-1905	Guerra russo-japonesa.

1905	Tentativa fracassada de Revolução na Rússia.
1904-1914	Segunda *aliyah*.
1909	Estabelecimento do primeiro *kibbutz* em Degania, Palestina; fundação de Tel Aviv como subúrbio de Jaffa.
1914-1918	Primeira Guerra Mundial; fim do Império Otomano.
1917	Revolução Russa; o governo britânico publica a Declaração de Balfour.
1918	Woodrow Wilson anuncia seus "Quatorze Pontos".
1919-1923	Terceira *aliyah*.
1920	Fundação da Liga das Nações; Primeiro Congresso Geral da Palestina; Organização Executiva Árabe; primeiros combates em larga escala entre sionistas e palestinos.
1921	A Grã-Bretanha separa a Transjordânia (Jordânia, posteriormente) do território palestino; os Estados Unidos utilizam cotas para controlar a imigração europeia pela primeira vez.
1922	A Liga das Nações ratifica um "instrumento" de esboço que define os termos do mandato palestino.
1923	Vladimir Jabotinsky funda o Betar.
1924-1928	Quarta *aliyah*.
1929	Início da Grande Depressão; organização da Agência Judaica; conflitos no "Muro das Lamentações".
1929-1939	A quinta *aliyah* traz quase 200 mil judeus imigrantes para a Palestina.
1930	Fundação do Partido Trabalhista (Mapai).
1931	Fundação do Irgun.
1935	Morte de 'Izz al-Din al-Qassam.
1936-1939	A Grande Revolta Árabe; fundação do Alto Comitê Árabe.
1937	O governo britânico emite o relatório da comissão de Peel propondo a divisão da Palestina entre sionistas e palestinos.
1939	O governo britânico publica o Livro Branco anulando o pedido de partilha e limitando a imigração e a compra de terras por parte dos judeus.
1939-1945	Segunda Guerra Mundial.
1942	A Organização Sionista Mundial publica o "Programa de Biltmore" que pedia o imediato estabelecimento de uma comunidade judaica em toda a Palestina.
1946	Terroristas do Irgun explodem o hotel King David, quartel-general da Grã-Bretanha na Palestina.

1947	A Grã-Bretanha submete a questão palestina às Nações Unidas; as Nações Unidas votam pela partilha da Palestina; começa a guerra civil na Palestina entre as comunidades judaica e palestina.
1948	É proclamado o Estado de Israel; os Estados Árabes invadem a Palestina.
1949	Ralph Bunche faz a mediação dos acordos de armistício entre Israel e seus vizinhos.
1952	Os Oficiais Livres assumem o poder no Egito.
1954-1962	Revolução da Argélia.
1956	Guerra de Suez ("Agressão Tripartida"); Israel, Grã-Bretanha e França invadem o Egito.
1957 (?)	Fundação do Fatah.
1958-1961	Egito e Síria se unem à República Árabe Unida.
1964	Fundação da Organização para a Libertação da Palestina.
1966	Israel estabelece restrições de leis marciais contra cidadãos árabes.
1967	Guerra dos Seis Dias; as Nações Unidas adotam a Resolução nº 242; Conferência de Cúpula de Cartum.
1969	Yasir Arafat assume a liderança da OLP.
1970	"Setembro Negro": governo jordaniano confronta a OLP e a expulsa para Beirute.
1973	Guerra de outubro; as Nações Unidas reafirmam a Resolução nº 242 com a Resolução nº 338.
1974	Os Estados Árabes reconhecem a OLP como "única representante legítima do povo palestino"; a OLP pede o estabelecimento de um mini Estado palestino na Cisjordânia e na Faixa de Gaza; fundação do Gush Emunim.
1977	Primeiro-ministro do Likud, Menachem Begin, assume o poder; o presidente egípcio Anwar al-Sadat foge para Jerusalém.
1978	Negociações de Camp David entre Israel e Egito.
1978-1979	Revolução Iraniana leva ao estabelecimento de uma "república islâmica".
1979	Tratado de paz entre Israel e Egito.
1982	Israel invade o Líbano; a milícia da Falange massacra palestinos em Sabra e Chatila.
1987	Eclosão da *intifada* na Gaza ocupada e na Cisjordânia; fundação do Hamas.
1988	Yasir Arafat concorda com as Resoluções nº 242 e nº 338 das Nações Unidas servindo de base para as negociações com Israel.

1989	Bloco soviético se dissolve; o presidente norte-americano George H. W. Bush e o presidente soviético Mikhail Gorbachev declaram o fim da Guerra Fria.
1991	Guerra do Golfo.
1992	Israelenses elegem o candidato do Partido Trabalhista Yitzhak Rabin como primeiro-ministro.
1993	O Acordo de Oslo estabelece a estrutura para futuras negociações entre palestinos e israelenses.
1994	Começa a autogestão palestina nas áreas de Gaza e Jericó; tratado de paz entre Israel e Jordânia.
1995	Assinatura do Oslo 2.
1996	Eleição da Autoridade Palestina.
2000	A reunião de líderes que definia o "tudo ou nada" sobre Camp David; Ariel Sharon visita o Monte do Templo / Haram al-Sharif; início da segunda (Al-Aqsa) *intifada*.
2001	Ataques da Al-Qaeda aos Estados Unidos; o presidente George W. Bush anuncia a "Guerra ao Terror".
2002	O primeiro-ministro israelense Ariel Sharon lança a "Operação Escudo Defensivo"; fundação do Quarteto e apresentação do Mapa para a Paz; israelenses começam a construção da barreira de separação.
2004	Morre Yasir Arafat; Mahmud Abbas é eleito presidente da OLP.
2005	Mahmud Abbas é eleito o segundo presidente da AP; Israel remove assentamentos de Gaza; Ariel Sharon funda o partido Kadima para defender seu plano de realinhamento (convergência).
2006	O Hamas conquista a maioria dos lugares no parlamento da AP; Ehud Olmert se torna o primeiro-ministro inaugural do Kadima de Israel; Israel começa a guerrear contra o Hezbollah no Líbano e contra os palestinos em Gaza.
2007	O Hamas assume o controle da Faixa de Gaza, dividindo formalmente o movimento nacional palestino.
2010-2011	Começam a ocorrer rebeliões pelo mundo árabe gerando consequências no conflito Israel x Palestina.
2012	A Palestina é reconhecida como "Estado observador não membro" pela Assembleia Geral das Nações Unidas.
2013	Negociações diretas entre israelenses e palestinos são reiniciadas pela primeira vez desde a sua interrupção em 2010.

capítulo 1

A TERRA E SEUS ENCANTOS

O escritor de contos britânico Saki (H. H. Munro) descreveu certa vez a ilha de Creta como um local que produziu mais história do que ela mesma poderia absorver. O mesmo pode ser dito da Palestina, região que incluiu o contemporâneo Estado de Israel, a Cisjordânia e a Faixa de Gaza. A área em questão é bem pequena. Ela se estende até o mar Mediterrâneo do lado oeste e até o rio Jordão do lado leste, e desde o Líbano ao norte até o Golfo de Aqaba e a península do Sinai ao sul. Israel, em suas fronteiras comumente reconhecidas, é aproximadamente do mesmo tamanho que o estado de Nova Jersey, nos Estados Unidos. Abrange quase 80% do território designado como "Palestina" depois da Primeira Guerra Mundial. (Como tudo aquilo que é relacionado à Palestina, sempre existirão aqueles que desafiarão até as mais simples afirmações. De acordo com o grupo de direita denominado Sionismo Revisionista, que será mencionado posteriormente em nossa história, e [ironicamente] o grupo de esquerda conhecido como Frente Popular para a Libertação da Palestina, que também será citado novamente neste livro, a Palestina inclui também o território do Reino Hashemita da Jordânia. É justamente daí que vem o *slogan* desse segundo grupo: "O caminho para Jerusalém começa em Amã".)

A população da Palestina é pequena. Já a de Israel é de aproximadamente 7,8 milhões, menor que a de Londres ou a de Nova Iorque. Existem cerca de 4,3 milhões de palestinos nos territórios da Palestina (Cisjordânia e a Faixa de Gaza) – uma população um pouco maior que a de Los Angeles. (Embora os números exatos sejam desconhecidos, as estimativas indicam que a população de palestinos no mundo hoje chega a cerca de 9 milhões.) Desde 1948, guerras entre Israel e seus vizinhos chegaram a somar aproximadamente 150 mil vítimas fatais. Essas guerras foram certamente trágicas, mas não se comparam ao horror do excessivo desperdício de vidas na região durante a história mais recente.

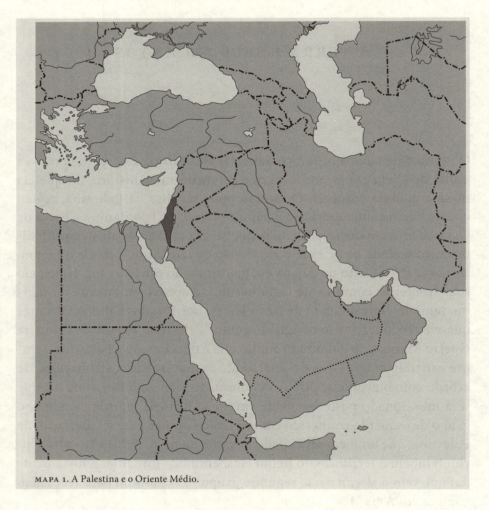

MAPA 1. A Palestina e o Oriente Médio.

Na guerra Irã-Iraque, que durou de 1980 a 1988, a soma ficou entre 500 mil e 1 milhão de mortos, e entre 1 e 2 milhões de feridos. Fora dessa região, houve a guerra da Bósnia, entre 1992-1995 (totalizando cerca de 250 mil mortes), o genocídio em Ruanda (entre 500 mil e 850 mil mortes), e a ainda ativa guerra civil no Sudão (com aproximadamente 1,5 milhão de vítimas fatais da guerra ou da fome decorrente do conflito).

A área territorial da Palestina e o número de pessoas diretamente afetadas por seus problemas políticos são, portanto, minúsculos em termos comparativos. Todavia, a disputa que tem Israel de um lado e os palestinos, junto com diversos Estados Árabes, de outro foi a que mais atraiu a atenção internacional por mais de 50 anos, e suas raízes se estendem pelo passado, chegando a mais de meio século de história. De fato, a disputa tem ocorrido por tanto tempo, e tem sido tema de tantos debates acalorados, que é fácil perder de vista o problema fundamental que a envolve. E o problema é, simplesmente, uma disputa de terra. Imigrantes judeus e seus descendentes, guiados pela ideologia nacionalista do sionismo, e habitantes árabes palestinos que viram os sionistas se instalarem entre eles reivindicam o direito exclusivo de habitar e controlar parte da – ou toda a – Palestina.

IMAGEM 1. Detalhe do mapa de relevo topográfico de 1892 da "Terra Sagrada", desde a planície costeira (primeiro plano) até a depressão do Jordão. (Fonte: do acervo do autor.)

Talvez a melhor forma de começar seja, portanto, fazendo uma breve análise da terra em questão. Na porção central do território palestino há uma cadeia de pequenas montanhas, que se inicia no Líbano, ao norte, e chega ao deserto de Negueve, ao sul. Os montes são interrompidos na região norte da Galileia pelo vale de Jezrael (planície de Esdrelão). Por milênios, o vale de Jezrael foi uma das principais rotas de comércio que ligava o Mediterrâneo e o Egito com o sudoeste da Ásia. Ele também serviu de rota para povos guerreiros, como os Assírios e os Persas.

Na parte sul do vale de Jezrael existe uma área montanhosa que costumava ser o centro do antigo assentamento judaico, local que hoje abriga Jerusalém. Todo este platô forma atualmente o que os palestinos chamam de "Cisjordânia ocupada", e o que o governo israelense define como "Judeia e Samaria", em homenagem aos seus nomes bíblicos. Essa área é majoritariamente povoada por palestinos, muitos dos quais vivem nas imediações ou dentro das principais cidades da Cisjordânia: Nablus, Ramalá, Hebrom (Al-Khalil) e Jericó, local da base original da Autoridade Palestina, que é o governo palestino em processo de formação. Muitos dos palestinos que vivem na Cisjordânia podem facilmente identificar diversas gerações de seus ancestrais. Outros chegaram à Cisjordânia depois de fugir de seus lares, onde hoje é Israel, depois da guerra de 1948.

Planícies se estendem por ambos os lados do platô, assim como em seu extremo sul. À oeste da região montanhosa, encontra-se uma planície litorânea. Essa planície litorânea abasteceu dois dos centros de imigração judaica no século XIX, um nas cercanias de Tel Aviv-Jafa e outro a cerca de um terço do caminho que leva à costa, em direção à cidade portuária de Haifa. Na fronteira do lado leste da área montanhosa, há uma área conhecida como o vale (ou a depressão) do Jordão. Não se trata de nenhum termo de psicologia, é só uma planície de baixa altitude. A área é delimitada pelo mar Morto, que fica abaixo do nível do mar – essa é a elevação de terra mais baixa do planeta. Ao sul, fica o deserto de Negueve. Até o estabelecimento do Estado de Israel, a região era vastamente habitada pelos beduínos. Mais à oeste, seguindo até a costa do Mediterrâneo, fica a Faixa de Gaza, cujas estimativas confirmam ser o território mais populoso da Terra.

Embora inúmeras cidades, vilas e aldeias preencham toda a paisagem dessa região, algumas em particular desempenham papel importante em nossa história. Primeiramente, vamos tratar daquelas que ficam na planície litorânea. No extremo norte está a cidade portuária de Acre. Ela serviu como principal porto da Primeira Cruzada, que começou em 1096. A Primeira Cruzada foi, considerando todos os seus objetivos e propostas, a única de sucesso. Ela resultou na tomada de Jerusalém em 1099 e no estabelecimento do Reino de Jerusalém, que perdurou por quase um século. Historiadores sionistas de gerações mais antigas acham reconfortante pensar na longevidade desse reino; historiadores palestinos preferem lembrar de sua eventual desarticulação. Haifa, o principal porto de Israel, fica ao sul de Acre. Foi construído originalmente durante o século XVIII por um vassalo otomano, que lutava para preservar sua autonomia e de seu principado conquistando riquezas e expandindo seus negócios com a Europa. O porto foi modernizado e ampliado durante o período do mandato britânico (1922-1948), em parte porque servia como terminal de um oleoduto que se estendia do Iraque ao Mediterrâneo. Seguindo o litoral sentido sul fica Tel Aviv, fundada em 1909 como um subúrbio judaico da cidade palestina de Jafa. Hoje, Tel Aviv é a maior cidade de Israel.

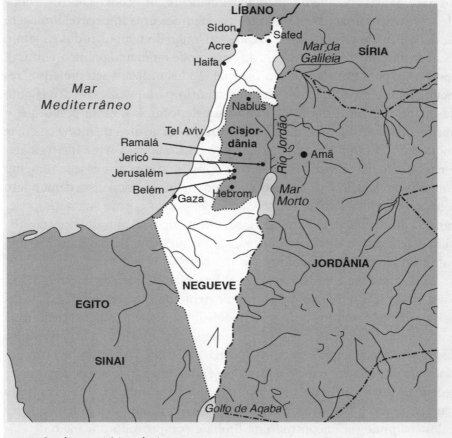

MAPA 2. Israel e os territórios palestinos.

Jerusalém fica no interior. A cidade foi, de acordo com a Bíblia, originalmente construída por um povo conhecido como Jebuseus. Embora a "posse" da cidade seja muito reivindicada, uma solução nunca antes cogitada seria devolver a cidade para seus ocupantes originais, se é que ainda existe algum jebuseu. Por séculos, Jerusalém foi um importante centro religioso e um grande centro de peregrinação. Para os judeus, é a capital do reino de Davi e Salomão, e é lá que se encontra o Muro das Lamentações, único vestígio que restou do segundo templo. Para os muçulmanos, é o local de onde Maomé subiu para os céus em sua célebre viagem noturna. Para os cristãos, é o palco da Paixão e da Crucificação.

Os esforços para se assumir o controle de parte ou de todo o território palestino colocaram dois movimentos nacionalistas em posição de conflito. Apesar de sempre terem a pretensão de serem únicos, todos os movimentos nacionalistas possuem semelhanças evidentes uns com os outros. Todos eles constroem uma narrativa histórica que traça uma impecável linhagem de determinado grupo – uma nação – ao longo do tempo. Todos tratam o local de nascimento dessa nação, ou seu grande momento político-cultural, como algo com um significado especial. Todos utilizam seu pretenso "relacionamento especial" com algum território para justificar o seu direito de estabelecer um Estado soberano naquele local. E é nesse ponto que o nacionalismo se difere de uma mera nostalgia ou de uma memória coletiva: enquanto todo tipo de grupo religioso e étnico apenas sente ligações afetuosas com determinados lugares, o nacionalismo converte esse sentimento em política. Aqueles que aderem a um movimento nacionalista demandam soberania exclusiva sobre um território designado e, para sua nação, relevância entre as nações e Estados globais. Quando tratamos de conectar história e geografia a direitos políticos, nem o sionismo nem o nacionalismo palestino são únicos e genuínos.

O sionismo se autodefine como a expressão política da nação judaica. Na verdade, ele se vê como um complemento da história judaica. De maneira análoga a muitos outros nacionalismos, o sionismo construiu uma narrativa de três partes que descreve a impecável história da nação judaica desde seu nascimento e desabrochar na Palestina, passando por um período de decadência e degeneração no exílio, chegando a um período de redenção sob a tutela do moderno movimento sionista e o retorno para seu antigo lar, a Palestina. Para os sionistas, o direito dos judeus sobre a Palestina pode ser encontrado na Bíblia e comprovado por meio de evidências arqueológicas. É comum ouvir a narrativa sionista sobre a história

CAPÍTULO 1 – A TERRA E SEUS ENCANTOS | 23

judaica começar com Abraão e seus descendentes, que emigraram para a Palestina no segundo milênio a.C., possivelmente vindos do Iraque. A narrativa sionista padrão considera o século X a.C., que viveu sob o reinado dos reis Davi e Salomão, como o ponto alto da presença judaica na Palestina. Aquele foi um período de glória cultural e política, em que a nação judaica se encontrava unida politicamente, e a autoridade religiosa radiava de dentro do grande templo de Jerusalém. Mas foi também um período curto, que durou pouco mais de 70 anos, cerca de metade do tempo da "idade dourada" da Grécia.

Depois da morte do rei Salomão, a comunidade judaica viveu por oitenta anos seguindo as leis dos macabeus. Em 63 a.C., os romanos conquistaram Jerusalém, a capital do reino de Davi e Salomão, e em 135 d.C., depois de uma série de revoltas, eles a destruíram, escravizaram ou massacraram seus habitantes, e dispersaram grande parte da comunidade judaica. Os romanos, dotados de um vocabulário mais vasto do que seus precursores gregos, rebatizaram a província recuperada de "Palestina" (dando origem também ao equivalente árabe "Filastin"). Sem um centro cultural, o eixo da vida judaica concentrou-se na diáspora – formação de comunidades judaicas fora da Palestina, incluindo algumas que já existiam antes mesmo da chegada dos romanos, como a Babilônia e a Alexandria. A diáspora – que depois se expandiu e criou comunidades na Europa e nas Américas – continuou sendo o principal foco da vida dos judeus até o surgimento do movimento sionista. Os sionistas afirmam que o sionismo salvou a dispersa nação judaica da decadência interna e da corrupção externa, e reergueu a comunidade restaurando seu lar de origem na Palestina.

Os sionistas não costuram suas roupas com um único tecido, é claro. Nenhum movimento nacionalista – seja ele russo, francês ou americano – o faz. Afinal de contas, a Palestina foi relembrada em textos e rituais judaicos por muitos séculos, e também por muito tempo os judeus a proclamaram no tradicional *seder* do *Pessach,** "ano seguinte, em Jerusalém". Mas há uma grande diferença entre lembrar-se de Jerusalém e planejar e executar diversos assentamentos na Palestina, chegando a demandar um espaço para os judeus na Palestina por autodeterminação. O que os sionistas fizeram,

---

* *Pessach* é uma festa da tradição judaica, conhecida também como "Festa da Libertação". É a Páscoa dos judeus, em que é celebrada a fuga do povo judeu, que vivia como escravo no Egito. *Pessach* é uma palavra hebraica que significa "passar além". O *seder* é o serviço ritual e/ou o jantar cerimonial da primeira noite ou das duas primeiras noites do *Pessach*. (N.T.)

IMAGEM 2. Em cerimônia oficial, esqueletos identificados como pertencentes a judeus rebeldes do século II são reenterrados em Massada. (Fonte: David Rubinger/Corbis.)

assim como todos os movimentos nacionalistas antes e depois deles, foi ler a própria história de maneira seletiva, chegando a conclusões que não seriam compreensíveis para seus ancestrais, uma vez que estes não tinham os adventos proporcionados pela era moderna. A narrativa do povo judeu, recontada pelos sionistas, situa os períodos de exílio judeu da Palestina (como o exílio para o Egito e para a Babilônia), de dispersão (por causa dos assírios), de divisão política (principalmente quando as tribos judaicas se dividiram em dois Estados, Israel e Judeia) e de guerras com outros habitantes da região (entre eles os filisteus, que povoavam o litoral) dentro de uma estrutura que faz os períodos de unidade política e de dominância na Palestina serem motivos de orgulho. É assim que explica o filósofo francês do século XIX Ernest Renan: "Entender a história de forma errada é preciso para ser parte de uma nação".

Um bom exemplo dessa compreensão errônea da história pode ser encontrado nas citações do livros básicos israelenses que falam sobre o cerco de Massada de 74 d.C. Massada era uma fortaleza próxima do mar Morto, onde os judeus rebeldes travaram a última batalha em resistência aos romanos. De acordo com um relato, escrito pelo historiador romano Josefo, os judeus de Massada cometeram um suicídio em massa, evitando assim a rendição aos romanos. Os romanos, escreveu Josefo, "quando encontraram os corpos assassinados, ao invés de triunfar sobre o inimigo derrotado, preferiram admirar a nobreza de sua decisão e sua coragem para enfrentar a morte, caminhando firmemente em direção à execução".

As ruínas de Massada, escavadas em 1963-1965, forneceram o que os historiadores chamaram de "uma elaborada e persuasiva cena de palco para uma peça sobre paixão moderna e renascimento nacional".[1] O governo de Israel considera Massada um monumento histórico. Preservada pelas autoridades dos parques nacionais, é o local onde as equipes dos tanques israelenses fazem seu juramento. Em 1968 (o ano que sucedeu a intensa e repentina Guerra dos Seis Dias), o governo israelense organizou um evento em que os esqueletos encontrados na região foram enterrados novamente. Nas palavras do arqueólogo israelense Yigael Yadin,

> Sua importância científica é reconhecidamente grande. Porém, mais do que isso, Massada representa para todos nós de Israel e de outras partes do mundo, arqueólogos ou não, um símbolo de coragem, um monumento que homenageia grandes personalidades da nação, heróis que preferiram a morte do que uma vida de servidão física e moral.[2]

O único problema dessa história de redenção em Massada é que ela não se sustenta de forma estruturada. Nossa principal fonte sobre o cerco e o suicídio em massa é a obra *A guerra dos judeus*, de Josefo. Josefo era um judeu "vira-casaca", que pode ter manipulado toda a história para difamar uma facção violenta dos judeus – nesse caso, ou os conhecidos zelotes ou os obscuros sicários (apelidados de "manejadores de facas") –, já que um dos dois grupos tinha o controle da região na época do cerco. Ao enfatizar o suicídio em massa, ele pode ter tido a intenção de descrever o evento como uma barbárie por parte das vítimas, e não um ato de heroísmo. Afinal, foi justamente essa facção que arrasou um vilarejo judaico vizinho em 68 d.C., matando 700 judeus – homens, mulheres e crianças. Certamente esse tipo de ação não criaria um mito heroico nacional. Os mais céticos também apontam que alguns arqueólogos encontraram vestígios de porcos na área da cozinha (uma clara violação do código de leis

---

1   SILBERMAN, Neil Asher. *Between Past and Present: Archaeology, Ideology, and Nationalism in the Modern Middle East* [Entre o passado e o presente: arqueologia, ideologia, e nacionalismo no Oriente Médio moderno]. New York: Doubleday, 1989. p. 88.

2   YADIN, Yigael. *Masada: Herod's Fortress and the Zealots' Last Stand* [Massada: a fortaleza de Herodes e a última resistência de Zelotes]. New York: Random House, 1966. p. 13.

judaico, colocando em xeque a seriedade com que o judaísmo era levado pelos que lá viviam), que histórias de suicídio em massa eram tão comuns no período clássico quanto filmes de assassinos em série são nos dias de hoje, que o suicídio em si é um ato pouco tolerado pelas leis judaicas e que nenhum outro texto judaico do período menciona o incidente. Ainda assim, a frase "Massada não cairá novamente" aparece frequentemente nas canecas de café e nas camisetas vendidas nos arredores do local.

Locais simbólicos como Massada, que carregam algum significado especial, são exemplos de como os sionistas utilizam a Bíblia e a arqueologia para realizar reivindicações territoriais. Outra tática utilizada por eles é a de dar nomes. Para os israelenses, a cidade da Cisjordânia, tomada durante a guerra de 1967, é "Hebrom", o nome hebreu para o que é conhecido em árabe como "Al-Khalil". Hebrom é citada na Bíblia como uma das casas do patriarca judeu Abraão e como a primeira capital do rei Davi. Curiosamente, tanto o nome hebreu quanto o árabe se referem ao mesmo indivíduo. A Bíblia se refere a Abraão como o "amigo" (haver) de Deus. E os muçulmanos concordam: o profeta Abraão era de fato o "amigo" (al-Khalil) de Deus.

A cidade de Hebrom fica em uma área chamada por muitos de "Cisjordânia ocupada", mas os israelenses a designaram oficialmente de "Judeia e Samaria", nomes bíblicos para esse território. Chamar a região de "Cisjordânia ocupada", obviamente, presume que o território é palestino, e que os israelenses que o ocupam são estrangeiros. Isso, por consequência, ajuda a justificar as aspirações palestinas de estabelecer uma entidade independente no local. Por outro lado, chamar o território de "Judeia e Samaria" faz que os israelenses enfatizem suas raízes bíblicas, contribuindo para a ideia de que são eles que devem habitá-lo e controlá-lo.

O problema de nomes conflitantes não se restringe à questão geográfica. Cada um dos lados da disputa pela Palestina busca suporte em sua própria narrativa histórica, dando nomes a eventos também. Consequentemente, o que para os israelenses é a Guerra da Independência, para os palestinos é o *nakba* (desastre). Para os primeiros, o nome denota o cumprimento das metas do sionismo. Já para os outros, o nome da guerra de 1948 indica um resultado bem diferente: a destruição da comunidade palestina no território de Israel e a expulsão ou fuga de quase 750 mil palestinos. (Assim como para os casos de nomes geográficos, aconselhamos o leitor a não entender os nomes utilizados para designar os eventos neste livro como intencionalmente significativos. Eu os utilizo de acordo com

CAPÍTULO 1 – A TERRA E SEUS ENCANTOS | 27

a conveniência do momento; para mim "Hebrom" parece soar melhor do que "Al-Khalil", e "Cisjordânia ocupada" soa mais confortável do que "Judeia e Samaria".)

Caso este relato pareça um pouco parcial até agora, é meramente porque a maioria dos palestinos vê sua conexão com o território da Palestina como algo evidente e óbvio. De acordo com a versão de 1968 da escritura da Organização para a Libertação da Palestina, por exemplo,

> Os palestinos são aqueles cidadãos árabes que, até 1947, residiram normalmente na Palestina, independentemente de terem saído da região ou ficado nela... [que] estão em uma comunidade palestina e que têm sua conexão material, espiritual e histórica com a Palestina como algo incontestável.

A arqueologia já foi chamada de "o esporte nacional de Israel". Por outro lado, a popularidade da arqueologia dentro da comunidade palestina nunca foi muito intensa. A razão mais relevante para essa potencial falta de interesse é que grande parte dos palestinos rejeita a ideia de precisar estabelecer uma conexão entre eles e a sua própria terra. A narrativa bíblica e as evidências arqueológicas são essenciais para o sionismo. Já para os palestinos, o que importa é a presença de seu povo na Palestina quando houve a imigração sionista.

Contudo, uma narrativa histórica completa e detalhada, similar às histórias sionistas, pode ser encontrada na literatura de alguns nacionalistas palestinos também. Assim como na narrativa sionista, a narrativa palestina comumente se inicia em tempos antigos. Enquanto os sionistas iniciam seus relatos com a migração de Abraão e sua família para a Palestina, os palestinos iniciam os seus descrevendo os povos que ele encontrou quando chegou. Antes da chegada dos israelitas, dois povos antigos habitavam a região. Primeiramente, havia os cananeus, que falavam uma língua semita do norte, semelhante ao árabe e ao hebreu. Outro grupo, os filisteus, veio para a Palestina no século XII a.C. Muitos arqueólogos associam os filisteus com um grupo denominado Povos do Mar, que espalharam terror e destruição entre os fenícios, os egípcios e os hititas que habitavam a costa leste do Mediterrâneo. As histórias palestinas afirmam que, diferentemente dos cananeus, os filisteus nunca foram conquistados pelos israelitas.

Os filisteus nunca tiveram boa reputação na história. Porém, contradizendo os relatos bíblicos, os rastros dessa civilização recentemente descobertos indicam que eles estabeleceram uma civilização urbana muito próspera, em uma época em que as tribos do patriarcado bíblico eram ainda apenas pastorais. Na verdade, os filisteus uniram-se em uma "liga de cinco cidades" – Asdode, Ascalão, Ecrom, Gate e Gaza – nos dias de hoje, a Palestina. (O uso do termo "filisteu" para descrever uma pessoa grosseira veio muito tempo depois. O primeiro registro do uso dessa palavra foi quando um capelão da Universidade de Jena, em 1694, reclamou dizendo que os professores de Jena que batiam em seus alunos não eram diferentes dos filisteus da Bíblia.)

Com o passar do tempo, de acordo com os relatos históricos, os habitantes da região se juntaram a uma grande população de árabes da península arábica, que começaram a migrar para o norte antes mesmo da época de Maomé e das primeiras conquistas islâmicas. Depois dessas conquistas, os habitantes da Palestina tornaram-se parte do grande império islâmico que se estendeu, durante seu apogeu, da Espanha ao Afeganistão. A Palestina desempenhou um importante papel simbólico no início do islamismo: os primeiros muçulmanos rezavam em direção a Jerusalém – e não a Meca e a Medina –, que, conforme já mencionado, abrigava o Monte do Templo (chamado pelos muçulmanos de "Haram al-Sharif" [o Nobre Santuário]), local onde se encontra a grande Cúpula da Rocha e a mesquita de Al-Aqsa, que marcam o ponto exato de onde Maomé subiu ao céu em sua jornada.

Assim como na narrativa sionista, a narrativa palestina confirma que um período de declínio seguiu o de glória. De acordo com alguns relatos, foram as invasões turcomanas às terras árabes que levaram o território ao declínio. Foi assim que T. E. Lawrence descreveu o período em seu *Os sete pilares da sabedoria*:

> No início da Idade Média, os turcomanos firmaram sua presença nos Estados Árabes. Primeiro como serventes, depois como ajudantes, e então um crescimento parasítico ocorreu, assustando o velho grupo político do local. A última fase foi a de inimizade, quando os líderes nômades Hulagu e Tamerlão saciaram sua sede de sangue, queimando e destruindo tudo o que aborrecia ou ameaçava a sua superioridade... Aos poucos, os semitas da Ásia foram todos subjugados, e encontraram uma morte lenta.[3]

Veremos no próximo capítulo como este exagero dos turcos acabou sendo um grande erro.

---

3   LAWRENCE, T. E. *Seven Pillars of Wisdom: A Triumph* [*Os setes pilares da sabedoria*]. New York: Anchor Books, 1991. p. 44.

Novamente como na narrativa sionista, o pior ainda estava por vir: o imperialismo europeu, eventualmente em seu formato sionista. O Império Otomano e os Estados Árabes que ocuparam o local posteriormente eram muito fracos ou muito complacentes para suportar o violento ataque europeu. O palco estava montado para o desastre nacional palestino de 1948. Usando as palavras de Renan novamente, "quando falamos em memórias nacionalistas, a dor e o pesar têm mais valor do que o triunfo, já que eles impõem penalizações e demandam esforço conjunto". Agora eram os palestinos que enfrentavam a realidade da diáspora. Mas assim como o relato sionista termina com a glorificação do sionismo moderno como meio de redenção da nação judaica, a história nacional palestina é concluída de maneira similar, com o despertar da nação para uma consciência própria e um esforço coletivo para se atingir a realização nacional e um Estado próprio.

Similarmente aos sionistas, os palestinos não costuraram suas roupas com um único tecido. E assim como o mito sionista, o mito palestino contém sua própria fração de elisões e fatos históricos duvidosos. Mas também como o outro, o mito nacional palestino deve ser levado a sério porque inspira a crença e a ação entre seus membros.

Sugestões de leitura complementar

Trabalhos gerais

ABU-LUGHUD, Ibrahim (Ed.). *The Transformation of Palestine: Essays on the Origin and Development of the Arab-Israeli Conflict* [A transformação da Palestina: ensaios sobre a origem e o desenvolvimento do conflito árabe-israelense]. Evanston, IL: Northwestern University Press, 1971. Embora já esteja um pouco desatualizado, oferece uma boa antologia de artigos da história social e política da Palestina.

GELVIN, James L. *The Modern Middle East: a History.* [O Oriente Médio moderno: uma história.]. 3. ed. New York: Oxford University Press, 2011. Coloca a história do conflito palestino-sionista/israelense em um contexto no Oriente Médio e no mundo.

LAQUEUR, Walter; RUBIN, Barry (Eds.). *The Israel-Arab Reader: a Documentary History of the Middle East Conflict* [O livro Arábia-Israel: um documentário histórico do conflito no Oriente Médio]. New York: Penguin, 1995. Vasta compilação de documentos relacionados ao conflito.

OWEN, Roger. *The Middle East in the World Economy, 1800-1914* [O Oriente Médio na economia mundial, 1800-1914]. Londres: I. B. Tauris, 1993. O estandarte de ouro para a história política e econômica do Oriente Médio no século XIX.

OWEN, Roger; PAMUK, Sevket. *A History of Middle East Economies in the Twentieth Century* [A história econômica do Oriente Médio no século XX]. Cambridge, MA: Harvard University Press, 1999. Suplemento cronológico do livro *The Middle East in the World Economy* [O Oriente Médio na economia mundial], faz uso de uma abordagem de "economia nacional" pós-Primeira Guerra Mundial para analisar a economia da região.

SMITH, Charles D. *Palestine and the Arab-Israeli Conflict: a History with Documents* [A Palestina e o conflito árabe-israelense: uma história documentada]. Boston: Bedford/St. Martin's, 2001. Um dos mais abrangentes e detalhados relatos do conflito entre palestinos e israelenses.

SMITH, Pamela Ann. *Palestine and the Palestinians, 1876-1983* [A Palestina e os palestinos, 1876-1983]. New York: St. Martin's, 1984. História social ilustrada da Palestina e dos palestinos; oferece uma ampla visão de mais de um século de história palestina.

TESSLER, Mark. *A History of the Israeli-Palestinian Conflict* [A história do conflito Israel-Palestina]. Bloomington, IN: Indiana University Press, 1994. Talvez o mais abrangente – e pesado – relato de volume único sobre o conflito.

Trabalhos especializados

ABU EL-HAJ, Nadia. *Facts on the Ground: Archeological Practice and Territorial Self-Fashioning in Israeli Society* [Fatos da terra: a prática arqueológica e a autoformação da sociedade israelense]. Chicago: University of Chicago Press, 2002. Provavelmente a mais sofisticada apresentação da obsessão arqueológica de Israel e sua relação com o nacionalismo e o "conhecimento colonial".

BEN-YEHUDA, Nachman. *The Masada Myth: Collective Memory and Mythmaking in Israel* [O mito de Massada: a memória coletiva e a construção do mito em Israel]. Madison: University of Wisconsin Press, 1995. Investigação sobre como a fortaleza de Massada se tornou um monumento nacional de Israel.

SILBERMAN, Neil Asher. *Between Past and Present: Archaeology, Ideology, and Nationalism in the Modern Middle East* [Entre o passado e o presente: arqueologia, ideologia e nacionalismo no Oriente Médio moderno]. New York: Henry Holt, 1989. Série de ensaios que examinam a relação entre a arqueologia e o nacionalismo na região.

SLYOMOVICS, Susan. *The Object of Memory: Arab and Jew Narrate the Palestinian Village* [O objeto da memória: árabes e judeus falam sobre a aldeia palestina]. Filadélfia: University of Pennsylvania Press, 1998. Um antropólogo examina as atitudes e as atividades das duas comunidades em relação a um local sem nenhuma significância específica em uma disputa de quem tem as melhores memórias.

ZERUBAVEL, Yael. *Recovered Roots: Collective Memory and the Making of Israeli National Tradition* [Raízes resgatadas: a memória coletiva e a construção da tradição nacional de Israel]. Chicago: University of Chicago Press, 1995. Explica diversos símbolos centrais para os mitos nacionais de Israel, a partir do período do *Yishuv*.

capítulo 2

Culturas nacionalistas

Narrativas nacionalistas, como aquelas elaboradas pelo sionismo e pelo nacionalismo palestino, nos oferecem uma interpretação incompleta e parcial da história. Além disso, dois outros fatores prejudicam ainda mais a sua utilidade. Primeiro, as narrativas nacionalistas assumem que as nações – como aquelas que têm sua genealogia descrita por elas – sempre existiram no decorrer da história. Os movimentos nacionalistas afirmam que existem meramente para trazer autoconsciência para essas nações. Essa afirmativa é modesta demais. Os movimentos nacionalistas não dão um estado de autoconsciência para nações preexistentes; os movimentos do nacionalismo criam essas nações. Em segundo lugar, as narrativas nacionalistas ocultam ou ignoram as similaridades entre as nações cuja história eles querem valorizar e as demais nações. Isso, obviamente, é feito de forma deliberada: eles fazem que a sua nação pareça distinta; seu relato confirma o direito daquela nação de ser soberana e ter suas próprias regras em um predefinido pedaço de terra.

O sionismo e o nacionalismo palestino foram fundidos no mesmo molde. Além do mais, embora os adventos do sionismo e de um nacionalismo palestino nunca tivessem sido baseados em conclusões precipitadas, não seria difícil imaginar que em um mundo no qual Estados-nação fornecessem o modelo de organização para comunidades políticas, judeus e habitantes originais da Palestina poderiam participar da mesma nação – criando a sua ou seguindo a do outro –, adotando um credo nacionalista. E esse credo, por sua vez, também poderia ser de criação própria ou concebido pelo outro.

Este último ponto é importante e merece ser enfatizado. Conforme veremos posteriormente, o sionismo surgiu no final do século XIX por duas razões: ele foi uma reação ao antissemitismo europeu e a vários movimentos nacionalistas que excluíam os judeus das comunidades políticas em processo de formação. Mas o sionismo não seria possível se os judeus não fossem submetidos aos mesmos processos de transformação que deram a seus vizinhos expectativas sobre a nova ordem das comunidades políticas. Era inevitável que judeus se tornassem nacionalistas em um mundo de cidades-nação. Mas não era tão óbvio que eles se tornassem nacionalistas-judeus. O mesmo ocorreu com o nacionalismo palestino, que não se tornou um fenômeno de massa até o período entre a Primeira e a Segunda Guerra Mundial. Era esperado que os palestinos tomassem o caminho do nacionalismo. Mas, conforme também veremos depois, o caminho que os levou ao nacionalismo palestino estava repleto de obstáculos e desvios.

O surgimento das nações e do nacionalismo está inextricavelmente ligado ao aparecimento do Estado moderno no oeste europeu. A difusão das nações e do nacionalismo pelo mundo está relacionado também à propagação do sistema de Estado moderno. Antes do século XIX, a forma predominante de organização política em grande parte do mundo era ou menor do que o Estado moderno (cidades-Estados, principados etc.) ou muito maior (impérios). Mas o que nos preocupa aqui são os impérios. Impérios existiram por toda a história que se tem registro. Esses impérios não eram como os mais recentes, da era moderna, em que a grande metrópole dava as ordens do outro lado do oceano e os povos distantes (normalmente aqueles com pele mais escura) obedeciam. Em vez disso, os impérios pré-modernos e do início da era moderna tinham como regra a expansão por meio da anexação de territórios. Portanto, quando pensamos em impérios pré-modernos ou do início da era moderna, devemos ter em mente o Império de Roma ao invés do Império Britânico do século XIX.

Embora os impérios pré-modernos ou do início da era moderna tenha surgido em diversos formatos e tamanhos, todos eles tinham três características em comum. Em primeiro lugar, esses impérios não interferiam na vida cotidiana de seus cidadãos. De forma geral, os líderes imperiais queriam duas coisas de sua população: que ela fosse pacífica e não se rebelasse contra o controle imperial, e que ela pagasse impostos e tributos ao governo. Os impérios utilizavam impostos e tributos por eles recolhidos para pagar por sua defesa e proteção, para sua burocracia centralizada e para manter o estilo de vida majestoso de seus líderes. Na verdade, pode-se dizer que os impérios eram tão grandes quanto o território do qual eles podiam extrair impostos e tributos.

A segunda característica desses impérios é que eles eram governados por elites imperiais, frequentemente de religiões diferentes, de descendências distintas, e falavam uma língua diversa daqueles por eles comandados.

Qualquer leitor de Tolstói deve saber, por exemplo, que o idioma utilizado na corte da Rússia imperial era o francês, não o russo falado pelos camponeses. Da mesma forma, as elites muçulmanas que falavam turco no Império Otomano reinavam sobre povos que falavam línguas diversas (árabe, grego, armênio etc.), seguiam variadas religiões (todas as formas de cristianismo, judaísmo e islamismo não sunita), e incluíam eslavos, árabes, curdos e assim por diante, além dos turcos.

Para finalizar, impérios pré-modernos ou do início da era moderna raramente tentavam impor qualquer tipo de uniformidade em seus povos. Em outras palavras, eles não queriam padronizar a língua de seu império, nem tentavam impor sobre seus povos padrões culturais através de um sistema educacional único. Havia duas razões para isso. Primeiramente porque era impossível. Antes dos adventos da comunicação moderna, do transporte e das tecnologias militares, o controle centralizado era muito precário. Era muito comum que as elites imperiais, com suas bases localizadas nas grandes capitais como Istambul, contassem com líderes locais cooperativos que atuavam como mediadores nas populações locais de Bagdá e Damasco, por exemplo. Além disso, as elites imperiais não pensavam em um Estado da mesma forma que nós hoje pensamos. Nunca lhes ocorreu que os povos por eles governados deveriam possuir características similares, identidade comum, ou tivessem que dividir a mesma cultura como membros da corte imperial. Este tipo de pensamento só surgiu posteriormente.

É claro que existiam exceções. Alguns impérios, como o romano, tentaram promover uma religião "cívica" comum. Os romanos achavam que todos deveriam venerar os deuses de Roma como sinal de lealdade ao império, embora não exigissem que os povos governados abandonassem seus cultos locais. E foi por isso que os romanos reprimiram brutalmente a revolta judaica no século II d.C. Unicamente porque os judeus se recusaram a venerar os deuses romanos junto com os seus – um ato interpretado pelos romanos como heresia e traição.

Em virtude de sua capacidade de gerar recursos e mão de obra em grandes quantidades, os impérios se tornaram poderosas unidades políticas. E eles poderiam ter continuado a ser a mais poderosa unidade política do mundo se não ocorresse um importante avanço conceitual a estadistas e líderes europeus durante os séculos XVI e XVII. Para obter vantagens dentro de seus Estados em um ambiente altamente competitivo como o europeu, e para encontrar uma saída para as incessantes guerras religiosas que dividiam e enfraqueciam os Estados, esses estadistas e líderes confabularam um interessante plano de progressão estatal. Eles se esforçaram para transformar a lealdade ao soberano na coisa mais importante dentro do âmbito imperial, transcendendo a lealdade que os povos tinham à sua crença religiosa particular. Em vez de medir a força de seu Estado a partir do tamanho do território do qual eles recebiam seus impostos e tributos, estadistas e líderes acreditavam agora que a força de um Estado devia ser medida com base em seu "poder social" – sua habilidade em mobilizar seus povos e canalizar a energia deles para um bem comum. Inventando a noção de que deve existir algo que pode ser definido por "população" e por "interesse comum", estadistas e líderes imbuíram nos habitantes de seus Estados uma identidade e um propósito. Eles fizeram que essa identidade comum e esse propósito concreto chegassem a seus povos de duas formas: expandindo a disciplina em seus Estados para que existisse mais controle, coordenação e direção nas atividades diárias de seus subordinados, e ocupando-os com atividades simples e práticas, tornando-os pequenas peças de uma grande engrenagem "nacional". Assim surgiram os códigos de lei padronizados e os sistemas educacionais, o recrutamento de exércitos e até mesmo um rudimentar planejamento econômico.

Com o passar do tempo, os povos submetidos pelos seus Estados a atividades simples e práticas perceberam que faziam parte de sociedades unificadas, e que essas sociedades tinham suas próprias identidades, compeliram lealdade e criaram obrigações para sua cidadania. Eles também começaram a crer que, assim como eles mesmos, o resto da humanidade também era naturalmente dividido em sociedades unificadas – nações –, sendo que cada uma dessas sociedades seria identificada por uma ou mais características comuns (mesma linguagem, etnia, religião, história), que o único tipo de governo que pode promover o interesse comum é o que governa a sua nação e que nações devem ter suas bases em territórios específicos, para que sua história e memória fiquem para sempre ali. Essas crenças formam a base do que pode ser chamado de "cultura nacionalista", que, por sua vez, proporciona o ambiente adequado para que movimentos nacionalistas específicos possam emergir. Algumas dessas crenças – a persistência das identidades no tempo e a aplicabilidade das leis universais à sociedade dos homens – desenharam os primeiros rascunhos de ideias que, durante o século XVIII, foram aprimoradas com o Iluminismo europeu. Outras – como a crença em comunidades distintas, enraizadas em territórios específicos – geraram os primeiros conceitos do movimento do Romantismo, que, ironicamente, cresceu na Europa como reação ao Iluminismo.

Embora tenha sido originado na Europa, esse novo conceito estadista se espalhou pelo mundo, e muitas nações despertaram para isso de maneira unificada. Essa difusão se deu de três formas. Em algumas ocasiões, os europeus impuseram seus conceitos de Estado diretamente por meio do colonialismo, como os britânicos no subcontinente indiano. Em outros casos, pretensos líderes nacionais, inspirados por ideais emprestados, ou compelidos pelo exigente sistema mundial de Estados-nação (sistema esse que era objeto de desejo de sua nação em gênese), aplicaram o novo conceito para construir um Estado. Esse é o caso dos Balcãs, por exemplo. E, finalmente, houve casos em que as elites imperiais, buscando aumentar o poder de seu império ou se defender contra o imperialismo europeu, rivalizaram com seus adversários fazendo uso do próprio modelo europeu. Foi assim com o Império Otomano, que englobava o território palestino; assim como com o Império Austríaco (chamado de Império Austro-Húngaro depois de 1867) e com o Império Russo, onde viviam grande parte dos judeus. A chave para compreender a urgência do nacionalismo para esses dois povos pode ser encontrada na transformação desses impérios.

A NACIONALIZAÇÃO DA PALESTINA OTOMANA

O território que é hoje chamado de Palestina era uma das principais áreas do islamismo. Em outras palavras, a Palestina foi uma das primeiras áreas conquistadas pelos árabes muçulmanos depois do surgimento do islamismo no século VII. Na esteira das conquistas, a maioria da população palestina adotou o árabe como idioma e o islamismo como religião.

No início, o mundo islâmico era politicamente unificado e comandado por um califa, literalmente o "sucessor" de Maomé. Porém, a unidade política do mundo islâmico não durou muito. Embora as fissuras iniciais no Império Islâmico tenham sido geradas por fragmentações internas, o início do século X viu invasores vindos de fora do Oriente Médio, atraídos pela riqueza e falta de coesão política dos domínios islâmicos, ou fugindo de problemas em suas terras de origem, entrarem na região. Entre eles estavam invasores que falavam turco, vindos do norte, que fundaram diversos principados independentes e até mesmo impérios no Oriente Médio.

Por vezes, bandos de guerreiros turcos exploravam as fronteiras de suas áreas, devastavam e dominavam outros principados ou impérios. Um desses bandos foi formado nas adjacências da fronteira com o Império Bizantino, sob a liderança do lendário guerreiro Osman (1259-1326), o fundador da dinastia Otomana. Os otomanos começaram suas conquistas no extremo oeste da Anatólia (local onde hoje fica a República da Turquia) e nos Balcãs. Em 1453 os otomanos capturaram Constantinopla, a capital do Império Bizantino, e a rebatizaram como Istambul. Como o Império Bizantino foi o sucessor do Império Romano, pode-se dizer que os otomanos de fato colocaram fim a um império que governou primeiramente de Roma e posteriormente de Constantinopla, por mais de um milênio e meio. Em 1516, os otomanos começaram suas conquistas pelo Oriente Médio, estabelecendo um império que duraria até 1918. Em seu apogeu, o império detinha grande parte dos Balcãs, o Oriente Médio, seguindo para leste até (mas não incluindo) a Pérsia, partes da península da Arábia, o Egito e o norte da África até (mas não incluindo) Marrocos.

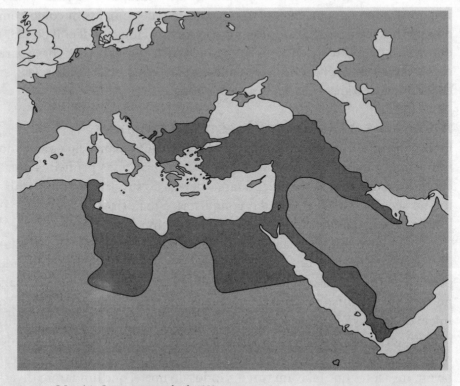

MAPA 3. O Império Otomano, por volta de 1850.

O Império Otomano durou mais de 400 anos. Durante esse período, sua expansão territorial cresceu e minguou, assim como o controle exercido por Istambul sobre suas províncias, quase sempre muito distantes. Também durante esse período o relacionamento entre o governo imperial e seus subordinados mudou dramaticamente, visto que o império foi obrigado a responder a desafios internos e externos. Por tudo isso, o Império Otomano do século XVI era bem diferente daquele do século XIX. Prova disso é o fato de o Império Otomano do início da era moderna – que foi desde o século XVI até pelo menos a primeira metade do século XVIII – possuir as mesmas características de outros impérios modernos da mesma época. Assim como outros impérios daquele período, as principais preocupações externas do Império Otomano eram expandir o seu território para aumentar a arrecadação de impostos e tributos e defender sua receita e seus produtos de impérios rivais. E, também como os impérios da mesma época, suas principais preocupações internas eram coletar impostos e tributos de sua população, proteger seus contribuintes da depredação e exploração de beduínos e bandidos, garantir a segurança e a prosperidade do comércio, dissuadir agitações urbanas garantindo que suas áreas fossem providas com quantidades de bens de consumo adequadas e prevenir que pessoas mais articuladas e funcionários provinciais – responsáveis muitas vezes pela coleta de impostos e tributos – enriquecessem demais com seu quinhão da receita ou estabelecessem bases independentes de poder.

O topo do Império Otomano era ocupado pelo sultão, um descendente de Osman. Assim como em outros impérios do início da era moderna, a religião era um dos pilares da legitimidade dinástica do Império Otomano. Ele era o mais importante império islâmico (sunita) da época. Não bastava somente a *Charia* – lei islâmica – ser uma das bases das práticas legais do império (as outras bases eram as leis comuns e o *kanun*, que era formado por leis derivadas de pronunciamentos imperiais), e também não era suficiente o ocasional clamor do sultão pelo título de califa (embora isso fosse de fato raro); o império ainda incluía em seus domínios duas cidades sagradas da Arábia, Meca e Medina, além da cidade sagrada de Jerusalém.

A posse de três cidades sagradas aumentou a importância da Palestina nas mentes das elites imperiais. Os sultões otomanos valorizavam a anual caravana *hajj** (peregrinação), que viajava desde Istambul até Da-

---

*　Esse era o formato original do *hajj*, que hoje é conhecido por ser a peregrinação que milhões de muçulmanos fazem todos os anos até a cidade de Meca, na Arábia Saudita. O ritual histórico de

masco, chegando ao Egito e à Arábia. Abastecer a caravana proporcionava grandes vantagens econômicas para aqueles que viviam nas áreas de passagem, como a Palestina. Além disso, na época em que o governo de Istambul era forte e rico, ele organizou postos militares na Palestina para proteger a caravana de ataques de beduínos. Essa presença militar imperial aumentou a segurança em áreas rurais na época, causando uma expansão nas áreas cultivadas e na população que lá vivia. Os sultões otomanos também patrocinavam trabalhos públicos em Jerusalém. Solimão, o Magnífico, que reinou entre 1520 e 1566, por exemplo, procurou demonstrar sua religiosidade reconstruindo e reformando a cidade. Ele reergueu os muros da cidade (que existem até hoje) e construiu aquedutos, fontes, hospitais e escolas.

(Embora o "alto" islão fosse uma fonte importante de legitimidade para o Estado otomano, as crenças e as práticas populares na Palestina variavam muito, assim como em todo e qualquer outro lugar. Um viajante francês que foi à Palestina no século XVIII descreveu o seguinte incidente:

> "Por quê", perguntou o beduíno, "você quer retornar para seus francos? Já que você não tem aversão a nossas maneiras; já que você sabe usar uma lança e guiar um cavalo como um beduíno, por que você não fica conosco? Nós lhe daremos mantos, uma tenda, uma jovem e virtuosa beduína, e uma égua puro-sangue. Você deve ficar em nosso lar."
>
> "Mas você não sabe", respondi, "que, nascido entre os francos, fui educado de acordo com a religião deles? Como é que os árabes tratarão este infiel, ou pensarão deste apóstata?"
>
> "E você então não percebe", disse ele, "que os árabes levam a vida sem se perturbar com as coisas do profeta ou do Alcorão? Todo homem de nosso grupo segue as diretrizes de sua consciência. Homens têm o direito de julgar as ações, mas a religião deve ser deixada para o julgamento de Deus somente."

Este conto foi obviamente elaborado de forma cuidadosa, mas ele possui um fundo de verdade. Educado e não educado, urbano e rural; os muçulmanos têm, naturalmente, abordagens diferentes em relação ao Islamismo. A tentativa de impor um islamismo ortodoxo e rígido e um "estilo de vida islâmico" a todos os palestinos muçulmanos só chegaria durante a Idade Moderna.)

Independentemente da significância da religião na Palestina, durante os primeiros séculos de controle otomano, o governo imperial foi bondo-

---

desapego, arrependimento e reflexão é um dos cinco pilares da religião islâmica – junto com o testemunho, a reza, a esmola e o ramadã. (N.T.)

CAPÍTULO 2 – CULTURAS NACIONALISTAS | 41

so com sua população. Na verdade, ele permaneceu assim durante toda a existência do império. Grande parte da população da Palestina era rural – tanto que até 1922, 65% da população ainda vivia em áreas rurais – e, além disso, era densamente concentrada dentro ou nas proximidades da montanhosa área do interior da Palestina. Viver na planície litorânea ou nas terras baixas do leste colocava a população à mercê dos beduínos, e o governo imperial pouco podia fazer contra eles. Sem os recursos modernos de comunicação e a tecnologia militar, os otomanos do início da era moderna tinham dificuldade de controlar áreas com terrenos muito acidentados. Até o final do século XVIII, por exemplo, o governo imperial só conseguia coletar os impostos da região de Nablus por meio de um processo chamado *dawra* (circuito). Em vez de manter presença permanente na área, o governador otomano ou seu deputado iam pessoalmente ao local, acompanhados de suas tropas, para uma excursão anual pelo interior, exibindo a bandeira do império e lembrando o povo de suas obrigações financeiras com o Estado otomano.

Estima-se que no início do século XIX existiam mais de mil vilarejos no território entre o mar Mediterrâneo e o rio Jordão que se tornou então conhecido por "Palestina". Em suas viagens pela Palestina em 1855, a britânica Mary Eliza Rogers descreveu um desses vilarejos da seguinte forma:

> Quando saí no dia 11 de fevereiro, avistei trabalhadores ocupados, na planície, aos pés do Monte Carmelo. Grandes quantidades de terra estavam sendo aradas. A terra fértil e marrom era retirada por estranhos carros com ferramentas, puxados por bois. Garotos tinham a função de juntar pedras retiradas da terra e levá-las até outros homens que estavam construindo muros de pedra. Mudas de figo-da-índia estavam sendo plantadas perto de um jardim de orquídeas. Tanto os jardins quanto as orquídeas estavam lindos. Árvores de amêndoa floresciam. Limoeiros e toranjeiras estavam repletos de frutas. [De repente], duas pequenas garotas da família Sakhali vieram em minha direção. Convidei minhas pequenas e simpáticas visitantes para ficar para o café da manhã. Elas vestiam calças escuras de algodão, muito largas e compridas, e jaquetas de tecido justas, que as cobriam até o pescoço. Elas também vestiam *mundils*, uma espécie de lenço muçulmano, muito colorido, que era colocado sobre a cabeça como um xale, passava por baixo do queixo e era amarrado pelas extremidades na cabeça. Elas se divertiram ao ouvir histórias sobre as crianças inglesas, e riram muito quando disse a elas que na Inglaterra camelos eram mantidos em belos jardins, somente para que as pessoas os vissem. Elas não conseguiam entender como era

possível viver em um lugar que não tinha camelos para carregar as cargas. Tentei explicar a elas que usávamos carroças e estradas de ferro; mas como elas nunca viram uma carruagem antes, ficou difícil convencê-las de que aquilo existia, mesmo com a ajuda de fotos e figuras. Elas eram inteligentes e perspicazes; e embora tivessem apenas oito e nove anos, já sabiam fazer pão e preparar pratos simples. Elas ficaram surpresas ao saber que ninguém me ensinou a cozinhar; essa é a principal atividade educacional de uma garota árabe.[4]

Embora os comentários de Rogers sejam úteis para termos uma ideia de como era um vilarejo palestino, seria errado dar a eles muito crédito. A exemplo de muitos viajantes ocidentais, Mary Eliza Rogers encontrou na Palestina o que viera buscar: a terra sagrada, inalterada desde a época de Jesus. Ela mal percebeu que sua viagem coincidiu com um período de profunda mudança na sociedade palestina, que afetaria as experiências materiais e mentais do povo que ela visitou. Dois fatores contribuíram para essa mudança.

O primeiro deles foi a expansão das relações de mercado na Palestina e sua integração na economia mundial. A Palestina que Mary Eliza Rogers pensou ter encontrado era um território em que fazendeiros autossuficientes viviam em vilarejos isolados e produziam quase tudo de que precisavam. Quando percebiam alguma carência que não podiam suprir, esses fazendeiros iam ao mercado e trocavam os excedentes de seus produtos por aquilo de que necessitavam. Esse tipo de comércio, que Mary Eliza Rogers pensou que fosse o único vigente na Palestina, era conhecido como economia de ponto de venda, e embora muitos dos vilarejos que ela visitou estivessem de fato satisfeitos com esse tipo de negócio, um número cada vez maior de comunidades na Palestina estava se integrando à economia de mercado – uma economia em que as pessoas produzem não apenas para seu consumo, mas também visando à troca. Isso significava que ao invés de plantar e cultivar apenas para suas necessidades básicas, os fazendeiros passariam a se especializar em cultivos específicos – por exemplo, o algodão – e se concentrariam apenas na venda. Só depois que realizassem a venda de seus produtos, eles iriam trocar o excedente por aquilo de que precisassem.

O surgimento das economias de mercado pelo mundo coincidiu com a expansão de uma economia global baseada em um troca desigual, na qual alguns poucos países "nucleares", que fabricavam produtos acabados,

---

4   ROGERS, Mary Eliza. *Domestic Life in Palestine* [A vida doméstica na Palestina]. Londres: Kegan Paul International, 1989. p. 169-70.

CAPÍTULO 2 – CULTURAS NACIONALISTAS | 43

exportavam para países mais pobres e "periféricos"; e estes, por sua vez, produziam as matérias-primas que alimentavam as fábricas dos países mais ricos. A expansão dessa economia global no Oriente Médio ocorreu simultaneamente ao início da Revolução Industrial no oeste da Europa e acelerou o restabelecimento da paz e da estabilidade durante o período pós-Napoleônico (depois de 1815).

A expansão da economia global no Oriente Médio deflagrou o surgimento dos chamados principados do algodão na Palestina. Durante o século XVIII, o poder do governo central otomano estava em um período frágil, e as autoridades governamentais do império eram frequentemente desafiadas por chefes militares. Dois importantes chefes militares surgiram nessa época na Palestina. Um deles, de origem beduína, Zahir al-'Umar, assumiu o controle da região da Galileia e estabeleceu um principado cuja capital era Acre. Mais ao norte, um ex-escravo do Egito, Ahmad Pasha al-Jazzar, dominou o porto de Sídon (onde hoje fica o Líbano) e estabeleceu um principado que se estendia até o sul da Síria. As lendárias proezas de Al-Jazzar, cujo caráter pode ser revelado pelo seu apelido, *al-saffah* (o carniceiro), são contadas até hoje na Palestina. De acordo com um relato, os servos de Al-Jazzar tinham tanto medo dele que, depois de sua morte, todos esperaram três dias antes de entrar em seu mausoléu. Só depois que seu corpo em decomposição começou a cheirar mal, eles tiveram a certeza de que a visita não despertaria a sua ira.

O fato de tanto Zahir al-'Umar quanto Ahmad Pasha al-Jazzar terem optado por estabelecer suas capitais no litoral indicava a crescente importância do comércio internacional neste período. A Revolução Industrial começou com avanços na manufatura têxtil, e o algodão de boa qualidade do Império Otomano vinha da região da Galileia. No início do século XVIII, comerciantes franceses haviam se estabelecido em Sídon e Acre. Logo vieram comerciantes de outros lugares. Como a competição europeia crescia e a quantidade de algodão era limitada, os preços subiram e os donos das terras expandiram sua área de cultivo. Por isso os vestidos das meninas da família Sakhali devem ter sido feitos de lã, e provavelmente há muito tempo. E Mary Eliza Rogers não tinha a menor ideia disso tudo. Zahir al-'Umar negociava algodão cultivado em seus domínios em troca de armas europeias e usava seus lucros para reconstruir Acre e fundar uma nova cidade portuária, Haifa. Para os otomanos, aquilo era o bastante. Em 1775, o governo otomano enviou forças navais contra a capital de Zahir al-'Umar e reconheceu Al-Jazzar como governante da região. Como um bom chefe militar, Al-Jazzar assumiu rapidamente a área de Zahir al-'Umar.

Como governante, Al-Jazzar manteve suas províncias dependentes do algodão. Essa dependência tinha, por vezes, consequências desastrosas. Quando Eli Whitney inventou o descaroçador de algodão, em 1793, a área de cultivo no sul da América se expandiu, e o algodão americano saturou o mercado. Em 1852, o preço do algodão exportado da região da Galileia havia caído 90%, levando muitos fazendeiros à falência. Mas a esperança permaneceu. Com o início da Guerra da Crimeia (1853-1856), a demanda por algodão nos Estados europeus cresceu, assim como ocorreu com a Guerra Civil Americana, que retirou o algodão americano temporariamente do mercado. Nesse período, os fazendeiros palestinos voltaram a cultivar algodão. E quando o algodão americano voltou ao mercado em 1865, eles viveram os mesmos infortúnios de 15 anos antes.

IMAGEM 3. Mercado de Jafa no século XIX. (Fonte: do acervo do autor.)

De maneira geral, o cultivo visando ao lucro na Palestina se expandiu durante o século XIX. Em 1850, o valor estimado das exportações de agricultura do porto de Jafa era de 24 mil libras; em 1881, subiu para 336 mil libras; às vésperas da Primeira Guerra Mundial, no ponto alto do que muitos historiadores chamam de "primeira era da globalização", as cifras chegaram a 750 mil libras. Embora grande parte dessas exportações consistisse em cereais, depois de 1873 elas incluíram a famosa laranja de Jafa, cuja pele grossa permitia que ela fosse transportada e exportada sem amassar.

Como já vimos, a crescente dependência das exportações por parte dos agricultores palestinos durante o "longo século XIX" deixou-os presos na armadilha das fortes oscilações do mercado internacional. Mas a integração da Palestina na economia mundial e a expansão da economia de mercado dentro de seu território também trouxeram outras consequências. A expansão de uma economia de mercado dentro da Palestina aumentou o que os historiadores chamam de "espaço social" de seu habitantes, mudando a percepção das pessoas em relação ao mundo em que elas viviam, fazendo-as perceber que elas eram uma ligação entre a cidade e o interior, e que tinham um contato com o resto do mundo, cada vez maior e mais importante.

O segundo fator que contribuiu para a transformação da Palestina no século XIX foi a restruturação do aparato governamental para que o Estado pudesse de maneira mais eficaz trabalhar com um leque maior de atividades, intervir na vida dos cidadãos, além de supervisionar e regimentar seus empreendimentos. Ironicamente, não foi o Império Otomano que iniciou estes esforços na Palestina. Quem tomou a frente disso foi o temperamental chefe militar do Egito, Mehmet Ali, que introduziu aos palestinos as técnicas de estadismo moderno, na década (1831-1841) em que os egípcios ocuparam a Palestina.

Mehmet Ali era filho de um pirata albanês. Depois que Napoleão invadiu o Egito em 1798, Mehmet Ali conduziu um contingente de tropas para se juntar a uma força anglo-otomana que fora enviada para expulsar um general de pouca expressão da região que era, na época, uma província do Império Otomano. Logo no início da campanha, Mehmet Ali assumiu o controle do Egito e, para assegurar sua posição contra uma eventual retaliação otomana, realizou um esforço combinado para reestruturar o governo, o Exército e a economia da província. Mas as ambições de Mehmet Ali não pararam por aí. Afirmando que os otomanos lhe prometeram o território que hoje é a Palestina, a Síria e o Líbano, em troca de sua assistência em conter a rebelião na província otomana da Grécia, Mehmet Ali enviou seu filho, Ibrahim Pasha, rumo ao norte, com um exército sob seu comando. Para Mehmet Ali, seu território – também conhecido como "a Grande Síria" – era um prêmio que justificava o combate. Ocupar esse território possibilitaria aos egípcios controlar o comércio que passava para o leste do Mediterrâneo. Essa ocupação daria também ao Egito acesso a matérias-primas como lenha, seda e algodão, para abastecer fábricas e estaleiros navais que Mehmet Ali planejava construir em seus domínios. Finalmente, ocupando a Grande Síria, os egípcios poderiam garantir a rota de fuga que os camponeses, que pouco confiavam nas organizações militares e laborais do governo do Egito, utilizavam com frequência para fugir de suas recentemente impostas obrigações.

Assim como fez o seu pai no Egito, Ibrahim Pasha introduziu na Palestina muitas das instituições e estruturas associadas ao Estado moderno. Ele desarmou os cidadãos e implementou o recrutamento militar para garantir o monopólio do Estado nas questões de segurança de seu recém-conquistado território. Impôs taxas diretas para a população, para que os intermediários não tivessem direito a comissões na receita do Estado; e para ajudar os governadores egípcios a extrair impostos da população rebelde, ele nomeou conselhos consultivos formados por indivíduos que conheciam as leis do local. Ele encorajou os cultivos que visavam ao rendimento, já que os produtos poderiam ser vendidos para o exterior; e investiu em trabalhos públicos, como a construção de ruas e canais de irrigação para expandir as terras cultiváveis, permitindo que os produtos colhidos fossem transportados para o mercado com mais rapidez. Por fim, também reforçou o controle centralizado.

Como era de se esperar, o povo palestino não ficou muito entusiasmado com o que definimos como sinais da modernidade. Mary Eliza Rogers conta a seguinte história:

> Um conhecido meu, Muhammad, ficou cego de um olho. Quando o indaguei sobre aquilo, ele me disse que sua mãe propositadamente destruíra sua visão com folhas venenosas, quando ele ainda era jovem, para que ele fosse dispensado do serviço militar. Essa prática era muito comum no Egito até que Ibrahim Pasha ordenou a formação de um regimento formado inteiramente por soldados caolhos, e todos aqueles que haviam perdido a visão de um olho, por acidente ou intencionalmente, seriam obrigados a se alistar. Muhammad, assim como muitos outros, foi convocado, e o regimento ciclope tornou-se o mais formidável do Exército egípcio.[5]

Contudo, o relógio não anda para trás. Depois de os otomanos, com a ajuda dos britânicos, expulsarem o Exército egípcio e sua administração da Palestina, eles herdaram grande parte das inovações desse povo, e ainda as aprimoraram. Embora muitos dos programas introduzidos

---

5 ROGERS, Mary Eliza. Op. cit., p. 175.

CAPÍTULO 2 – CULTURAS NACIONALISTAS | 47

pelo governo otomano fracassassem nas províncias, ou produzissem resultados diferentes dos esperados, a expansão dos recursos do Estado otomano, como a integração da Palestina na economia mundial, continuou acontecendo progressivamente até o final do século e no início do século seguinte. Como, então, a expansão do controle do Estado afetou a vida na Palestina?

Em primeiro lugar, a reafirmação do poder otomano na Palestina garantiu que haveria maior segurança para a agricultura e para aqueles que nela trabalhavam. A presença de um exército de ocupação na região durante o período egípcio garantia uma segurança firme. Mas com a saída das tropas egípcias em 1841, houve um intenso conflito entre os líderes locais, especialmente na região de Jerusalém. No início da década de 1850, temendo que a disputa com facções cristãs rivais pelo acesso a locais sagrados em Jerusalém provocasse a intervenção europeia, os otomanos colocaram tropas na região e assumiram o controle direto sobre Jerusalém. Os otomanos logo contiveram as rebeliões da área rural, e à medida que o faturamento nas áreas pacificadas crescia, aumentava também o número de distritos sob seu controle. E em todos os locais em que afirmavam sua autoridade, eles implementavam recrutamentos, cobravam impostos e acabavam com o poderio militar das famílias. Assim que o controle otomano ficou bem estabelecido na área montanhosa, eles partiram em direção às planícies. Então estabeleceram novas tropas, construíram novas ferrovias (entre elas a famosa *Hejaz Railway* e a ferrovia que ligava Jerusalém a Jafa, no litoral) e assentaram os beduínos. Na década de 1870, grande parte do Vale de Jezrael estava cultivado com trigo, cevada, milhete, gergelim, algodão, tabaco e mamona. No litoral, entre Haifa e Jafa, o processo de recultivo era lento, mas também irreversível.

Muitos grupos participaram do recultivo nas planícies. Entre eles, os beduínos. Embora o Exército otomano tivesse assentado forçosamente os beduínos mais rebeldes, algumas tribos aceitaram o assentamento de maneira voluntária, obviamente acreditando que o juízo era melhor do que a valentia. Alguns aderiram ao assentamento porque o aumento nos preços dos produtos agrícolas pelo mundo fez do cultivo de rendimento algo mais lucrativo e seguro do que a economia baseada na troca de produtos com os vizinhos. A relativa segurança das planícies também atraiu colonos religiosos da Europa, como os recentes Templários, um grupo de colonos protestantes da Alemanha que vieram à Palestina no final da década de 1860 e estabeleceram colônias pelo interior, chegando até a região da Galileia. Possivelmente o mais importante grupo a recultivar a planície costeira, todavia, consistia em fazendeiros de vilarejos montanhosos vizinhos, que estabeleceram assentamentos-satélites, denominados *khirab* (*khirba,* no singular) nas terras baixas. *Khirba* significa "local de ruínas". Como os camponeses moravam em seus próprios lares durante a maioria do tempo, e só desciam para as planícies na época de plantar ou colher, seus alojamentos temporários pareciam abandonados e decrépitos.

IMAGEM 4. Camponeses palestinos colhendo azeitonas, 1886. (Fonte: do acervo do autor.)

CAPÍTULO 2 – CULTURAS NACIONALISTAS | **49**

O estado abandonado desses assentamentos-satélites criava uma impressão da Palestina para os visitantes do oeste e para os colonos sionistas que não representava a realidade. Por exemplo, Mark Twain, que visitou a Palestina em 1867, descreveu a região da seguinte forma em seu livro *Innocents Abroad* [Inocentes no estrangeiro]:

> [A Palestina é] uma região desolada, com um solo muito fértil, totalmente entregue as ervas daninhas – uma vastidão silenciosa e lúgubre... A desolação daqui não pode ser amenizada com pensamentos de vivacidade e ação... Nós não vimos sequer um ser humano em todo nosso caminho... Raras eram as árvores e os arbustos. Até mesmo as oliveiras e os cactos, bons amigos até dos solos inférteis, já praticamente desistiram dessa terra.

E alguns dos primeiros sionistas, abrigados na Europa, adotaram o lema "uma terra sem um povo para um povo [judeus] sem uma terra". Os turistas como Twain, e os defensores do assentamento como os primeiros sionistas, não compreendiam que os vilarejos que pareciam abandonados e em ruínas na planície indicavam de fato uma evolução na segurança e na prosperidade, e não uma ausência de habitação. Na verdade, as estatísticas da época sustentavam a falsa ideia de que havia uma terra vazia esperando que alguém viesse reivindicá-la: de 1880 a 1913 houve um crescimento populacional regular na Palestina. Durante esse período, a população total da Palestina cresceu cerca de 50%, e a população das maiores cidades dobrou. Embora a chegada de 50 mil judeus europeus tenha colaborado para esses números, os imigrantes judeus representavam somente 7% da população total de 750 mil pessoas. A Palestina definitivamente não era uma "terra sem um povo". A maior segurança e a possibilidade de lucros não eram os únicos motivos para a reivindicação das terras para a agricultura. Não foram essas também as únicas razões para que a Palestina se tornasse um investimento atrativo durante a segunda metade do século XIX. Desesperado para aumentar suas receitas, o governo otomano mudou as regras do jogo imobiliário na metade do século. Em 1858, o governo promulgou um novo código de leis para as terras, dando sanção legal à existência de propriedades privadas em quase toda a extensão do império.

Para compreender o quão revolucionário era esse novo código de terras de 1858, é importante entender que, antes desse anúncio, grande parte do território do império estava legalmente nas mãos do Estado. As áreas em questão eram conhecidas como terras *miri*. Embora o povo otomano fosse livre e não tivesse obrigações contratuais com o cultivo de suas terras, eles não tinham direitos incondicionais sobre o solo plantado. Na maioria dos casos, os camponeses tinham o direito de viver, trabalhar e usufruir do que foi produzido em suas terras, mas eles não as tinham como propriedade, não podiam vendê-las legalmente nem passá-las oficialmente a seus descendentes. (É importante registrar aqui que havia diferenças entre a prática real e os acordos legais. Perante a lei, a propriedade da terra era incomum no Império Otomano; na prática não.)

Na Palestina, a organização dos vilarejos tornou a posse da terra uma questão ainda mais complicada. A principal estrutura societária da Palestina eram os vilarejos; e a principal estrutura societária dos vilarejos eram as famílias. Um vilarejo típico era composto por quatro ou cinco clãs (*hama'il*, no singular, *hamula*). No topo de cada clã estava o membro mais velho (*shaykh*), e o *shaykh* do vilarejo era escolhido entre eles. O *shaykh* representava seu vilarejo perante o mundo externo, que neste caso eram os vilarejos vizinhos, os bandos beduínos e o governo; ele também organizava disputas e eventos entre os vilarejos e regulava o acesso às suas terras. Cada clã tinha o direito de cultivar uma parte preestabelecida do terreno, e cada família de cada clã recebia um lote em cada nova divisão de direito de uso de terras. Essas novas divisões eram normalmente realizadas a cada dois anos. Terras de pastagem, florestas e água eram utilizadas por todos do vilarejo.

Esse sistema levantava uma complicada questão para os arrecadadores de impostos otomanos: quem, exatamente, era o responsável pelo pagamento ao governo, e o que deveria ser pago? A proposta do código de leis para as terras de 1858 era justamente resolver essa questão e, com isso, garantir um fluxo regular de impostos para o governo. A lei permitia que um indivíduo registrasse a terra *miri* que ele cultivava em seu nome, e assim ele seria o responsável imediato pelo pagamento dos impostos daquela propriedade. Ela também permitia que o indivíduo proprietário transferisse o título da terra para outras pessoas. A palavra-chave aqui é "indivíduo": a propriedade coletiva da terra impossibilitava a determinação da responsabilidade sobre os impostos, e agora o Estado não permitia que todo o vilarejo assumisse a responsabilidade pela terra, como era o costume até então. Embora aqueles que registrassem a terra não tivessem direitos absolutos sobre ela – o Estado ainda tinha o direito de regular e transferir o uso da terra –, a nova lei deu às terras do Estado uma condição de "propriedade livre" que nunca antes elas tiveram.

Isso foi o que ocorreu no papel. Na verdade, o código das terras de 1858 teve problemas em virtude das burocracias imprevistas em Istambul, levando a consequências indesejadas que ninguém podia esperar. Como a lei não reconhecia o posse coletiva da terra, tanto os *shaykhs* dos vilarejos quanto os chefes beduínos registravam as terras em seus próprios nomes. Isso, obviamente, criou um sistema de estratificação social e econômica muito rígido, em que nada do que antes existia tinha algum valor. Ademais, os camponeses que cultivavam a terra normalmente não tinham dinheiro para pagar o registro, e perdiam o terreno para agiotas que emprestavam dinheiro para a compra de sementes e suprimentos, cobrando até 40% de juros; em outros casos, eles transferiam a terra para ricos moradores das áreas urbanas, que gostavam da ideia de aumentar suas posses. Os camponeses sabiam muito bem que não foi a generosidade que motivou o governo otomano a lhes dar o direito de registrar suas terras em seu nome; a maioria preferia acreditar, com razão, que o registro da terra cultivada só servia para que o governo cobrasse seus impostos de maneira mais eficiente e ainda monitorasse seus filhos para que eles prestassem o serviço militar.

Os moradores ricos das áreas urbanas não se beneficiavam somente da pobreza dos camponeses palestinos. Eles também usavam com frequência a sua posição para ter acesso à terra. Depois de reassumir o controle da Palestina, o governo otomano autorizou a formação de conselhos eleitos para auxiliar os funcionários otomanos designados por Istambul. Como o conselho tinha a responsabilidade de defender o cumprimento do código de 1858, seus membros mais importantes podiam fazer ofertas em propriedades não registradas por meio de um processo que os políticos do Tammany Hall* de Nova Iorque chamavam de "corrupção legal" – que consistia em utilizar o conhecimento e o acesso disponíveis apenas para pessoas com privilégios para o enriquecimento. As oportunidades de corrupção legal aumentaram na Palestina a partir da metade do século XIX, quando o governo otomano deu às cidades o poder de cobrar impostos de seus habitantes, preparar seu próprio orçamento e oferecer contratos para serviços municipais, pela primeira vez em sua

---

* A Tammany Hall foi uma sociedade política, formada por membros do Partido Democrata dos Estados Unidos, que dominou o governo municipal da cidade de Nova Iorque entre 1854 a 1934, quando Fiorello La Guardia, do Partido Republicano dos Estados Unidos, foi eleito prefeito da cidade. A sociedade foi fundada em 1786, e deixou de existir na década de 1960. (N.T.)

história. Jerusalém obteve esses direitos em 1863, e Jafa em 1872. Para os ricos urbanos, como os líderes do Partido Democrático de Nova Iorque, a posição gera riqueza, a riqueza gera poder e o poder gera posição. Eles continuaram a desempenhar um importante papel na política local da Palestina, de uma forma ou de outra, inclusive durante o período pós-guerra. Como veremos, a sua contínua competição por posição e *status* só serviu para esconder a emergência de um movimento nacional de unificação na Palestina.

O fato de grande parte das terras acabar pertencendo a proprietários ausentes afetou o futuro da história da Palestina ainda de outra forma. Os proprietários que compraram terras apenas porque eram um investimento seguro e lucrativo, frequentemente, viviam em cidades distantes de seus terrenos e tinham poucos vínculos com a região ou com as pessoas que lá viviam. Muitas vezes, suas propriedades eram muito extensas: a família Sursoq, de Beirute, por exemplo, conseguiu acumular mais de 180 quilômetros quadrados de terras de ótima qualidade no Vale de Jezrael. Quando os representantes do Fundo Nacional Judaico vieram com ofertas generosas pela terra para estabelecer os assentamentos judeus, muitos não hesitaram em fechar negócio. A diferenciação entre as famílias que venderam as suas terras aos sionistas e aquelas que não o fizeram é algo que faz parte da memória coletiva palestina até hoje.

Se por um lado os conselhos eleitos, os títulos municipais e o registro de terras permitiram que uma pequena camada das altas classes das cidades consolidasse seu poder e influência dentro da sociedade palestina, outras políticas tiveram resultados diferentes. Durante o século XIX, o governo otomano emitiu dois decretos que redefiniam as relações entre os súditos do império e a relação entre esses súditos e o Estado que os governava: o *Hatt-i Sharif* de Gulhane (1839) e o *Islahat Fermani* (1856). Esses documentos prometiam aos súditos otomanos "toda a segurança para sua vida, honra e propriedade", além de liberdade religiosa e igualdade de condições para os habitantes não muçulmanos do império. Em outras palavras, o *Hatt-i Sharif* de Gulhane e o *Islahat Fermani* redefiniam os súditos imperiais como cidadãos que tinham ligações por residirem no mesmo território, por estarem submetidos ao mesmo conjunto de leis e por serem leais ao Estado otomano.

A essa altura já ficava claro qual era o objetivo do governo otomano com esses decretos. O que surpreendeu, porém, foi a velocidade com que os novos cidadãos otomanos aceitaram e se adaptaram às promessas

CAPÍTULO 2 – CULTURAS NACIONALISTAS | 53

feitas pelo governo. De acordo com o historiador Beshara Doumani, já no início da década de 1840 na Palestina, camponeses endereçavam petições ao governo de Istambul já fazendo uso dos termos presentes no *Hatt-i Sharif*. Nessas petições, os camponeses prometiam a sua lealdade, reclamavam das ilegalidades cometidas por aqueles mais bem posicionados social e economicamente, e suplicavam para que o sultão cumprisse seu compromisso de estabelecer a justiça e a igualdade de direitos descritas pela lei. As petições eram uma clara indicação de que, apesar dos sinais de evolução na estratificação social e econômica dentro da Palestina, a "nacionalização" dos habitantes da região – a adoção de uma visão de mundo compatível com os princípios do sistema de Estado-nação – estava de fato acontecendo.

A NACIONALIZAÇÃO DOS JUDEUS DA EUROPA

Joseph Roth era um judeu nascido na Galícia austríaca em 1894. Integrantes mais cosmopolitas do Império Austro-Húngaro, incluindo os judeus das áreas que falavam em alemão, consideravam a Galícia uma região isolada do império. Anexada pelos austríacos em 1772 durante uma das divisões periódicas da Polônia que ocorreram no século XVIII, a região fazia fronteira com o Império Russo e era habitada por diversos povos, em sua maioria ucranianos pobres, poloneses e judeus. Embora pequena, a cidade onde Roth nasceu, Brody, foi um dos centros do Iluminismo judaico (sobre o qual falaremos posteriormente), e muitos de seus residentes judeus sofreram influência de um tipo de cultura de estilo ocidental, muito comum na época nas regiões que falavam alemão do império. O próprio Roth estudou o segundo grau em uma escola de língua alemã em Brody, antes de completar seus estudos em Viena, a capital do vasto Império Austro-Húngaro. Não obstante, ele permaneceu consciente de suas raízes judaicas: "Não há destino mais duro", escreveu ele, "do que ser um *Ostjude* [judeu do leste europeu] estrangeiro em Viena".[6]

O jovem Roth, desse modo, viajou por dois mundos, e isso deu a ele uma vantagem única quando decidiu se tornar jornalista e escritor. Seus romances e contos, escritos depois da Primeira Guerra Mundial, são repletos de nostalgia pelo velho mundo do Império Austro-Húngaro e de

---

6   COETZEE, J. M. "Emperor of Nostalgia" [Imperador da nostalgia]. New York, *Review of Books*, fev. 2002.

choques em relação ao novo mundo, em que os grandes impérios saíram de cena dando lugar aos Estados-nação. Em um de seus melhores contos, "The Bust of the Emperor" [O busto do imperador], ele descreve essa mudança por meio de um jovem aristocrata austríaco, Franz Xaver Morstin. Roth apresenta Morstin da seguinte forma:

> Bem, no vilarejo de Lopatyny vivia o conde Franz Xaver Morstin, o rebento de uma antiga família polonesa – uma família que, a propósito, veio originalmente da Itália, e se mudou para a Polônia no decorrer do século XVI. Sendo ele um homem jovem, o conde Morstin serviu com a tropa Ninth Dragoons. Ele não se achava nem polonês, nem italiano; nem membro da aristocracia polonesa, nem descendente da aristocracia italiana. Não, assim como muitos outros como ele, nos antigos reinados da Áustria-Hungria, ele fazia parte do mais nobre e puro tipo de austríaco que existe: ele era um homem além de sua nacionalidade e, portanto, um aristocrata no verdadeiro sentido da palavra. Se alguém perguntasse a ele, por exemplo – mas quem iria perguntar algo tão absurdo? – "você sente que faz parte de qual 'nacionalidade' ou povo?", ele simplesmente responderia com um olhar inexpressivo e vazio a seu indagador, e talvez até ficasse irritado. Com base em qual critério ele deveria eleger sua fidelidade por esta ou aquela nação? Ele falava grande parte das línguas europeias com equivalente fluência, conhecia muito bem a maioria dos países, tinha amigos e parentes espalhados por todo esse colorido mundo. Agora, a monarquia dupla era como um mundo bagunçado, e aquele era o único lar possível para o conde.[7]

O conde Morstin era um saudosista. Ele acreditava que não havia amor maior do que o amor que sentia por seu império e seu imperador, cujo busto adornava a entrada de seu castelo, nem havia maior honra do que servir a esse império e a esse imperador, de forma a aumentar ainda mais o seu poder. Outros dentro do império, todavia, pensavam de outra maneira, como relata o complacente narrador da história, "foi descoberto no decorrer do século XIX que todo indivíduo tinha de ser membro de uma raça ou nação específica, se este quiser ser um indivíduo burguês plenamente integrado".

Isso o conde não conseguia entender. Ele estava a ponto de ir até o publicano judeu Salomão Piniowsky, o único homem em toda a parte

---

7 Todas citações de ROTH, Joseph. "The Bust of the Emperor" [O busto do imperador]. In: *The Collected Stories of Joseph Roth* [Histórias selecionadas de Joseph Roth]. Trad. Michael Hofmann. New York: W. W. Norton, 2003. p. 227-47.

CAPÍTULO 2 – CULTURAS NACIONALISTAS | 55

que parecia demonstrar um pouco de senso comum, dizendo: "Ouça-me, Salomão! Aquele detestável Darwin, que diz que as pessoas descendem dos macacos, parecer estar certo, afinal de contas. Elas não se satisfazem em ser divididas em povos. Não! Parece que agora todos querem fazer parte de nações diferentes. Nacionalismo – veja isso, Salomão! – nem mesmo os macacos poderiam ter uma ideia desse tipo. A única coisa errada com a teoria de Darwin é que ela está invertida. No meu livro, os macacos descenderão dos nacionalistas, porque eles estão um passo à frente deles. Você conhece a sua bíblia, Salomão, você sabe que lá está escrito que Deus criou o homem no sexto dia, mas ela não fala nada sobre os nacionalistas. Não é verdade, Salomão?"

"Certíssimo, conde!", responderia o judeu Salomão.

Não é necessário dizer que o conde e seu amigo judeu estavam atrasados no tempo. Ao invés de ser uma moda passageira, como julgava o conde Morstin, o nacionalismo provou ser a ruína do amado império do conde. Voltando ao seu lar depois de cumprir seus deveres imperiais na Primeira Guerra Mundial, o conde chega a uma melancólica conclusão:

> Meu antigo lar... era uma grande casa com muitas portas e muitos aposentos, para todo o tipo de pessoa. Essa casa foi dividida, destruída e arruinada. Hoje, eu não a reconheço. Estou habituado a viver em uma casa, e não em uma choupana.

Incapaz de se ajustar a um mundo que exige passaportes mas não liga para imperadores, conde Morstin morre falido. Seu último pedido é ser enterrado ao lado do busto do imperador, que representou para ele tudo o que era certo no mundo.

"O busto do imperador" é, obviamente, uma parábola, e Roth claramente sentia que o "terrível pesadelo" do nacionalismo do qual o conde não conseguiu escapar era uma forma de psicose em massa que envolveu e vitimou toda a Europa – inclusive os judeus. Assim como Morstin, Roth ficou estupefato pelo fato de que, como ele mesmo explica, "todas aquelas pessoas que nunca foram nada além de austríacos em Ternopil, em Sarajevo, em Viena, em Brno, em Praga, em Chernivtsi, em Oderburg, em Opava... começaram a seguir a 'ordem do dia,' e a chamar eles mesmos de poloneses, tchecos, ucranianos, alemães, romenos, eslovenos, croatas [e deve-se aqui acrescentar judeus], cada qual com sua 'nação'". Mas embora houvesse aqueles que simpatizavam com as reflexões do conde Morstin, a abordagem de Roth sobre o nacionalismo e suas raízes era superficial e pouco satisfatória. O nacionalismo não se espalhou pela Europa imperial porque alguns súditos imperiais impulsivos e de pouca visão tomaram decisões estúpidas, ou porque ele "era a expressão adequada para os instintos maus daqueles que constituíam as castas da recém-criada nação". A difusão do nacionalismo pela Europa imperial surgiu como reação natural às mesmas condições que incitaram sua difusão pelo Império Otomano: a propagação da consolidação do sistema de Estado internacional, por um lado, e a expansão do sistema econômico internacional, junto ao aumento das relações de mercado dentro dos domínios do império, por outro. Ambas as condições afetaram os judeus da Europa, que representavam cerca de 90% da população total de judeus no mundo.

Desde a Idade Média até o início do período moderno, muitos judeus da Europa viviam em áreas urbanas especialmente designadas, conhecidas como guetos, nos quais a própria comunidade organizava a vida cotidiana. Em outras palavras, a maioria dos Estados da Europa entregava à comunidade judaica a responsabilidade sobre diversas atividades, como ritos sociais (circuncisão, casamento e funeral), provisionamento, educação, caridade e bem-estar, além do julgamento de disputas e o gerenciamento de transações comerciais dentro da comunidade.

Os primeiros problemas desse sistema começaram a aparecer com o surgimento do que os historiadores chamam de Estado absolutista. Durante o século XVIII, diversos líderes enérgicos – Luís XIV na França (reinou entre 1643-1715), Frederico, o Grande, na Prússia (reinou entre 1740-1786), Catarina, a Grande, na Rússia (reinou entre 1762-1796) e Maria Teresa (reinou entre 1740-1780) e José II na Áustria (reinou entre 1780-1790) – afirmaram a primazia do governante sobre seus súditos e sobre o território por eles habitado. Embora os Estados por eles construídos não detivessem a eficácia, a regularidade e a variedade de atividades que os Estados modernos tinham, o modelo adotado de líderes estadistas fortes acabou desguarnecendo toda e qualquer tentativa de estrutura de mediação entre o governante e os governados. Entre essas estruturas de mediação estavam as corporativas, que davam aos súditos pertencentes a seu grupo, como os judeus, por exemplo, todas as autonomias locais que eles quisessem. Esse processo era desigual tanto dentro dos Estados, quanto de um Estado para outro, e como o Estado moderno surgiu do Estado absolutista no oeste e no centro europeu antes de surgir no leste, a história subsequente das regiões e de suas comu-

CAPÍTULO 2 – CULTURAS NACIONALISTAS | 57

nidades judaicas começou a divergir. De qualquer forma, o ano de 1791 é um divisor de águas em todas as regiões.

Na Europa ocidental e central, a destruição de estruturas corporativas e a distinção legal que separava os judeus de seus compatriotas são chamadas de "Emancipação Judaica". O apogeu da emancipação judaica ocorreu na França em 1791, durante a Revolução Francesa, quando a promessa de "liberdade, igualdade e fraternidade" veio substituir (pelo menos na teoria) os privilégios aristocráticos e as rígidas hierarquias sociais. Um membro da Assembleia Nacional da França propôs garantir aos judeus todos os direitos de cidadania francesa da seguinte forma:

> Aos judeus como nação, tudo deve ser negado, mas como indivíduos, tudo deve ser garantido. Eles devem ser cidadãos. Muitos afirmam que eles não querem ser cidadãos, [mas] não pode haver uma nação dentro de outra nação. Não é tolerável que os judeus se tornem uma formação política separada, ou uma outra classe dentro do país. Cada um deles deve, individualmente, se tornar cidadão.[8]

Depois da França, outras nações do oeste e do centro europeu garantiram a total emancipação de seus judeus: Grã-Bretanha (1858), Suíça (1866), Áustria (1867), Itália (1870) e Alemanha (1871). De modo geral, todo o processo de emancipação legal foi concluído no oeste e centro da Europa dentro da década de 1870, mas contratempos não deixaram de existir. Ao entrar em sintonia com as ideias da cidadania, vivenciando os direitos e as obrigações de um cidadão e realizando atividades cotidianas lado a lado com seus "conacionais", os judeus do oeste e do centro da Europa tornaram-se cada vez mais nacionalizados, da mesma forma que os habitantes do Império Otomano estavam se nacionalizando no mesmo período. Mas embora a maioria da população do oeste e centro europeu tenha recebido bem a emancipação judaica – entre as exceções estavam os líderes comunitários "tradicionais", que naturalmente temiam perder sua posição e *status* por causa do novo sistema – e embora os judeus do leste europeu acompanhassem com entusiasmo a sua progressão, ela não chegou ao leste tão rapidamente. A Rússia, por exemplo, não emancipou os judeus até 1915.

---

8   MENDES-FLOHR, Paul; REINHARZ, Jehuda. *The Jew in the Modern World: a Documentary History* [O judeu no mundo moderno: uma história documental]. New York: Oxford University Press, 1995. p. 115.

IMAGEM 5. *Shtetl* judaico (vilarejo) na Polônia, data desconhecida. (Fonte: Museu Judaico, Londres.)

Cerca de 75% dos judeus do mundo viviam no leste europeu durante o século XIX, e grande parte deles vivia dentro das fronteiras do Império Russo. Esses judeus estarão no centro desta história porque foi entre eles que o sionismo atingiu sucesso notável. A presença de tantos judeus no Império Russo era um fenômeno relativamente novo. Antes do século XVIII, czares russos tentaram manter os judeus fora de seus domínios. Porém, a consolidação do Estado sob o comando de Pedro, o Grande, e Catarina, a Grande, somada ao insaciável apetite russo por expansão territorial, logo tornaram essa tentativa isolacionista impossível. Em 1772, Rússia, Áustria e Prússia dividiram a Polônia entre eles, depois fizeram uma nova divisão em 1793 e, uma vez mais, em 1795. Os territórios anexados pela Rússia (e também aqueles anexados pela Áustria e pela Prússia) contavam com um grande número de judeus que lá viviam há séculos.

A repentina aparição de um grande número de judeus dentro de seu império foi um problema que preocupou as elites imperiais russas. Em 1791, Catarina, a Grande, elaborou um plano para lidar com eles: daquela data em diante, os judeus que viviam dentro do império deveriam residir em áreas especialmente designadas, nas regiões marginais a oeste do

CAPÍTULO 2 – CULTURAS NACIONALISTAS | 59

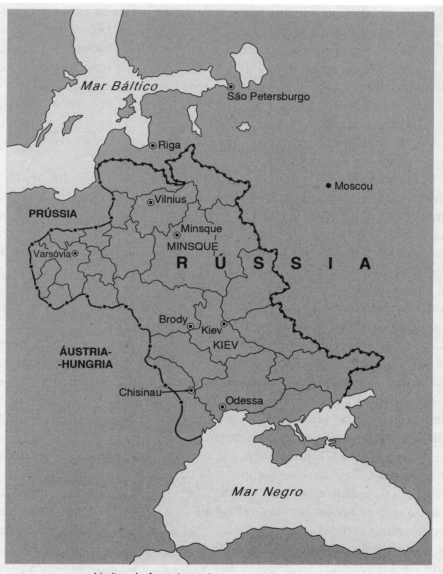

MAPA 4. Os Limites do Assentamento Judaico.

império. Os Limites do Assentamento Judaico, nome recebido por essa área, estendiam-se desde o mar Báltico, na porção norte, até o mar Negro, no sul, e incluíam em suas fronteiras territórios que hoje compõem a Letônia, a Lituânia, a Bielorrússia, a Ucrânia e partes da Polônia. O governo russo permitiu que alguns judeus vivessem fora da área delimitada somente em circunstâncias especiais, e com permissão formal. A maioria dos judeus que ocupava a área delimitada vivia em pequenas cidades e vilarejos pobres (*shtetls*), que eram alvo de periódicos ataques violentos de seus vizinhos não judeus. Culturalmente segregados de seus vizinhos, eles usavam o iídiche – uma mistura de línguas que consistia, em grande parte, em alemão e hebreu, com um pouco de eslavo e até do francês antigo – como sua língua franca.

Uma série de fatores motivou Catarina a estabelecer esses limites territoriais. Embora os comerciantes russos em São Petersburgo e Moscou temessem a concorrência judaica, muitos membros do governo russo acreditavam que a região oeste, carente de população e desenvolvimento, só iria se beneficiar com a presença dos comerciantes judeus. Além disso, as elites políticas russas temiam que a integração de um grande número de judeus poderia trazer efeitos perniciosos ao corpo político. Alguns argumentavam que os judeus deviam ser segregados até que tivessem sido "russificados". Para promover esse projeto, o governo russo promulgou uma legislação regulando todos os aspectos da vida dentro dos limites do assentamento. A legislação proposta foi elaborada visando a minar as estruturas de comunidade tradicionais, direcionando os judeus a "atividades úteis", para que eles não competissem com os não judeus, e encorajando a assimilação (e conversão) por meio da integração dos judeus como cidadãos individuais dentro do império.

No início de 1827, por exemplo, o governo russo começou a recrutar judeus para o Exército do czar junto da população russa não judia. Porém, para os judeus, o recrutamento era feito antes (jovens mais novos), e eles tinham de prestar serviço militar até os 25 anos. O memorando que acompanhou a lei de recrutamento carregava um título imenso, deixando clara a proposta ostensiva: "Memorando sobre a transformação dos judeus para o benefício do império, através da gradual atração destes para professar a fé cristã, aproximando-os e, finalmente, fundindo-os completamente com os demais súditos do império". Com a mesma proposta em mente, o governo russo começou a organizar escolas estaduais dedicadas aos judeus do império em 1841.

De maneira geral, a tentativa de remover as barreiras que inibiam o controle imperial direto sobre as comunidades judaicas no Império Russo teve dois efeitos, aparentemente contraditórios. Por um lado, as estruturas e as instituições que dominaram a vida dos judeus por séculos foram totalmente desestruturadas, e as tradicionais lideranças perderam seu *status* privilegiado dentro da comunidade judaica. Mas, por outro, a assimilação dos judeus na sociedade russa não ocorreu de fato. Isso se deveu, em grande parte, pelo antissemitismo, frequentemente citado e defendido por grupos dentro do próprio governo russo. Foi o grupo político do próprio czar, por exemplo, que concatenou um dos mais vergonhosos tratados antissemitas, os "Protocolos dos Sábios de Sião", no início do século XX. O antissemitismo rendeu aos judeus um inassimilável benefício. Como não fazia distinção entre judeus praticantes e não praticantes, o antissemitismo acabou reforçando a crença dentro da comunidade judaica, que fazia questão de reafirmar sua história e sua cultura, independentemente da prática ou crença religiosa, fazendo que a comunidade se transformasse, de fato, em uma comunidade. Embora essa transformação tenha dado ao judaísmo uma identidade cultural e histórica, ela não foi o gatilho que disparou o nacionalismo judaico (alguns judeus, por exemplo, desenvolveram uma forma de autonomia cultural para suas comunidades dentro dos impérios russo e austríaco), mas certamente foi ela que tornou tudo isso possível.

Além de ter de lidar com as imposições sociais e políticas do governo russo, os judeus que viviam dentro dos limites do assentamento do império tinham que conviver com um instável e normalmente hostil ambiente econômico. Algumas vezes, eram as condições dentro dos limites do assentamento que criavam esse ambiente; em outras, eram os próprios desenvolvimentos econômicos da Rússia. Em 1882, no início dos motins contra os judeus (*pogroms*), o governo russo aprovou uma legislação que somente permitia que os judeus possuíssem, negociassem e até residissem em terras dentro dos limites do assentamento. De acordo com as autoridades, os *pogroms* demonstraram que, apesar dos esforços do governo, "relações anormais entre a raça judaica e o restante da população continuavam acontecendo como anteriormente". Limitados aos seus vilarejos, e proibidos de procurar determinados empregos, os judeus foram forçados a produzir um nicho econômico e demográfico com base nas oportunidades que estavam disponíveis para eles. Por exemplo, a construção do sistema ferroviário russo, entre 1850 e 1870, criou novas oportunidades para os judeus, que poderiam trabalhar como agentes, assistentes e fornecedores. Por outro lado, a libertação dos servos (em 1861) e a fundação de cooperativas rurais não judaicas reduziram as oportunidades para que os judeus trabalhassem como intermediários entre as cidades e a área rural.

Restrições na propriedade de terras e oportunidades cada vez mais escassas na economia rural contribuíram para a mudança do perfil demográfico da comunidade judaica do leste europeu. Embora grande parte dos judeus continuasse vivendo nos *shtetls*, no decorrer do século XIX, o perfil da comunidade judaica tornou-se cada vez mais urbano, e os grandes centros urbanos começaram a incluir progressivamente os judeus. Em 1860, a população judaica na Varsóvia era de 41 mil habitantes (cerca de um quarto da população total da cidade); em 1900, Varsóvia abrigava 220 mil judeus (cerca de um terço do total). Durante o mesmo período, a população judaica de Odessa cresceu de 25 para 140 mil. Em 1929, somente 4% dos judeus no mundo praticavam a agricultura, enquanto 75% estavam envolvidos com comércio, ofícios específicos e indústria. A urbanização da população judaica garantiu que um grande número de judeus tivesse contato com uma sociedade urbana e com movimentos políticos, como o sindicalismo, o socialismo e o nacionalismo. Ela também proporcionou aos futuros sionistas provas incontestáveis de que a vida no exílio tornara a nação judaica muito carente de uma redenção por meio do amor gerado pelo bom nacionalismo.

De certa forma, os sionistas estavam corretos: durante as últimas décadas do século XIX, a comunidade judaica era, em comparação com a comunidade não judaica, desproporcionalmente urbanizada, de classe média, e, se não "russificada", ao menos um pouco mais exposta a questões sociais e políticas que dominavam o discurso público do que um camponês russo ordinário. A urbanização e as restrições da vida nos assentamentos guiaram as escolhas feitas por muitos membros da comunidade, já que suas opções acabaram ficando limitadas. Em condições normais, a vida urbana seria o ponto alto da sociedade russa – ou de qualquer outra – do século XIX. Porém, estando os judeus à mercê de imprevisíveis erupções de violência e de restrições sem sentido por parte do império ditatorial, a opção de um imenso número deles foi a de simplesmente partir.

As décadas que precederam o começo da Primeira Guerra Mundial marcaram o grande período das emigrações. Impulsionados pelos aumentos populacionais que causavam transtornos por limitações de recursos, pelos baixos preços das viagens em navios a vapor, pelas fronteiras pouco controladas, por um quarto de século de crise, que só terminou em 1896, e por colônias carentes de mão de obra na América do Norte, sul da África, América Latina, Austrália e Ásia, muitos europeus decidiram decampar. Os judeus do leste europeu não foram exceção. Entre os anos de 1881 e 1914, mais de 2,5 milhões de judeus – cerca de 20% da população judaica total do leste europeu – deixaram seus lares para sempre. Mas diferentemente dos emigrantes do sul da Europa, por exemplo, grande parte dos emigrantes judeus era qualificada (50%, contra 20% daqueles) e acostumada com as normas da vida urbana.

IMAGEM 6. Entre 1881 e 1914, de 1,5 a 2 milhões de judeus emigraram do leste europeu para os Estados Unidos. O barco a vapor T.S.S. Polonia zarpava da Polônia com imigrantes judeus rumo à América. (Fonte: do acervo do autor.)

As habilidades e os conhecimentos dos judeus afetaram naturalmente a escolha de seu destino. Para a consternação do movimento sionista, a vasta maioria – entre 1,5 e 2 milhões – fez dos Estados Unidos, e não da Palestina, seu destino escolhido (outros 350 mil aproximadamente foram para a Europa Ocidental), e não é possível imaginar qual teria sido o futuro dos assentamentos judaicos na Palestina se não fosse a restrição à emigração da Europa para América em 1921. Não é difícil entender o motivo da escolha da América. Assim explicou o socialista e poeta do leste da Prússia, Judah Leib Levin, em 1881:

> Na Terra Sagrada, nosso sonho estaria longe de acontecer; lá, seríamos escravos do sultão e do Paxá; lá, assim como aqui, teríamos que carregar um grande fardo, em meio ao povo do deserto selvagem, sustentando a nós mesmos com a distante esperança de que, se nossos números crescessem

suficientemente, nós poderíamos, talvez depois de muitos anos, nos tornar um pequeno principado, que por sua vez, através de uma derradeira utopia, poderia nos dar o destino que sonhamos. Mas na América, nosso sonho está mais perto de acontecer... e nossa esperança de conquistar a independência e conduzir nossas vidas de acordo com nossas crenças e inclinações seria enfim uma realidade... A eloquência da bíblia, o triste espetáculo da desolada filha de Sião, a emoção trazida pelas memórias de nossos antepassados, tudo isso nos remete à Terra de Israel. Mas a boa vida nos recomenda a América. Você sabe, meu amigo, que muitos vão suspirar pela Terra Sagrada, mas eu sei que muitos mais vão navegar para a América.[9]

Embora pouco receptivo à ideia de ir para a Palestina, até mesmo Levin compreendia seu apelo. E foi justamente esse apelo o centro do argumento do discurso do movimento sionista. A principal inovação do sionismo foi sua habilidade de integrar o encanto da Palestina com o que pode ser definido como a quintessência do nacionalismo do século XIX. Como essa integração ocorreu e como o sionismo foi capaz de adquirir seguidores em um povo normalmente cético, como o judeu, são os temas do próximo capítulo.

Sugestões de leitura complementar

COHEN, Amnon. *Palestine in the 18th Century: Patterns of Government and Administration* [A Palestina no século XVIII: padrões de governo e administração]. Jerusalém: Magnes Press, 1973. História institucional da Palestina durante um século particularmente turbulento.

DOUMANI, Beshara. *Rediscovering Palestine: Merchants and Peasants in Jabal Nablus, 1700-1900* [Redescobrindo a Palestina: comerciantes e camponeses em Jabal-Nablus]. Berkeley: University of California Press, 1995. Aborda de maneira inovadora a história da sociedade, da economia e da cultura da Palestina central por dois séculos.

KUSHNER, David (Ed.). *Palestine in the Late Ottoman Period: Political, Social, and Economic Transformation* [A Palestina no fim do período otomano: a transformação política, social e econômica]. Jerusalém: Yad Izhak Ben Zvi, 1986. Excelente coleção de ensaios sobre todos os aspectos da história palestina durante o século XIX e início do século XX.

MA'OZ, Moshe. *Ottoman Reform in Syria and Palestine, 1840-1861: the Impact of the Tanzimat on Politics and Society* [A reforma otomana

---

9   MENDES-FLOHR, Paul; REINHARZ, Jehuda. Op. cit., p. 413-4.

na Síria e Palestina, 1840-1861: o impacto do Tanzimat na política e na sociedade]. Oxford: Clarendon Press, 1975. História da Palestina durante os primeiros anos do período de "reforma" otomana.

———— (Ed.). *Studies on Palestine during the Ottoman Period* [Estudos sobre a Palestina durante o período otomano]. Jerusalém: Magnes Press, 1975. Contém ensaios sobre a história social, cultural, econômica e política de todas as eras da Palestina otomana.

MENDES-FLOHR, Paul R.; REINHARZ, Jehuda (Eds.). *The Jew in the Modern World: a Documentary History* [O judeu no mundo moderno: uma história documental]. New York: Oxford University Press, 1980. Maravilhosa coleção de textos descrevendo a vida judaica durante o período moderno.

REILLY, James. "Peasantry of Late Ottoman Palestine" [Campesinato no final da Palestina otomana]. *Jornal de Estudos Palestinos* (Verão de 1981: p. 82-97). Boa introdução à história econômica e social da Palestina do século XIX.

ROGERS, Mary Eliza. *Domestic Life in Palestine* [A vida doméstica na Palestina]. Londres: Kegan Paul International, 1989. Relato do século XIX sobre as viagens de uma mulher britânica da alta classe à Palestina.

SCHÖLCH, Alexander. "Economic Development of Palestine, 1856-1882" [O desenvolvimento econômico na Palestina, 1856-1882]. *Jornal de Estudos Palestinos* 10 (Primavera de 1981: p. 35-58). A natureza instável da economia da Palestina do século XIX, explicada por um estudioso da Palestina.

TAYLOR, Alan R. "Zionism and Jewish History" [O sionismo e a história judaica]. *Jornal de Estudos Palestinos* 2 (Inverno de 1972: p. 35-51). Visão geral sobre as origens e o papel do sionismo no pensamento judaico, e como o sionismo redefiniu o passado judaico.

capítulo 3

O SIONISMO E A COLONIZAÇÃO DA PALESTINA

Os judeus dos séculos XVIII e XIX da Europa eram pouco afetados pelas correntes intelectuais que se espalhavam pelos territórios em que eles viviam. Na verdade, ao derrubar os muros dos guetos e reconstituir os judeus como cidadãos, o processo de emancipação judaica na Europa central e oeste não só expôs um número cada vez maior de judeus a essas correntes, mas fez delas algo vital para suas vidas também. Mesmo no leste europeu, onde o processo de emancipação judaica nem bem havia nascido, mais e mais judeus adotaram as mesmas ideias que atraíram seus irmãos do oeste.

Três fatores contribuíram para o aumento de novas correntes intelectuais no leste. Primeiro, as delimitações territoriais e as restrições impostas aos judeus surgiram relativamente tarde na história judaica, e por isso não haviam ainda sido interpretadas pelas tradições antigas. Não era nenhuma surpresa que judeus vivendo neste estado "artificial" começassem a amadurecer novas ideias ou procurassem refúgio migrando para o oeste. Além disso, as condições de dentro dos assentamentos faziam essas ideias relevantes para todos os judeus que lá viviam. No capítulo anterior, vimos como a urbanização e a expansão de capacidades e demandas do Estado, e a difusão das relações de mercado, afetaram a vida nos assentamentos. Ideias originadas no oeste europeu e trazidas para os assentamentos eram não só coerentes com a nova situação econômica e social, mas além disso, também ajudavam a definir seus princípios básicos. Por fim, o próprio governo russo promoveu a divulgação de novas ideias nos assentamentos por meio de seu programa de "russificação". Como já vimos, durante a década de 1840, o governo imperial começou a construir escolas que tinha o russo como idioma oficial dentro dos assentamentos.

Como o número de professores judeus qualificados era insuficiente para atender às necessidades estabelecidas pelo governo, as escolas começaram a contratar instrutores não judeus que, se não eram totalmente favoráveis às ideias do oeste europeu, forneciam, pelo menos, o treinamento linguístico necessário para que seus alunos pudessem se aprofundar posteriormente no tema.

O avô dos movimentos intelectuais modernos do oeste europeu que migraram para o leste foi o Haskalá, o Iluminismo judaico. O Haskalá fornecia a seus seguidores e herdeiros intelectuais as ferramentas e o aparato conceitual que tornava outros movimentos, como o nacionalismo e o socialismo, compreensíveis. O Haskalá teve seu início na Alemanha, durante o último quarto do século XVIII. A partir dali, ele se espalhou pelo Império Austríaco e pelos assentamentos. Assim como o Iluminismo europeu, que foi a base de seus princípios, o Haskalá priorizou a ciência e a racionalidade sobre a religião e a tradição. E também alinhados com o Iluminismo europeu, os devotos do Haskalá – os *maskilim* – acreditavam que as leis que governavam a sociedade dos homens eram tão discerníveis pela razão quanto as leis naturais que governavam o universo físico.

Para melhor compreender essas leis e para participar da marcha universal do progresso, os *maskilim* defendiam a imersão na Bíblia e na língua hebraica por parte das comunidades europeias. Estudando e ensinando a Bíblia hebraica, os *maskilim* esperavam trazer ao escolado bíblico as ferramentas mais importantes utilizadas pelos seguidores não judeus do Iluminismo nas análises de textos clássicos. Isso, acreditavam eles, colocaria fim ao controle da vida cultural da comunidade judaica por parte dos rabinos tradicionalistas. E com a emancipação judaica e a possibilidade da assimilação no horizonte, a celebração de textos bíblicos e da língua hebraica serviu também a outro propósito: ela possibilitou que os judeus do oeste da Europa se integrassem nas sociedades em que viviam sem o medo de perder sua identidade cultural judaica. Mas à medida que o Haskalá se espalhou para o leste, chegando a comunidades isoladas que falavam iídiche, distantes e isoladas das cidades que sediaram o Iluminismo europeu, o foco dos *maskilim* mudou, e o estudo das línguas do oeste europeu se tornou mais importante do que o estudo do hebraico. A partir da terceira década do século XIX, a atividade principal dos *maskilim* em cidades como Odessa, Vilnius, Riga e a Brody de Joseph Roth era estabelecer escolas para ensinar línguas modernas da Europa e difundir a ciência e o progresso para as novas gerações.

CAPÍTULO 3 – O SIONISMO E A COLONIZAÇÃO DA PALESTINA | 69

E muitos daquela geração responderam às ideias do Iluminismo com entusiasmo. Vamos tomar como exemplo Salomon Maimon, um judeu polonês que escreveu sua autobiografia intelectual em 1793. Para Maimon,

> Os temas tratados no Talmude, com exceção daqueles relacionados à jurisprudência, são áridos, e muitas vezes ininteligíveis para uma criança – as leis de sacrifício, de purificação, de carnes proibidas, de banquetes, e assim por diante... Por exemplo, quantos pelos brancos deve uma vaca marrom ter, para ainda continuar sendo uma *vaca marrom*; que tipo de cicatriz é necessária para esse ou aquele tipo de purificação; e se um piolho ou uma pulga forem mortos no *sabat**... Compare essas gloriosas questões, que são apresentadas forçosamente para o desagrado dos jovens, com a história, na qual eventos naturais são relacionados de maneira instrutiva e razoável, e dentro de um contexto mundial, pelo qual a observação da natureza fica mais ampla, e o "todo" é levado a um sistema organizado; estou certo de que minha preferência será compreendida.[10]

Maimon continua descrevendo como foi sacrificado aprender latim e alemão, mas como essas línguas abriram o mundo para ele:

> Coloquei alguns livros na mala e voltei para casa em êxtase. Depois de ter estudado esses livros intensamente, meus olhos se abriram. Eu acreditava que tinha encontrado a resposta para todos os segredos da natureza, já que agora sabia a origem das tempestades, dos serenos, das chuvas e de muitos outros fenômenos. Tinha um olhar superior e orgulhoso em relação a todos os outros que ainda não sabiam daquelas coisas, ria de seus preconceitos e superstições, e me oferecia para ajudá-los a acabar com aquelas ideias e iluminá-los em sua compreensão.

Não é difícil compreender como sofriam os pais de Salomon.

Evoluindo em concordância com a transformação social, política e econômica da vida judaica durante o século XIX, a transformação cultural inspirada no Haskalá forneceu um terreno fértil para uma série de ideologias modernas que brotaram em meio aos judeus da Europa. Uma dessas ideologias era o sionismo. Mas embora haja uma linha direta conectando as ideias e habilidades promovidas pelo Haskalá e pelo sionismo, este não pode ser

---

*   *Sabat* é o dia semanal de descanso, ou o tempo de adoração, que é observado em diversas crenças. O termo deriva do hebraico *shabat*, "cessar", que foi pela primeira vez usado no relato bíblico do sétimo dia da Criação. (N.T.)

10   MENDES-FLOHR, Paul; REINHARZ, Jehuda. *The Jew in the Modern World: a Documentary History* [O judeu no mundo moderno: uma história documental]. New York: Oxford University Press, 1995. p. 250-3.

visto simplesmente como uma consequência natural daquele. Antes que o sionismo ou qualquer outro nacionalismo pudessem emergir, alguém tinha de capturar as ideias dos pensadores iluministas – que afirmavam que processos históricos são suscetíveis à razão e obedecem a princípios generalizáveis, que o tempo da história evolui de maneira linear, que existe progresso na história, que entidades individuais (como nações) retêm suas características essenciais no decorrer do tempo, embora seus atributos possam mudar – e não apenas traduzi-las para um idioma nacionalista, mas também colocá-las para funcionar a serviço de um programa nacionalista. Em outras palavras, o nacionalismo era impossível sem os nacionalistas.

Entre os sionistas, nenhuma figura teve tanto destaque quanto Theodor Herzl (1860-1904). E isso não se deve ao fato de ele ter sido o primeiro sionista da história. Alguns sionistas desempenharam atividades antes de Herzl. Ele também não trouxe nenhuma ideia especial ao movimento sionista. Muitos outros pensadores sionistas contribuíram com mais ideias para o movimento do que Herzl, e ele até teve que reafirmar suas crenças mais de uma vez. A importância de Herzl se deve a sua grande capacidade organizacional. Esse talento provou ser essencial para o sucesso da causa sionista.

Herzl era filho de um comerciante húngaro cuja família se mudou para Viena em uma época em que a cidade parecia oferecer boas possibilidades para os judeus que desejavam assimilar o estilo de vida social e cultural da Europa. Herzl recebeu uma educação tradicional e obteve doutorado em direito. Depois de trabalhar na área e ingressar no serviço civil, Herzl tornou-se o correspondente francês de um prestigiado jornal de Viena. E foi justamente em sua temporada em Paris que Herzl se tornou sionista.

Historiadores tendem a entrar em conflito quando o tema é a atribuição de motivações de uma personalidade histórica. Todavia, muitos concordam que o que ficou conhecido como "Caso Dreyfus" desempenhou um importante papel – talvez essencial – na inspiração de Herzl em relação ao sionismo. Em 1894, Alfred Dreyfus, um capitão do Exército francês, foi acusado de espionagem em favor da Alemanha. Dreyfus era, assim como Herzl, um judeu inserido na sociedade ocidental. Seu julgamento tornou-se célebre na França e no resto da Europa. Para muitos, era evidente que Dreyfus estava sendo condenado por ser um judeu bem-sucedido vivendo na França católica. Entre seus defensores estava o romancista francês Émile Zola, que condenava aqueles que acusavam Dreyfus com as seguintes palavras:

> É um crime envenenar as mentes daqueles mais simples e despertar os sentimentos de revolta e intolerância, enquanto se busca refúgio em um an-

CAPÍTULO 3 – O SIONISMO E A COLONIZAÇÃO DA PALESTINA | 71

tissemitismo cheio de ódio, que um dia vai matar a grande França Liberal – a França dos homens de bem –, a não ser que ela se cure dessa doença. É um crime explorar o patriotismo em benefício da intolerância e, finalmente, é um crime fazer da espada uma ferramenta divina enquanto toda a humanidade e sua ciência trabalham para se obter a verdade e a justiça.[11]

Herzl concordava com Zola. Além disso, o Caso Dreyfus demonstrou para Herzl que se até a França era capaz de abrigar um antissemitismo violento, os judeus não poderiam se sentir seguros em nenhuma parte. O que os judeus precisavam era de uma terra que pudesse ser chamada de lar, e lá formar uma população majoritária. Herzl tornou-se então defensor declarado da causa sionista, publicando livros e tratados para popularizar o movimento. Dois anos depois do Caso Dreyfus, ele publicou *O Estado judeu*, uma compilação direta e sincera de suas ideias, e depois de perceber que seu livro teve pouca repercussão, Herzl publicou-o em um formato mais didático, na forma de romance, intitulado *Old New Land* [Velha nova pátria].

Na época em que publicou *O Estado judeu*, Herzl enviou um artigo ao jornal semanal de Londres, intitulado de "A crônica judaica", no qual apresentava seus argumentos de maneira reduzida. No artigo, ele definia o problema enfrentado pelos judeus – denominado por intelectuais e políticos do século XIX como a "Questão Judaica" – da seguinte forma:

> A Questão Judaica ainda existe. Seria tolo de minha parte negar isso. Ela existe em todos os lugares onde há judeus em quantidade significativa. Nos lugares onde ela ainda não existe, os judeus a levarão quando para lá migrarem. Nós rumamos naturalmente para esses lugares onde não sofremos perseguição, mas nossa presença ali acaba por gerar nova perseguição. Isso acontece em todos os países, e continuará acontecendo mesmo naqueles mais civilizados – a própria França não é exceção –, até que a Questão Judaica encontre uma solução política.[12]

Para Herzl, a promessa da emancipação judaica provou ser muito vaga:

> Quando as nações civilizadas acordaram para a falta de humanidade de suas legislações exclusivas, e decidiram nos emancipar, já era tarde demais. Porque nós, curiosamente, nos tornamos pessoas burguesas dentro do gueto, e só saímos de lá para competir agressivamente com as classes médias... Nós fizemos um esforço honesto para nos integrar à vida social

---

11 MENDES-FLOHR, Paul; REINHARZ, Jehuda. Op. cit., p. 353.

12 Ibid., p. 533-7.

das comunidades à nossa volta, e para preservar a fé de nossos pais. Mas isso nos foi proibido.

Os judeus de todo o mundo devem, portanto, aceitar a ideia de que eles constituem uma única nação, unida, assim como todas as outras nações, pelos laços e penúrias da história:

> Nós somos um povo – nossos inimigos nos uniram, apesar de nossas diferenças, como sempre aconteceu na história. A angústia nos une, e depois de unidos, descobrimos nossa força. Sim, nós somos fortes o suficiente para formar um Estado, um Estado modelo.

Herzl então propôs que os representantes da comunidade judaica abordassem os líderes europeus para que estes garantissem aos judeus "soberania... sobre uma porção de terra no globo, com área suficiente para satisfazer os requisitos de uma nação". E os líderes certamente ouviriam as reivindicações, já que "os governos de todos os países, flagelados e envergonhados pelo antissemitismo, serviriam também a seus próprios interesses ajudando-nos a obter a soberania que desejamos". Mas Herzl não advogava somente em seu próprio interesse. Caso os judeus decidissem estabelecer seu Estado na Palestina, "nós também deveremos formar uma plataforma de defesa da Europa contra a Ásia, um posto avançado da civilização contra os bárbaros". Para Herzl, assim como para seus contemporâneos, era necessário apenas um pequeno e impensado passo para ir do Iluminismo para o imperialismo.

A Palestina era uma das opções frequentes utilizadas por Herzl em seus artigos. Além dela, ele citava a Argentina e o oeste dos Estados Unidos, dois territórios vastos, férteis e pouco povoados. Mas mesmo Herzl era forçado a reconhecer que a "Palestina é nosso lar, e estará sempre em nossa memória e história" e "atrairia o nosso povo com uma força de potência extraordinária". Ele pretendia deixar a questão sem resposta, para que a opinião popular judaica prevalecesse.

Apesar de sempre mencionar a opinião popular, Herzl trouxe ao sionismo muitos dos preconceitos elitistas que a alta sociedade de Viena lhe ensinou. Esses preconceitos também estavam explícitos em seu artigo "A crônica judaica". Suspeitava-se de que Herzl fosse um democrata radical, pois ele escrevia que sua forma ideal de governo para um Estado judeu seria "uma república aristocrática, embora eu seja um ardente monarquista em meu próprio país". Ele podia também ser um pouco paternalista, quando pedia aos "homens de julgamento prático e cultura moderna... procurar os menos favorecidos, para ensiná-los e inspirá-los". E assim

CAPÍTULO 3 – O SIONISMO E A COLONIZAÇÃO DA PALESTINA | 73

como outros herdeiros das tradições iluministas, ele podia ser teimoso e inflexível quando o tema era a questão religiosa: "[Nosso clero] deve entender perfeitamente, desde o princípio, que nós não queremos fundar uma teocracia, mas um Estado civil moderno e tolerante".

Mas Herzl também era um homem prático que entendia que, para que o sionismo tivesse sucesso, era necessária uma estrutura institucional permanente que pudesse falar em nome do movimento e conduzir seus ecléticos seguidores a um consenso. "Nós precisamos de um gestor para direcionar a causa política judaica", escreveu ele.

> Este "gestor" não pode, é claro, ser um só indivíduo, já que se um único indivíduo assumisse um trabalho tão gigantesco, seria certamente um louco ou um impostor... O "gestor" dos judeus deve ser uma união de diversas pessoas para a defesa da causa, uma corporação. .

Não demorou muito para Herzl organizar sua "corporação". Em 1897, ele convocou um congresso sionista na Basileia, Suíça. O Primeiro Congresso Sionista ocorreu naquele mesmo ano e reuniu cerca de 200 sionistas para criar uma associação permanente e definir um programa comum. O Primeiro Congresso Sionista fundou então a Organização Sionista Mundial e aprovou o que ficou conhecido como o "Programa da Basileia". O programa, em sua totalidade, se resumia da seguinte forma:

> O objetivo do sionismo é criar para o povo judeu um lar na Palestina assegurado por uma lei pública.
>
> O Congresso contempla os seguintes métodos para atingir tal objetivo:
>
> 1. A promoção, em linhas ajustadas, da colonização da Palestina por trabalhadores judeus na indústria e na agricultura.
> 2. A organização e a união de toda a judiaria através de instituições locais e internacionais apropriadas, de acordo com as leis de cada país.
> 3. O fortalecimento e a fomentação de um sentimento nacional e de uma consciência judaica.
> 4. A realização das atividades preparatórias para se obter o consentimento do governo, onde necessário, para que se chegue ao objetivo do sionismo.[13]

Três aspectos do programa merecem destaque. Primeiramente, embora a Organização Sionista Mundial defendesse a ideia de fundar um "lar judaico", e não um "Estado judaico", seria um erro interpretar profundamente essa afirmação. Afinal, Herzl já havia utilizado a palavra "estado"

---

13 MENDES-FLOHR, Paul; REINHARZ, Jehuda. Op. cit., p. 540.

em seus textos, e até mesmo intitulado seu trabalho mais importante de *O Estado judeu*. Além disso, se o sionismo se definia como o "nacionalismo judeu", a palavra "estado" fazia parte de seu DNA, assim como em todo e qualquer movimento nacionalista. Por isso, os mais céticos rejeitam a ideia daqueles que se autodenominam sionistas culturais – judeus que queriam promover um renascimento espiritual judaico por meio da manutenção de uma presença não política limitada dentro da Palestina –, não considerando esse grupo como parte do movimento sionista. É provável que os representantes tenham usado a palavra "lar" para dissipar suspeitas e preocupações do governo otomano, que não queria nenhum tipo de movimento nacionalista dentro de seu território. Tais preocupações poderiam comprometer os planos da Organização Sionista Mundial por dois motivos: além de estipular que o lar dos judeus seria a Palestina, o Programa da Basileia resolvia que o lar dos judeus deveria ser "assegurado por uma lei pública", ou seja, pela diplomacia. Essa manobra foi estrategicamente defendida por Herzl no artigo "A crônica judaica".

Infelizmente para os sionistas, as autoridades otomanas já estavam cientes de suas aspirações e das condições do leste europeu. Já em 1882, depois do pior *pogrom* que a Rússia já testemunhara, o sultão otomano emitiu um *firman* (ofício) garantindo permissão aos judeus para imigrarem para o império. Havia apenas duas condições: os judeus que imigrassem para o Império Otomano deveriam renunciar a sua cidadania europeia e aceitar a condição de súditos otomanos, e os judeus poderiam imigrar para qualquer lugar do império, com exceção da Palestina. Portanto, caso houvesse alguma imigração judaica para a Palestina, esta deveria ser secreta, e a compra de terras deveria ser feita através de agentes fantasmas. Para sorte dos sionistas, a ineficiência dos otomanos fez do *firman* um documento irrelevante.

Sob a liderança de Herzl, a Organização Sionista Mundial tornou-se a principal associação trabalhando para a causa sionista. Mas pelo fato de a Organização Sionista Mundial ser uma coalizão que representava diversos grupos e interesses, suas reuniões eram sempre controversas. Na reunião de 1903, por exemplo, os delegados divergiram sobre se o movimento sionista deveria continuar negociando com o secretário colonial do imperialismo liberal britânico (*Limp*), Joseph Chamberlain, que ofereceu aos sionistas a colônia britânica da Uganda como lar para os judeus. A maioria dos delegados defendeu Herzl, que argumentava que aceitar a proposta de Uganda não significava abandonar o projeto da Palestina. Muito pelo contrário: Herzl acreditava que o caminho para conseguir a

CAPÍTULO 3 – O SIONISMO E A COLONIZAÇÃO DA PALESTINA | 75

Palestina começava com a Uganda. Os delegados russos do congresso não estavam convencidos. Eles negaram a proposta, e o projeto de Uganda enfraqueceu até desaparecer da pauta.

Disputas internas eram apenas um dos problemas enfrentados pelo movimento sionista em seus primeiros dias. Convencer os judeus que não se juntaram ao movimento provou ser um grande desafio. A Organização Sionista Mundial e o Programa da Basileia estavam longe de obter aprovação universal dos judeus da Europa e da América do Norte. Na verdade, toda a iniciativa sionista provocou controvérsias. Por exemplo, Herzl queria que a reunião de fundação da Organização Sionista Mundial ocorresse em Munique, mas foi forçado a mudar o local do evento porque a União Alemã de rabinos estava distribuindo uma carta de protesto à comunidade. "Os esforços dos chamados sionistas para criar um Estado nacional palestino são contrários às promessas messiânicas do judaísmo, conforme descritas nas escrituras sagradas e em outras fontes da religião", escreveram os rabinos. "O judaísmo obriga seus seguidores a servir o país a que eles pertencem com total devoção, e promover seus interesses com sinceridade e vigor."[14] Embora os rabinos alemães tivessem deixado a porta aberta para a imigração e para o consequente estabelecimento de colônias agrícolas judaicas na Palestina, eles deixaram clara a sua oposição em utilizar as colônias como passo inicial para a fundação de um Estado.

Outros judeus atacaram o programa sionista da "esquerda", afirmando que a questão judaica só poderia ser resolvida quando os explorados pudessem ver o mundo de um ponto de vista que fosse interessante para sua classe, e não para toda a nação. Entre eles, estava Rosa Luxemburgo, que se tornou líder do Partido Comunista da Alemanha. Em uma carta escrita em 1916, Luxemburgo relatou,

> Sinto-me tão próxima das miseráveis vítimas que trabalham nos seringais de Putumayo quanto dos negros da África, que têm seus corpos explorados como brinquedos pelos europeus. Você se lembra das palavras proferidas pelos militares da Alemanha... no deserto de Kalahari: "Os sons agonizantes daqueles que estavam morrendo, os gritos enlouquecedores daqueles secos de sede, desapareceram na calma sublime do infinito". Ah, essa "sublime calma do infinito" – na qual tantos gritos desapareceram sem serem ouvidos –, ela reverbera dentro de mim tão intensamente que já não tenho um espaço exclusivo para um gueto dentro de meu coração. Sinto-me

---

14   MENDES-FLOHR, Paul; REINHARZ, Jehuda. Op. cit., p. 539.

em casa em qualquer parte do mundo. Não me importa a presença de nuvens, pássaros ou lágrimas.[15]

Foi, obviamente, o marxismo, e não o nacionalismo, que acabou relegado à "lata de lixo da história", como duramente constatou Karl Marx. O apelo do nacionalismo nunca foi bem compreendido pelos marxistas.

IMAGEM 7. Theodor Herzl como ícone sionista: detalhe de um selo postal israelense de 1948, mostrando Herzl observando os pioneiros sionistas, perto dos muros de Jerusalém. (Fonte: do acervo do autor.)

Herzl dedicou o restante de sua vida a atividades diplomáticas sancionadas pelo Primeiro Congresso Sionista. Além de cortejar líderes estrangeiros, inclusive o sultão otomano, Abd-ul-hamid II, ele tornou-se a figura central do movimento sionista. A partir de 1903, o busto de Herzl adornou caixas de cigarro, chaleiras, relógios de bolso, carpetes de parede, cinzeiros, lápis e lâmpadas decorativas. E a idolatria ao nacionalismo não parava por aí. Alguns anos depois, Herzl cedeu seu nome a Herzliya, uma cidade subur-

---

15   MENDES-FLOHR, Paul; REINHARZ, Jehuda. Op. cit., p. 261-2.

CAPÍTULO 3 – O SIONISMO E A COLONIZAÇÃO DA PALESTINA | 77

bana ao norte de Tel Aviv, e a diversas ruas de Israel – um exemplo do tipo de apropriação de espaço através da mudança de nomes de locais, como já explicado no CAPÍTULO 1. E em um gesto particularmente simbólico, o corpo de Herzl foi "reenterrado" em Israel, dando a ele um *status* de ícone.

Herzl foi originalmente enterrado em sua cidade natal, Viena. A partir da década de 1930, os sionistas começaram a apoiar a ideia de trazer o corpo de Herzl para a Palestina. Em 1935, um comitê designado pelos líderes da Organização Sionista Mundial concluiu que "o local final de descanso de Herzl deve ser em Jerusalém, a capital da Palestina, e tanto o sentimento nacional quanto o momento político, histórico e nacional fazem dessa iniciativa a única opção". Em 18 de agosto de 1949, Herzl foi "reenterrado" em um monte que, a partir dessa data, recebeu o nome de Monte Herzl, o primeiro funeral estatal da história de Israel. Representantes de vários assentamentos trouxeram sacos de terra e os despejaram na cova ainda aberta, simbolizando o reconhecimento do sucesso atingido pelo movimento sionista organizado por Herzl.

O INÍCIO DA COLONIZAÇÃO SIONISTA

A fundação da Organização Sionista Mundial foi um evento essencial na história do sionismo. Agora, o movimento sionista tinha uma organização através da qual ele poderia se comunicar, e uma estrutura institucional para planejar a coordenar suas atividades. Mas Herzl não teria conseguido estruturar a Organização Sionista Mundial se já não contasse com o apoio do sionismo. Em outras palavras, a Organização Sionista Mundial era, ao mesmo tempo, a manifestação do surgimento do sionismo e um estímulo para o seu desenvolvimento.

A maioria dos membros da Organização Sionista Mundial acreditava que eles tinham de garantir o surgimento de um "poder grandioso" antes de iniciar o plano de colonização da Palestina e, por isso, eram contra a colonização da Palestina sem garantias políticas prévias. Em razão disso, Herzl trabalhava incessantemente no âmbito diplomático. Outros judeus, porém, não queriam esperar. Na verdade, a colonização judaica na Palestina começou antes mesmo da fundação da Organização Sionista Mundial e, obviamente, continuou depois de seu surgimento.

A história da colonização judaica é normalmente dividida em dois períodos que correspondem à ondas de imigração. Essas ondas de imigração são conhecidas como *aliyot*, e cada uma delas é chamada de *aliyah*. O termo *"aliyah"* vem da palavra hebraica que significa "ascender". Ou seja, os sionistas acreditavam que os colonizadores judeus vindos da Europa ascenderiam de sua diáspora e renasceriam na Palestina.

Entre 1882 – ano que marcou o início da primeira *aliyah* – e o início da Segunda Guerra Mundial, houveram cinco *aliyot*. Geralmente, os historiadores utilizam quatro critérios para dividir a imigração judaica em quatro ondas: local de origem dos imigrantes; destinos na Palestina para onde eles imigraram (urbano ou rural, litoral ou interior); o sistema social e econômico através do qual os imigrantes organizaram suas comunidades; e a ideologia que uniu os imigrantes (ou, no caso de refugiados, a falta de uma ideologia), experiências em comum e mitologias subsequentes, construídas a partir dessas experiências em comum.

A primeira *aliyah* foi motivada pelos *pogroms* contra judeus que ocorreram na Rússia, logo depois do assassinato do czar Alexander II. *Pogroms* não eram algo novo no Império Russo, nem em qualquer outro lugar da Europa. Eles usualmente ocorriam na época da Páscoa, quando surgiam rumores de que judeus estavam matando crianças cristãs para rituais durante as celebrações pascais. Mas os *pogroms* de 1881 aconteceram dentro de um contexto que favorecia os judeus da Rússia: diferente de seu pai, que se orgulhava de sua reputação liberal (Alexandre II libertou servos russos em 1861, dois anos antes da emissão da Proclamação de Emancipação de Abraham Lincoln, que libertava alguns escravos americanos), Alexandre III usou o assassinato de seu pai para reverter a evolução do liberalismo. Alexandre III perseguiu as minorias religiosas ortodoxas não russas (inclusive os judeus), devolveu à elite local muitos dos privilégios que seu antecessor havia retirado e decretou "leis temporárias" que ampliavam a autoridade de oficiais locais. Sob o comando de Alexandre III, o governo era inimigo dos judeus, e pouco fez para desencorajar (pelo contrário, pode até ter estimulado) os ataques direcionados a eles.

O número de mortos nos *pogroms* é pouco significativo diante do número de vítimas fatais de conflitos notórios dos séculos XX e XXI. Na Srebrenica, Bósnia, por exemplo, sérvios-bósnios massacraram mais de 7 mil civis em um período de cinco meses em 1995. Comparemos esse número com os *pogroms* mais violentos: em Chisinau, na Moldávia (sim, a Moldávia era um Estado na época), bandos mataram 118 judeus no massacre de 1903. Mas o *pogrom* de Chisinau aconteceu no início do século XX, uma época em que o mundo ainda não imaginava os horrores que ocorreriam naquele século, em que cultos europeus se orgulhavam da crença de que seu continente era um local civilizado e em franco progresso. Muitos judeus acreditavam nessa mesma máxima e, para eles, os *pogroms* foram um alerta. De 1881 até o final do século, a emigração judaica da Rússia para os Estados Unidos chegou a quase 450 mil pessoas – quase o dobro em relação aos oito anos anteriores.

Outros judeus aprenderam uma lição diferente com os *pogroms*. Para eles, a facilidade com que as comunidades judaicas da Rússia sofriam ataques era prova de que os sionistas estavam corretos quando reclamavam que a nação judaica havia se degenerado por causa da vida na diáspora. Tome como exemplo o seguinte poema "Haim Nahman Bialik", considerado por muitos o padrinho das letras hebraicas modernas. Bialik cresceu em um assentamento, mas ainda assim, como muitos outros, foi inspirado pela cultura do Haskalá. Logo após o massacre, a Comissão Histórica Judaica enviou-o a Chisinau para entrevistar os sobreviventes. A reação de Bialik em relação ao *pogrom* de Chisinau pode ser percebida neste poema, que indicia não só os autores do massacre, mas também a passividade dos judeus, que facilitou que o crime acontecesse:

> Levantem-se e vão, agora, para a cidade do massacre;
> No vento do pátio, o teu caminho;
> Lá com um leve toque de mão, e com os olhos que estão em seu rosto,
> Contemple nas árvores, pedras, cercas e muros de argila,
> O sangue espalhado e as cabeças daqueles que morreram...
>
> Perceba também, não se esqueça disso,
> Naquele canto escuro, atrás daquele barril,
> Maridos agachados, noivos, irmãos, espiando pelas frestas...
> Eles viram tudo;
> Eles não se moveram;
> Eles não arregalaram seus olhos; eles
> Não bateram suas cabeças contra a parede!
>
> ...Venha, agora, que eu os levarei para suas tocas
> As latrinas, as privadas, e os chiqueiros aos quais pertencem os herdeiros
>   dos asmoneus, tremendo os joelhos,
> Escondidos e encolhidos – os filhos dos macabeus!
> A semente dos santos, os filhos dos leões!
> Que, amontoados nos cantos dos santuários da vergonha,
> Tanto santificaram Meu nome!
> Eles fugiram como foge um rato,
> Baratas correndo em disparada;
> Eles morreram como cães, e ainda assim morreram![16]

---

16 MENDES-FLOHR, Paul; REINHARZ, Jehuda. Op. cit., p. 410-1.

Bialik imigrou para a Palestina em 1924.

Como resultado imediato dos *pogroms* de 1881, os judeus da Rússia e da Romênia começaram a estabelecer comitês com o propósito de ajudar na imigração para a Palestina. Conhecidos como comitês dos "Amantes de Sião", eles atraíram primeiramente os estudantes, depois buscaram membros não estudantes da população judaica "russificada", de diversas camadas sociais. Um observador descreveu-os da seguinte forma:

> Os homens não usam fechos laterais ou caftans; eles são bonitos, altos, limpos, inteligentes. As mulheres são quase elegantes. Vi uma um dia desses que se expressava decentemente em francês. Mas a língua mais ouvida é o russo. Quando falam alemão, têm sotaque russo. Alguns poucos empregam o iídiche. Dentre os jovens, muitos, talvez metade deles, são estudantes que foram expulsos de seus colégios sob o pretexto de que não haviam vagas. Primeiramente, eles foram acusados de não querer aprender, agora, parece que eles estão aprendendo bem demais. Cerca de um quarto dos jovens é composta de artesãos, despedidos de suas oficinas por mestres cristãos, ou por outros profissionais, ou até mesmo por mestres judeus que tiveram suas oficinas destruídas em abril. Tenho na minha lista alguns carregadores que foram caçados no porto de Odessa por carregadores gregos. Dentre os refugiados há também soldados condecorados por heroísmo... Um homem de barba grisalha veio a mim, dizendo que tinha sido premiado com três condecorações por sua atuação nos campos de batalha durante vinte e um anos. Ele me explicou que foi expulso de Kiev por não estar na categoria autorizada de residentes.

Em 1884, grupos isolados dos Amantes de Sião se uniram em uma organização centralizada. Eles elegeram Leo Pinsker como seu presidente. Pinsker era um judeu russo integrado que serviu como médico do exército na Guerra da Crimeia. Os *pogroms* de 1881 foram para Pinsker o que o Caso Dreyfus foi para Herzl. Em 1882 ele escreveu um panfleto intitulado Autoemancipação, que causou muita repercussão. De acordo com Pinsker,

> o eterno problema apresentado pela questão judaica perturba os homens de hoje tanto quanto perturbava seus antepassados. A essência do problema, ao nosso ver, está no fato de que no meio das nações nas quais residem os judeus, forma-se um elemento distintivo que não pode ser assimilado, que não pode ser digerido por nenhuma nação. Consequentemente, o problema é encontrar meios de se ajustar as relações destes elementos exclusivos que sirvam para todas as nações, para que não haja mais base nenhuma sustentando a questão judaica.
>
> Nós devemos provar que as desventuras dos judeus acontecem, sobretudo, por causa da falta de vontade deles de formar uma nação independente; e

CAPÍTULO 3 – O SIONISMO E A COLONIZAÇÃO DA PALESTINA | 81

que este desejo precisa ser despertado e mantido para que eles não vivam para sempre em meio a desgraça – resumindo, nós devemos provar que eles devem se tornar uma nação.[17]

Os Amantes de Sião solicitaram contribuições para seus projetos e estabeleceram um comitê executivo em Jafa para coordenar o que eles previam ser um fluxo de imigrantes para a Palestina. Cerca de 25 mil judeus emigraram na primeira *aliyah*. Embora a grande maioria tenha ficado em Jafa, Haifa e Jerusalém, alguns trabalhadores estabeleceram assentamentos chamados de *moshavot* (*moshava*, no singular) no litoral e às margens do mar da Galileia e em toda aquela região. A falta de experiência na agricultura fez que eles adotassem técnicas de plantio (agricultura de subsistência e sistema de plantio e colheita de diversas culturas, para que tivessem tudo o que fosse necessário) e até formas de organização (propriedade coletiva de terras e ferramentas, por exemplo) dos habitantes originais da Palestina. Aqui vemos um exemplo de como os colonizados afetavam os planos e preparativos dos colonizadores, um fenômeno que é frequentemente ignorado por aqueles que estudam o colonialismo, e que tentam atribuir, ao colonizador e ao colonizado, um papel ativo e passivo, respectivamente.

(Uma breve explicação sobre o uso das palavras "colônia", "colonizador" e "colonização": desde o final da Segunda Guerra Mundial e a descolonização de áreas anteriormente dominadas pela Europa, estas palavras raramente eram usadas em um contexto que não fosse depreciativo. Em épocas mais inocentes e ingênuas, essas palavras tinham conotação positiva, e designavam a expansão da civilização europeia e do iluminismo – a tarefa do homem branco – em áreas desconhecidas do globo. Por isso, a declaração aberta de Herzl de que os sionistas "fariam parte da plataforma de luta da Europa contra a Ásia, ajudando a civilização contra a barbárie". É dentro deste contexto que os sionistas "pioneiros" – palavra carregada de significados – chamaram seu projeto de "colonização" e seus assentamentos de "colônias".)

Ameaçados pelo colapso de suas colônias agrícolas, os colonos apelaram para Baron Edmond de Rothschild, descendente da parte francesa da famosa dinastia de banqueiros, pedindo sua ajuda. De 1882 a 1900, Rothschild investiu 1,5 milhão de libras em colônias agrícolas. Mas Rothschild tinha sua própria visão sobre aquele empreendimento,

---

17 HERTZBERG, Arthur (Ed.). *The Zionist Idea: A Historical Analysis and Reader* [A ideia sionista: análise e leitura histórica]. New York: Atheneum, 1981. p. 181.

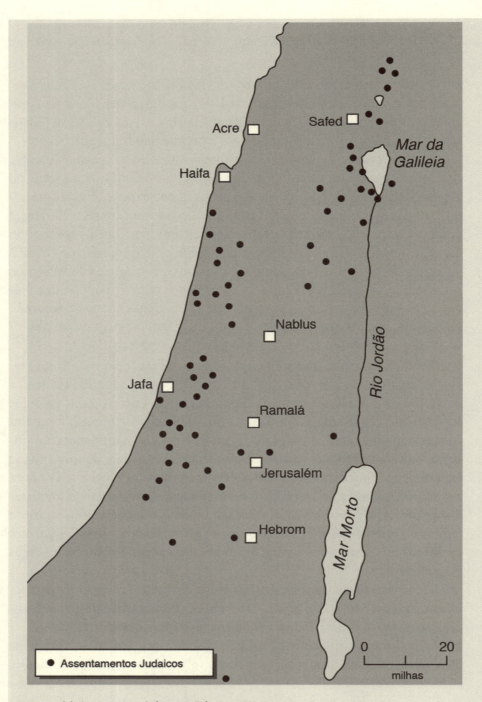

MAPA 5 (A). Assentamentos Judaicos na Palestina, 1881-1914.

CAPÍTULO 3 – O SIONISMO E A COLONIZAÇÃO DA PALESTINA | 83

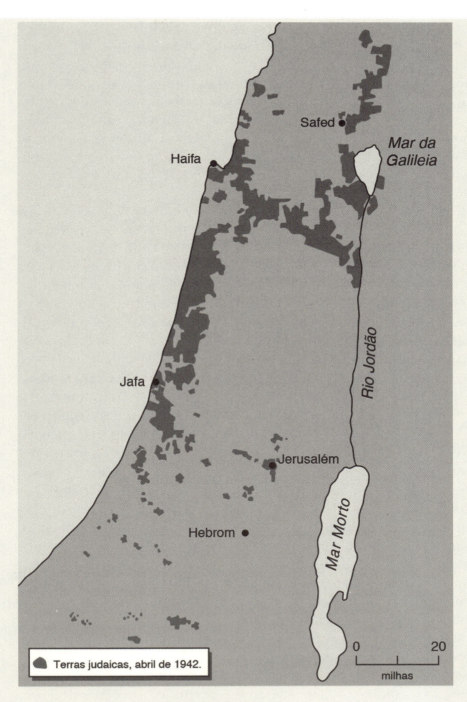

MAPA 5 (B). O *Yishuv* às vésperas da guerra de 1948.

e nela não havia muito espaço para o cultivo de subsistência. Rothschild introduziu o sistema chamado de *plantation* na Palestina. Ele consolidou e expandiu a terra cultivada, fez os fazendeiros que trabalhavam em suas terras plantarem grãos visando ao rendimento ao invés do cultivo de subsistência, otimizou a produção estabelecendo a monocultura (especialização em um só tipo de plantação). Como resultado, o destino dos até então independentes assentamentos, tornou-se prisioneiro dos caprichos do mercado internacional, e os fazendeiros que originalmente se imaginavam produtores independentes, tornaram-se mão de obra contratada.

Muitos dos administradores trazidos por Rothschild vieram da Argélia, onde os franceses estabeleceram o que de fato era uma colônia no sistema *plantation*, no início da década de 1830. Utilizando as práticas aprendidas no norte da África, eles expandiram o cultivo de uvas para a fabricação de vinho. A viticultura parecia um bom investimento no final do século XIX: durante a década de 1870, a indústria do vinho na França havia sido dizimada por um parasita que se alimentava das raízes das parreiras. Especuladores e empresários começaram então a avaliar oportunidades no estrangeiro para suprir a demanda. Mas embora parecesse uma rentável opção de cultivo na época, a viticultura mudaria o panorama social das colônias sionistas: para ser lucrativa, a plantação precisava de muita mão de obra barata. Rothschild e sua equipe encontraram essa mão de obra nos habitantes originais da região. Com o passar do tempo, as *plantations* começaram a empregar de cinco a dez vezes mais árabes do que judeus. Isso não se ajustava ao ideal sionista, que apesar de estar ainda em seu estágio inicial, sempre valorizou o poder de redenção da mão de obra judaica, principalmente da mão de obra agrícola. Além disso, essa mudança representou um desastre econômico para a causa sionista: incapazes de encontrar trabalho com os administradores agrícolas, os judeus saíram do interior rumo às cidades palestinas, ou imigraram para o estrangeiro. Em 1902, ano que testemunhou um significativo declínio de salários, 65% dos trabalhadores agrícolas judeus já tinham deixado a Palestina.

Rothschild sentiu-se preocupado com seus investimentos na Palestina. Além de suas plantações estarem expostas a flutuações de preço do mercado internacional (e o final do século XIX foi um período de depressão para a agricultura), a compra de terras era arriscada e os custos de desenvolvimento, altos. Em 1900, Rothschild chegou ao seu limite. Frustrado

CAPÍTULO 3 – O SIONISMO E A COLONIZAÇÃO DA PALESTINA | 85

pela falta de retorno sobre seu investimento, ele transferiu o controle dos assentamentos para a Associação Judaica de Colonização, invenção do financista alemão barão Moritz Hirsch. Embora estivesse entusiasmado com o estabelecimento de colônias agrícolas judaicas pelo mundo que, em sua opinião, seriam a solução ideal para os problemas dos judeus russos, Hirsch não tinha ilusões sobre a Palestina. A Associação Judaica de Colonização reestruturou o sistema de *plantation* de Rothschild, e fez que ele valesse à pena. Eles pararam de subsidiar plantações não lucrativas, subdividiu-as e transferiu sua propriedade para outros. A primeira *aliyah* não terminou com um golpe violento, mas sim com um discreto lamento.

Independente de seus problemas, a primeira *aliyah* dobrou o número de judeus na Palestina, estabelecendo um núcleo viável para futuras atividades de colonização. Além disso, ela forneceu aos sionistas posteriores uma importante lição sobre o que não se deve fazer. A primeira *aliyah* demonstrou que o sistema de *plantation* concebido na Argélia era incompatível com o projeto deles, não somente porque era economicamente impraticável para a Palestina, mas também porque fomentava um sistema social que entrava em conflito com o objetivo de recuperação nacional judaico. Além disso, a experiência com Rothschild e com Hirsch fez muitos questionarem a validade de depositar toda confiança em interesses privados, para que estes ajudassem a causa sionista. Uma das questões que mais preocupava os sionistas era algo que poderia afetar profundamente todo o projeto: aquisição e posse de terras. Ainda na época do Primeiro Congresso Sionista, os delegados decidiram iniciar um Fundo Nacional Judaico para comprar terras e mantê-las como propriedade da Nação Judaica. O fundo foi aberto em 1901 e é por causa dele que a posse privada de terras é tão rara em Israel até hoje.

A primeira *aliyah* também nos traz a intrigante questão do que poderia ter ocorrido. Durante a grande onda, houve uma relação econômica íntima entre judeus e árabes. No início, as técnicas de agricultura dos árabes serviam de modelo aos inexperientes fazendeiros judeus, e os árabes obtinham lucro vendendo provisões para os imigrantes. Só os *moshavot* empregavam cerca de 4 mil trabalhadores árabes. Depois da chegada de Rothschild, os árabes foram novamente a mão de obra para culturas agrícolas de posse e gerenciamento judaico. Já o início da segunda *aliyah*, porém, os colonos sionistas tomaram a decisão consciente de separar a economia deles das de seus vizinhos. Embora essa separação fosse, na maioria das vezes, mais teórica do que prática (até o início da década

86 | ISRAEL X PALESTINA

de 1930, árabes ainda representavam mais de um terço da força de trabalho dos assentamentos agrícolas judaicos), as relações econômicas íntimas entre as duas comunidades que ficaram evidentes na primeira *aliyah* nunca voltaram a existir.

A MUDANÇA DE PERFIL DA COLONIZAÇÃO SIONISTA

Horace M. Kallen foi um judeu alemão que imigrou para os Estados Unidos em 1887. Em 1919, ele se juntou a um pequeno grupo de acadêmicos com ideias em comum e fundou a *New School for Social Research*, em Nova Iorque. Os fundadores da *New School* queriam que sua instituição fosse um bastião do progressismo em um período marcado pelo isolacionismo americano, pelo anti-radicalismo e pelo crescimento do Partido Republicano. Durante o período entre guerras, Kallen viajou para a Palestina. Impressionado com o que viu lá, ele escreveu *Frontiers of Hope* [Fronteiras da esperança], que contém a seguinte passagem:

> Ele [um pioneiro sionista] é naturalmente um trabalhador e um doutrinário socialista. Ele é um pacifista com as paixões da maior guerra em seu passado. Ele é passional quando o tema é educação. Ele tem a preocupação modernista com as artes, tratando-as como essenciais à vida. Ele não busca na Palestina uma salvação simplesmente pessoal, e nem quer curar todas as crianças de Israel. Sua aspiração é a profética... Ele acredita na missão de Israel e na obrigação e no destino dos judeus de ser a luz dentre as nações. Seu Kibutzim e seu Moshav, a organização de seu trabalho e suas sociedades cooperativas, são esforços para acender essa luz. Sua visão de futuro serve de contrapeso para a segurança dos judeus ortodoxos no passado. Seus experimentos, mesmo que desorganizados e negligentes, tem a faísca da vida neles. Eles compensam a escuridão e a infelicidade que encolhem o coração em todos os cantos do belo interior da Palestina.[18]

Essa é, obviamente, uma visão romantizada da segunda e da terceira ondas de imigração. Contudo, a passagem captura o papel que essas duas *aliyot* tiveram – e, em muitos aspectos, em toda a empreitada sionista – na imaginação dos progressistas deste momento em diante.

Embora a primeira *aliyah* não tivesse proporcionado estruturas econômicas e sociais viáveis para suportar a colonização judaica na Palestina, a segunda e a terceira *aliyot*, que ocorreram no período entre 1904-1914 e

---

18 KALLEN, Horace M. *Frontiers of Hope* [Fronteiras da esperança]. New York: Horace Liveright, 1929. p. 91.

1918-1923 respectivamente, proporcionaram. Essas duas ondas de imigração trouxeram aproximadamente 75 mil novos colonos para a Palestina. Assim como na primeira *aliyah*, uma grande maioria de imigrantes da segunda e da terceira *aliyot* vieram da Rússia. Os judeus que iniciaram essas duas ondas de imigração – que pode também ser vista como uma única onda suspensa temporariamente durante o período da Primeira Guerra Mundial – agiram justamente quando se iniciavam eventos que desmoralizavam e colocavam ainda mais em risco os judeus da Rússia: o *pogrom* de Chisinau de 1903, já comentado acima; a guerra Russo-Japonesa de 1904-1905; e a fracassada Revolução Russa de 1905. Para os judeus que desejavam declinar da obrigação de viajar milhares de quilômetros pela tundra asiática, às custas do czar, para lutar contra os japoneses, emigrar dali parecia uma boa aposta. Parecia também uma boa aposta para aqueles que optaram por defender o lado perdedor na guerra da revolução. Isso ajuda a explicar o excessivo número de homens jovens e solteiros que imigraram para a Palestina.

O fato de a segunda e a terceira *aliyot* terem tido tanta repercussão entre os observadores progressistas como Kallen pode ser explicado por suas doutrinas distintivas, apoiadas por muitos imigrantes. O sionismo, assim como todos os movimentos nacionalistas, pode ser melhor analisado se pensarmos nele como uma casa de muitas moradas. Todos os sionistas, é claro, acreditam na nação judaica. Quase todos acabaram acreditando que a Palestina deveria ser o local para a realização de seu sonho de nação. Ainda assim, é possível discernir diferentes correntes intelectuais dentro do movimento sionista. Essas correntes derivam suas ideias tanto de uma lógica interna do movimento sionista, quanto de ideias emprestadas que tinham grande apelo no momento em que as correntes surgiram. O exemplo mais claro deste fenômeno é justamente o conjunto de ideias que uniu os imigrantes da segunda e da terceira *aliyot*.

Muitos historiadores classificam a segunda e a terceira *aliyot* como "mais ideológicas" do que a onda que as precedeu, e das que as sucederam. Em parte, isso tem relação com a mitologia que se criou acerca dessas duas *aliyot* – uma mitologia propagada por membros das duas ondas e por seus descendentes que (particularmente no caso da segunda *aliyah*) formaram uma aristocracia de pós-independência na sociedade israelense. Essa classificação também tem relação com o fato de que a ideologia da segunda e da terceira *aliyot* marcou de forma indelével as instituições judaicas do *Yishuv* (as comunidades pré-Estado da Palestina), o Estado que as sucedeu. Duas dessas ideias são de grande importância para se compreender a evolução das colônias sionistas na Palestina: a "conquista da terra" e a "conquista do trabalho". Embora essas ideias não fossem totalmente novas para o movimento sionista, elas nunca foram muito bem articuladas ou tão exaustivamente abordadas nas instituições como foram durante a segunda e a terceira *aliyot*.

A conquista da terra é fácil de entender. Os sionistas se propuseram a espalhar colônias por toda a Palestina e marcar permanentemente a região. Na verdade, a missão era cultivar toda a terra possível, drenar regiões pantanosas e "fazer o deserto florescer". Um proeminente sionista definiu da seguinte forma:

> Antes da chegada dos judeus pioneiros à Palestina, poços e nascentes secavam, muitas árvores eram cortadas, nada evitava que as dunas de areia invadisse todo o território. Só o que se espalhava era a malária, naquela terra que já havia sido tão frutífera. À essa região desolada chegaram os pioneiros. Eles drenaram os pântanos, construíram estradas, removeram pedras e rochas, limpando os terrenos. Eles semearam e colheram, combateram doenças e vizinhos hostis, estabeleceram um novo lar para eles e para seus filhos.

Os sionistas não eram os únicos envolvidos no movimento de conquista da terra na época e nem eram os únicos nesse projeto dentro da Palestina. Um movimento similar, chamado de *Artamenan*, surgiu na Alemanha na mesma época. Jovens alemães, inspirados pelo sonho romântico da vida perto da natureza, em vilarejos "autênticos", estabeleceram colônias agrícolas na fronteira leste da Prússia, um território habitado em sua maioria por polacos. O governo alemão naturalmente encorajou o movimento, já que isso o ajudaria a reivindicar o território. Como era possível prever, muitas das ideias que animaram os sionistas da segunda e da terceira *aliyot* estavam presentes também no movimento templário alemão, que, como já vimos, estabeleceu colônias agrícolas de inspiração religiosa na Palestina. A conquista da terra era algo muito vivo nessa época.

E havia também a conquista do trabalho: a extensão lógica de outra ideia sionista central, a negação do exílio. De acordo com muitos sionistas, a experiência de vida na diáspora havia tornado o povo judeu incapaz de agir como uma nação verdadeira. David Ben-Gurion, um imigrante da segunda *aliyah* e primeiro-ministro inaugural de Israel, escreveu, por exemplo:

CAPÍTULO 3 – O SIONISMO E A COLONIZAÇÃO DA PALESTINA | 89

> A diáspora significa dependência – material, política, cultural e intelectual – porque somos os estrangeiros, a minoria, desprovidos de uma terra natal, sem raízes, separados do solo, do trabalho e da indústria primária. Nossa tarefa é romper radicalmente com essa dependência e nos tornarmos senhores de nosso destino – em resumo, conquistar a independência.[19]

Para Ben-Gurion, os judeus só poderiam acabar com sua dependência se fossem economicamente autônomos; ou seja, era necessário se aventurar além das limitadas ocupações que foram designadas a eles, e buscar ocupação em todas as profissões – essa era a conquista do trabalho. Somente assim eles poderiam se tornar uma nação verdadeira. Ben-Gurion certa vez argumentou de outra forma: ele disse que não aceitaria a conquista do trabalho como uma tarefa cumprida até que visse prostitutas judias andando e negociando pelas ruas de Tel Aviv.

As raízes da conquista do trabalho e as instituições que foram construídas pelos imigrantes da segunda e terceira *aliyot* em nome dessa conquista podem ser percebidas na doutrina e nos experimentos utópicos socialistas do século XIX. Os socialistas utópicos eram um grupo difuso de teóricos socialistas e reformistas que sonhavam em criar uma sociedade harmônica e igualitária, livre das explorações, competições e divisões de classe, geradas pela Revolução Industrial. Alguns, como o filantropo e profissional da indústria britânico Robert Owen, chegou a estabelecer comunidades modelo para testar suas teorias. Não surpreende, portanto, o fato de os imigrantes da segunda e da terceira *aliyot*, expostos às mesmas condições que deram origem ao socialismo utópico do oeste e livres para trabalhar suas visões de sociedade na Palestina, adotarem ideias socialistas utópicas, emprestadas ou originais, para guiar seus esforços.

Enquanto o socialismo utópico deu aos imigrantes da segunda e da terceira *aliyot* um conjunto de orientações, a necessidade econômica deu a eles o incentivo necessário para aplicá-las. Como já vimos no caso da primeira *aliyah*, os sionistas criaram rapidamente uma dependência em relação à mão de obra árabe, que era abundante e barata. Mas empregar os árabes não ajudava em nada o projeto sionista. Além de inibir o surgimento de uma nação judaica autônoma e autossuficiente na Palestina, a atitude aumentava a mão de obra disponível, comprometia os níveis salariais no *Yishuv* e desencorajava trabalhadores judeus e artesãos a imigrarem

---

19 HERTZBERG, Arthur (Ed.). Op. cit., p. 609.

para a Palestina. Com o futuro do projeto sionista em jogo, a ideologia deveria se apoiar em uma sólida política econômica e vice-versa. E mesmo que a completa separação das economias do *Yishuv* e dos árabes fosse impossível na prática, ela ficaria registrada como uma meta oficial para os líderes do *Yishuv*. E essa meta afetaria profundamente o relacionamento e a evolução das duas comunidades.

As ideias se fortificam quando se tornam institucionalizadas ou quando encontram asilo em políticas concretas. Os imigrantes das segunda e terceira ondas construíram as instituições e promoveram as práticas que se tornariam marcas da sociedade *Yishuv*. Depois que Israel declarou sua independência em 1948, muitas dessas instituições e práticas foram diretamente adotadas no novo Estado. Outras formas modificadas para que se encaixassem às circunstâncias do novo Estado.

Tomemos como exemplo a política sobre o idioma. Assim como muitos outros sionistas pioneiros, Theodor Herzl acreditava que nada de bom poderia acontecer se fosse estabelecida de forma prescrita a língua a ser utilizada no *Yishuv*. Embora o hebreu fosse a língua dos antigos israelitas, a maioria dos judeus que Herzl tentava recrutar para a causa sionista tinham como língua oficial o iídiche. Prescrever o idioma do *Yishuv* só iria dividir e enfraquecer o movimento. Então ele contemporizou. "Cada homem pode preservar o idioma que o faz sentir mais confortável", propôs ele. "A Suíça nos oferece um exemplo de que é possível existir uma confederação com diversas línguas."[20] Já os imigrantes da segunda e da terceira *aliyot* pensavam de outra forma. Assim como seus antepassados do período romântico, eles acreditavam que o espírito de uma nação era incorporado por seu idioma. Além disso, prescrever o hebreu como língua do renascimento nacional era um forma tangível de evitar o exílio. Então estava definido: o hebreu seria a língua oficial.

Outras políticas e instituições similares à essa deram base aos ideais das segunda e terceira *aliyot*. Alinhados com os princípios cooperativos do socialismo utópico, os colonizadores fundaram uma associação do trabalho, chamada de *Histadrut*, que representava os interesses sociais e econômicos de seus membros, fornecendo a eles créditos financeiros, assistência médica e educação. Não preocupava o fato do *Histadrut* ser capaz de regular o tamanho do mercado de trabalho, pressionando empregadores judeus a contratarem exclusivamente seus membros. Depois

---

20 MENDES-FLOHR; REINHARZ. Op. cit., p. 533-7.

CAPÍTULO 3 – O SIONISMO E A COLONIZAÇÃO DA PALESTINA | 91

do estabelecimento do Estado de Israel, o *Histadrut* perdeu algumas de suas funções mas manteve muitas de suas responsabilidades no campo do bem-estar social. Os colonizadores também fundaram partidos para representar seus interesses políticos e articular os princípios do "trabalho sionista": o Poale Zion (Trabalhadores do Sião; seu credo, retirado da primeira linha do Manifesto Comunista, e perfeito para um movimento nacionalista era "a história da humanidade é uma história de lutas nacionais [!] e de classes") e o Hapoel Hatzair (Jovem Trabalhador). Como os partidos tinham mais coisas em comum do que diferenças – ambos eram comprometidos com os ideais da "conquista do trabalho" e da sedimentação da cultura hebraica – eles se uniram em 1930 e formaram o Mapai, o Partido Trabalhista de Israel. O Partido Trabalhista tornou-se dominante no Estado novo e deu para Israel todos os seus primeiros-ministros até 1977. E já que toda nação verdadeira só depende dela mesma para se defender, os sionistas do partido foram fundamentais na organização da primeira verdadeira milícia em um *Yishuv*, a Haganá. A Haganá se tornaria o núcleo do Exército pós-independência, chamado de Forças de Defesa de Israel.

Talvez nenhum empreendimento da segunda e da terceira *aliyot* carregaram tanto simbolismo quanto os experimentos dos imigrantes nos assentamentos agrícolas. E isso era algo esperado: os assentamentos agrícolas combinavam o laboratório social, tão valorizado pelos socialistas utópicos, com a obsessão romântica da natureza e da territorialidade. Eles também conectavam a conquista da terra e a conquista do trabalho dentro de uma única estrutura simbológica. A segunda e a terceira *aliyot* são normalmente associadas com dois tipos de assentamentos agrícolas: os *kibutzim* (*kibutz*, no singular) e os *moshavim* (*moshav*, no singular; não confundir com *moshava* [*moshavot*]). Diferentes do sistema de *plantation*, estabelecidos durante a primeira *aliyah*, estes assentamentos priorizavam um "cultivo misturado". Em outras palavras, ao invés de se especializarem em um cultivo único, visando ao lucro, estes assentamentos combinavam o cultivo de frutas e grãos, criação de animais e produção de laticínios. Os *kibutzim* eram fazendas comunais. Eles não permitiam propriedades privadas, posições hierárquicas permanentes, empregos fora da comunidade e tinham pouca privacidade (os *kibutzniks* comiam em salões comunais, e a criação das crianças era de responsabilidade de toda a comunidade, que oferecia a todos uma estrutura de ensino comunitária). As decisões eram normalmente tomadas coletivamente.

O primeiro *kibutz* foi estabelecido em 1909, em Degania, no extremo sul do mar da Galileia. Os *moshavim* – fazendas cooperativas que permitiam a posse de terra individual e o cultivo de grãos visando ao mercado – derivaram dos *kibutz*, pouco mais de uma década depois.

Símbolos nacionais podem não ser precisos ao retratar um capítulo da história, mas eles certamente nos passam alguma ideia sobre a auto concepção de uma nação. O *kibutz* é um bom exemplo deste tipo de símbolo nacional, equivalente em Israel ao que os caubóis são para a América do Norte. O *kibutz* representava o caráter cooperativo e igualitário e o espírito pioneiro da força de trabalho sionista para todo o movimento. Mas assim como o caubói era uma raridade na América do Norte do final do século XIX, também era difícil encontrar o *kibutznik*. De uma população total de aproximadamente 85 mil judeus, somente cerca de 12 mil (14%) pertenciam aos *kibutzim* ou *moshavim*. E assim como o caubói, tido como solitário e independente, era na verdade um empregado que trabalhava para os barões do gado do velho oeste, o movimento *kibutz* também não era exatamente o que a lenda contava. De acordo com o sociólogo Gershon Shafir, em vez de ser o produto de um idealismo puro ou de uma fantasia utópica, os *kibutzim* serviram o propósito prático de desengajar a agricultura judaica da mão de obra árabe, que era uma potencial ameaça ao movimento. De fato, grandes símbolos surgem a partir de grandes inquietações: a lenda do caubói surgiu em uma época em que os consumidores de livros de romance baratos temiam o desparecimento daqueles que lutavam sozinhos por uma causa individual, para dar lugar à sociedade urbana de massa americana. Da mesma forma, a celebração do "espírito *kibutz*" surgiu logo na terceira *aliyah*, quando uma inquietação similar preocupou o movimento trabalhista sionista.

As contribuições geradas pelas segunda e terceira *aliyot* para o futuro do sionismo na Palestina foram substanciais. O fato de Israel ter se tornado uma democracia social, cujo idioma oficial é o hebraico, e ter obtido o desenvolvimento econômico que teve, pode ser atribuído a essas duas ondas de imigração. Embora estimativas deem conta que 90% dos imigrantes das duas *aliyot* deixaram a Palestina depois de uma breve permanência no local, sabe-se que no início da Primeira Guerra Mundial a população judaica na Palestina atingira o que os historiadores chamaram de "massa demográfica crítica". Em outras palavras, ela chegou a um número que possibilitou o correto e duradouro funcionamento de suas

IMAGEM 8. O *kibutz* se tornou um símbolo nacional de Israel. Acima: a propaganda. Abaixo: a realidade. (Fonte: do acervo do autor.)

instituições e estruturas, dadas as circunstâncias adequadas. Como veremos posteriormente, tais circunstâncias ocorreram durante a Primeira Guerra Mundial.

Os *Doppelgängers**

Se a imigração sionista tivesse terminado com a terceira *aliyah*, ou se a dominância das ideias e instituições das segunda e terceira *aliyot* fossem incontestáveis, ou ainda se as ideias e instituições não fossem afetadas pelas mudanças de circunstâncias, nós poderíamos simplesmente verificar tudo o que se pratica no Estado de Israel contemporâneo e usar para recapitular o que acontecia nas segunda e terceira *aliyot*, e, assim, dar o assunto por encerrado. E pelo fato dos colonizadores das segunda e terceira ondas e seus descendentes terem dominado as instituições do *Yishuv* e do Estado de Israel por três quartos de século, fica fácil identificar a marca do seu sionismo como um todo. Mas a marca deste sionismo não permaneceu incontestável e a imigração não terminou na terceira *aliyah*. Desde o princípio do movimento sionista, por exemplo, seus religiosos desafiavam o secularismo** dos grupos dominantes do movimento. Um partido, o *Mizrahi*, resumia sua filosofia com o *slogan*: "a terra de Israel, para o povo de Israel, de acordo com a Torá de Israel". O *Mizrahi* era um dos antecessores do Partido Religioso Nacional contemporâneo de Israel, um partido de poucas concessões quando o assunto era apoio parlamentar para questões sociais e educacionais trazidas pela classe trabalhista sionista. E o sionismo religioso não era o único desafio que a classe trabalhista do sionismo tinha de enfrentar.

A quarta *aliyah* (1924-1928) trouxe cerca de 82 mil novos imigrantes à Palestina. Estes imigrantes eram bem diferentes daqueles que vieram nas duas ondas anteriores. Aproximadamente metade dos novos imigrantes eram judeus da Polônia, que decidiram emigrar por causa do surgimento da legislação anti-judaica naquele país. Eles se assemelhavam mais a refugiados do que a imigrantes ideologicamente inspirados, como seus antecessores. Além disso, a maioria não era feita de jovens estudantes de classe média. Muitos eram pequenos negociantes e donos de lojas. Como resultado, a maioria não aderiu aos princípios socialistas das segunda e terceira *aliyot*, e a conquista da terra não lhes parecia muito atraente.

---

* *Doppelgänger* é uma palavra do idioma alemão que designa uma "duplicata andante", uma "réplica". Interpretado pelos místicos como uma criatura sobrenatural, uma cópia espiritual ou, então, um gêmeo demoníaco, o *doppelgänger* traria confusão à vida da pessoa. (N.T.)

** O "secularismo" é definido pelo Dicionário da Língua Portuguesa como "sm (secular+ismo) 1 Regime secular ou laical. 2 Espírito ou tendência secular. 3 Sistema ético que rejeita toda forma de fé e devoção religiosas e aceita como diretrizes apenas os fatos e influências derivados da vida presente; laicismo". Disponível em: <dicionario-online.com/secularismo/>. Acesso em: 11 nov. 2016. (N.T.)

CAPÍTULO 3 – O SIONISMO E A COLONIZAÇÃO DA PALESTINA | 95

Cerca de quatro quintos dessa nova onda buscou assentamento nas cidades, particularmente em Tel Aviv e Haifa, ao invés de áreas rurais. De 1923 a 1926, a população de Tel Aviv cresceu de 16 mil para 40 mil.

Muitos desses refugiados adotaram como porta-voz Vladimir Jabotinsky, o arquiteto do que se tornaria conhecida como a Revolução Sionista. Jabotinsky nasceu em Odessa em 1880 e recebeu treinamento em jornalismo. Esse não era o único atributo que Jabotinsky tinha em comum com Theodor Herzl. Assim como com Herzl, a narrativa convencional da vida de Jabotinsky simplifica em um único evento as certamente complexas motivações que o levaram a se converter ao sionismo. Nesse caso, o evento único foi o *pogrom* de Chisinau. De acordo com a narrativa, Jabotinsky, assim como Bialik, ficou horrorizado com a passividade dos judeus durante o *pogrom*. Mas diferentemente de Bialik, ele decidiu fazer mais do que apenas escrever sobre aquilo. Ele então começou a organizar grupos de defesa judaicos. Qualquer que fosse a origem do sionismo de Jabotinsky, o militarismo continuaria sendo a referência de sua ideologia pelo resto de sua vida. Em 1923 ele fundou um grupo de jovens, o *Betar*, que tinha todo o aparato dos grupos de jovens fascistas que estavam sendo fundados na Europa: uniformes, ensinamentos e um fervoroso e puro nacionalismo. O *Betar* desempenhou um papel importante ao enviar recrutas do leste europeu para a Palestina.

Em 1931, os seguidores de Jabotinsky na Palestina organizaram o *Irgun Zvai Leumi*, uma milícia secreta. Junto com a Stern Gang, um subproduto da própria Irgun, a milícia cometeu algumas das mais terríveis atrocidades terroristas da Palestina moderna, dentre elas, a campanha de bombardeio em "represália" de 1937, que atingiu diversos mercados árabes (matando quase 80 pessoas), e o massacre indiscriminado que assassinou cerca de 250 inocentes no vilarejo de Deir Yassin, em 1948. "O programa [dos revisionistas] não é complicado", escreveu certa vez Jabotinsky. "O objetivo do sionismo é um Estado judaico... E por este motivo, temos a ordem do dia: uma nova campanha política e a militarização dos jovens judeus da Terra de Israel e dos judeus na diáspora."

Jabotinsky acreditava que o sionismo havia errado ao sobrecarregar o movimento com a ideologia socialista. Isso criou divisões ideológicas que enfraqueceram o movimento sionista e o desviaram de seu único objetivo: estabelecer um Estado judaico independente na (por toda a) Palestina. Portanto, para Jabotinsky, era necessário "revisar" o movimento sionista para que ele pudesse, de fato, realizar "a transformação gradual da Pa-

IMAGEM 9. "A ordem do dia: uma nova campanha política e a militarização dos jovens judeus." A Betar de Jabotinsky e seus aparatos militares. (Fonte: Cortesia do Instituto Jabotinsky de Israel.)

CAPÍTULO 3 – O SIONISMO E A COLONIZAÇÃO DA PALESTINA | 97

lestina (incluindo a Transjordânia*) em uma comunidade autônoma, sob controle de uma maioria estabelecida de judeus". Seguindo essa linha contrária à classe de trabalhadores sionistas, Jabotinsky chegou a ordenar que seus seguidores furassem greves convocadas pelo *Histadrut*. Isso tudo aumentava sua popularidade entre os pequenos burgueses imigrantes da quarta *aliyah* que já seguiam seu movimento, motivados pelo nacionalismo quase maníaco, pela assertividade territorial e por sua retórica populista e antielitista (contra a classe trabalhista sionista).

A quarta *aliyah* deu uma nova base para o pensamento político israelense contemporâneo, diferente do que representavam as duas ondas anteriores. Assim como o partido Mapai pode ser visto como o descendente ideológico dos partidos estabelecidos durante a segunda e a terceira *aliyot*, o seu rival, o partido Likud, pode ser visto como descendente ideológico dos revisionistas de Jabotinsky. O primeiro-ministro inaugural do Likud, Menachem Begin, assumiu o poder em 1977. Desde então, três outros primeiros-ministros do Likud – Yitzhak Shamir, Benjamin Netanyahu e Ariel Sharon – governaram Israel, sendo que Netanyahu assumiu o posto em duas oportunidades não consecutivas. Conforme veremos posteriormente, ao tratar de questões territoriais e do destino de habitantes nativos da Palestina, nenhum desses governantes se desviou muito do legado deixado por Vladimir Jabotinsky.

Uma observação adicional: em julho de 1964, o corpo de Vladimir Jabotinsky foi desenterrado de seu túmulo em Nova Iorque e enterrado novamente em Israel. O novo enterro – repetindo o ocorrido com Theodor Herzl – foi realizado por pedido dos seguidores de Jabotinsky, dentre eles, Menachem Begin. De acordo com um historiador israelense, "essa cerimônia simbolizou tanto a normalização das relações entre a classe trabalhista e os políticos descendentes do movimento revisionista, quanto o início da reabilitação e legitimação política deste último grupo".[21] Embora com ressalvas no início, os revisionistas e seus herdeiros foram finalmente reconhecidos como membros oficiais do clube sionista.

---

* A Transjordânia, a porção de terra que ficava a leste do rio Jordão, foi um antigo território do Império Otomano incorporado no Mandato Britânico da Palestina, em 1921, na forma de uma divisão política autônoma governada por Al-Sayyid Abdullah bin al-Husayn. (N.T.)

21 ARONOFF, Myron. Myths, Symbols, and Rituals of the Emerging State [Mitos, símbolos e rituais do Estado emergente]. In: *New Perspectives on Israeli History: The Early Years of the State*. [Novas perspectivas da história israelense: os primeiros anos do Estado]. Laurence J. Silberstein (Ed.). New York: New York University Press, 1991. p. 183.

Sugestões de leitura complementar

AARONSOHN, Ran. Baron Rothschild and the Initial Stage of Jewish Settlement in Palestine (1882-1890): A Different Type of Colonization? [O barão Rothschild e o estágio inicial do assentamento judaico na Palestina (1882-1890): um tipo diferente de colonização?] In: *Journal of Historical Geography* 19 (1993) [*Jornal de Geografia Histórica* 19 (1993)]: p. 142-56. História da primeira *aliyah* contada por um observador compreensivo.

BERKOWITZ, Michael. *Zionist Culture and West European Jewry before the First World War* [A cultura sionista e a judiaria do oeste europeu antes da Primeira Guerra Mundial]. Cambridge: Cambridge University Press, 1993. História detalhada dos primeiros anos do sionismo fora do leste europeu.

BRENNER, Lenni. *Zionism in the Age of Dictators* [O sionismo na era dos ditadores]. Londres: Croom Helm, 1983. Excelente relato sobre a ascensão de Vladimir Jabotinsky e o sionismo revisionista.

ELON, Amos. *Herzl*. New York: Schocken Books, 1975. Relato agradável sobre a vida e os pensamentos do pioneiro sionista.

HERTZBERG, Arthur (Ed.). *The Zionist Idea: A Historical Analysis and Reader* [A ideia sionista: análise e leitura histórica]. New York: Atheneum, 1981. Introdução e seleção de leituras. Excertos de uma vasta gama de autores sionistas, com uma excelente introdução sobre a história intelectual do sionismo.

HERZL, Theodor. *Old New Land* [Velha nova pátria]. Trad. Lotta Levensohn. New York: Marcus Wiener, 1960. Como seu livro *O estado judeu* teve pouca repercussão, Herzl escreveu este romance para buscar mais penetração nas massas.

KURZMAN, Dan. *Ben-Gurion, Prophet of Fire* [Ben-Gurion, Profeta do Fogo]. New York: Simon e Schuster, 1983. Famosa biografia do primeiro-ministro de Israel, que foi também um símbolo da segunda e terceira *aliyot*.

SHAFIR, Gershon. *Land, Labor, and the Origins of the Israeli-Palestinian Conflict, 1882-1914* [Terra, trabalho, e as origens do conflito Israel-Palestina]. Cambridge: Cambridge University Press, 1989. Relato revisionista sobre as origens e a evolução da estratégia de "conquista do trabalho" sionista.

_____. Zionism and Colonialism: A Comparative Approach [Sionismo e colonialismo: uma abordagem comparativa]. In: *Israel in Compara-*

tive Perspective: Challenging the Conventional Wisdom. [Israel em uma perspectiva comparativa: desafiando a sabedoria convencional]. Ed. Michael N. Barnett, p. 227-44. Albany: State University of New York Press, 1996. Uma comparação pouco complacente entre os assentamentos sionistas na Palestina e os movimentos contemporâneos em outras partes do mundo.

STERNHELL, Zeev. *The Founding Myths of Israel: Nationalism, Socialism, and the Making of the Jewish State* [Os fundamentos dos mitos de Israel: nacionalismo, socialismo e a construção do estado judeu]. Trad. David Maisel. Princeton, NJ: Princeton University Press, 1998. Análise de correntes culturais que colaboraram para a construção da cultura política israelense.

capítulo 4

A Primeira Guerra Mundial e o Mandato da Palestina

Em 28 de junho de 1914, o herdeiro do trono austríaco, arquiduque Franz Ferdinand, foi baleado por um nacionalista sérvio durante uma visita a Sarajevo. A Áustria, apoiada por sua aliada, a Alemanha, apresentou um ultimato à Sérvia. Os austríacos demandavam que a Sérvia controlasse e regulasse os movimentos nacionalistas e anti-austríacos que eclodiam em seu território. Os sérvios enviaram uma resposta aos austríacos, mas ela foi considerada insatisfatória. A Áustria, portanto, declarou guerra.

A Alemanha era aliada da Áustria, enquanto a Rússia era aliada da Sérvia. Os russos temiam ficar em desvantagem caso a guerra se iniciasse e a Alemanha preparasse seu aparato militar antes deles. O czar russo, então, ordenou uma mobilização geral. A Alemanha também estava mobilizada e, para evitar um combate com Rússia e França ao mesmo tempo, decidiu realizar um ataque pesado à França, invadindo-a pelo lado oeste, através da Bélgica. Como a Grã-Bretanha tinha um tratado de comprometimento com a independência belga, ela declarou guerra à Alemanha. E começava, assim, a Primeira Guerra Mundial.

Quando pensamos na Primeira Guerra Mundial, geralmente lembramos das imagens de trincheiras, feitas na porção oeste da França. É importante entender, todavia, que a Primeira Guerra Mundial foi uma guerra que de fato aconteceu em todo o mundo. Na verdade, embora os britânicos e franceses se referissem a ela como a "Grande Guerra", até a chegada da Segunda Guerra Mundial, os alemães já a chamavam de "guerra mundial" desde seu início. Os estrategistas alemães entendiam que a guerra era travada por dois impérios rivais que tinham interesses mundiais. Esses impérios dependiam das posses de suas colônias para manter sua posição estratégica e bem-estar econômico. As colônias eram também indispensáveis para os esforços militares dos franceses e britânicos, já que ambos exércitos dependiam de homens para repor suas baixas no campo de guerra. Como resultado, quase todo o globo, inclusive o Império Otomano, foi arrastado para dentro dessa guerra que começou na Europa.

A Primeira Guerra Mundial teve efeitos imediatos e de longo prazo no Oriente Médio. Durante a guerra, o Império Otomano teve o maior número de fatalidades *per capita* entre todos os combatentes. Enquanto Alemanha e França perderam, respectivamente, cerca de 9% e 11% de suas populações durante a guerra, estima-se que os otomanos perderam até 25% – aproximadamente 5 milhões, em uma população de 21 milhões. Essas fatalidades ocorreram tanto dentro quanto fora do campo de batalha. Na verdade, quatro de cada cinco otomanos mortos não eram combatentes. Muitos sucumbiram à doença e à fome, que se espalharam por várias partes do império por causa do bloqueio costeiro imposto pelas marinhas britânica e francesa, e também por causa das políticas de requisição do Império Otomano. Outros morreram em consequência da transferência da população (os otomanos tentaram migrar sua população litorânea para o interior), e da "limpeza étnica" (que resultou na morte de cerca de 1,5 milhão de armênios). Todos esses fatores afetaram os habitantes da Palestina, tanto os nativos da região quanto os sionistas. Embora não existam dados confiáveis suficientes, estima-se que, apesar da entrada de refugiados armênios no território, a população total da Palestina decresceu muito neste período.

Embora o sofrimento da população tenha sido grande durante o período de guerra, são os efeitos de longo prazo da guerra que nos preocupam aqui. A Primeira Guerra Mundial foi o mais importante evento político na história moderna do Oriente Médio, e as mudanças políticas engendradas por essa guerra teriam profundas consequências para a Palestina e para as duas comunidades que lá viviam.

Quatro efeitos da guerra merecem destaque. Primeiro, a guerra trouxe a destruição ao Império Otomano, e a divisão do império em uma série de pequenas unidades políticas. Com o passar do tempo, essas unidades se tornaram estados independentes do Oriente Médio contemporâneo. Em segundo lugar, com a destruição do Império Otomano, duas das nações vitoriosas, Grã-Bretanha e França, assumiram responsabilidade administrativa direta pelos territórios que são agora Palestina/Israel, Jordânia, Iraque, Líbano e Síria. A Grã-Bretanha e a França controlaram esses terri-

CAPÍTULO 4 – A PRIMEIRA GUERRA MUNDIAL E O MANDATO DA PALESTINA | 103

tórios através de uma nova forma de governo, que ficava entre a anexação colonial e a soberania completa: o mandato. Em terceiro, o movimento sionista recebeu de uma grande potência – a Grã-Bretanha – apoio para seu objetivo principal, o de "criar para o povo judeu um lar na Palestina, assegurado por uma legislação pública". Este suporte teoricamente garantia que o movimento sionista não tivesse o mesmo fim de tantos outros movimentos nacionalistas que apareceram brevemente durante os séculos XIX e XX, e depois caíram no esquecimento. Finalmente, a dissolução do Império Otomano destruiu o cenário político que havia unido turcos e árabes dentro de um Estado único por quatro séculos. Isso encorajou o surgimento e a disseminação de uma variedade de movimentos nacionalistas que ofereceram aos cidadãos do extinto Império Otomano projetos alternativos para reconstruir suas identidades políticas e suas comunidades. Dentre esses movimentos, estavam aqueles que alegavam representar as aspirações nacionais dos habitantes originais da Palestina.

A Primeira Guerra Mundial foi apelidada de "cemitério dos impérios", pois três impérios continentais – o otomano, o russo e o austro-húngaro – sucumbiram como resultado das hostilidades. Embora as potências europeias tenham se aproveitado do Império Otomano durante o século XIX e dado pouco espaço a ele dentro do continente europeu, o "homem doente da Europa" (como era chamado este império pelo czar Nicolau II) entrou no século XX geograficamente truncado, mas ainda assim intacto. O grupo de potências europeias que surgiu no início das guerras napoleônicas conseguiu proteger os interesses das nações individuais da Europa no Império Otomano e também conter diversas crises através da diplomacia. Somente uma vez em todo o século – na guerra da Crimeia – os europeus tiveram que entrar em guerra para resolver uma disputa originada no Oriente Médio. Mas a ascensão da Alemanha desfez o equilíbrio europeu e comprometeu a habilidade dos Estados de agir em conjunto em problemas de interesse comum. No início do século XX, o grupo de potências europeias já não existia mais. No lugar dele, às vésperas da Primeira Guerra Mundial, os Estados europeus se dividiram em duas alianças: a Grã-Bretanha, a França e a Rússia (e, em 1917, os Estados Unidos) formaram a Tríplice Entente. A Alemanha, o Império Austro-Húngaro e o Império Otomano formaram a Tríplice Aliança (Impérios Centrais). Outros Estados europeus aderiram a um dos dois grupos.

O Império Otomano juntou-se à Tríplice Aliança por diversas razões. A Alemanha tinha grande influência política e econômica sobre aquele império. O Império Austro-Húngaro estava ansioso em controlar as ambições otomanas nos Balcãs, e por isso solicitou ativamente que o império participasse da guerra do lado deles. Já para os próprios otomanos, não havia grande interesse em fazer aliança com o seu tradicional inimigo, a Rússia, que teve, durante o curso do século XIX, diversas guerras declaradas contra os otomanos e organizado diversas conspirações para desmembrar o império. Além disso, as potências da Tríplice Entente não se esforçaram em atrair os otomanos para o lado deles. Seus governos acreditavam que a guerra terminaria antes que os otomanos pudessem chegar ao campo de batalha, e que mesmo que a guerra durasse mais tempo, a participação otomana não teria influência no resultado final. Além disso, eles julgavam que os otomanos decidiriam de que lado ficariam à medida que a guerra evoluísse. As potências da Tríplice Entente tentaram buscar apoio de Grécia e Itália – dois países com ambições territoriais dentro do Império Otomano –, prometendo territórios otomanos como espólio de guerra. Diante de tudo isso, o Império Otomano acabou se juntando aos Impérios Centrais.

Logo que percebeu-se que a guerra não terminaria tão rapidamente, cada uma das potências da Tríplice Entente começou a realizar manobras para conseguir reivindicar os espólios desejados no Oriente Médio, no caso de uma vitória. Os russos esperavam realizar o tão aguardado sonho de adquirir um porto em águas mornas, que pudesse ficar aberto durante todo o ano, e por isso reivindicavam os Estreitos Turcos e Istambul. Além disso, pelo fato de os czares perceberem-se como guardiões dos ortodoxos e dos cristãos ortodoxos de todo o mundo, os russos lutavam para garantir que seus correligionários tivessem acesso a locais sagrados em Jerusalém e, portanto, queriam que o controle da Palestina mudasse de mãos. A ortodoxia era uma das bases que sustentava sua legitimidade dinástica, e por isso os Romanov levavam suas obrigações religiosas muito a sério: durante o século XIX, eles rivalizaram incessantemente com a França católica acerca do controle dos locais sagrados de Jerusalém, chegando de fato a combatê-los por este motivo (entre outros) na Guerra da Crimeia. Os franceses, por sua vez, reivindicavam "direitos históricos" na "Síria" – uma área com fronteiras geográficas imprecisas que, quando citada por gauleses, costumava incluir a Palestina. Eles baseavam seus argumentos no relacionamento especial com os católicos e com as minorias não católicas (como os cristãos maronitas do Líbano) que viviam no local, e nos seus investimentos e negócios na região. Os britânicos não demonstravam

CAPÍTULO 4 – A PRIMEIRA GUERRA MUNDIAL E O MANDATO DA PALESTINA | 105

entusiasmo em apoiar russos ou franceses nesta disputa, já que ambos estariam tirando vantagem do apoio financeiro deles. Como potência econômica dominante no mundo, a Grã-Bretanha preferia o livre comércio e a segurança de investimentos na região; além, obviamente, do maior de todos os motivos: proteger a rota para a Índia.

A partir de 1915, as forças da Tríplice Entente começaram a negociar pactos secretos que prometiam suporte mútuo das reivindicações territoriais feitas por eles mesmos ou por potenciais aliados. A negociação desses pactos tinha como objetivo, além de confirmar as reivindicações, atrair para o seu grupo Estados até então indecisos, como a Itália e a Grécia, e manter a aliança intacta por meio de promessas de pagamentos após o fim das hostilidades. Por exemplo, os britânicos assumiram que a pressão contínua dos russos sobre a Alemanha garantiria a vitória da Tríplice Entente na Europa. Para evitar que a Rússia assinasse um acordo de paz isolado com os impérios centrais e saísse da guerra, britânicos e franceses negociaram um pacto com eles. De acordo com o que ficou conhecido por "Acordo de Constantinopla", Grã-Bretanha e França reconheceram a reivindicação da Rússia sobre os estritos turcos e sobre a cidade que os abrigava, Istambul. Em retribuição a essa generosidade, a França ganhou reconhecimento de posse da "Síria" (sem especificações territoriais) e a Grã-Bretanha teve reconhecida a reivindicação de todos os territórios por ela almejados.

O que faz o Acordo de Constantinopla importante não é o que ele prometia. A Rússia nunca recebeu os estreitos e nem permaneceu na guerra até seu término total. A França e a Grã-Bretanha tiveram apenas um controle temporário sobre os territórios que lhes foram prometidos. O que faz o acordo importante é que ele estabeleceu um princípio que defendia que as forças da Tríplice Entente tinham o direito a uma compensação por combater seus inimigos, e que ao menos parte dessa compensação deveria vir em forma de territórios do Oriente Médio. Outros pactos vieram na sequência: o Tratado de Londres, o Acordo Sykes-Picot e o Acordo Saint-Jean-de-Maurienne. Todos eles aplicavam o princípio da compensação. E muitos desses pactos envolviam o território palestino – embora muitos deles não levassem em conta pactos ou acordos anteriores. Logo, com o fim da guerra, cada uma das potências da Tríplice Entente havia prometido para vários de seus aliados, por diversas vezes, o controle da Palestina.

Para piorar as coisas, a Grã-Bretanha não somente assinou pactos secretos com seus aliados e possíveis aliados, mas também se comprometeu com diversos latifundiários e grupos nacionalistas, prometendo ajudá-los se eles colaborassem com a Tríplice Entente na guerra. Por exemplo, em 1915 os britânicos entraram em contato com Sharif Husayn, dono de terras árabe que vivia em Meca. Husayn prometeu encarregar seu filho, Amir Faysal, de organizar uma revolta contra o Império Otomano. Em troca, os britânicos prometeram a Husayn ouro e armas, além do direito de estabelecer, depois do fim da guerra, um "Estado" árabe com fronteiras definidas de maneira ambígua nos territórios que tinham predominância árabe no Império Otomano. Ocorreu, então, a famosa Revolta Árabe, comandada pelo ainda mais famoso coronel britânico T. E. Lawrence (Lawrence da Arábia). Infelizmente, para Sharif Husayn e Amir Faysal, nenhum deles conseguiu esclarecer com os britânicos o que eles quiseram dizer com Estado árabe, ou quais territórios seriam contemplados neste arranjo. Tanto o Sharif quanto seu filho acreditavam que a Palestina estava inclusa no pacote. Os britânicos, por outro lado, incluíram tantos qualificadores e circunlóquios à sua promessa que, quando a guerra terminou, além de objetar o pleito do acordo, ainda conseguiram sair com a reputação de justos e corretos. Embora tivesse poucos efeitos práticos, a promessa britânica ao Sharif Husayn e a seu filho obteve um resultado tangível: a história da promessa inspirou crônicas sobre o nacionalismo árabe e foi utilizada como base para uma narrativa que recontava a história árabe como uma trama repleta de sacrifícios, traições e tragédias.

Outra promessa feita pelos britânicos durante a guerra teria consequências muito mais significativas. Em julho de 1917, o barão Lionel Walter Rothschild, membro do ramo britânico da mesma família de banqueiros da qual pertencia o barão Edmond de Rothschild, submeteu ao *British Foreign Office* (equivalente a um Ministério das Relações Exteriores) o esboço de uma resolução em favor da Federação Sionista Britânica. Depois de ajustar o palavreado do esboço original, o secretário de relações exteriores britânico, Alfred Balfour, colocou a seguinte nota no jornal *The Times* (Londres):

> Tenho imenso prazer em transmitir a V. Sa., em nome do governo de Sua Majestade, a seguinte declaração de simpatia às aspirações dos judeus sionistas que foi submetida e aprovada pelo gabinete:
>
> O governo de Sua Majestade vê como favorável o estabelecimento na Palestina de um lar-nação para o povo judeu, e vai realizar todo o esforço possível para colaborar no alcance deste objetivo, deixando claro, todavia, que devem ser preservados os direitos religiosos e civis das comunidades

CAPÍTULO 4 – A PRIMEIRA GUERRA MUNDIAL E O MANDATO DA PALESTINA | 107

não judaicas que já vivem na Palestina, assim como os direitos e estatutos políticos de que gozam os judeus em qualquer outro país.

Eu ficaria imensamente agradecido se V. Sa. pudesse levar esta declaração para conhecimento da Federação Sionista.

Esta nota tornou-se conhecida como a "Declaração de Balfour".

As palavras da Declaração de Balfour foram cuidadosamente escolhidas. Não foi acidental o uso do termo "na Palestina" em vez de "da Palestina", e também foi proposital o uso da expressão "lar-nação" substituindo a muito mais adequada palavra "Estado" – "lar-nação" não tinha nenhum registro anterior em nenhuma lei internacional. E o que significava exatamente "ver como favorável" e "vai realizar todo o esforço possível"? As aparentes ambiguidades da declaração refletem os debates que ocorreram não somente dentro do governo britânico, mas também dentro das comunidades sionista britânica e judaica. Por exemplo, o secretário de Estado judeu antissionista para a Índia, Edwin Montagu, se opôs completamente à declaração, temendo que o apoio à causa sionista pudesse ameaçar a condição dos judeus em seus países natais. Ele não era o único que tinha essa preocupação: até mesmo alguns sionistas recomendavam cautela. A verdade era que o governo britânico registrara o seu apoio em um documento cujas evasões cuidadosamente escolhidas não traziam fim ao sofrimento dos judeus.

Isso, obviamente, levantava outra questão: por que, afinal, o governo britânico decidiu apoiar as aspirações sionistas? Os historiadores listam uma série de possíveis motivos. Alguns enfatizam os benefícios estratégicos que os britânicos achavam que poderiam conseguir com os assentamentos judaicos na Palestina. A estratégia britânica priorizava a proteção da rota para a Índia e, para isso, era extremamente importante salvaguardar a posição britânica no Canal de Suez. Um lar-nação judaico na Palestina, rodeado predominantemente por uma população muçulmana e dependente do suporte e da boa vontade britânica, proporcionaria a salvaguarda necessária.

Outros historiadores argumentam que o governo britânico foi influenciado por um julgamento superestimado do poder judaico nos Estados Unidos e na Rússia – uma espécie de antissemitismo aristocrata. Embora os Estados Unidos tivessem entrado na Primeira Guerra Mundial do lado da Tríplice Entente em abril de 1917, os esforços britânicos na guerra não tiveram grande apoio dos norte-americanos, principalmente daqueles descendentes de irlandeses e alemães. Além disso, os britânicos não sabiam muito bem o que fazer com o presidente Woodrow Wilson e a sua convicção (antes da entrada dos norte-americanos na guerra) de que, para acabar com a guerra, ambos os lados deveriam aceitar a "paz sem vitória". Dois conselheiros de Wilson, Louis Brandeis e Felix Frankfurter, eram sionistas ávidos. Endossar os objetivos sionistas era uma excelente estratégia para fortalecer laços com um aliado incerto. Os britânicos adotaram um pensamento similar ao abordar os russos, que estavam no meio de uma revolução. Muitos de seus revolucionários proeminentes, dentre eles Leon Trotsky, eram descendentes de judeus. Por que não tentar persuadi-los a manter a Rússia em guerra, apelando para seu judaísmo latente, e dando assim mais um motivo para eles lutarem?

O primeiro-ministro britânico na época, David Lloyd George, lista em suas memórias pelo menos nove motivos para o anúncio da Declaração de Balfour. Dentre eles estão não somente os já mencionados, mas também o desejo da Grã-Bretanha de atrair os recursos financeiros judaicos, a preocupação com a possibilidade dos alemães "capturarem o movimento sionista", suas próprias crenças "cristãs sionistas" (a Palestina "era uma terra histórica e sagrada, de Dã a Bersebá, com tradições imortais"), a influência de Chaim Weizmann (um sionista e célebre químico que descobriu como sintetizar a acetona, ingrediente utilizado nas munições navais), e a simpatia que o mundo todo tinha com a condição de todos os judeus. De toda a sua lista, o argumento menos convincente era o de que as "potências democráticas da Europa tinham sempre defendido a emancipação de raças subjugadas pelos grandes impérios". Todas menos a Índia, supostamente. Por outro lado, o argumento mais convincente era o de que "a declaração era parte da estratégia de propaganda dos britânicos para mobilizar a opinião e a força popular, que enfraqueceriam o inimigo e melhorariam as chances dos aliados". Em outras palavras, a declaração não os prejudicaria, e poderia até ajudá-los.

Independente dos motivos que levaram a Grã-Bretanha a tomar a decisão de apoiar o projeto sionista, o anúncio da Declaração de Balfour foi um marco na história do movimento. Nacionalismos como o sionismo não prosperam ou fracassam por causa da verdade intrínseca ou a falsidade de suas doutrinas. Não é verdade que todos os nacionalismos criam nações em lugares onde elas nunca existiram. Por outro lado, é verdade que todos os nacionalismos inspiram crença em seus cidadãos (ou futuros cidadãos), e lhes proporcionam identidades e comunidades. Os nacionalismos prosperam ou fracassam por causa de fatores fora do âmbito dos próprios nacionalismos:

CAPÍTULO 4 – A PRIMEIRA GUERRA MUNDIAL E O MANDATO DA PALESTINA | 109

os adversários que enfrentam, os recursos disponíveis para eles e para seus adeptos, o apoio que recebem da comunidade internacional. Então, pode-se afirmar sem exagero que se não fosse pela Declaração de Balfour, o sionismo poderia ter ido pelo mesmo caminho do nacionalismo confederado.

O Mandato

Quando as grandes potências chegaram a Paris no final da Primeira Guerra Mundial, seus planos de guerra estavam em desarranjo. Como já vimos anteriormente, durante a guerra, as potências da Tríplice Entente negociaram diversos acordos que dividiam o território otomano entre elas, e os britânicos assumiram inúmeros compromissos de oferta de terras para latifundiários e movimentos regionais da região. Embora os britânicos e franceses permanecessem fiéis ao princípio de que os territórios que eram anteriormente governados pelo Império Otomano deveriam ser tratados como espólio de guerra, eles perceberam que não poderiam honrar todos os acordos e promessas firmados.

Em parte, a culpa era somente deles mesmos. Eles de fato conseguiram equacionar a distribuição das terras otomanas com base em seus tratados e promessas, mas tudo ficou muito ambíguo e contraditório. Tomemos a Palestina como exemplo. De acordo com a interpretação francesa de um dos tratados confidenciais, o Acordo Sykes-Picot, a Síria estava prometida para a França, e a Palestina fazia parte da Síria. Mas de acordo com a interpretação russa do mesmo tratado, a Palestina era apenas o território dos arredores de Jerusalém, e Jerusalém deveria estar sob controle internacional. Já os nacionalistas árabes preferiam sustentar seus argumentos com as cartas trocadas entre o Sharif Husayn e o governo britânico antes da Revolta Árabe, que afirmavam que a Palestina deveria ser parte do Estado árabe (ou dos Estados árabes). Apoiando-os, havia ainda a Declaração de Balfour.

A mudança de circunstâncias também complicou a situação dos assentamentos do pós-guerra. Por exemplo, durante o conflito, a Grã-Bretanha lançou ataques ao Império Otomano a partir da Índia e do Egito. Com o fim da guerra, tropas britânicas ocuparam o Iraque e parte do Levante*. Isso colocou os britânicos em posição para negociar com outras

---

*   "Levante" é um termo geográfico impreciso que se refere, historicamente, a uma grande área do Oriente Médio ao sul dos Montes Tauro, limitada a oeste pelo Mediterrâneo e a leste pelo Deserto da Arábia setentrional e pela Mesopotâmia. (N.T.)

potências vitoriosas do pós-guerra. Ao mesmo tempo, a Revolução Russa trouxe ao poder um governo que, ao menos na teoria, fazia oposição aos projetos imperialistas do governo dos czares. O novo governo bolchevique da Rússia não só renunciava as reivindicações feitas por seus antecessores como também constrangia as outras potências da Tríplice Entente através da publicação dos textos dos tratados confidenciais assinados na Rússia. Além disso, os bolcheviques não tinham interesse em religião e, portanto, não faziam objeção ao acesso dos ortodoxos aos locais sagrados dos cristãos. Isso fez que as outras potências da Tríplice Entente não tivessem incentivo nenhum para "internacionalizar" Jerusalém. Além disso, o fato da Rússia estar muito ocupada com seus problemas e questões internas, fazia que ela não participasse ativamente das questões do Oriente Médio. A Grã-Bretanha não precisaria, portanto, de um apoio da França entre suas posses na região – localizadas ao redor do Canal de Suez – e a ameaça vinda do norte.

Um último obstáculo na implantação dos acordos confidenciais eram os Estados Unidos. Quando os norte-americanos entraram na guerra do lado da Tríplice Entente, o presidente Wilson anunciou que sua intenção era fazer dos seus "Quatorze Pontos" a base para a paz do pós-guerra. Estes pontos eram uma ambiciosa e quase impraticável lista de propostas para a reconstrução da ordem internacional pós-guerra. Embora a lista possuísse itens que pareciam benignos como a liberdade de navegação e o livre-comércio ("o quanto fosse possível"), ela também tinha dois itens que preocupavam os diplomatas europeus: o direito de autodeterminação dos povos e o fim dos tratados confidenciais. Líderes nacionalistas de todo o mundo se apoiaram nestas duas propostas e exigiram que a Tríplice Entente as aceitasse e executasse. Diplomatas britânicos e franceses ficaram frustrados e tentaram negociar com Wilson da melhor maneira possível, enquanto sofriam nos bastidores. Georges Clemenceau, então presidente da França e ministro das relações exteriores, zombou abertamente dos Quatorze Pontos, dizendo que "até mesmo Deus ficou feliz com somente dez mandamentos, e não cabe a nós tentar superá-los". Não obstante, as palavras de Wilson foram suficientes para iniciar o incêndio, e os delegados reunidos na Conferência da Paz e para o fim da guerra foram abordados e intimados por representantes de diversos movimentos nacionalistas, inclusive sionistas e árabes, todos demandando pelo seu direito de autodeterminação.

IMAGEM 10. Chegada oficial das tropas britânicas a Jerusalém, dezembro de 1917. (Fonte: do acervo do autor.)

Os historiadores atribuíram o apelo pela autodeterminação de Wilson a sua rigidez, educação moralista e inocência em relação a assuntos internacionais. Na verdade, a condição imposta por Wilson pode ser vista como uma mudança momentânea na gestão da ordem internacional, causada pela emergência dos Estados Unidos como grande potência. No final da Primeira Guerra Mundial, os Estados Unidos eram a maior potência industrial do mundo. E assim como hoje, seus políticos e diplomatas não se cansavam de expor as virtudes do mercado aberto e do livre-comércio como meios de se estabelecer uma ordem mundial próspera e pacífica. O presidente Calvin Coolidge disse, alguns anos depois, que "o principal negócio do povo norte-americano é o negócio". Mas mercados abertos e livre-comércio eram incompatíveis com o sistema colonial apreciado por Grã-Bretanha e França. Não havia motivo para anexar territórios se as potências colonizadoras não pudessem expulsar concorrentes indesejados de suas propriedades. Estava claro que seria necessário um acordo para alinhar essas duas visões incompatíveis. E este acordo surgiu por meio do sistema de mandatos.

Em uma reunião em Paris, negociantes da paz da Tríplice Entente discutiram acerca da resolução das reivindicações conflitantes e das aspirações contraditórias de seus governos. Alinhados com os Quatorze Pontos de Wilson, os negociantes concordaram em estabelecer uma Liga das Nações, cujo objetivo seria garantir a paz e a estabilidade do mundo pós-guerra. Essa liga seria a expressão institucional de uma ordem internacional que teria como base os ideais compartilhados dos Estados "civilizados", em vez do desacreditado equilíbrio político das potências. Até mesmo o imperialismo deveria ser justificado com base nesses ideais. O artigo 22 da carta da Liga das Nações explicava exatamente como isso seria feito:

> Para aquelas colônias e territórios que por consequência da última guerra deixaram de estar sob a soberania dos Estados que previamente os governavam, e que são habitados por povos que ainda não tem condições de se sustentar perante as estrênuas condições do mundo moderno, deve ser aplicado o princípio de que o bem-estar e o desenvolvimento desses povos são necessidades sagradas de civilização, e que garantir que essas necessidades sejam atendidas é obrigatório e deve constar neste tratado. A responsabilidade de encontrar a melhor maneira de dar efeito prático a este princípio deve ser confiada às nações avançadas que, por razão de seus recursos, sua experiência, ou sua posição geográfica, têm melhores condições de assumi-la.

Assim, para as antigas províncias árabe-asiáticas do Império Otomano:

> Certas comunidades que previamente pertenciam ao Império Turco chegaram a um estágio de desenvolvimento em que sua existência como Estado independente pode ser provisoriamente reconhecida desde que seja assistida por uma mandatária [potência] até que elas sejam capazes de se autossustentarem, e que os anseios das comunidades sejam uma consideração primordial durante a escolha da nação mandatária.

Sendo assim, depois da Primeira Guerra Mundial, a França recebeu o mandato para os territórios que hoje incluem a Síria e o Líbano, enquanto a Grã-Bretanha recebeu o mandato para a região que engloba hoje Israel, os territórios palestinos, Jordânia e Iraque.

Embora o tratado estipulasse que os próprios povos tivessem a função de determinar qual potência seria sua mandatária, britânicos e franceses, obviamente, nunca levaram a sério os ensejos dos povos do Oriente Médio ao estabelecer o sistema de mandatos. Por exemplo, o parlamento eleito da Síria que se reuniu após a guerra, o Congresso Geral Sírio, declarou que queria a Síria independente e unificada. Unificada, para os representantes, significava que o território da Síria deveria incluir o que hoje representa a Síria, o Líbano, Israel/Palestina e Jordânia. Caso a Síria precisasse de um mandatário, grande parte dos representantes declarou sua preferência pelos Estados Unidos. Como segunda opção, a Grã-Bretanha.

CAPÍTULO 4 – A PRIMEIRA GUERRA MUNDIAL E O MANDATO DA PALESTINA | 113

Para os representantes, a França estava fora de questão. Todavia, o território definido por eles como Síria foi dividido, sua soberania adiada, e uma Síria desmembrada foi dada à França por meio de um mandato.

Já para o território que logo se tornaria a Palestina, também não havia ilusão por parte dos britânicos sobre os sentimentos da maioria da população árabe politicamente ativa. Três meses depois do armistício, o líder do Bureau Árabe – a unidade de inteligência britânica no Oriente Médio árabe – enviou o seguinte telegrama para seus supervisores do escritório de guerra:

> É conveniente em determinados círculos atribuir o sentimento antissionista à influência daqueles [notáveis] donos de terra tidos como corruptos e tiranos, que devem de fato ser considerados. Porém, essa não é uma declaração justa, pois eles são representantes de valor de suas classes, e o medo e o desgosto pelo sionismo tornou-se generalizado em todas as classes. Isso pode ser atribuído quase em sua totalidade ao rápido avanço das demandas sionistas durante os meses recentes... O resultado do processo é a falta de confiança na Grã-Bretanha, para a qual a grande maioria olhava, até agora, como a potência dominante que guiaria a Palestina e a Síria para um futuro de prosperidade... Afirma-se nesses círculos: 1) Que a Síria deve ser única e sem divisões, e que inclua a Palestina. 2) Que a Grã-Bretanha e a França estão unidas por acordos que vão acabar por levar a Síria à divisão, ao controle rival, e a um conflito de interesses entre essas duas nações que resultará em ameaça à paz da Síria e ao mundo civilizado. 3) Que a França não é adequada para ser um poder mandatário da Síria, pois o país tem interesses econômicos e comerciais ligados ao Egito e à Mesopotâmia, ambos sob controle britânico. 4) Que a Grã-Bretanha é impedida por seus acordos com a França e com os sionistas de compreender a única política que, de acordo com eles, pode fazer da Síria uma nação estável e próspera. 5) Que a América do Norte é a única potência que resta. Eles não estão presos a antigas promessas com relação à Síria e não têm interesses conflitantes com a Grã-Bretanha, cujo controle espalha-se por diversas regiões nos arredores sírios, e que deve servir de apoio para o progresso econômico de toda essa região.

Não é necessário dizer que os anseios dos habitantes nativos do local não foram atendidos.

O sistema de mandatos permitiu que as potências mandatárias tivessem pleno controle econômico e administrativo sobre o território que lhes cabia. Elas podiam também separar e anexar territórios como bem entendessem. Logo, na Conferência do Cairo de 1921, a Grã-Bretanha decidiu separar o território que ficava a leste do rio Jordão do mandato da Palestina, e estabeleceu uma unidade administrativa separada, chamada, como era de se esperar, de "Transjordânia" (conhecida hoje como Reino Hashemita da Jordânia). Winston Churchill, que presidiu a conferência como secretário colonial britânico, brincou posteriormente que havia "criado a Jordânia com um rabisco de caneta em uma tarde de domingo". Os britânicos estabeleceram o outro filho do Sharif Husayn, Abdullah, como *amir* (príncipe) da Transjordânia (ele tornou-se rei em 1946, quando os britânicos deram a independência à Jordânia). Descendentes de Abdullah governaram o país desde então. Para a revolta de Jabotinsky e seus seguidores, a Grã-Bretanha restringiu a imigração judaica à parte oeste do rio Jordão. Este território manteve o nome de "Palestina".

Em julho de 1922, seguindo as definições estabelecidas pela Liga das Nações, o governo britânico submeteu um esboço descrevendo os procedimentos propostos para a sequência administrativa de seu mandato na Palestina. O documento continha o texto da Declaração de Balfour em seu preâmbulo, transformando o que outrora fora uma promessa feita durante a guerra em um estatuto legal obrigatório. O artigo 2 do esboço estipulava que "o mandatário deve ser responsável por colocar o país em condições econômicas, administrativas e políticas que garantam o estabelecimento do lar-nação judaico". O artigo 4 estabelecia que:

> Uma Agência Judaica apropriada deve ser reconhecida como corporação pública, com o propósito de aconselhar e auxiliar a Administração da Palestina em questões sociais, econômicas e em outros assuntos que possam afetar o estabelecimento do lar-nação judaico e os interesses da população judaica na Palestina.

O artigo 6 especificava o seguinte:

> A Administração da Palestina, para garantir que os direitos e a posição de diversos setores de sua população não sofram nenhum tipo de prejuízo, deve facilitar a imigração judaica em condições adequadas, e deve encorajar, em cooperação com a Agência Judaica referida no artigo 4, assentamentos judaicos em territórios das cercanias, incluindo terras do Estado e terras devastadas.

"Diversos setores de sua população" faziam referência, obviamente, aos habitantes nativos da Palestina; a palavra "árabe" não era utilizada no instrumento.

A "Agência Judaica apropriada" mencionada no artigo 4 era inicialmente a Organização Sionista Mundial, que tinha sua base em Londres e era representada na Palestina pelo Executivo Sionista Palestino. David

CAPÍTULO 4 – A PRIMEIRA GUERRA MUNDIAL E O MANDATO DA PALESTINA | 115

Ben-Gurion, um judeu nascido na Polônia que imigrou para a Palestina na segunda *aliyah* e acabou se tornando, posteriormente, o primeiro-ministro inaugural de Israel, comandava o grupo executivo. Para conquistar o apoio de todos os judeus, sionistas ou não, a Organização Sionista Mundial abdicou de sua posição de "Agência Judaica apropriada" em 1929 e estabeleceu uma organização auxiliar denominada apenas de "Agência Judaica". Colocando um número igual de sionistas e não sionistas em seus comitês, a Agência Judaica esperava conquistar a aceitação em localidades onde os judeus apoiavam uma presença cultural ou educacional na Palestina, mas não uma presença nacional. Todavia, como a categoria não sionista incluía qualquer judeu que não pertencia à Organização Sionista Mundial de Londres – incluindo até mesmo sionistas do *Yishuv* – os sionistas conseguiram manter o controle da agência. E não eram sionistas de pouca expressão: em 1931, sionistas trabalhistas como Ben-Gurion controlavam firmemente o aparato administrativo da comunidade judaica na Palestina.

Como resultado, nem os revisionistas (que chegaram ao ponto de romper relações com a Organização Sionista Mundial e fundar sua própria "Nova Organização Sionista"), nem os judeus ortodoxos antissionistas reconheceram a autoridade da Agência Judaica.

Em resumo, a Agência Judaica tinha três funções. A primeira era atuar como escritório internacional para o *Yishuv*. Nessa frente, ela negociava com o governo britânico sobre todas as questões envolvendo a política das potências mandatárias aplicadas à comunidade judaica na Palestina. Além disso, a Agência Judaica controlava a colonização e as atividades dos assentamentos. Ela administrava os dois mais importantes fundos de colonização judaica: o Fundo Nacional Judaico (que, conforme já vimos, comprou diversos terrenos na Palestina) e o Fundo da Fundação Palestina (que subscreveram atividades de imigração e do assentamento). Os oficiais da Agência Judaica estimavam a demanda de mão de obra – chamada de capacidade de absorção da Palestina – e faziam uma proposta de agenda de imigração para os britânicos. Por meio de seus escritórios na Europa, a agência treinava e selecionava imigrantes. Como a alocação de vistos estava sob seu controle, as prioridades para os assentamentos da Palestina iam para sionistas treinados em agricultura e outros trabalhos manuais, que tivessem recebido educação, passado por determinadas academias e falassem hebraico. Como consequência desse processo seletivo, a idade média da população judaica na Palestina em 1936 era de 27 anos. E, por fim, a Agência Judaica também fundava escolas, hospitais e centros de agricultura e medicina na Palestina.

Embora o poder tenha permanecido nas mãos de um alto comissário nomeado por Londres, a Grã-Bretanha estimulou cada comunidade a organizar seus próprios assuntos políticos dentro da estrutura estabelecida pelo mandato. A comunidade judaica na Palestina seguiu as regras e elegeu uma assembleia e um conselho geral. A Grã-Bretanha reconheceu essas instituições em 1927, liberando o caminho para que o *Yishuv* estabelecesse impostos para os membros da comunidade. (Embora esta medida tenha estabelecido importantes precedentes legais, a receita gerada pelas taxas era desprezível e o *Yishuv* permaneceu dependente de fontes externas para subsidiar sua sobrevivência.)

Apesar dos intensos esforços, a Grã-Bretanha teve pouco sucesso em trazer os 89% restantes da população da Palestina para dentro do espírito do mandato. Os motivos não são difíceis de serem identificados. "A Declaração... [de Balfour] não é suscetível a mudanças", escreveu Winston Churchill em seu *White Paper* [Livro Branco] de 1922, uma tentativa inútil de esclarecer os objetivos britânicos na Palestina. "É essencial que [a comunidade judaica] saiba que está na Palestina por direito, e não por consentimento tácito." E caso alguma comunidade nativa ainda não compreendesse o seu ponto, ele ainda acrescentava: "é necessário que a comunidade judaica na Palestina seja capaz de aumentar sua população através da imigração".

A maioria dos líderes das comunidades nativas não acreditava que sua comunidade devesse participar de uma ordem política imposta a eles sem o consentimento desses líderes – e certamente não daquela, que parecia querer estabelecer uma presença alienígena em seu meio. A forma com que essas comunidades lidaram com o mandato e com a imigração sionista serão o tema do próximo capítulo.

Sugestões de leitura complementar

FROMKIN, David. *A Peace to End All Peace: The Fall of the Ottoman Empire and the Creation of the Modern Middle East* [Uma paz para encerrar toda a paz: a queda do Império Otomano e a criação do Oriente Médio moderno]. New York: Henry Holt, 1989. História diplomática popular sobre as origens do sistema de Estado no Oriente Médio.

GELVIN, James L. The League of Nations and the Question of National Identity in the Fertile Crescent [A Liga das Nações e a questão da identidade nacional no crescente fértil]. In: *World Affairs* [*Assuntos Mundiais*] (Verão de 1995: 35-43). Abordagem concisa sobre o nacionalismo e a construção do Estado na região, depois do fim da Primeira Guerra Mundial.

HEIKAL, Yousef. Jaffa...as It Was [Jaffa... como ela era]. In: *Journal of Palestine Studies 52* [*Jornal de Estudos Palestinos 52*] (Verão de 1984: 3-21). Relato em primeira pessoa sobre a Primeira Guerra Mundial feito por um palestino.

HUREWITZ, J. C. The Entente's Secret Agreements in World War I: Loyalty to an Obsolescing Ethos [Os tratados secretos da Entente na Primeira Guerra Mundial: lealdade a um caráter obsoleto]. In: David Kushner (Ed.). *Palestine in the Late Ottoman Period* [*Palestina no fim do período otomano*]. Jerusalém: Yad Izhak Ben-Zvi, 1986. p. 341-8.. Situa os tratados feitos pelas potências da Entente durante a Primeira Guerra Mundial dentro do contexto histórico diplomático do século anterior.

KEITH-ROACH, Edward. *Pasha of Jerusalem: Memoirs of a District Commissioner under the British Mandate* [O paxá de Jerusalém: memórias de um comissário distrital do mandato britânico]. Ed. Paul Eedle. Londres: Radcliffe Press, 1994. Relatos testemunhais da vida de um oficial britânico na Palestina no período entre guerras.

LOCKMAN, Zachary. *Comrades and Enemies: Arab and Jewish Workers in Palestine* [Camaradas e inimigos: trabalhadores árabes e judeus na Palestina]. Berkeley: University of California Press, 1996. Rara abordagem sobre a história da classe trabalhadora de palestinos e judeus fora do enfoque nacionalista.

SHAPIRO, Yonathan. *The Formative Years of the Israeli Labour Party: The Organization of Power, 1919-1930*. Sage Studies in Twentieth Century History n. 4 [Os anos de formação do Partido Trabalhista Israelense: a organização do poder, 1919-1930. Estudos sábios da história do século XX n. 4]. Beverly Hills, CA: Sage, 1976. História institucional e ideológica do partido que dominou a política israelense de 1977.

capítulo 5

DO NACIONALISMO NA PALESTINA AO NACIONALISMO PALESTINO

De todos os clamores públicos sobre o conflito Israel x Palestina, nenhum resume tão bem o sentimento de opressão de um pelo outro do que os que surgiram na guerra de 1967. Às vésperas da guerra, Ahmad Shuqairy, então presidente da Organização para Liberação da Palestina, vangloriou-se dizendo que o Exército árabe iria jogar os judeus para dentro do mar. Na mesma linha de comentários imprudentes, Golda Meir, primeira-ministra de Israel de 1969 até 1974, deu uma entrevista ao jornal *Sunday Times* de Londres, no segundo aniversário da guerra. Naquela entrevista, propositadamente afirmou que não existiam palestinos.

Embora a atitude de Meir perante os palestinos seja conhecida, se ainda estivesse viva hoje, poderia ter utilizado em sua defesa a célebre frase de Yogi Berra: "Eu não disse de verdade tudo o que disse". O texto completo da pergunta e da resposta foi o seguinte:

> *Pergunta*: Você acha que o surgimento da força de combate palestina, chamada de Fedayin, é um importante novo fator no Oriente Médio?
>
> *Resposta*: Importante, não. Um novo fator, sim. Não haviam palestinos antes. Quando existiu um povo palestino independente com um Estado palestino? Antes da Primeira Guerra Mundial, era a Síria do sul, e depois, a Palestina que incluía a Jordânia. Parece até que havia um povo palestino na Palestina, considerados palestinos por eles mesmos, e nós viemos, os expulsamos e roubamos o seu país. Eles não existiam.[22]

O que isso quer dizer? Meir não está negando que haviam habitantes nativos na Palestina que foram deslocados por causa dos assentamentos

---

22 *Sunday Times*, 15 jun. 1969.

sionistas (ainda não, pelo menos). Ela também não nega a existência de uma nação palestina. Pelo contrário, seu principal argumento parece ser que o Fedayin representava um novo fator porque eles, enfim, incitaram a real existência daquela nação. E apesar de sua afirmativa de que uma nação palestina nunca existiu até 1967 ser absurda, o esboço que ela apresenta do desenvolvimento histórico do nacionalismo que engendrou aquela nação – e sua compreensão implícita da imprevisibilidade e da evolução condicional do nacionalismos em geral – é, no mínimo, precisa.

O nacionalismo palestino surgiu durante o período entre guerras em resposta à imigração sionista e ao assentamento. O fato de o nacionalismo palestino ter se desenvolvido depois do sionismo, e inclusive como resposta a ele, não diminui de forma alguma a legitimidade do nacionalismo palestino e nem faz com que ele tenha menor valor do que o sionismo. Todos os nacionalismos surgem em oposição a um "outro". Por que outro motivo haveria a necessidade de se autoafirmar como nação? E todos os nacionalismos são definidos por suas oposições. Como já vimos, o próprio sionismo nasceu da reação ao antissemitismo e aos movimentos nacionalistas excludentes da Europa. E seria perverso afirmar que o sionismo é, de alguma forma, menos válido do que o antissemitismo ou os nacionalismos europeus. Além disso, o próprio sionismo era também definido por sua oposição aos habitantes nativos da Palestina. Tanto a "conquista da terra" como a "conquista do trabalho", que se tornaram temas centrais para a corrente dominante do sionismo no *Yishuv,* foram originadas como resultado do confronto sionista com os "outros" palestinos.

Os habitantes nativos da Palestina demonstraram resistência ao assentamento sionista desde o princípio. Essa resistência aconteceu de várias formas. No interior, onde vivia a maioria destes habitantes, as vítimas foram os camponeses: reocupações forçadas e retomadas de terras, assaltos contra colonos, destruição de plantações e propriedades, e assim por diante. Nas cidades, ocorreram mobilizações violentas. Em agosto de 1929, por exemplo, tumultos tomaram conta de Jerusalém. Rumores davam conta que as comunidades estavam tentando restringir o acesso de outras comunidades a seus locais sagrados, e isso inflamou ainda mais a situação. Por fim, uma demonstração organizada pelo movimento Betar que demandava o controle judaico sobre o Muro das Lamentações – local que abriga o sagrado Monte do Templo –, parecia ser prova do pior para os muçulmanos. Os tumultos crescentes se espalharam por Hebrom, Jafa, e Safed. Como consequência, 133 judeus e 116 árabes morreram vítimas da violência.

CAPÍTULO 5 – DO NACIONALISMO NA PALESTINA AO NACIONALISMO PALESTINO | 121

(As semelhanças com os eventos ocorridos em 2000 são muito grandes para serem ignoradas. Em setembro de 2000, Ariel Sharon, que esperava se tornar candidato a primeiro-ministro pelo Likud*, visitou o Monte do Templo para demonstrar, como ele mesmo disse, que o local pertencia a todos. Essa foi a atitude que deu início ao movimento que ficou conhecido como a "segunda *intifada*". Assim como antes, os motivos originais que contribuíram para a eclosão do movimento foram ignorados por muitos dos que assistiam aos desdobramentos de tudo o que acontecia. Os israelenses colocaram a culpa da ocorrência da segunda *intifada* no líder da Autoridade Palestina, Yasir Arafat – assim como o *Yishuv* e os britânicos culparam pela ocorrência dos tumultos de 1929 o mais alto oficial na Palestina, Hajj Amin al-Husayni. Longe de serem inocentes, Yasir Arafat e Hajj Amin certamente contribuíram para aumentar as tensões e tentaram explorar os atos violentos em benefício próprio. Contudo, nenhum deles foi diretamente responsável pelos conflitos.)

Nem todas as formas de resistência são nacionalistas, é claro. Seria errado priorizar crenças nacionalistas no decorrer da história às evidências justificadas. Os atos de resistência dos habitantes nativos da Palestina foram o que o historiador Eric Hobsbawm chamou de "rebelião primitiva". Existem duas características comuns nas rebeliões primitivas. Em primeiro lugar, as rebeliões primitivas são motivadas por um desejo por parte dos rebeldes de reparar injustiças específicas. Rebeldes agem defensivamente. Eles querem, com suas ações, conseguir somente o reestabelecimento do que eles consideram ser o *status quo*. Além disso, rebeliões primitivas tendem a ser espontâneas, localizadas e curtas. Nenhuma dessas duas características podem ser atribuídas aos esforços nacionalistas. Eles não buscam meramente reparar injustiças; em vez disso, eles propõem estabelecer uma nova ordem política. Esforços nacionalistas também não são espontâneos, localizados e curtos. Como são organizados com base em ideologias específicas e demandam estratégias de reconstrução política e de resistência, esses esforços precisam ser planejados. E embora esse planejamento deva ocorrer logo no início do projeto nacionalista, ele também pode ocorrer em qualquer outra etapa do processo. Além disso, o esforço deve mobilizar, ou ao menos conquistar, uma grande porção da população para seu suporte. E este processo demanda tempo.

Um outro nacionalismo palestino separado, que refletia uma identidade nacional palestina também separada, começou a surgir depois da Primeira

---

* *Likud* ("união", em hebraico) é um partido político de Israel que congrega o centro-direita e a direita conservadora. (N.T.)

Guerra Mundial. A maioria dos habitantes árabes da Palestina que, antes da Primeira Guerra Mundial, refletia sobre a problemática e se considerava súdito otomano, passou, a partir da quinta década do século XIX, a se considerar cidadão otomano. Três processos serviram para corroborar com sua identidade otomana: sua participação em atividades comuns com outros habitantes do império, a crescente invasão do Estado nas vidas de seus súditos e a disseminação de uma ideologia de "otomanidade" (*osmanlilik*) que inspirou lealdade (e serviu de modelo para movimentos nacionalistas futuros).

Com a destruição do Império Otomano durante a Primeira Guerra Mundial, uma identidade otomana já não era uma opção viável para os habitantes árabes da Palestina. Alguns, particularmente na pequena camada mais educada da elite, adotaram o nacionalismo árabe, que defendia a ideia de que todos os árabes compunham uma única nação porque falavam a mesma língua, tinham a mesma etnia e dividiam a mesma história e cultura, ou qualquer combinação destes três itens. Este sentimento, mais poderoso agora, visto em retrospectiva, era sustentado por bandos errantes de burocratas e exilados, românticos beletristas e até mesmo a família Hashemita (a qual pertenciam Sharif Husayn, Amir Faysal e Amir 'Abdullah), que lutou bravamente para comandar a nação árabe. Muitos dos grupos supracitados continuaram a nutrir os sentimentos árabes durante a década de 1950 e depois dela, inclusive.

Outros árabes habitantes da palestina viam-se como sírios. No final do período otomano, a Grande Síria havia se tornado uma unidade integrada social e economicamente. Uma boa infraestrutura, com estradas de ferro e vias para carruagens, conectava os habitantes da região, e a Grande Síria se consolidara como um centro comercial com sua própria força de trabalho. Camponeses e beduínos do território que hoje é a Palestina migravam regularmente, indo e vindo dos ricos campos agrícolas do distrito de *Hawran*, que hoje pertence à Síria. Elites urbanas de Damasco e Beirute investiram em grandes latifúndios em regiões como a Galileia e organizaram casamentos arranjados com famílias de Jerusalém e Jafa (e em menor número, com famílias do Cairo e Bagdá). No decorrer do século XIX, a evolução econômica e social da Grande Síria divergiu de tal forma do progresso de seus vizinhos que nem os nacionalistas sírios, nem os representantes da Tríplice Entente que estavam em Paris, conseguiram contemplar algo além de uma frágil filiação entre a Grande Síria e o território que se tornaria o Iraque. A identificação dos habitantes árabes da Palestina com a Síria foi tão grande que na década de 1930, um dos mais importantes jornais publicados em Jerusalém chamava-se *Suriya janubiyya* – a "Síria do Sul".

No decorrer do período do mandato, porém, tanto o nacionalismo árabe quanto o nacionalismo sírio já não eram opções praticáveis. O sistema de mandatos não somente dividia o mundo árabe em um variedade de estilos de Estado, mas também separava a Palestina da Síria. Já que os palestinos não poderiam se unir aos sírios de forma sensata, uma identidade síria tornou-se impraticável a eles. Além disso, o fato de que a história subsequente e o desenvolvimento da Palestina foram diferentes dos da Síria e do resto do mundo árabe, fortaleceu a identidade palestina. As elites sírias, por exemplo, enviavam seus estudantes para receber educação na França, e o idioma francês, portanto, se tornou sua segunda língua. Como a Grã-Bretanha detinha o mandato palestino, os palestinos iam à Grã-Bretanha e aprendiam a falar inglês.

Outro fator que contribuiu para o surgimento de uma identidade palestina independente foi o confronto com o sionismo. O assentamento sionista não somente deflagrou uma resistência, mas também gerou para os palestinos um problema que nenhum outro povo do Oriente Médio jamais enfrentara. A colonização sionista era muito diferente de tudo o que os habitantes do Iraque, da Transjordânia, da Síria e do Líbano vivenciaram sob os mandatos britânico e francês. Assim como na Palestina, britânicos e franceses gerenciavam seus territórios indiretamente através de colaboradores locais, e suas ações desfaziam relações econômicas e sociais existentes em seus territórios. Contudo, britânicos e franceses não se apropriavam da terra, não estabeleciam uma economia nem uma estrutura política predadoras e competitivas. Além do mais, a lei do mandatário era, teoricamente, temporária – muito diferente do programa de assentamento permanente dos sionistas. E por enfrentar um tipo diferente de inimigo, a resposta dos Palestinos acabou sendo diferente da respostas de seus vizinhos. Se não fosse por isso, o nacionalismo palestino haveria provavelmente evoluído nas mesmas bases do nacionalismo da Síria e do Iraque – se de fato evoluísse.

Apesar das primeiras organizações nacionalistas fundadas na Palestina durante e depois da Primeira Guerra Mundial não terem exigido um Estado palestino separado, elas sedimentaram o caminho para que ele surgisse. Havia dois tipos de organização nacionalista fundadas neste período: aquelas que representavam as convicções e aspirações das elites e "quase-elites" da sociedade Palestina, e aquelas tinham uma orientação mais populista. Cada uma delas deixou um legado para os movimentos nacionalistas na Palestina que duraria até a década de 1930.

O primeiro tipo de organização nacionalista era formada por pessoas de destaque da área urbana, antigos burocratas otomanos, e uma camada emergente de profissionais que não tinham mais medo da repressão otomana e estavam ansiosos para ocupar espaços na nova ordem política, fosse ela qual fosse. Alguns membros desses grupos participaram de organizações conspiratórias contra os britânicos antes da guerra, e foi justamente de lá que vieram os primeiros recursos organizacionais para os primeiros grupos nacionalistas abertos da Palestina. Enquanto o Exército britânico marchava para o norte, do Egito para Damasco, oficiais políticos criaram para seu Exército os chamados clubes nacionalistas, que serviam para recrutar o apoio de líderes locais para a Revolta Árabe e, mais amplamente, para a campanha da Entente contra os otomanos. Imediatamente após a guerra, esses clubes começaram a funcionar como filiais do Clube Árabe, baseado em Damasco, e até chegaram a formar dois presidentes para o escritório central de Damasco.

Os Clubes Árabes não tiveram um campo político próprio por muito tempo. Exilados sírios que combateram durante a guerra no Cairo seguiram o rastro do Exército britânico e estabeleceram filiais de sua sociedade nacionalista – a União Síria – na Palestina enquanto viajavam de volta para Damasco. Ao mesmo tempo, pessoas da elite, profissionais e antigos burocratas que ficaram na palestina durante a guerra fundaram grupos nacionalistas chamados de Associações Cristãs-Muçulmanas em suas cidades. Uma série de outros clubes, confrarias e partidos também seguiram a tendência nacionalista.

Embora houvesse alguma diferenciação entre esses grupos, a maioria tinha uma agenda similar. A maioria se opunha ao mandato, à Declaração de Balfour e à separação da Palestina e da Síria. (As Associações Cristãs-Muçulmanas, não obstante, refletindo os sentimentos das elites nativas da região, fizeram da autonomia palestina no Estado federado sírio uma questão central de sua plataforma.) Todos recrutaram seus membros de camadas similares da população. E de fato, a impressão que se tem é que a proliferação deste tipo de grupo nacionalista, usualmente, teve mais relação com a disputa de indivíduos e famílias por posições sociais do que, de fato, com lutas ideológicas sobre o futuro político da Palestina.

Organizações populistas – filiais do Alto Comitê Nacional, baseado em Damasco, e dos comitês de defesa nacional – se espalharam da Palestina até a Síria no início de 1919. Essas organizações também faziam oposição ao mandato, à separação da Palestina da Síria e à Declaração de Balfour. Mas elas eram diferentes das outras por dois motivos: sua liderança tinha um grande número de dignitários religiosos e donos de pequenas lojas de classe média-baixa, comerciantes de têxteis e grãos, encrenqueiros, líderes tribais etc.; e elas tinham grande apelo com o campesinato e com a população urbana não elitizada. Eles recrutavam camponeses e citadinos para as suas milícias a fim de resistirem à ocupação francesa da Síria e ao assentamento sionista (em uma expedição, eles convocaram os habitantes nativos da Palestina para "inflamarem o país"). Eles estruturavam seu nacionalismo com uma linguagem que refletia militância, antielitismo e igualitarismo. Convocar os habitantes árabes da Palestina para "proteger o patrimônio de nossos profetas e de nossos ancestrais" e prometer "morte para aqueles que traem a Palestina", fez que essas organizações encontrassem seguidores ávidos em uma população que havia se tornado aclimada ao nacionalismo durante o período otomano. Em fevereiro de 1920, representantes de ambos os tipos de organizações se encontraram em Damasco para estabelecerem uma proposta comum. Eles criaram o primeiro Congresso Geral da Palestina. Pouco depois deste evento, o seguinte folheto foi espalhado pelas ruas de Damasco:

A Palestina é nosso país!
A Decisão do Congresso Geral Palestino
Na sexta-feira, 27 de fevereiro de 1920, às 3 horas da tarde, uma reunião foi realizada no Clube Árabe, contando com a presença de delegados do Alto Comitê Nacional, do Congresso Geral da Síria, e representantes do Partido da Independência Árabe, do Partido Nacional da Síria, da União Síria, do Pacto Sírio, do Pacto Iraquiano, do Partido Democrático, da Associação do Renascimento Moral e do Clube Árabe; líderes do Hawrani, do Dandashli, do Karak, do Fadl, do Sakhur, e comunidades e tribos circassianos; finalmente, um grande número de líderes religiosos, advogados, jornalistas, comerciantes, estudantes do nível secundário e chefes das guildas de Damasco.

Depois de considerar a situação palestina, todos concordaram com o seguinte:

1. Nós confirmamos o que sempre dissemos, que a Palestina é parte da Síria. Demandamos que continue assim e usaremos, eventualmente, todas as medidas, até a última gota de nosso sangue, e até o último suspiro de nossos filhos, para que este fim seja atingido.

2. Pelo fato de sermos de todas as partes da Síria, consideramos o sionismo um perigo para nós e para nossa existência política e econômica no futuro. Devemos, portanto, expulsar os sionistas com nossa força. Se os aliados continuarem a apoiá-los em suas atividades, nós vamos combatê-los de todas as formas possíveis.

Oh, filhos árabes da Palestina!

A nação síria e as associações palestinas estão exasperadas, pois [os aliados] querem separar a Palestina de sua terra mãe, Síria, utilizando como disfarce o argumento do estabelecimento de um governo nacional. Como podemos aceitar uma vida como escravos de judeus e de estrangeiros, e não defender nossos

126 | ISRAEL X PALESTINA

direitos naturais e políticos? Levantem sua voz, protestem contra esta traição e nunca temam ameaças ou intimidações... Se existir um homem entre vocês que, corrompido por ouro ou honrarias, busque se associar ao governo de ocupação, fique longe dele, boicote-o, mostre a ele seu desprezo, pois ele está traindo o seu país e a sua nação. Da mesma forma, boicote os judeus, não venda nada para eles e não compre nada deles. Boicote aqueles que os sustentam e que se comportam como seus subordinados.

Vida! Vida aos irmãos!

Fiéis à sua forma, as potências da Tríplice Entente ignoraram as resoluções do Congresso Geral da Palestina. Em junho de 1920, os franceses enviaram um exército para as terras sírias com o objetivo de controlar a região. Embora mais três anos tivessem sido necessários para que se estabelecesse a fronteira que separava o mandato francês da Síria do mandato britânico da Palestina (por meio do acordo de Paulet-Newcombe), a separação dos dois territórios nunca foi uma dúvida. Para reduzir a resistência à sua ocupação e à divisão da Síria, os franceses desmantelaram as organizações nacionalistas baseadas em Damasco, incluindo o Clube Árabe, o Alto Comitê Nacional e a União Síria; condenaram diversos líderes nacionalistas à morte e exilaram muitos outros. As muitas Associações Cristãs-Muçulmanas com base na Palestina saíram-se melhor por algum tempo. Estabeleceram, no final de 1920, uma organização executiva árabe para coordenar as suas atividades. Agindo em nome do "povo de língua árabe que estava vivendo na Palestina quando rompeu a Primeira Guerra Mundial", a organização executiva árabe demandava o término do mandato, a revogação da Declaração de Balfour, e o fim da imigração judaica e da compra de terras. Ela também convocava a eleição de um governo "nacional" na Palestina. Com o passar do tempo, todavia, a maioria das Associações Cristãs-Muçulmanas perdeu força e o facciosismo presente em muitas delas deixou-as ainda menos significativas. Na metade da década de 1920, o momento dos movimentos nacionalistas árabes da Palestina já havia ficado para trás. Enquanto isso, o movimento sionista já havia colocado em funcionamento as instituições rudimentares de soberania de Estado.

Por que era tão difícil para os habitantes árabes da Palestina organizar um movimento nacionalista unificado? Os historiadores citam diversas razões. Em primeiro lugar, como já deve estar claro à essa altura, depois da Primeira Guerra Mundial, grande parte dos habitantes nativos da Palestina apostou na bandeira nacionalista errada, a da Síria. Mesmo depois que os franceses e os britânicos assumiram o controle através de seus manda-

CAPÍTULO 5 – DO NACIONALISMO NA PALESTINA AO NACIONALISMO PALESTINO | 127

tos, alguns nacionalistas da Palestina continuaram sonhando em se juntar ao Grande Estado sírio. Nacionalistas mais pragmáticos buscavam uma nação palestina separada, mas essa era uma batalha inglória: eles tinham que formular um novo rol de doutrinas, e disseminá-las enquanto batalhavam em resistência contra os rivais nacionalistas da Grande Síria.

A vitória do primeiro grupo poderia ter sido garantida se o movimento nacional palestino conseguisse utilizar instituições estadistas para comunicar suas ideias e torná-las tangíveis à população. Mas, também neste ponto, os nacionalistas árabes nativos enfrentaram diversos obstáculos desconhecidos para seus análogos sionistas. Como os sionistas estabeleceram suas colônias em terras remotas e sob condições normalmente adversas, eles tinham que incorporar seu movimento em instituições desde o princípio. O movimento nacionalista na Palestina surgiu em um território que fazia parte de um império em pleno funcionamento. As instituições já existiam. Não havia necessidade de se criar novas instituições nacionais para se governar a vida cotidiana, e se caso elas fossem criadas, teriam que competir com as já existentes. Outro estímulo à institucionalização do movimento sionista que não existiu do lado dos habitantes nativos da Palestina foi a reação dos líderes de cada comunidade à ordem política imposta pelos britânicos. Apesar dos grupos sionistas terem se mostrado adversos a algumas políticas específicas dos britânicos, eles estavam, de maneira geral, ansiosos para trabalhar dentro da estrutura oferecida pelos sistemas de mandato. A maioria dos nacionalistas das comunidades nativas se recusava a sancionar os mandatos e a Declaração de Balfour. Eles, portanto, se recusavam a cooperar com os britânicos e não participavam das estruturas governamentais impostas por estes mandatários.

Alguns aspectos do legado otomano também impediam diretamente o desenvolvimento de instituições nacionais na Palestina. A população da Palestina era formada por diversos grupos religiosos não muçulmanos, incluindo cristãos, que constituíam cerca de 10% da população total quando o primeiro recenseamento oficial foi realizado em 1922. Sob o comando dos otomanos, cada comunidade religiosa da Palestina regulou suas próprias questões, como o bem-estar social, o casamento e o divórcio. E durante o século XIX, as potências europeias dedicaram uma atenção especial às minorias religiosas do império, intervindo nas questões otomanas, e garantindo que as fronteiras (até então informais e pouco específicas) que separavam as comunidades se tornassem definidas e claras – e protegidas por leis. Buscando alistar colaboradores locais confiáveis e redimir o que eles julgavam ser correligionários "ignorantes" e "oprimidos", as potências europeias expandiram seu protecionismo para algumas comunidades minoritárias selecionadas, garantindo aos membros dessas comunidades uma cidadania honorária e com privilégios comerciais. Além disso, elas asseguraram que os otomanos dessem a essas comunidades representação proporcional a sua população, em todos os níveis do governo.

Quando os britânicos receberam o mandato para a Palestina, eles mantiveram muitas políticas da era otomana, inclusive aquelas que tratavam de autonomia comunal e representação de minorias. Por exemplo, ao tentar montar um conselho consultivo, o alto-comissário britânico para a Palestina, Herbert Samuel, evitou criar três categorias de representantes, dividindo sua ordem em britânicos, sionistas e árabes. Em vez disso, ele criou quatro categorias: britânicos (dez cadeiras), palestinos muçulmanos (quatro cadeiras), palestinos cristãos (três cadeiras) e judeus (três cadeiras). A população judaica representava 11% da Palestina, e teve 30% dos assentos que não pertenciam aos britânicos. Além disso, a formulação de Samuel garantiu uma sanção legal para a divisão da população árabe baseada na religião.

Muitos historiadores apontam uma outra forma pela qual a organização social da comunidade árabe da Palestina frustrou a criação de um movimento nacionalista unificado. Como vimos no CAPÍTULO 2, uma nova classe de citadinos de destaque se tornou proeminente na Palestina durante o século XIX. Esses urbanos notáveis ganharam suas fortunas com posses de terra (posses estas viabilizadas pelo Código da terra de 1858) e com sua influência política, conquistada por meio de associações em conselhos municipais, distritais e provinciais, todos recém-estabelecidos. Eles forjavam acordos de patronagem com a classe não elitizada da cidade e com camponeses que viviam nas terras que lhes pertenciam. Essa elite intervinha no governo otomano e realizava alguns serviços em benefício de seus clientes. Eles também emprestavam dinheiro a seus clientes – urbanos e rurais –, e abasteciam os camponeses com sementes e outros suprimentos. Em troca, recebiam de seus clientes benefícios econômicos, prestígio ou ambos. Eles também poderiam utilizar seus laços com a massa urbana caso o uso da força bruta fosse necessário. Mas os canais que ligavam essa elite com os seus clientes faziam que eles competissem entre si: havia muitos clientes, mas ainda assim, a disputa era acirrada. E essa concorrência naturalmente dificultou uma ação harmônica da elite.

A rivalidade entre as elites não diminuiu depois do fim do Império Otomano e da imposição dos sistemas de mandato. Nenhum cidadão da

CAPÍTULO 5 – DO NACIONALISMO NA PALESTINA AO NACIONALISMO PALESTINO | 129

elite tinha a intenção de se associar a um clube ou partido que aumentava o poder e o prestígio de um rival e de seus aliados. Se, por exemplo, a família dos Husaynis de Jerusalém fundasse uma filial do Clube Árabe, a família dos Nashashibis de Jerusalém seria obrigada a fundar uma filial de outra organização nacionalista, a Sociedade Literária. E se, nos anos seguintes, os Nashashibis conseguissem conquistar posição e prestígio por cooperar com os britânicos, não havia dúvidas que os Husaynis iriam assumir uma postura nacionalista intransigente e recusar qualquer colaboração de seus rivais.

Porém, como na maioria das vezes, os historiadores superestimaram os efeitos das rivalidades entre as elites sobre a evolução do nacionalismo na Palestina. A competição entre grupos rivais da elite poderia ter criado obstáculos insuperáveis para um movimento nacionalista se os laços de patronagem representassem a totalidade das relações sociais palestinas. Mas eles não representavam. E com o passar do tempo, a importância e o prestígio das elites na sociedade declinaram. E havia dois motivos para isso. Em primeiro lugar, a própria lógica do nacionalismo vai contra a lógica de um sistema social construído com base nas redes de patronagem. Os nacionalismos acentuam os laços horizontais e unem os cidadãos. Além dos laços que uniam as elites palestinas com seus clientes serem verticais, eles distanciavam os clientes uns dos outros, e dos membros da elite. E isso entrava em rota de colisão com os ideais de uma população cada vez mais aclimatada à cultura nacionalista.

Mudanças econômicas e sociais minaram ainda mais a autoridade das elites na sociedade Palestina. O que, afinal de contas, poderiam fazer os donos de terra que moravam nas cidades para uma população que vivia em uma sociedade definida por relações de mercado, migração de mão de obra, imigração sionista e controle de estrangeiros – uma sociedade na qual a elite podia vender terras para colonos sionistas, enquanto inúmeros camponeses estavam perdendo suas terras e sendo forçados a buscar empregos braçais nas cidades? Não é a toa que tanto os camponeses quanto as classes trabalhadoras das cidades buscavam incessantemente novas formas de organização política que tratassem de suas preocupações, que alistassem membros por apelo ideológico, e não por laços de patronagem, e que resolvessem os problemas por meio de ações diretas em vez de tratá-los como um drama nacionalista. As elites e as organizações por eles patrocinadas não desapareceram do cenário político, mas, como veremos na próxima seção, tiveram cada vez mais que dividir o seu espaço com organizações populistas mobilizadas não elitistas de massa.

A Grande Revolta Árabe

No final de 1935, oficiais britânicos em Jafa descobriram um grande carregamento de armas e munição destinado à comunidade sionista. Para muitos palestinos, isso só poderia significar uma coisa: a comunidade sionista estava se preparando para uma guerra. Na mesma época, um famoso sacerdote, 'Izz al-Din al-Qassam, saiu rumo às montanhas com um bando de seguidores para iniciar uma guerrilha contra os britânicos e os sionistas. Os britânicos apanharam o bando e mataram Al-Qassam em um tiroteio. Na esteira desses incidentes, a Palestina explodiu em rebeliões. A Grande Revolta durou três dias. Ela marca um ponto de ruptura na história do conflito entre os habitantes nativos da Palestina e os sionistas.

Embora toda a conflagração do porte da Grande Revolta Árabe deva ter um ou mais incidentes precipitadores como os citados recentemente, atribuir a ocorrência da Grande Revolta à descoberta de armas em um embarque, ou ao assassinato de um célebre sacerdote, seria como atribuir a eclosão da Primeira Guerra Mundial ao assassinato de um herdeiro de trono de uma potência decadente. Em ambos os casos, as raízes do conflito são muito mais profundas. No caso da Grande Revolta, essas raízes estão na periferização econômica e no crescente empobrecimento da população nativa, além da invasividade cada vez maior da comunidade sionista.

Enquanto quase todo o mundo estava cambaleando com os efeitos da Grande Depressão durante a década de 1930, a economia da Palestina estava se expandindo. De acordo com o historiador Roger Owen, a atividade econômica da Palestina mais do que quadruplicou durante o período entre 1922 e 1935. Diversos fatores contribuíram para esse crescimento. A quarta e a quinta *aliyot* (1924-1928; 1929-1939) trouxeram quase 280 mil novos emigrantes da comunidade judaica. Muitos desses emigrantes eram refugiados altamente capacitados, em fuga da perseguição antissemita que culminaria com o holocausto. Como a população do *Yishuv* crescera para quase 30% da população total da Palestina, a economia do *Yishuv* atingira o volume e as características do que os economistas chamam de "decolagem" econômica. O investimento britânico em infraestrutura proporcionou a fundação para um maior crescimento. Por exemplo, depois que os britânicos dragaram um porto em águas profundas em Haifa, e a Companhia de Petróleo do Iraque fez da cidade o terminal para um oleoduto que ia dos campos de petróleo de Mossul até o Mediterrâneo, Haifa atraiu outras instalações industriais – uma refinaria da Companhia de Petróleo do Iraque, os escritórios centrais da Palestine Railroad [Estradas de ferro da Palestina] – e ganhou destaque como centro industrial da Palestina. Durante os primeiros dez anos de mandato britânico, a população da cidade dobrou. Até mesmo a economia agrícola da Palestina parecia prosperar durante a década de 1930, à medida que mais terras eram cultivadas e latifundiários começaram a produzir cítricos para compensar o declínio nos preços de produtos básicos.

IMAGEM 11. Imigrantes judeus em procissão no porto de Jafa, na década de 1930. (Fonte: do acervo do autor.)

IMAGEM 12. Tel Aviv, 1937. Na década de 1930, Tel Aviv era uma exibição de tendências modernistas em arquitetura e planejamento urbano, refletindo a busca sionista pela construção de um "posto avançado da civilização" na Palestina. (Fonte: do acervo do autor.)

Mas as estatísticas gerais da economia palestina eram enganosas. O crescimento econômico não era distribuído de maneira uniforme entre as duas comunidades. A maioria dos habitantes nativos da Palestina era agricultor, e a Grande Depressão afetou-os fortemente. Assim como aconteceu com todos os fazendeiros da época, os preços em colapso para quase todos os itens agrícolas aumentavam suas dívidas. Mas diferentemente do que aconteceu com outros fazendeiros da época, seu governo não podia fazer quase nada para aliviar a crise: os termos do mandato proibiam a Grã-Bretanha de impor tarifas protecionistas. Como resultado, a Palestina tornou-se uma espécie de depósito de despejo para produtos agrícolas de outras partes do mundo. Muitos fazendeiros que já vinham carregando enormes dívidas (a taxa de juros praticada na área rural da Palestina na época variava entre 30% e 200%), perderam seus terrenos em hipotecas. Na época em que a Grande Revolta se iniciou, aproximadamente metade da população masculina da Palestina tinha que arrumar empregos fora de seus vilarejos para ter alguma receita. Alguns arrumaram emprego em culturas agrícolas de temporada, ou em projetos de infraestrutura como a construção de estradas. Outros migraram para as cidades, onde eram

CAPÍTULO 5 – DO NACIONALISMO NA PALESTINA AO NACIONALISMO PALESTINO | 133

usualmente aproveitados nas funções mais baixas da escala econômica e viviam em favelas.

A explosão de imigração sionista agravou o problema da falta de terra. À medida que mais judeus adentravam a Palestina, agentes sionistas compravam mais terras. Os preços dos terrenos nas áreas rurais foram às alturas, e muitos donos de latifúndio que moravam nas cidades decidiram realizar seus lucros vendendo propriedades para o Fundo Nacional Judaico. Quando as grandes propriedades disponíveis para compra começaram a escassear, os corretores sionistas começaram a negociar porções menores, tanto em negócios diretos quanto em financiamentos com agiotas. Durante esse processo, ficou evidente o crescimento da população de palestinos vivendo às margens da subsistência. Em 1931, as compras de terra por parte dos sionistas levaram a expulsão de aproximadamente 20 mil famílias camponesas dos locais onde viviam. No decorrer dos anos seguintes, aproximadamente 30% dos fazendeiros palestinos tornaram-se "sem-terra". E dos restantes, entre 75% e 80% não tinham terra suficiente para seu sustento. O sionismo, que até então era apenas um conceito abstrato para muitos dos habitantes nativos da Palestina, era agora uma presença tangível.

Essas, portanto, eram as circunstâncias sob as quais alguém como 'Izz al-Din al-Qassam poderia surgir como um herói dos marginalizados e sem-posses, e como símbolo de resistência. 'Izz al-Din al-Qassam nasceu na Lataquia, na costa da Síria contemporânea, por volta do ano de 1880. Seu pai e seu avô foram *ulemás* (estudiosos religiosos do Islamismo) e pertenceram à ordem *Qadariyya Sufi*. Embora seja comum associar o sufismo* com misticismo, muitas ordens sufistas deixaram de lado o misticismo durante o século XIX. Isso aconteceu por pressão de seus próprios seguidores, que queriam utilizar a força das ordens para lidar com as difíceis condições impostas pelo século XIX, e também por pressão do governo Otomano, que usava as ordens para disseminar um islamismo ortodoxo padronizado. O mais famoso líder *Qadari* do século XIX na Síria foi Abd al-Qadir al-Jaza'iri. Ele liderou a resistência contra a ocupação francesa na Argélia, antes de ser exilado para Damasco. Em sua temporada nessa cidade, ele pregou os ensinamentos que aprendeu durante a época em que liderou a resistência: os muçulmanos precisavam

---

* "Sufismo" é o nome de uma corrente doutrinária dentro do Islamismo. Seu nome vem da palavra árabe *suf*, que significa "lã", já que seus primeiros adeptos se vestiam com trajes de lã grosseira. Iniciou-se no Iraque no século VIII, e logo se expandiu para outras regiões. Caracteriza-se pela confiança absoluta em Alá. (N.T.)

usar a lei islâmica para guiá-los em suas vidas cotidianas e, além disso, tinham que aplicar os princípios da razão para fazer que a lei fosse compatível com as condições modernas. Os muçulmanos também deveriam assimilar as práticas científicas e tecnológicas vindas do oeste. As ideias que Abd al-Qadir pregava eram muito disseminadas no Oriente Médio durante a juventude de Al-Qassam. A associação de Al-Qassam com membros de outras ordens sufistas da Síria, que tinham ideologias similares, e com os *ulemás* "modernistas" da Universidade Islâmica de Al-Azhar no Cairo, eram prova dessa influência.

Logo que voltou do Cairo para a Síria, Al-Qassam começou a aplicar as lições que havia aprendido. Em 1911, ele conseguiu armas e suprimentos com os habitantes da Tripolitânia (Líbia contemporânea), que estavam em combate contra uma invasão e ocupação italiana. Ele inclusive ajudou no combate, com um grupo de seguidores. Depois da Primeira Guerra Mundial, ele se juntou a grupos guerrilheiros associados com comitês de defesa nacional, que lutavam contra a França na Síria. Quando os franceses chegaram a Damasco, Al-Qassam fugiu para Haifa, onde compartilhou alojamento e aprimorou esforços acadêmicos com o antigo líder do Alto Comitê Nacional. Em Haifa, Al-Qassam tornou-se um pregador conhecido, e também trabalhou como escrivão, realizando casamentos nas áreas rurais da região. Ele utilizou essas funções como palanque para pregar contra os britânicos e os sionistas. Quando realizou sua malsucedida campanha, ele tinha provavelmente cerca de mil seguidores recrutados na classe trabalhadora de Haifa, além de artesãos, mascates, estivadores, funcionários dos correios e trabalhadores ferroviários.

A morte de Al-Qassam despertou citadinos e camponeses para a luta contra britânicos e sionistas. Seu funeral foi o maior da história palestina, e ele foi eternizado em poesias e canções como essa:

> Quem pode imitar Qassam, o soldado ideal do islã?
> Segue, se ele deseja libertar-se de sua humilhação herdada,
>   o melhor mestre;
> Pois ele abandonou as palavras e as conversas fiadas.
> Nossos líderes sempre encheram nossos ouvidos com conversa!
> Nós acreditávamos que era verdade o que tinham escrito,
>   mas eram só ilusões.[23]

---

23 JOHNSON, Nels. *Islam and the Politics of Meaning in Palestinian Nationalism* [O Islã e a política dos significados no nacionalismo palestino]. Londres: Kegan Paul International, 1982. p. 45.

CAPÍTULO 5 – DO NACIONALISMO NA PALESTINA AO NACIONALISMO PALESTINO | 135

Há dois aspectos deste poema de louvor que merecem um exame mais cuidadoso. Primeiramente, "Qassam, o soldado ideal do islã." O islamismo desempenhou um papel no nacionalismo popular palestino desde a sua origem. Embora este papel tenha variado no decorrer do tempo (e nós discutiremos os movimentos políticos contemporâneos do islã, que usam sua interpretação do islamismo tanto como roteiro para suas reconstruções como para base para as lutas nacionalistas, no Capítulo 9), o que nos preocupa aqui é a forma com que o islamismo criou as imagens e o vocabulário para a causa nacionalista. Algumas vezes, os nacionalistas utilizaram palavras do vocabulário religioso simplesmente porque o nacionalismo era uma recente aquisição para o mundo árabe e um vocabulário nacionalista ainda não existia no idioma deles. Ao invés de adotar termos do oeste, eles optaram por uma solução mais próxima. E por isso, a palavra *umma*, que originalmente se referia à comunidade de crentes do islamismo, significaria nação. As palavras mais evocativas foram as que mais funcionaram: os palestinos que morrem na batalha, continuam sendo, até hoje, referenciados como *shuhada* (mártires), e os palestinos ainda por vezes se referem ao conflito, ou àqueles que lutam no conflito, com variantes da palavra *jihad*. Todos estes termos, obviamente, precedem a era nacionalista.

O uso de imagens e vocabulário religioso na retórica nacionalista não é restrita ao caso palestino: os nacionalismos usualmente utilizam termos originados em outros cenários e transformam seu significado, colocando-o em um novo contexto. Pense em como a palavra "mártir" foi utilizada para Abraham Lincoln, ou para John F. Kennedy; ou como diversos presidentes norte-americanos, desde Woodrow Wilson, passando por Dwight Eisenhower e chegando a George W. Bush, transformaram o significado original da palavra "cruzada" – uma reconquista religiosa da Terra Sagrada – em suas retóricas, para representar "algo parecido com uma cruzada" pelo mundo. Quando o último desses casos ocorreu, em 2001, muitos norte-americanos definiram a Guerra ao Terror como uma causa "justificada". De forma parecida, um líder rebelde palestino fez uso deste mesmo tipo de retórica na "Proclamação da Liderança Geral da Revolta Árabe na região sul da Síria-Palestina", publicada em 1936:

> Os palestinos nos convocam para lutar pelo Caminho de Deus para que
> o mundo possa testemunhar a unidade da nação... Somos chamados para

batalhar pela liberdade, independência e esperança, e entender a rebelião contra a opressão como uma obrigação religiosa.[24]

Mas por que as imagens e o vocabulário religioso foram tão facilmente liberados para a adoção do nacionalismo? A resposta está no fato de que em muitos locais onde o nacionalismo e as nações-Estado surgiram, a religião ganhou novo significado e nova função social. Tomemos como exemplo o caso do islamismo no Império Otomano. Durante o século XIX, muito membros do império viam o islamismo da mesma forma que os italianos ou franceses viam os idiomas italiano e francês, respectivamente. Para italianos e franceses, o idioma era uma característica que os diferenciava de seus vizinhos. Da mesma forma, o islamismo demonstrou ser a característica que diferenciava os otomanos de seus adversários do Oeste. E isso não era nenhuma surpresa: como vimos anteriormente, à medida que a população do Oriente Médio passava a viver em meio a nações e nacionalismos, eles levavam seu islamismo para esse mundo. O jornal semioficial do Império Otomano colocou certa vez da seguinte forma: "o islamismo não é somente uma religião, ele é uma nacionalidade".

Para aqueles que viviam na Palestina durante o período entre guerras, não era nada difícil fazer disso uma verdade. Afinal de contas, a característica que os sionistas utilizavam para diferenciá-los dos demais à sua volta, era justamente o fato de serem judeus. E já que o islamismo havia se tornado mais que um código de conduta e crença, chegando a condição de atributo cultural, até os não muçulmanos poderiam então considerar o islã parte essencial da cultura e da história de sua nação. Portanto, o uso do islamismo no nacionalismo palestino tornou-se paralelo ao uso do judaísmo no sionismo.

O segundo aspecto do poema que merece atenção especial está nas frases: "Nossos líderes sempre encheram nossos ouvidos com conversa! Nós acreditávamos que era verdade o que tinham escrito, mas eram só ilusões". Essas linhas ressaltam as diferenças sociais que afetaram o curso e o resultado da rebelião – e também o curso do subsequente nacionalismo palestino. A Grande Revolta explodiu em abril de 1936 devido aos assassinatos de dois judeus em Nablus. Os assassinatos provocaram retaliação, e a retaliação provocou uma "contrarretaliação". A violência progressiva incitou duas respostas da comunidade palestina; uma das eli-

---

24 JOHNSON, Nels. Op. cit., p. 55.

CAPÍTULO 5 – DO NACIONALISMO NA PALESTINA AO NACIONALISMO PALESTINO | 137

tes e de seus aliados, dentre eles diversos partidos nacionalistas, e outra da população geral.

A elite e seus aliados decidiram que tinham que enterrar suas desavenças e unir suas forças no ambiente político. Eles formaram o Alto Comitê Árabe, que tinha Hajj Amin al-Husayni como líder. Ele nasceu em Jerusalém em 1893, e era filho de uma das mais notáveis e influentes famílias de Jerusalém. Hagiógrafos nacionalistas descreviam Hajj Amin como inimigo implacável do sionismo e dos britânicos. Mas na verdade, isso era apenas parcialmente correto. Embora a família Husayni tenha até hoje uma reputação entre os palestinos por ser uma das únicas da elite árabe que nunca vendeu terras para os sionistas (apesar de algumas evidências provarem o contrário), eles de fato se beneficiaram de favores britânicos logo depois da Primeira Guerra Mundial. Hajj Amin chegou a ocupar a posição de presidente do Conselho Supremo Muçulmano, uma instituição estabelecida para administrar tribunais islâmicos e legados religiosos, e também o posto de Grande Mufti (oficial que interpreta a lei islâmica) de Jerusalém. Ambas as posições eram invenções britânicas.

Os britânicos, contudo, se recusaram a ampliar sua patronagem exclusivamente para a família Husayni. Depois de um violento tumulto antissionista em Jerusalém em 1920, os britânicos demitiram o prefeito, Musa Kazim al-Husayni, e o substituíram por (que sacrilégio!) um membro do clã rival, Nashashibi. A ação foi vista como uma afronta para a família Husayni, mas foram a sua posição na sociedade palestina e a sua lógica competitiva interfamiliar que levaram ao clã a possibilidade de assumir uma postura militante contra o poder do mandato: os britânicos se recusaram a apoiar as reivindicações de proeminência dos Husayni, e como o prestígio das famílias de elite estava diretamente relacionado com sua capacidade de atrair seguidores, houve um desacordo. Não é difícil imaginar a família Husayni seguindo o raciocínio descrito por um político francês anônimo: "devemos entender para onde meu povo quer ir, para que possamos guiá-lo". Suas impressões sobre os britânicos e os sionistas já não importavam mais. Era, portanto, quase inevitável que um membro de destaque da mais influente família de Jerusalém se tornasse líder do Alto Comitê Árabe.

Embora o Alto Comitê Árabe se esforçasse para fornecer todas as diretrizes durante os estágios iniciais da rebelião, o comando real acabou ficando nas mãos dos comitês locais, conhecidos, confusamente, como "comitês nacionais". Eles surgiram simultaneamente em Jerusalém,

138 | ISRAEL X PALESTINA

Nablus, Jafa, Tulkarm e em muitas outras cidades. Formados por uma base popular, estes comitês coordenaram uma greve geral e forçaram o boicote à negócios judaicos – duas táticas aprovadas pelo Alto Comitê Árabe. A fim de minimizar os prejuízos de suas táticas sobre os palestinos, os comitês nacionais estabeleceram "comitês de nutrição e abastecimento" nas regiões urbanas. Financiados por uma combinação de doações voluntárias e involuntárias, descontos nos salários daqueles que ainda trabalhavam, e contribuições de simpatizantes do mundo árabe, estes comitês abasteciam as áreas urbanas com bens de primeira necessidade e estipêndios para famílias de trabalhadores em greve. Alguns anos depois, uma velha senhora palestina relembrou a mobilização popular com as seguintes palavras:

> Quando eu era jovem, ia com os estudantes às manifestações. Nós gritávamos, "Abaixo a imigração. Abaixo Balfour". Mas eu não sabia o que era Balfour, ou o que significava imigração. Eu sabia que os judeus estavam chegando e que nós queríamos impedi-los, e que não queríamos que eles tomassem a nossa terra.
>
> Durante a greve, meu pai fazia parte do comitê que arrecadava alimentos secos, trigo e os dava aos pobres que tinham parado de trabalhar por causa da greve. Certa vez, me lembro que soldados britânicos abriram caminho até a nossa casa e fizeram uma grande fileira com sacos de farinha, e depois começaram a jogar tudo em um poço. Meu pai começou a gritar, porque usávamos a água do poço. Mas eles continuaram a jogar e meu pai, um homem enorme, caiu no chão. Eu e minha irmã começamos a gritar, os vizinhos vieram e carregaram meu pai para a sua cama, e depois nós chamamos o médico. Aquilo nunca saiu da minha mente. Até hoje, não consigo esquecer.[25]

A contrainsurgência britânica, embora provocativa, foi eficaz em reprimir as rebeliões nas cidades. Assim como foram eficazes as táticas de repressão à greve geral e ao boicote dos líderes da resistência. As autoridades do mandato e os empregadores judeus não hesitaram em substituir os empregados árabes que aderiram à greve por trabalhadores judeus, e o boicote só serviu para aumentar a divisão econômica entre as duas comunidades – uma meta perseguida pela liderança *Yishuv*. A greve e o boicote reduziram de maneira significativa a população urbana pales-

---

25   BAHOUR, Sam; LYND, Alice; LYND, Staughton. *Homeland: Oral Histories of Palestine and Palestinians* [A terra-natal: histórias contadas da Palestina e dos palestinos]. New York: Olive Branch Press, 1994. p. 27-8.

tina, e a extorsão de dinheiro e itens de valor dos palestinos mais ricos dividiu a aceitação do movimento pelas classes sociais. Em julho de 1936, a rebelião nas cidades havia de fato se encerrado (embora a greve geral tivesse continuado por mais três meses). Depois de um ano, Hajj Amin al-Husayni teve que fugir, e o Alto Comitê Árabe encerrou suas atividades institucionais.

IMAGEM 13. Durante a Grande Revolta, a contrainsurgência britânica tomou atitudes enérgicas contra os rebeldes e toda a sociedade palestina. Prisioneiros rebeldes da área de Jenin. (Fonte: Hulton-Deutsch Collection/Corbis.)

Com as cidades pacificadas, a rebelião se transferiu para o interior. Nossa informante descreve da seguinte forma:

> Eu via frequentemente ingleses ajudarem judeus na guerra. Nossos homens, os palestinos nas montanhas, tinham que lutar contra os britânicos e os judeus. Eles tinham que conseguir suas armas com o povo. Todas as famílias tinham que juntar dinheiro para comprar armas para eles.
> Esses *mujahidin*, os combatentes, vinham para o vilarejo por uma semana. Todo o vilarejo dava comida a eles e limpava suas armas. Quando os combatentes iam para as montanhas, alguém ia junto com eles, carregando uma bandeira branca. Essa bandeira branca era apontada para a

esquerda ou para a direita, e indicava aos *fedayin* se eles deviam prosseguir ou esperar. Algumas vezes, eles estavam comendo, mas a bandeira indicava que deviam partir. Eles deixavam a comida e fugiam. Essa era a vida que meu povo levava.

No outono de 1937, entre 9 e 10 mil palestinos e não palestinos combatentes árabes – ou *mujahidin*, como chamados por nossa informante – vagaram pelo interior, atacando forças britânicas e assentamentos sionistas, geralmente causando estragos severos. É difícil saber se a motivação desses ataques era de fato o nacionalismo ou se era a simples necessidade do assalto. Embora a nossa informante preferisse a primeira opção, suas palavras – "Todas as famílias tinham que juntar dinheiro para comprar armas para eles" – parecem indicar a outra alternativa. Qualquer que fosse a motivação, os rebeldes não tinham vida fácil. As expropriações e assaltos deixavam os camponeses sem nada, e eles, por sua vez, tinham que roubar também para sobreviver. Isso criou uma economia baseada na pilhagem que, por fim, causou tantos prejuízos à região quanto os ataques dos rebeldes aos britânicos e sionistas. Para pacificar o interior, os britânicos importaram um exército de 20 mil soldados, que trabalhou com os sionistas nos chamados "esquadrões noturnos especiais" e nos "bandos da paz", organizados pela prestativa família dos Nashashibi. Empregando todas as táticas convencionais de contrainsurgência, inclusive aquelas utilizadas contra os palestinos ainda hoje – punição coletiva de vilarejos, assassinatos seletivos, prisões em massa, deportações, destruição de casa suspeitos guerrilheiros e simpatizantes –, os britânicos e seus aliados eventualmente conseguiram ceifar a rebelião.

Depois do *nakba* de 1948, a Grande Revolta marca o momento mais decisivo da história palestina moderna. Do lado positivo para os palestinos, a Grande Revolta é o ponto em que podemos começar a discutir o fenômeno de um nacionalismo palestino independente e baseado nas massas, de forma confiante. A revolta conseguiu o comprometimento de um vasto setor da população nativa da Palestina com um movimento programado e coordenado. A população se agrupou ao redor de símbolos (como o exemplo de Al-Qassam) exclusivamente palestinos. O inimigo também era exclusivo, assim como as táticas empregadas pelos rebeldes e as demandas que eles perseguiam.

Muito tempo depois de sua supressão, a Grande Revolta continuou a proporcionar base simbólica para o movimento nacional palestino. É verdade, obviamente, que o Alto Comitê Árabe, autoproclamado órgão líder da revolta, caiu rapidamente, vítima da repressão e de disputas internas; é verdade também que os bandos rebeldes que agiram no interior pareciam mais com senhores da guerra *somalis* do que com Robin Hood; e que a revolta fracassou em seu principal objetivo, que era desalojar o *Yishuv*. Mas embora tudo isso seja verdade, nada disso importa. A memória nacionalista é seletiva. Durante a primeira *intifada* – a insurreição contra a ocupação israelense da Cisjordânia e da Faixa de Gaza que ocorreu em 1987 – a Liderança Nacional Unida da Insurreição, que coordenava a rebelião, convocou paralisação geral no aniversário da morte de Al-Qassam, e emitiu um comunicado similar ao seguinte:

> Oh, massas do nosso grande povo palestino. Oh, massas das pedras e dos coquetéis Molotov. Oh, soldados da justiça que estão participando de nossa corajosa insurreição... Saudações de reverência e admiração para essas grandes pessoas que revivem os mais esplêndidos épicos de luta; saudações para essas pessoas que atenderam ao chamado do dever e agitaram a terra sob os pés dos sionistas na semana que passou. Saudações para vocês, netos de Al-Qassam.[26]

E durante a segunda *intifada*, as brigadas de Qassam da organização islâmica Hamas prepararam 19 explosivos nos corpos de homens-bomba e lançaram dois mísseis em assentamentos israelenses.

(A Grande Revolta também marcou a memória coletiva israelense. Veja o seguinte editorial do jornal de Jerusalém, o *Jerusalem Post*, intitulado "Aprendendo com os britânicos". O editorial foi escrito em dezembro de 2001, quinze meses depois da explosão da segunda *intifada*. Escrito por Shlomo Gazit, que já foi líder da inteligência militar de Israel, o texto defende a ideia que os israelenses devem aprender uma lição diferente com a revolta:

> A Grã-Bretanha provou que o terrorismo pode ser superado pela força: ela estabeleceu um batalhão no norte, evitando incursões, infiltrações, e o contrabando de armas e de pessoas da Síria e do Líbano para a Palestina. Ela criou uma rede de estações policiais, possibilitando o controle das terras e das estradas. E principalmente, ela aplicou força massiva, recuperando as áreas que haviam sido tomadas por bandos árabes. Ninguém impediu a Grã-Bretanha de usar toda a sua força militar – nem a opinião pública na-

---

26 BEININ, Joel; LOCKMAN, Zachary (Eds.). *Intifada: The Palestinian Uprising against Israeli Occupation* [Intifada: a insurreição palestina contra a ocupação israelense]. Boston: South End Press, 1989. p. 331.

cional, nem a mídia, nem os Estados Árabes que ainda tinham que ganhar significância política, nem a comunidade internacional.)[27]

Seja qual for o papel desempenhado pela Grande Revolta na construção da identidade palestina e em sua narrativa nacional, qualquer documento que se proponha a analisar seus efeitos deve incluir também seu lado negativo, que foi muito relevante. A revolta resultou em mais de 3 mil mortes de rebeldes e no exílio ou prisão de grande parte de seus líderes nacionalistas. Grandes porções do interior palestino ficaram em ruínas, em decorrência das ações rebeldes e das retaliações britânicas. Muitas figuras proeminentes da sociedade palestina, incluindo um imenso número de pessoas com alto nível de educação e recursos, fugiram da Palestina, para escapar dos combates, ou para se livrar das extorsões dos rebeldes. De maneira geral, a Grande Revolta pode ser considerada a primeira *nakba* da história da Palestina moderna. Certamente, ela abriu o caminho para a *nakba* que veio em seguida, e pode ter sido o principal motivo que tornou o evento de 1948 um verdadeiro desastre para a comunidade palestina.

Sugestões de leitura complementar

BUDEIRI, Musa. The Palestinians: Tensions between Nationalist and Religious Identities [Os palestinos: tensões entre o nacionalismo e as identidades religiosas]. In: *Rethinking Nationalism in the Arab Middle East* [*Repensando o nacionalismo no Oriente Médio árabe*]. JANKOWSKI, James; GERSHONI, Israel. New York: Columbia University Press, 1997, p. 191-206. Perspicaz análise do papel da religião no nacionalismo palestino.

JOHNSON, Nels. *Islam and the Politics of Meaning in Palestinian Nationalism* [O Islã e a política dos significados no nacionalismo palestino]. Londres: Kegan Paul International, 1982. Um antropologista analisa a relação entre a religião e o nacionalismo na Palestina.

LESCH, Ann Mosely. *Arab Politics in Palestine, 1917-1939* [Política árabe na Palestina, 1917-1939]. Ithaca, NY: Cornell University Press, 1979. Visão geral sobre o início do nacionalismo palestino.

MANDEL, Neville J. *The Arabs and Zionism before World War I* [Os árabes e o sionismo antes da Primeira Guerra Mundial]. Berkeley: University

---

27 GAZIT, Shlomo. Learning from the British [Aprendendo com os britânicos]. *Jerusalem Post*, 11 dez. 2001.

CAPÍTULO 5 – DO NACIONALISMO NA PALESTINA AO NACIONALISMO PALESTINO | **143**

of California Press, 1976. Análise dos primeiros encontros entre sionistas e árabes, e efeitos gerados nas políticas e culturas desses dois povos.

MATTAR, Philip. *The Mufti of Jerusalem: Al-Hajj Amin al-Husayni and the Palestinian National Movement* [O Mufti de Jerusalém: Al-Hajj Amin al-Husayni e o Movimento Nacional Palestino]. New York: Columbia University Press, 1988. Biografia da figura central da política palestina do período entre guerras até o fim da Segunda Guerra Mundial.

MILLER, Ylana. *Government and Society in Rural Palestine, 1920-1948* [*Governo e sociedade na Palestina rural*]. Austin: University of Texas Press, 1985. O impacto do mandato no interior da Palestina, onde vivia a maioria dos palestinos.

PORATH, Yehoshua. *The Emergence of the Palestinian-Arab National Movement, 1918-1929* [O surgimento do Movimento Nacional Árabe-Palestino, 1918-1929]. Londres: Cass, 1974. Trabalho de qualidade sobre o início da história do nacionalismo palestino, baseado principalmente em fontes israelenses.

_____. *The Palestinian Arab National Movement, 1929-1939: From Riots to Rebellion* [O Movimento Nacional Árabe-Palestino: dos tumultos à rebelião, 1929-1939]. Londres: Cass, 1977. O segundo volume do relato de Porath sobre o nacionalismo palestino.

SWEDENBURG, Ted. *Memories of Revolt: The 1936-1939 Rebellion and the Palestinian National Past* [Memórias da revolta: a rebelião de 1936-1939 e o passado nacional palestino]. Minneapolis: University of Minnesota Press, 1995, esp. p. 76-137. Análise do papel da Grande Revolta Árabe no construção da identidade palestina.

_____. The Role of the Palestinian Peasantry in the Great Revolt (1936-1939) [O papel do campesinato palestino na Grande Revolta (1936-1939)]. In: *The Modern Middle East.* [*O Oriente Médio moderno*]. HOURANI, Albert; KHOURY, Philip S.; WILSON, Mary C. Berkeley: University of California Press, 1993, p. 467-501. Visão geral sobre a Grande Revolta Árabe, com uma boa dose de história nacional.

capítulo 6

Da Grande Revolta à Guerra de 1948

Palestinos e sionistas não foram os únicos a aprender importantes lições com a Grande Revolta. Os britânicos também aprenderam. A Grande Revolta foi a primeira de uma série de eventos que eventualmente levaram a saída dos britânicos da Palestina. Embora os britânicos tivessem assumido o mandato da Palestina por diversas razões, a mais importante era a crença de que o controle daquela área iria contribuir para a defesa de seu império. Os tumultos ocorridos na Palestina, todavia, mostraram o contrário. Em última análise, os britânicos chegaram à conclusão que, quando se tratava da Palestina, o benefício não justificava o esforço.

Além da resposta militar descrita no capítulo anterior, os britânicos tentaram encontrar uma solução política para seu problema na Palestina. Duas tentativas foram particularmente importantes. Em 1937, durante um período de calmaria em meio aos combates, o governo britânico nomeou uma Comissão Real sob a direção de Earl Peel, o secretário de Estado da Índia. O relatório elaborado por eles surpreendeu a todos os envolvidos, inclusive o governo britânico. De acordo com a Comissão Real, o mandato havia se baseado na premissa de que a população palestina iria concordar com a Declaração de Balfour depois que percebessem os benefícios materiais da imigração sionista. Porém, em vez de acolher a "missão civilizadora" dos sionistas, a população nativa resistiu aos seus assentamentos, e a rivalidade entre as comunidades começou a crescer:

> As forças de distanciamento estão crescendo a cada ano na Palestina. Os sistemas educacionais árabe e judeu são nacionalistas, e só existiram por um curto período. O efeito verdadeiro desses sistemas na geração que está crescendo será sentido no futuro. E os "movimentos jovens patrióticos", tão co-

muns na política contemporânea de países da Europa e Ásia, estão crescendo na Palestina. À medida que as comunidades crescem, a rivalidade entre elas se aprofunda. Quanto mais numerosos, prósperos e bem-educados os árabes se tornam, mais persistentes serão suas demandas por uma independência nacional, e mais ódio eles demonstrarão diante dos obstáculos que surgirão em seu caminho. E quanto mais antigo e enraizado estiver o Lar Nacional Judaico, mais confiante e ambiciosa politicamente estará sua comunidade.

A comissão concluiu, então, que o mandato era impraticável e propôs a divisão da Palestina em três partes. Cerca de 20% do território palestino iria para um Estado judeu. Grande parte do território restante iria para os árabes palestinos, que deveriam ser unidos com a Transjordânia. E por fim, a comissão recomendou que a Grã-Bretanha mantivesse uma zona sob mandato em Jerusalém, Nazaré e, possivelmente, outras localidades que dariam aos mandatários um corredor de ligação até a saída para o mar.

Embora a liderança do *Yishuv* tivesse aceitado a proposta no início (exceto, obviamente, os revisionistas de Jabotinsky), eles rejeitaram a alocação de territórios proposta pela comissão. O Alto Comitê Árabe, por outro lado, rejeitou a partilha logo no início. Membros do comitê argumentaram que na área que seria dedicada ao Estado judaico, havia quatro vezes mais árabes que judeus. Por que – perguntaram eles – os árabes deveriam desistir daquele território? Além disso, defendiam eles, como o Estado judeu tinha cada vez mais imigrantes, ele certamente iria se expandir para a zona árabe. Portanto, o Alto Comitê Árabe manteve suas exigências originais: fim do mandato, revogação da Declaração de Balfour, independência completa da Palestina Árabe, e fim da imigração judaica e da venda de terras.

Até mesmo o governo britânico achou o relatório da comissão de Peel pouco razoável, e acabou rejeitando-o. Foi nessa época que a Grande Revolta entrou em sua segunda e mais devastadora fase. Como já vimos, os britânicos responderam aos novos atos de violência com uma força esmagadora. Contudo, eles ainda estavam em busca de uma saída política. Como primeiro passo, eles convocaram uma conferência em Londres – a Conferência de St. James – e convidaram representantes da comunidade sionista, membros do Alto Comitê Árabe (deixando de fora Hajj Amin al-Husayni), e representantes do Egito, Iraque, Arábia Saudita, Transjordânia e Iêmen. Embora os participantes tenham rapidamente chegado a um impasse, a conferência foi importante pois internacionalizou um

CAPÍTULO 6 – DA GRANDE REVOLTA À GUERRA DE 1948 | **147**

conflito que muitos membros do governo britânico consideravam uma questão interna de seu país. Com a conferência travada e a situação internacional indo de mal a pior para os britânicos (a Alemanha nazista havia acabado de anexar a Tchecoslováquia e assinado um pacto com os italianos), seu governo decidiu que tinha de agir unilateralmente. Em maio de 1939, eles publicaram um Livro Branco (documento oficial do governo, que como o nome indica, era todo branco). O Livro Branco guiaria a política britânica pelos oito anos seguintes.

O Livro Branco de 1939 continha quatro recomendações. Contrariando o relatório da comissão de Peel, ele recuava da ideia da partilha e prometia independência para uma Palestina unificada condicionada a um bom relacionamento entre judeus e árabes (o que parecia uma condição totalmente fora da realidade). Ele também limitava a imigração judaica para 75 mil pessoas nos cinco anos subsequentes, um número estimado com base na "capacidade de absorção" do território. Depois disso, a imigração judaica só seria permitida com o consenso da população palestina. Finalmente, o Livro Branco colocava a regulação da venda de terras nas mãos do alto comissário para a Palestina, estipulando que sua prioridade no gerenciamento dessa questão fosse prevenir o surgimento de uma "população árabe sem-terra considerável".

Nem o Alto Comitê Árabe, nem os sionistas aceitaram o Livro Branco. De acordo com o Alto Comitê Árabe:

> A última palavra não é do Livro Branco ou do Livro Preto; é a vontade da nação que decide seu futuro. O povo árabe já expressou sua vontade e proferiu a palavra final de maneira forte e decisiva. E eles têm certeza que com a ajuda de Deus eles atingirão seu objetivo – a Palestina será independente dentro de uma federação árabe e vai para sempre permanecer árabe.[28]

A Agência Judaica também rejeitou o Livro Branco. Levando em consideração os eventos que ocorriam na Europa, a agência declarou:

> É no momento mais obscuro da história judaica que o governo britânico propõe privar os judeus de sua última esperança, e fechar o caminho que os leva de volta ao lar. Uma atitude cruel... mas isso não vai subjugar o povo judeu. A ligação histórica entre as pessoas e a terra de Israel não pode ser quebrada. Os judeus nunca aceitarão o fechamento dos portões da Palestina, nem deixarão seu lar-nação se transformar em um gueto. Os

---

28 HUREWITZ, J. C. *The Struggle for Palestine, 1936-1948* [A luta pela Palestina, 1936-1948]. New York: Schocken Books, 1976. p. 103.

148 | ISRAEL X PALESTINA

pioneiros judeus que, durante as três últimas gerações, mostraram sua força construindo um país que estava abandonado, aplicarão essa mesma força na defesa da imigração judaica, do lar judaico e da liberdade judaica.[29]

Embora nenhuma das lideranças tenha aceitado o Livro Branco, a Palestina ficou relativamente calma durante a Segunda Guerra Mundial. E existem diversas explicações para isso. Em primeiro lugar, nem a liderança da comunidade sionista, nem a da comunidade palestina, estavam em posição de confrontar os britânicos pelo Livro Branco, embora cada um tivesse suas razões. Enquanto as milícias Irgun e Stern Gang continuavam a atacar alvos britânicos durante a guerra, a Agência Judaica não tinha a intenção de romper com os Aliados na luta contra Hitler. A solução foi declarar uma trégua. Nas palavras de David Ben-Gurion, "nós devemos combater Hitler como se o Livro Branco não existisse, e nós devemos combater o Livro Branco como se a guerra não existisse". A liderança dos *Yishuv* designou a Haganá para lutar ao lado dos britânicos para reprimir a Stern Gang e a Irgun. Por sua vez, a comunidade palestina estava exaurida e sem líderes: a contrainsurgência britânica trouxera consequências pesadas, assim como os saques e os exílios forçados dos líderes nacionalistas palestinos. Hajj Amin, por exemplo, fugiu da Palestina e traçou sua própria rota, via Líbano e Iraque, chegando à Alemanha nazista, onde passou os anos de guerra.

A residência oportunista durante o período de guerra de Hajj Amin, e as atividades propagandistas na Alemanha nazista, certamente não foram o momento de maior orgulho da história do nacionalismo palestino. E os oponentes do nacionalismo palestino não perderam a chance de utilizar estas atividades para associar o movimento nacional palestino com o antissemitismo típico da Europa e o programa genocida dos nazistas. Mas deve-se lembrar que Hajj Amin não era o único líder nacionalista não europeu a se refugiar e contribuir para Berlim nessa época. Em sua temporada em Berlim, Hajj Amin deve ter esbarrado algumas vezes com Subhas Chandra Bose, um líder do Partido Congressista Nacionalista da Índia, que acreditava que a Alemanha poderia vir a ser uma importante aliada na luta contra o imperialismo britânico. Bose disse certa vez, "a dificuldade da Grã-Bretanha era a oportunidade da Índia". Outro que pode

---

29 LAQUEUR, Walter; RUBIN, Barry (Eds.). *The Israel-Arab Reader: A Documentary History of the Middle East Conflict* [O livro Arábia-Israel: um documentário histórico do conflito no Oriente Médio]. New York: Penguin, 1995. p. 77.

CAPÍTULO 6 – DA GRANDE REVOLTA À GUERRA DE 1948 | **149**

ter esbarrado em Hajj é Pierre Gemayel, líder do grupo Cristão Libanês chamado Falange, que acreditava que a Alemanha nazista representava a onda do futuro. Gemayel buscou o nome "Falange" dos fascistas espanhóis aliados de Hitler, e além disso foi convidado pessoalmente pelo *führer* para vir a Berlim em 1936. Um massacre executado pelos falangistas em 1975 deu início à guerra civil do Líbano (e a outros desdobramentos em seguida), e os israelenses invadiram o Líbano em 1982, tendo dentre seus objetivos colocar Bashir Gemayel, filho de Pierre e líder da Falange, como presidente. Membros da Stern Gang também fizeram uma parceria tática com a Alemanha nazista e até chegaram a negociar com o governo de Hitler. De acordo com um documento da Stern Gang, "poderiam haver interesses comuns na fundação de uma nova ordem na Europa baseada nos conceitos propostos pelos alemães e nas aspirações genuínas do povo judeu representado pelo *Lehi* [Stern Gang]".[30] A Stern Gang tentou persuadir o governo de Hitler que enviar judeus para a Palestina ajudaria o *führer* a atingir sua meta de fazer que a Europa se tornasse *Judenrein* (livre de judeus).

A Palestina esteve calma durante o período de guerra também por uma pausa na imigração judaica e uma expansão contínua de sua economia. Embora a quinta *aliyah* tivesse trazido quase 200 mil novos imigrantes para a Palestina – mais do que todas as outras combinadas – as condições do período de guerra possibilitaram a imigração de somente 82 mil judeus para a Palestina durante a Segunda Guerra Mundial, cerca de 14 mil por ano. Esse número era menor do que o valor estipulado pelo Livro Branco e dentro dos limites estimados de capacidade de absorção do território. De fato, enquanto a imigração declinava, a capacidade absortiva estimada da Palestina aumentava. De acordo com Roger Owen, de 1939 a 1942, a capacidade produtiva das fábricas de posse dos judeus cresceu em 200%, e a das fábricas de posse dos palestinos, cerca de 77%. Durante o mesmo período, a produção agrícola cresceu mais de 30%. Com a expansão da produção industrial e agrícola, o desemprego atingiu seus níveis mais baixos, e foi estimado que, no final da guerra, o desemprego era praticamente nulo na Palestina. Posteriormente, os palestinos se referiram ao período de guerra como "a Prosperidade".

---

30 YISRAELI, David. *Le probleme palestinian dans la politique allemande de 1889-1945* [O problema palestino na política alemã]. Ramat Gan, Israel: Bar Ilan University, 1974. p. 315-7.

150 | ISRAEL X PALESTINA

Dois fatores contribuíram para essa prosperidade econômica. O primeiro foi, ironicamente, o estado de guerra submarino irrestrito no mar Mediterrâneo. A ameaça que a guerra submarina impôs ao transporte naval funcionou como uma tarifa protecionista, abrigando as novas indústrias palestinas da competição estrangeira. E para lidar com a ameaça do Eixo, os Aliados criaram o Centro de Abastecimento do Oriente Médio, que trouxe planejamento econômico "nacional" para a região. Embora os Aliados tivessem projetado o Centro de Abastecimento do Oriente Médio para coletar informações sobre as necessidades dos consumidores da região, para que eles pudessem alocar e dimensionar as cargas dos navios de maneira mais eficiente, com o passar do tempo, o centro começou a ganhar novas atribuições, como regular as importações, guiar e dar apoio a investimentos para a indústria, distribuir itens essenciais, e supervisionar a produção em todos os Estados. Em outras palavras, seu funcionamento era similar ao dos programas de *New Deal,* implementados uma década antes nos Estados Unidos: simplificação da produção, encobrir antagonismos de classes em nome da eficiência e melhorar a produtividade.

Neste período, a Palestina tornou-se a segunda maior base britânica na região (atrás apenas do Egito). O alojamento das tropas Aliadas na Palestina criou o que parecia ser uma demanda infinita por bens produzidos localmente. Acompanhando esta grande demanda veio a inflação, e até mesmo isso serviu para acalmar a população inquieta. Com o aumento nos preços dos produtos agrícolas, muitos fazendeiros conseguiram escapar do fardo das dívidas, que deixavam grande parte deles pobre e sem-terra. Por um breve momento, o velho provérbio que dizia que "o fazendeiro palestino nasce com dívidas, vive com dívidas e morre com dívidas", provou não ser verdadeiro.

Mas apesar da Palestina ter continuado relativamente calma durante os anos de guerra, esse período chegaria ao fim. A guerra mudou fundamentalmente as variáveis da equação palestina de três formas. Primeiramente, a Grã-Bretanha terminou a guerra desgastada e endividada em 13 bilhões de libras esterlinas. Durante a guerra, o governo britânico tomou grandes empréstimos dos Estados Unidos, tanto para seu próprio país como para suas reservas esterlinas na Índia e Egito. Os britânicos perceberam que não poderiam mais manter o império da mesma forma que ele era antes da guerra. Eles também perceberam que precisariam convencer os Estados Unidos a desempenharem um papel mais ativo na resolução dos problemas da Palestina.

A segunda mudança importante trazida pela guerra era relacionada com as demandas da comunidade sionista internacional. Em 1942, uma conferência sionista extraordinária foi convocada em Nova Iorque, no hotel Biltmore. O conjunto de demandas feitas pelos delegados ficou conhecido como o "Programa de Biltmore". O programa citava a catástrofe vivenciada pela comunidade judaica da Europa e pedia o estabelecimento imediato de uma nova comunidade judaica na Palestina. A conclusão do programa foi a seguinte:

> A Conferência declara que a nova ordem mundial trazida pela vitória não pode ser estabelecida sob pilares de paz, justiça e igualdade, a não ser que o problema da falta de um lar judaico seja finalmente resolvido.
>
> A Conferência demanda que os portões da Palestina sejam abertos; que a Agência Judaica tenha o controle da imigração na Palestina e tenha a autoridade necessária para construir o país, incluindo o desenvolvimento de áreas não ocupadas e não cultivadas; e que a Palestina seja estabelecida como a Comunidade Judaica integrada na estrutura do novo mundo democrático.
>
> Então, e só então, os erros cometidos com o povo judeu serão corrigidos.

Muitos historiadores veem o Programa de Biltmore como um golpe de Estado virtual dentro do movimento sionista: os *Young Turks* (jovens turcos), representados por David Ben-Gurion da Agência Executiva Judaica baseada no *Yishuv*, substituíram os membros mais velhos e moderados, representados por Chaim Weizmann de Londres, na cúpula da Organização Sionista Mundial. Weizmann defendia o gradualismo (partilha da Palestina entre judeus e palestinos), e a negociação com a Grã-Bretanha. Já Ben-Gurion era estadista e buscava o estabelecimento imediato do Estado em toda a Palestina, além de uma resistência armada, se necessário, para atingir os objetivos sionistas. Ben-Gurion tinha popularidade entre os sionistas não somente pela crise judaica na Europa, mas também pelo crescente ambiente conspiratório acerca dos britânicos. Muitos membros do movimento sionista interpretaram as intenções britânicas com base na política de apaziguamento de Neville Chamberlain. A Grã-Bretanha queria vender a Tchecoslováquia para Hitler com o objetivo de ter "paz imediata". Os sionistas acreditavam que, seguindo o mesmo raciocínio, os britânicos queriam desistir das promessas feitas a eles para acalmar os ânimos dos "árabes". E que outra melhor forma de garantir que a comunidade sionista na Palestina perdesse força, senão através da restrição da imigração judaica e da compra de terras? Daí, portanto, a necessidade imediata de um Estado judaico que pudesse controlar sua própria imigração e, por consequência, seu destino. E por tudo isso, a imagem do "judeu livre e lutador", restrita até então aos revisionistas, tornou-se a corrente principal do sionismo.

A última mudança trazida pela guerra foi o Holocausto e o subsequente problema dos refugiados. Ao ocupar Polônia e Alemanha, os exércitos Aliados tiveram contato com os campos de concentração pela primeira vez, e também encontraram as dezenas de milhares de refugiados que não tinham um lar. Muitos desses refugiados estavam compreensivelmente relutantes em retornar para as suas casas na Polônia e na Alemanha, se é que ainda existiam casas para retornar. O representante dos Estados Unidos do Comitê Intergovernamental para os Refugiados, Earl Harrison, reportou ao presidente Truman que a solução mais óbvia para o problema dos refugiados judeus era liberar 100 mil imigrantes para a Palestina imediatamente. Harrison tornou-se o primeiro norte-americano a agir oficialmente no estabelecimento de uma ligação entre o Holocausto, o problema dos refugiados e a Palestina.

Depois do relatório de Harrison, Truman escreveu ao primeiro-ministro britânico, Clement Attlee, sobre a implementação das recomendações do comitê. Attlee sugeriu o estabelecimento de uma comissão anglo-americana de inquérito para estudar a questão. Isso era, claramente, um estratagema britânico: eles cederam e aceitaram a conexão entre o problema dos refugiados e a Palestina, embora estivessem relutantes anteriormente. Em troca, eles queriam a ajuda financeira dos norte-americanos. Os Estados Unidos apoiaram a recomendação da comissão de permitir que 100 mil refugiados fossem para a Palestina – mas a Grã-Bretanha foi contra. Os britânicos responderam que, se essa fosse a posição final dos norte-americanos, eles deveriam cobrir os custos dos novos assentamentos na Palestina e proteger os imigrantes com suas tropas – e os norte-americanos, por sua vez, recusaram essa proposta. Por fim, as propostas tratadas pela comissão anglo-americana não desencadearam nenhuma ação.

Enquanto isso, a situação na Palestina se deteriorava. A luta entre facções palestinas cresceu, e cada grupo fazia demandas cada vez mais exigentes. O período de cinco anos decretado pelo Livro Branco de limitação à imigração judaica já havia se esgotado, e por isso os palestinos demandavam um fim definitivo das imigrações. E como o período de espera de dez anos para a conquista da independência também já se aproximava do fim, os palestinos queriam implementar as provisões necessárias para o processo de independência descritas no Livro Branco.

CAPÍTULO 6 – DA GRANDE REVOLTA À GUERRA DE 1948 | 153

O Irgun e a Stern Gang, por sua vez, aumentavam os ataques terroristas contra os britânicos. O ataque mais espetacular aconteceu em resposta ao relatório da comissão anglo-americana de inquérito: em julho de 1946, o Irgun explodiu o escritório central britânico na Palestina, no hotel King David. O futuro primeiro-ministro de Israel, Menachem Begin, foi o executor do ataque. Os britânicos responderam com mais repressão. Em um período em que a Índia estava prestes a conquistar sua independência e a Guerra Fria estava em seus primeiros dias, os britânicos tiveram que alocar tropa de 100 mil homens na Palestina para manter a paz. Claramente, algo estava prestes a acontecer.

Em fevereiro de 1947, os britânicos transferiram a responsabilidade da questão palestina para a recém-fundada Organização das Nações Unidas – a sucessora da Liga das Nações, que deu à Grã-Bretanha o mandato da Palestina. A Assembleia Geral das Nações Unidas comissionou o Comitê Especial das Nações Unidas para a Palestina (cuja sigla em inglês é UNSCOP), constituído por representantes da Suécia, Holanda, Tchecoslováquia, Iugoslávia, Austrália, Canadá, Índia, Irã, Guatemala, Uruguai e Peru, para analisar o problema da Palestina e fazer recomendações. Em agosto de 1947, o comitê emitiu um relatório majoritário e um minoritário. O relatório majoritário requisitava o fim do mandato e a partilha da Palestina entre as comunidades árabe e judaica, estipulando que as duas comunidades ficassem unidas economicamente. O relatório também pedia a internacionalização de Jerusalém. (Apenas para registro, o relatório minoritário recomendava o estabelecimento de um Estado federal único.) Antes mesmo do assunto entrar em votação, o governo britânico anunciou que estava retirando suas tropas da Palestina em meados de maio de 1948. Logo, quando a Assembleia Geral das Nações Unidas votou e aceitou o relatório majoritário, tanto sionistas quanto palestinos já sabiam que ninguém ficaria no território para garantir que aquela proposta de fato acontecesse. E foi aí que a guerra pela Palestina começou verdadeiramente.

O motivo que levou diversos países das Nações Unidas a votar a favor da partilha foi tema de discussão por quase seis décadas. Alguns historiadores notaram que a maioria dos países católicos votou em favor da partilha, citando como motivo a recomendação do relatório majoritário de internacionalizar Jerusalém. Isso parece um pouco exagerado, e é mais provável que esses países tenham apenas seguido os passos do líder do Oeste na aliança, os Estados Unidos, em uma questão que não era de vital importância para eles. Grande parte dos países que não eram ocidentais votaram da mesma forma. Estávamos ainda no período pré-descolonização, e a maioria dos países não ocidentais que conseguiram a sua independência ainda eram dominados por elites ocidentais. No caso da China nacionalista, Grécia, Haiti, Libéria e Filipinas, os sionistas norte-americanos (de dentro e de fora do governo) e os representantes da Agência Judaica; usavam todos os artifícios possíveis para fortalecer a partilha. A época em que as pequenas nações lutariam para afirmarem-se por meio das doutrinas de não alinhamento e do "terceiro-mundismo" ainda estava por vir.

Tanto os Estados Unidos quanto a União Soviética apoiaram a partilha, embora o apoio soviético parecesse mais evidente do que o estadunidense. Na verdade, em determinado momento os Estados Unidos tentaram recuar de sua posição sobre a partilha e chegaram a sugerir que a Palestina fosse temporariamente administrada pelas Nações Unidas. A hesitação dos norte-americanos não é de difícil interpretação: o governo dos Estados Unidos não tinha uma opinião unânime sobre a política palestina. Alguns setores do governo – o Departamento de Estado, o Departamento de Defesa e a comunidade de inteligência – recomendavam que os Estados Unidos fossem contra a partilha. Eles argumentavam que o apoio norte-americano pela partilha comprometeria o relacionamento do país com os Estados Árabes. E embora os Estados Unidos ainda não tivessem sucumbido a dependência do petróleo do Oriente Médio, os preços baixos provenientes do petróleo daquela região eram essenciais para europeus e japoneses do pós-guerra em sua recuperação econômica. Muitos membros do governo não estavam dispostos a ameaçar a plataforma estratégica dos norte-americanos somente para ajudar os britânicos.

Além disso, o planejamento militar norte-americano receava que se a partilha acontecesse, haveriam confrontos violentos e os Estados Unidos precisariam intervir. O Estado-Maior Conjunto dos Estados Unidos estimou que seriam necessárias 100 mil tropas americanas para separar os dois lados. O mesmo grupo de planejamento também temia que os soviéticos pudessem utilizar o problema da Palestina como motivo para divergência (a mesma preocupação aconteceu quando a Coreia do Norte invadiu a Coreia do Sul). Assim que os Estados Unidos enviassem tropas para a Palestina, os soviéticos iriam iniciar suas movimentações na Europa. Isso não era paranoia: enquanto o debate sobre a Palestina se desenrolava, a União Soviética bloqueou Berlim, pesquisas indicavam uma vitória do partido comunista na Itália, greves lideradas por comunistas praticamente paravam a França, e um golpe na Tchecoslováquia colocou um governo comunista no poder.

Por outro lado, os conselheiros domésticos de Truman argumentavam que os Estados Unidos tinham um compromisso moral com os judeus, que tinham acabado de ser vitimados pelo Holocausto, e que com o apoio de Israel se tornariam um posto avançado do Ocidente em uma região potencialmente hostil. Eles também alertaram o presidente que a perda dos votos dos judeus em Illinois e em Nova Iorque (onde grande parte dos judeus vivia) poderia custar-lhe a próxima eleição. Independente dos motivos, Truman acabou apoiando a partilha. E ainda assim venceu as eleições (embora tenha perdido em Nova Iorque).

Nossa compreensão sobre as motivações da decisão da União Soviética é ainda mais limitada do que a compreensão dos motivos norte-americanos. O governo soviético de Stalin tratava com confidencialidade informações sobre disputas entre agências e guerras territoriais, deixando em aberto até se, de fato, elas haviam ocorrido. Historiadores listaram possíveis razões para o apoio soviético à partilha. A menos provável é a crença de Stalin na "teoria dos estágios", onde um Estado democrático social como Israel estaria mais próximo de chegar a uma revolução comunista do que seus vizinhos árabes, que, de acordo com a crença de Stalin, viviam ainda sob regime feudal. É mais aceitável a teoria de que dos soviéticos enxergavam o Oriente Médio como parque de diversão dos britânicos, e apoiavam a partilha simplesmente para complicar a situação do território. Independente da razão, a União Soviética foi o primeiro Estado a garantir a Israel o reconhecimento por direito legal (*de jure*). Embora os Estados Unidos fossem a primeira nação a garantir a Israel o reconhecimento *de facto* (reconhecimento sem sutilezas legais), eles não concederam o reconhecimento *de jure* até que Israel realizasse suas primeiras eleições pós-independência.

A Guerra Árabe-Israelense de 1948

A Guerra da Palestina de 1948, que foi chamada pelos israelenses de "Guerra da Independência", e pelos palestinos de *nakba*, foi constituída, na verdade, por duas guerras: uma guerra civil entre os *Yishuv* e a comunidade palestina (que durou de dezembro de 1947 a maio de 1948) e uma guerra entre o recém-proclamado Estado de Israel e seus vizinhos (que começou em maio de 1948 e terminou com diversos acordos de armistício negociados nos primeiros seis meses de 1949). A guerra teve dois efeitos imediatos. Primeiro, ela foi responsável pelo estabelecimento do Estado de Israel, com suas fronteiras formalmente reconhecidas. Sob circunstâncias normais, poderíamos dizer que com a proclamação da independência israelense, o projeto sionista atingira o seu objetivo e que agora o *Yishuv* poderia se concentrar na execução de tarefas mundanas de um Estado comum, como carimbar passaportes e fabricar selos postais. Mas não foi isso que aconteceu. Os Estados Árabes vizinhos, que invadiram a Palestina ostensivamente em defesa do povo palestino, se recusaram a reconhecer a soberania israelense e a validar as consequências da guerra através da assinatura de tratados de paz com seu inimigo. Israel continuou em estado de guerra com o Egito até 1979 e com a Jordânia até 1994. E continua em estado de guerra com a Síria, Iraque e Líbano, que também invadiu a Palestina.

A independência dos israelenses custou caro para os palestinos. Durante a guerra, quase 750 mil palestinos que viviam dentro do território o qual Israel reivindicava soberania, tornaram-se refugiados, proibidos de voltar a seus lares dentro do Estado judaico. Nas palavras do ex-primeiro-ministro de Israel, Ehud Barak, foi "o massacre e o exílio de uma sociedade inteira, acompanhada de milhares de mortes e de centenas de vilarejos destruídos"[31]. Outros Estados que foram colônias, como os Estados Unidos, foram construídos sobre as ruínas das sociedades indígenas, é claro. Mas o infortúnio de Israel foi que sua independência ocorreu sob os rigorosos holofotes da metade do século XX, um período em que a força do oeste imperial – junto com sua missão civilizadora, que dava base racional para este fortalecimento – já não era tão intensa e, de fato, começava a ser desafiada mundo afora. Apesar dos sionistas dos *Yishuv,* que vieram depois de Biltmore, se autoproclamarem "lutadores da liberdade", poucos estertores da descolonização pensavam da mesma forma. Outro infortúnio de Israel foi tentar construir um Estado sobre as ruínas de uma sociedade que tinha suas próprias aspirações nacionalistas.

A vitória militar dos *Yishuv* sobre seus vizinhos do Estado árabe e o deslocamento dos palestinos que viviam dentro das fronteiras de Israel, transformaram a natureza do conflito de maneira fundamental. Antes

---

31 BARAK, Ehud; MORRIS, Benny. Camp David and After – Continued. [Camp David e o que veio depois – Continuação]. *New York Review of Books,* 27 jun. 2002.

CAPÍTULO 6 – DA GRANDE REVOLTA À GUERRA DE 1948 | **157**

de 1948, duas comunidades de igual estatura (mas com legados diferentes) entraram em conflito direto pelo controle da Palestina. Em maio de 1948, uma dessas comunidades se declarou dona de um Estado soberano, enquanto a outra vivenciou um cataclismo. A comunidade palestina havia se dispersado e não tinha um território para chamar de seu. Os *Yishuv* incorporaram quase 80% do mandato palestino no novo Estado, e Egito e Jordânia ficaram com o restante. Enquanto isso, a comunidade internacional concentrava sua atenção no que considerava ser o problema mais imediato: colocar fim no estado de guerra de Israel com seus vizinhos. Na melhor das hipóteses, a comunidade palestina só podia esperar que suas reivindicações fossem abordadas nos conselhos internacionais por meio de representantes e resolvidas dentro de um contexto de "acordo global" ou "paz compreensiva". O conflito entre sionistas e palestinos tornou-se então a "disputa árabe-israelense". E continuou dessa forma por mais quarenta anos, até que, em 1993, israelenses e palestinos se encontraram frente a frente mais uma vez – mas dessa vez em um esforço conjunto para resolver um conflito que, afinal de contas, era justamente sobre eles.

Pelo fato da guerra de 1948 ter sido considerada o evento seminal na história do conflito entre sionistas e palestinos, ela acabou provavelmente gerando e derrubando mais mitos do que qualquer outro evento da história moderna do Oriente Médio. Cada lado do conflito contribuiu de forma generosa para a mitificação. Relatos pró-sionistas descrevem a guerra de 1948 como se fosse a luta de Davi contra Golias. Peguemos, por exemplo, o retrato da guerra descrito no romance *Exodus,* de Leon Uris, um *best-seller* publicado em 1958. O livro vendeu mais de 2 milhões de exemplares nos Estados Unidos e conseguiu público ainda maior quando se transformou em filme (que tinha no elenco, por mais estranho que isso parecesse, Paul Newman, como um judeu lutando pela liberdade, e Eva Marie Saint, como a garota que se apaixona por ele):

> Depois da votação da partilha de 1947, o *Yishuv* da Palestina implorou aos árabes palestinos que se mantivessem calmos, amistosos, e que respeitassem os inegáveis direitos legais do povo judeu.
>
> Apesar das agressões sem propósito, o Estado de Israel, em sua Declaração de Independência, ergueu sua mão amigavelmente para os seus vizinhos árabes, mesmo enquanto suas fronteiras eram desrespeitadas.
>
> A declarada intenção de assassinar o povo judeu e de destruir completamente o Estado de Israel, foi a resposta árabe para a lei e a amizade.

Israel é hoje o melhor instrumento individual para tirar o povo árabe dos anos de obscuridade.[32]

A importância do relato de Uris não está na qualidade de seu romance. Ele é de fato importante porque contém todos os elementos presentes em diversos relatos sionistas de 1948: os sionistas aceitaram o plano de partilha das Nações Unidas e estavam dispostos a viver em paz com seus vizinhos; os Estados Árabes rejeitaram o plano de partilha e declararam guerra ao Estado judeu; os Estados Árabes agiram como bloco único; os sionistas, em menor número e com menos armas, batalharam heroicamente contra todas as adversidades; apesar das garantias sionistas de proteção, os árabes palestinos atenderam ao chamado dos governos árabes e abriram caminho para os exércitos que avançavam.

Os relatos do lado árabe são tão ilegítimos e tendenciosos quanto os do lado judeu. Eles frequentemente descrevem somente as vitórias nos campos de batalha e as traições dos bastidores. Começam com proezas heroicas dos Exércitos árabes, que agiram com bravura para resgatar seus irmãos palestinos e derrotaram os bandos terroristas sionistas sempre que entraram em confronto. Infelizmente, os Exércitos árabes não foram capazes de aproveitar os seus êxitos (e neste ponto os relatos divergem). Em algumas narrativas, norte-americanos e britânicos conspiraram para garantir a vitória sionista provisionando apoio logístico e até mesmo de combate para os bandos sionistas. De acordo com outras descrições, os Exércitos árabes foram incapazes de concluir a sua vitória porque foram sabotados pelos regimes reacionários e corruptos que os comandava. Estes regimes tinham muito interesse em atuar como suporte aos imperialistas – e é por isso que eles tiveram que ser substituídos depois do fim da guerra por regimes militares que se encarregaram de reescrever as histórias nacionais. (Um conhecido relato, contado a mim por um indivíduo que parecia saber bem a história, menciona que o rei Abdullah da Jordânia forneceu rifles para suas tropas que disparavam para trás. Sempre que um soldado jordaniano utilizava sua arma na batalha para tentar libertar os palestinos, ele acertava com um tiro sua própria cabeça.)

Embora nenhum destes relatos (pró-sionismo ou árabe tradicional) sobre a guerra de 1948 possa ser levado a sério, somente na década de 1980 historiadores conseguiram interpretar com uma nova ótica a guerra e seu impacto devastador na sociedade palestina. Aqueles que trataram com

---

32 URIS, Leon. *Exodus* [Êxodo]. New York: Bantam Books, 1958. p. 552.

CAPÍTULO 6 – DA GRANDE REVOLTA À GUERRA DE 1948 | **159**

maior responsabilidade a função de revisar e interpretar o que se sabe sobre a guerra de 1948 formaram um grupo de historiadores israelenses conhecido por "Novos Historiadores". Tirando vantagem da "regra dos trinta anos" e consultando documentos do governo israelense que estavam ocultos há três décadas, estes historiadores desafiaram o que ficou conhecido como o conjunto de "mitos da fundação de Israel". Combinando suas descobertas com os achados de historiadores que trabalharam com arquivos britânicos e norte-americanos, foi possível questionar os mais egrégios mitos sobre a guerra de 1948. Infelizmente, ainda não é possível elaborar uma narrativa definitiva sobre o assunto. Ainda se faz necessário um trabalho disciplinado sobre as visões e revisões da história, e o surgimento de um grupo de "Novos Historiadores" no mundo árabe para complementar e contrapor o trabalho dos acadêmicos israelenses e do ocidente. Não há regra de trinta anos de sigilo de documentos no mundo árabe, e é pouco provável que haja alguma no futuro.

O cenário da guerra de 1948 que surgiu a partir das pesquisas recentes certamente não pode ser representada pela imagem de Davi contra Golias. Apesar da população palestina superar a do *Yishuv* (1,4 milhão contra 600 mil), a sociedade palestina, como já vimos, nunca se recuperou dos efeitos da Grande Revolta Árabe de 1936-1939. Além de sua população ter sido literalmente dizimada durante a revolta (mais de 10% da população masculina foi assassinada, ferida, aprisionada ou exilada), depois do anúncio da saída da Grã-Bretanha da Palestina, poucas instituições e lideranças permaneceram. Com o fim da Segunda Guerra Mundial, Hajj Amin saiu da Alemanha e foi para o Egito, enquanto a recém-formada Liga Árabe fundava um novo Alto Comitê Árabe que operava sob a proteção da Liga. Mas nem Hajj Amin, nem o Alto Comitê Árabe, conseguiram exercer controle efetivo sobre as questões da Palestina.

A intervenção das forças árabes durante a segunda fase da guerra não melhorou muito a sorte dos palestinos. Os Estados Árabes realizaram um péssimo trabalho de preparação para a guerra. Os exércitos enviados ao campo eram sempre menores do que os do *Yishuv*, e quaisquer vantagens que eles eventualmente tiveram em termos de equipamentos desapareceram no decorrer da guerra. Isso aconteceu, dentre outros motivos, porque nenhum Estado árabe tinha a capacidade ou o desejo de se mobilizar totalmente para a guerra, tanto por causa das colônias do Estado árabe quanto pela herança dos mandatos. Além das autoridades do mandato terem designado exércitos para preservar a estabilidade doméstica, e não para sair em luta pelo estrangeiro, a liberação da Palestina não era vista com bons olhos por governos que haviam acabado de conquistar sua independência (Líbano, Síria, Jordânia), ou que ainda conviviam com uma presença imperialista (Egito). Caso após caso, o medo da mobilização e de sua exploração levou os frágeis governos a intervirem na Palestina, mesmo contra a sua vontade.

Os Estados Árabes poderiam ter tido sucesso em superar essas dificuldades se estivessem de fato unidos por uma causa comum. Mas eles não estavam. A Liga Árabe, que teoricamente supervisionava os esforços para liberar a Palestina, nunca foi além da soma de suas partes. Originalmente proposta pelos britânicos como forma de manter sua influência no mundo árabe pós-guerra, a Liga Árabe foi estabelecida em meio a Estados que tinham inveja de suas prerrogativas. Assim como a Guerra Fria enfraqueceu a capacidade das Nações Unidas de agir com unanimidade e eficácia, a rivalidade entre os Estados minou a eficácia da Liga Árabe. Em 1948, os Estados Árabes estavam divididos entre dois rivais: Jordânia e Iraque, de um lado, e Egito, Síria e Arábia Saudita, do outro. Como a Jordânia e o Iraque eram comandados por duas ramificações da mesma família Hashemita que tinha relações profundas com os britânicos, os líderes do Egito, Síria e Arábia Saudita temiam que os britânicos apoiassem uma "conspiração Hashemita" para dominar o mundo árabe. Para complicar ainda mais a situação, os líderes da Jordânia, Egito e Iraque tinham ambições particulares de liderar o mundo árabe. Como resultado, não havia acordo sobre os objetivos da guerra de 1948. E em razão disso, nenhum Estado estava disposto a colocar sua força militar sob o comando de um potencial rival, ou oferecer mais do que um apoio controlado aos seus aliados presentes.

Os objetivos de guerra da Jordânia eram guiados pelo desejo do rei Abdullah de criar um Grande Estado Sírio liderado pela Jordânia abrangendo Síria, Líbano e a Palestina. Em razão disso, os jordanianos coordenaram suas ações mais próximos dos sionistas do que dos outros Estados Árabes. Na verdade, o rei Abdullah da Jordânia reunia-se com os líderes do *Yishuv* desde a criação da Transjordânia, em 1921. Os líderes jordanianos e sionistas já haviam inclusive negociado as fronteiras de seus respectivos Estados, e portanto, as forças da Jordânia buscavam a manutenção da paz e a ocupação de territórios, e não a liberação. A verdade é que praticamente não houve luta entre jordanianos e sionistas fora de Jerusalém.

Não é necessário dizer que nenhum dos outros participantes árabes na guerra tinha ilusões como as ambições jordanianas ou outros objetivos. O governo da Síria nunca confiou totalmente nos oficiais do Exército sírio, pois temiam o apoio deles ao projeto da Grande Síria de Abdullah – e, de fato, muitos o apoiavam. O governo da Síria também não confiava nas elites locais, que estavam sempre dispostas a oferecer a Síria a esquemas como a Pan-Arábia, ou a própria Grande Síria, para satisfazerem as suas ambições pessoais. Os egípcios temiam que a Jordânia tomasse posse das terras ao sul da Palestina, que ligavam o rio Jordão ao mar Mediterrâneo, eliminando o acesso do Egito ao mundo árabe do leste. Até mesmo a liderança palestina via as ambições jordanianas como uma ameaça. Não era bom o relacionamento de Hajj Amin al-Husayni com Abdullah. Ambos queriam dominar a Palestina. O *mufti*, temendo colocar a independência palestina em risco, além de seu próprio futuro, chegou a se posicionar contrário aos Exércitos árabes.

No geral, os Estados Árabes interviram no conflito, suas capacidades militares eram inadequadas para a tarefa, seus esforços nunca foram bem coordenados, e eles não estavam unidos por uma causa em comum. Pouco mais de meio século depois da guerra de 1948, o historiador Avi Shlaim concluiu que "a coalisão árabe foi uma das mais divididas, desorganizadas e desmanteladas de toda a história das guerras".[33] Os resultados foram os previsíveis: em uma campanha militar interrompida apenas por uma trégua de trinta e cinco dias, as forças do *Yishuv*, reabastecidas e reforçadas, venceram por definitivo seu inimigo.

Ao que tudo indicava, tudo o que restava para a comunidade internacional era organizar uma espécie de assentamento, preferencialmente através de tratados de paz, entre o recém proclamado Estado de Israel e seus oponentes. Mas isso não viria a acontecer. Embora as Nações Unidas tivessem coordenado uma conversação sobre paz na ilha de Rodes, estagnou-se a iniciativa por dois motivos: o futuro de Jerusalém e o destino dos palestinos que fugiram de suas casas durante os combates. Os Estados Árabes queriam a repatriação. Nasceu o então o "direito ao retorno". Os israelenses, por sua vez, defendiam um novo assentamento. Eles eram contra a repatriação, e justificavam sua posição com base na recusa

---

33 SHLAIM, Avi. Israel and the Arab Coalition in 1948 [Israel e a coalisão árabe em 1948]. In: *The War for Palestine: Rewriting the History of 1948*. [A guerra pela Palestina: reescrevendo a história de 1948]. ROGAN, Eugene L.; SHLAIM, Avi (Eds.). Cambridge: Cambridge University Press, 2001. p. 82.

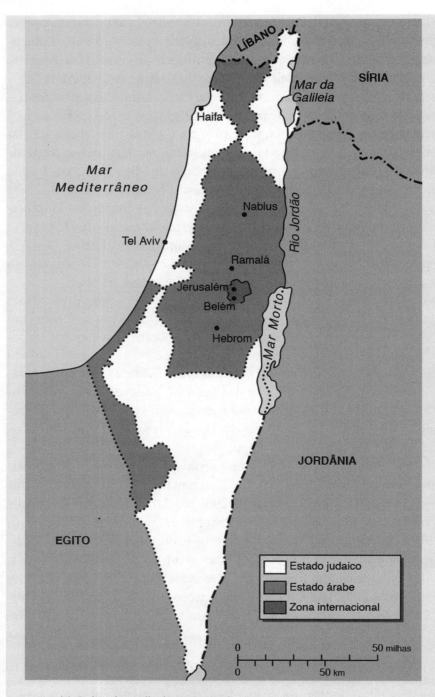

MAPA 6 (A). O plano de partilha das Nações Unidas, 1947.

CAPÍTULO 6 – DA GRANDE REVOLTA À GUERRA DE 1948 | 163

MAPA 6 (B): Linhas do armistício, 1949.

da corrente principal do movimento sionista em reconhecer os palestinos como nação. Os sionistas viam os palestinos simplesmente como árabes, e como árabes eles poderiam facilmente encontrar um novo lar em qualquer Estado árabe existente, da Mauritânia ao Iraque. Foi assim que o sionista americano Louis Brandeis apresentou seu argumento:

> As pessoas têm o direito de viver da forma que quiserem. Isso é inalienável. Eles tem o direito de viver na miséria, na sujeira e na doença, se for isso o que desejarem. A pergunta, porém, é a quantidade de terra ocupada. Os árabes têm milhões de hectares de terra não cultivada e não explorada. Estamos falando do Iraque, da Síria, da Arábia Saudita, de Hejaz etc. etc. De alguma forma, é necessário mostrar quanta terra é ocupada pelos árabes no leste, e como eles podem satisfazer suas aspirações sem a interferência do desenvolvimento judeu na Palestina.

E foi assim que Abba Eban, representante de Israel nas Nações Unidas na década de 1960, argumentou para absolver Israel da responsabilidade de repatriar refugiados palestinos: "É impossível negar a conclusão que a integração dos refugiados árabes no mundo árabe é um processo objetivamente possível, mas que encontra resistência por motivos políticos".

Eventualmente, o mediador das Nações Unidas, Ralph Bunche, acabou com o impasse de Rodes através da adoção de uma fórmula utilizada para suspender as hostilidades do final da Primeira Guerra Mundial: em vez de negociar tratados de paz entre Israel e seus vizinhos, as Nações Unidas mediaram acordos de armistício. Estes acordos confirmavam informalmente as fronteiras do Estado de Israel. A Faixa de Gaza, área tomada pelo Exército egípcio durante a guerra, permaneceu sob controle do Egito, enquanto os jordanianos estenderam seus domínios, chegando a anexar a Cisjordânia, argumentando que a anexação não iria prejudicar o "assentamento final" da Palestina (os nacionalistas palestinos continuariam a batalhar através de ações de retaguarda contra a reivindicação dos jordanianos de agir em seu próprio benefício e contra as tentativas da Jordânia de integrar a Cisjordânia a seu território pelas quatro décadas seguintes.) Se por um lado os residentes da Cisjordânia tenham chegado a possuir passaportes jordanianos, usar a moeda jordaniana e seguir a lei jordaniana, os residentes da Palestina da Faixa de Gaza ficaram de fato sem Estado, no sentido mais fundamental do termo. Não surgiu nenhuma solução para a questão de Jerusalém, e uma relação de trabalho entre Israel e Jordânia dividiu a cidade em uma "nova cidade", controlada por Israel, e uma "velha cidade", controlada pela Jordânia. Em 1960, os jordanianos decidiram complicar ainda mais a questão proclamando Jerusalém como sua "segunda capital".

Logo, o problema que chamou a atenção da comunidade internacional foi o de transformar os acordos de armistício em acordos de paz de plenos direitos, e os principais envolvidos no conflito tornar-se-iam os protagonistas dessa transformação. Isso não significava que o problema dos palestinos seria resolvido de uma só vez. Os árabes continuavam a pressionar, pedindo repatriação ou compensação, enquanto os israelenses pressionavam por um novo assentamento. Ainda assim, ocorreria uma revolução. De acordo com o historiador Albert Hourani:

> A recusa em considerar uma alternativa para o problema dos refugiados fora do cenário de um assentamento pacífico nos Estados Árabes vizinhos, acabou conectando dois problemas que não tinham ligação em termos morais: o retorno dos refugiados era uma obrigação devida não aos Estados Árabes vizinhos, mas sim aos árabes palestinos, como habitantes da terra que eles próprios haviam conquistado [...] Depois de 1948, o primeiro passo a caminho da paz era o reconhecimento por parte de Israel de sua responsabilidade com os árabes que viviam em seu território, mas que foram deslocados por causa da guerra. Essa simples ação poderia dar início a uma série de eventos que levariam à paz; e só Israel poderia tê-la realizado. Mas ele não a realizou, e sua atitude foi aceita pelas forças ocidentais.[34]

"DESTRUIÇÃO E EXÍLIO"

As Nações Unidas definiram os refugiados palestinos como aqueles que fugiram de suas casas e acabaram pegos posteriormente pela armadilha das fronteiras do armistício. De uma população total palestina estimada em 1,4 milhão, pouco mais da metade – cerca de 720 mil – tornou-se refugiada. Entre 65% e 85% (talvez até mais) dos palestinos que viviam dentro das fronteiras de Israel foram colocados em exílio permanente, enquanto uma parcela de aproximadamente 25% foram expulsos de seus lares, mas conseguiram permanecer dentro do território tornando-se, então, refugiados internos em Israel. Esses palestinos que permaneceram em Israel ficaram sujeitos a uma lei marcial até 1966.

Os motivos que levaram os palestinos a fugir de suas casas geraram debates controversos e produziram mitos. Leon Uris relata alguns mitos a seguir:

---

34   LAQUEUR, Walter; RUBIN, Barry (Eds.). Op. cit., p. 273.

Os próprios árabes criaram o problema dos refugiados palestinos [...] Em primeiro lugar, os árabes palestinos estavam com muito medo. Por décadas, líderes racistas implantaram a ideia de assassinato em massa em suas mentes [...] Mas isso tinha alguma base fatual? Não! Em um local, Neve Sadiq, houve realmente um massacre imperdoável de pessoas inocentes. Por outro lado, os árabes que permaneceram na Palestina nunca foram molestados. Nenhum vilarejo árabe que permaneceu pacífico foi ameaçado pelos israelenses de forma alguma [...] A segunda razão que contribuiu para a situação dos refugiados vem do fato absolutamente documentado de que os líderes árabes queriam que a população civil deixasse a Palestina por motivos políticos e militares. Os generais árabes planejavam uma aniquilação do povo judeu. Eles não queriam que uma população civil árabe estivesse na região, já que isso limitaria sua liberdade operacional [...] Se os árabes da Palestina amassem de fato a sua terra, eles não aceitariam sair de lá, e muito menos fugir do local, sem que tivessem um real motivo. Eles tinham poucos motivos para viver ali, e menos motivos ainda para lutar pelo lugar.[35]

IMAGEM 14. Refugiados palestinos carregando o que podiam de suas posses, caminhando em busca de um local seguro, durante a guerra de 1948. (Fonte: Bettman/Corbis.)

---

35 URIS, Leon. Op. cit., p. 552.

CAPÍTULO 6 – DA GRANDE REVOLTA À GUERRA DE 1948 | **167**

Nem todos os relatos de Uris são tão imprecisos. Por exemplo, os historiadores concordam que a maioria dos palestinos fugiu por medo, embora eles discordem de Uris sobre a causa deste medo. O medo deles não vinha dos diversos anos de lavagem cerebral aplicada por líderes inescrupulosos; era, sim, um medo justificável, de ficar aprisionado dentro da zona de guerra. Uris também acerta quando afirma que os governos árabes exploraram sem escrúpulos a situação dos refugiados palestinos em benefício próprio. Depois, em momentos em que a colaboração dos refugiados já não era necessária, os governos demonstraram indiferença em relação a eles, e até chegaram a tratar com hostilidade a presença deles em seus países.

Contudo, grande parte da narrativa produzida por Uris é desprovida de base. Um exemplo disso é o boato que afirmava que líderes árabes exigiram que os palestinos saíssem rapidamente da região, pois seus tanques de guerra estavam chegando. Benny Morris, membro do grupo dos "novos historiadores", cita evidências que confirmam que o Alto Comitê Árabe enviou para alguns vilarejos ordens de evacuação destinadas a mulheres, crianças e idosos. Porém, não há registros nos arquivos israelenses, britânicos e norte-americanos, indicando que líderes das nações árabes tivessem coordenado saídas de palestinos. Na verdade, alguns governos árabes fizeram o oposto, pedindo aos palestinos que ficassem onde estavam. Portanto, embora políticos como Abba Eban tenham dito que "logo nos primeiros meses de 1948, a Liga Árabe emitiu pedidos que estimulavam o povo a procurar refúgios temporários em países vizinhos, e a voltar a seus lares somente depois da vitória dos Exércitos árabes, a fim de obter a sua parte nas propriedades abandonadas pelos judeus", não se pode afirmar que existam "fatos absolutamente documentados".[36] (Tampouco há base na afirmativa de Uris que diz que "se os árabes da Palestina amassem de fato a sua terra, eles não aceitariam sair de lá". Se fosse este o caso, por que a segunda e terceira gerações de refugiados guardariam as chaves de suas casas abandonadas, passando-as para seus descendentes?)

Possivelmente a afirmação mais errônea feita por Uris trata do que ficou conhecido nas últimas décadas como a "limpeza étnica". O fato dessa expressão carregar um significado muito pesado fez que historiadores do sionismo optassem por um termo mais inofensivo – "transferência de pensamento" – para explicar a remoção dos habitantes nativos da Palestina. A transferência de pensamento existe desde o início do movimento sionista. Por exemplo, Theodor Herzl escreveu em seu diário:

---

36   LAQUEUR, Walter; RUBIN, Barry (Eds.). Op. cit., p. 158 e 160.

> Devemos desapropriar gentilmente [...] Devemos motivar a população pobre a cruzar a fronteira, procurando emprego para eles nos países vizinhos e negando trabalho a eles em nosso país [...] Tanto o processo de desapropriação quanto a remoção dos pobres deve ser feita de maneira discreta e ciscunspecta.[37]

Quarenta anos depois, Ben-Gurion reiterou essa teoria:

> A transferência da população já aconteceu no Vale de Jezrael, em Sharon, e em outros locais. Vocês conhecem o trabalho do Fundo Nacional Judaico neste tema. Agora, uma transferência de dimensões totalmente diferentes serão necessárias.[38]

Durante a guerra de 1948, Ben-Gurion colocou suas recomendações em prática. Em uma campanha conhecida como "Operação Hiram", uma compreensiva transferência de população ocorreu na região da Galileia. Durante essa campanha, escreveu Morris, forças sionistas realizaram "uma grande quantidade de execuções em paredões, ou próximas de poços, de forma ordenada".[39] Em seu trabalho, o incansável Morris cita 24 ocorrências de massacres, sendo que os piores ocorreram em Saliha (cerca de 78 mortos), Lod (250), Dawayima (centenas) e, é claro, o já citado massacre de Deir Yassin. Alguns desses eventos provavelmente ocorreram por razões táticas: em Dawayima (que era próxima de Hebrom), por exemplo, "uma coluna militar entrou no vilarejo; todos estavam armados, e matavam tudo aquilo que se movia". Outros tinham o propósito estratégico de provocar pânico na população, para que as pessoas fugissem. Esses massacres não eram ocultados da população palestina. Afinal, como Lênin disse certa vez, o objetivo do terrorismo é aterrorizar. (Morris, a propósito, justifica as ações sionistas usando como argumento o conhecido aforismo de Lênin: "Para se fazer um omelete, é preciso quebrar alguns ovos".) De acordo com uma testemunha do massacre de Deir Yassin:

> Deir Yassin era um vilarejo que foi atacado pelos israelenses, ou pelos sionistas, em nove de abril de 1948 [...] Você vai encontrar pessoas que vão lhe dizer que "foi isso o que aconteceu em Deir Yassin", porque estavam lá.

---

37 MORRIS, Benny. Revisiting the Palestinian Exodus of 1948 [Revisitando o êxodo palestino de 1948]. In: *The War for Palestine: Rewriting the History of 1948* [A guerra pela Palestina: reescrevendo a história de 1948]. ROGAN, Eugene L.; SHLAIM, Avi (Eds.). Cambridge: Cambridge University Press, 2001. p. 41.

38 Ibid, p. 43.

39 SHAVIT, Ari. Survival of the Fittest [A sobrevivência do mais preparado]. In: *Haaretz*, 8 jan. 2004.

CAPÍTULO 6 – DA GRANDE REVOLTA À GUERRA DE 1948 | **169**

> Eu conheci uma mulher que disse que eles pegaram o filho dela, pediram a ela que o colocasse em seu colo, e depois o mataram. Eles usaram facas e baionetas. Foi um massacre, não uma luta. Não havia ninguém para lutar. Eram, na maioria, mulheres e crianças. Muitas, muitas pessoas foram massacradas no vilarejo. Este massacre assustou toda a Palestina. Todos falavam sobre o massacre de Deir Yassin.[40]

No total, mais de 500 vilarejos palestinos desapareceram para sempre.

A maioria dos palestinos que fugiram foram para a Cisjordânia, para a Faixa de Gaza, e para países árabes vizinhos. Aqueles com melhor nível educacional, habilidades manuais, ou dinheiro, tentaram reconstruir a vida em locais distantes, como o Golfo Pérsico, a Europa e as Américas. Aqueles que não tiveram tanta sorte acabaram em acampamentos de refugiados financiados inicialmente por uma agência chamada Nações Unidas para o Auxílio da Palestina (que tem a sigla UNRP, em inglês). Os Estados Árabes inicialmente acreditavam que a construção dos acampamentos poderia criar um problema internacional que precisaria ser resolvido no futuro. A comunidade internacional ficaria muito comovida com a causa dos refugiados – ou cansada de pagar pelo seu auxílio –, e pressionaria Israel para repatriá-los. Mas a comunidade internacional pensava diferente. A agência UNRP, que encaminhava a ajuda direta aos refugiados, transformou-se em uma agência denominada Nações Unidas para o Auxílio e o Trabalho (na sigla em inglês, UNRWA). No auge do trabalho dessa agência, os diplomatas chegaram a acreditar que a paz poderia ser alcançada por meio do desenvolvimento econômico, e que o desenvolvimento econômico poderia ser alcançado por meio de projetos públicos inovadores e em larga escala. Sendo assim, a UNRWA prometeu instaurar a prosperidade no Oriente Médio empregando os palestinos nesses projetos, que seriam realizados nos Estados que os abrigavam. Embora o breve governo sírio tenha se interessado pela ideia, a maioria dos demais governos árabes não demonstrou nenhum interesse. A proposta não só colocava grande parte do peso financeiro dos palestinos sobre os governos, mas também marcava o triunfo dos reassentamentos sobre a repatriação. Sem a cooperação desses governos, a UNRWA continuou a ajudar os refugiados da mesma forma que a UNRP, só que com um orçamento maior.

---

40 BAHOUR, Sam; LYND, Alice; LYND, Staughton. *Homeland: Oral Histories of Palestine and Palestinians* [A terra-natal: histórias contadas da Palestina e dos palestinos]. New York: Olive Branch Press, 1994. p. 47-9.

Até o momento em que este livro foi escrito, 58 acampamentos da UNRWA abrigavam cerca de 1,5 milhão de refugiados e seus descendentes (este número inclui aqueles fixados pela guerra de 1967 e seus descendentes também). O maior número de moradores dos acampamentos residem na Faixa de Gaza; em seguida vem a Jordânia, o Líbano, a Cisjordânia e a Síria. Os direitos assegurados dos refugiados e seus descendentes variam de acordo com o país que os abriga. A Jordânia é o único país em que os refugiados têm direitos totais de cidadania. Isso explica porque somente cerca de 360 mil de um total de 2 milhões de refugiados e descendentes na Jordânia vivem em acampamentos. Na Síria, os refugiados palestinos e seus descendentes não podem se tornar cidadãos. Todavia, eles têm direito legal ao trabalho – um direito que ainda é restrito no país vizinho, Líbano (assim como o direito à uma propriedade).

Mas não foram só os moradores dos acampamentos que vivenciaram um destino incerto no mundo árabe. O Kuwait chegou a expulsar os trabalhadores convidados palestinos depois da Guerra do Golfo de 1991, porque a Organização para a Libertação da Palestina, que os representava, apoiou a invasão de Saddam Hussein naquele Estado. Quando o Kuwait descobriu que necessitava das habilidades dos trabalhadores palestinos, desistiu de expulsá-los. Os líbios também expulsaram os trabalhadores convidados palestinos ostensivamente, em protesto ao acordo de Oslo de 1993.

A adaptação à vida nos acampamentos não foi fácil. Um refugiado do sul do Líbano relatou as condições miseráveis de uma acampamento UNRWA da seguinte forma:

> No acampamento, as pessoas viveram inicialmente em tendas, e depois começaram a construir paredes de concreto. As pessoas que eram do mesmo vilarejo na Palestina viviam na mesma seção do acampamento. Dessa forma, você podia dizer que "essa é a área de Hattin". Até os dias de hoje, é fácil encontrar uma pessoa no acampamento mesmo sem ter seu endereço. Você só precisa saber de que vilarejo palestino ele veio. Você diz que "ele era de Hattin". "OK, esta é a área de Hattin [...]"
>
> As famílias foram crescendo. As pessoas não tinham dinheiro para comprar casas na cidade, a não ser que tivessem um trabalho e ganhassem um bom dinheiro, o que era bem raro. A maioria das pessoas tinha que acomodar os novos membros da família no mesmo espaço em que já viviam. Eles então trocavam o telhado improvisado por lajes de concreto para construir um novo andar. Hoje, algumas casas têm três andares. Você encontra pais vivendo no primeiro andar da casa, e seus filhos e netos nos andares de cima.

CAPÍTULO 6 – DA GRANDE REVOLTA À GUERRA DE 1948 | 171

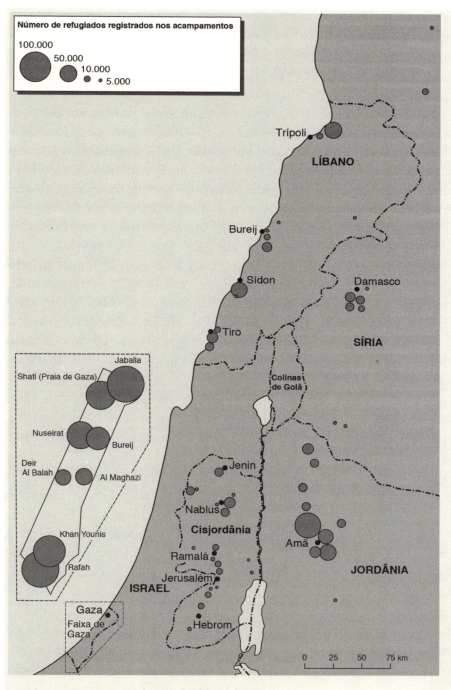

MAPA 7. Acampamentos para refugiados da UNRWA, 2005.

A infraestrutura fora planejada pelas Nações Unidas. Mas não era muito boa. No inverno, os canos do esgoto ficavam entupidos o tempo todo. As ruas ficavam cheias d'água. Você caminhava sobre a lama quase o tempo todo. No verão, a água era escassa. A água potável só chegava ao primeiro andar das casas.[41]

Não é difícil entender porque muitos palestinos guardaram as chaves de suas antigas casas na região que hoje é Israel.

A segregação dos refugiados palestinos nos acampamentos teve um duplo efeito no movimento nacional palestino. Por um lado, ela ajudou a manter a identidade nacional palestina viva. Além dos acampamentos terem se tornado berços do ativismo nacionalista, a estrutura da vida nestes locais reafirmava a identidade palestina. Conforme o relato de nosso informante, refugiados do mesmo vilarejo viviam juntos em vizinhanças dentro do acampamento, e batizavam suas áreas com os nomes de seus vilarejos originais. Lembranças da vida nos vilarejos ficaram congeladas, embelezadas, e passaram de geração para geração. Tradições que eram flexíveis e adaptáveis foram fossilizadas, e outras novas foram inventadas. Por exemplo, cada vilarejo passou a ser identificado por um ou outro estilo de bordado, que é vendido até hoje na Europa e nas Américas como autêntica arte folclórica.

Por outro lado, a segregação dos palestinos que fugiram de suas casas em 1948 causou rupturas antes inexistentes no movimento. Antes de 1948, a liderança do movimento nacional palestino havia rejeitado a partilha inequivocamente. No início da década de 1970, uma facção da liderança do movimento colocou novamente o tema em debate e no decorrer dos 15 anos seguintes, a ideia de se estabelecer um "mini-Estado" palestino na Cisjordânia e na Faixa de Gaza ganhou força. Quando a liderança palestina aceitou o acordo de Oslo de 1993, ela reconheceu oficialmente a partilha, embora nunca tenha descartado a ideia do retorno. Aqueles que fugiram, bem como seus descendentes, ficaram mais relutantes em abandonar a ideia do retorno do que aqueles que já haviam criado raízes na Cisjordânia e na Faixa de Gaza. E por tudo isso, depois do evento de Oslo, quando um repórter do *New York Times* perguntou a um idoso morador de um acampamento sua opinião sobre a possibilidade de um Estado palestino em outros territórios palestinos, esse velho senhor encolheu os ombros,

---

41 BAHOUR, Sam; LYND, Alice; LYND, Staughton. Op. cit., p. 36.

balançou suas velhas chaves e respondeu com indiferença: "minha casa não está nesse lugar".⁴²

IMAGEM 15. Os nacionalismos transformam o que as pessoas já vestiam em "trajes nacionais" tradicionais. Selos da autoridade palestina, 1995.

Sugestões de leitura complementar

BELL, J. Bowyer. *Terror out of Zion: Irgun Zvai Leumi, LEHI, and the Palestinian Underground, 1929-1949* [Terror no Sião: Irgun Zvai Leumi, LEHI, e o lado oculto palestino, 1929-1949]. New York: St. Martin's Press, 1977. Relato da extrema direita sionista na Palestina antes da independência.

HUREWITZ, J. C. *The Struggle for Palestine, 1936-1948* [A luta pela Palestina, 1936-1948]. New York: Schocken Books, 1976. A história di-

---

42 BENNETT, James. Mideast Turmoil: Palestine – in camps, Arabs Cling to Dream of Long Ago [O conflito do Oriente Médio: Palestina – nos acampamentos, os árabes sonham com o passado]. *New York Times*, 10 mar. 2002.

plomática e política da Palestina durante o período que levou à independência de Israel.

KHALAF, Issa. The Effect of Socioeconomic Change on Arab Societal Collapse in Mandate Palestine [Os efeitos da mudança socioeconômica e o colapso social árabe no mandato palestino]. In: *International Journal of Middle East Studies 29* [*Jornal Internacional de Estudos do Oriente Médio*] (1997): p. 93-112. Destaca os fatores sociais e econômicos que levaram ao *nakba* palestino em 1948.

_____. *Politics in Palestine: Arab Factionalism and Social Disintegration, 1939-1948* [Política na Palestina: o faccionismo árabe e a desintegração social, 1939-1948]. Albany: State University of New York, 1991. O nome explica tudo.

ROGAN, Eugene L.; SHLAIM, Avin. *The War for Palestine: Rewriting the History of 1948* [A guerra pela Palestina: reescrevendo a história de 1948]. Cambridge: Cambridge University Press, 2001. Ensaios sobre a guerra feitos por destacados acadêmicos revisionistas.

SHLAIM, Avi. *Collusion across the Jordan: King Abdullah, the Zionist Movement, and the Partition of Palestine* [Conluio na Jordânia: o rei Abdulah, o movimento sionista e a partilha na Palestina]. New York: Columbia University Press, 1988. Relato do relacionamento entre o rei da Jordânia e os sionistas no período que antecedeu a guerra de 1948.

capítulo 7

O SIONISMO E O NACIONALISMO PALESTINO: UM OLHAR DETALHADO

Estamos prestes a entrar no mundo da disputa árabe-israelense, o mundo do "Setembro Negro", de Henry Kissinger, do "ano da decisão", da "década da decisão", da "frente rejeicionista", de três guerras entre árabes e israelenses (1956, 1967, 1973), da invasão israelense ao Líbano, dos massacres de Sabra e Chatila, do plano Johnston, do plano Rogers, da iniciativa Rogers, da Primeira Convenção de Genebra, da Segunda Convenção de Genebra, da Estruturação para a paz no Oriente Médio de 1978, do plano Schultz, do plano Reagan, e da Conferência de Madri. Merecemos, portanto, uma pausa antes de mergulharmos nessa triste fase de conflitos para analisar uma vez mais os nacionalismos que compõem a essência dessa luta.

Quando digo "nacionalismos que compõem a essência dessa luta", quero falar, obviamente, sobre o sionismo e o nacionalismo palestino. Definir o conflito nesses termos, todavia, é simplificar demais. Como já vimos, nenhum nacionalismo é monolítico. No caso do sionismo, descrevi o sionismo trabalhista, o revisionismo e o sionismo religioso. No caso do nacionalismo palestino, descrevi sua concepção através das elites e também através das "não elites". Mesmo essas segmentações podem ser simplificações exageradas, já que nem todos os revisionistas são iguais, e nem toda a "não elite" palestina compartilhava dos mesmo valores. Embora todo e qualquer nacionalismo tente se apresentar ao mundo como um bloco monolítico e indivisível, sempre existem diferenças de classe, gênero, geográficas, geracionais e ideológicas. Esses fatos já são suficientes para gerar diversas questões. Como os nacionalismos definem suas fronteiras doutrinais? Como uma corrente específica dentro de um nacionalismo prevalece perante as outras? O que acontece com essas outras correntes depois de

176 | ISRAEL X PALESTINA

preteridas? Como os símbolos escolhidos pelos movimentos nacionalistas para representá-los acabam restringindo o significado dos nacionalismos? Como esses símbolos possibilitam que os movimentos nacionalistas incorporem aqueles que possuem pontos de vista diferentes? Este capítulo explora essas questões examinando dois episódios na história do sionismo e do nacionalismo palestino – a construção do "Pavilhão Palestino Judaico", na Feira Mundial de Nova Iorque, entre 1939-1940, e o esforço ocorrido no ano 2000 dos reformistas da educação israelenses, para tentar incluir um poema escrito por um palestino nos livros didáticos de Israel.

A "Palestina Judaica" vai à feira

Os pavilhões da feira mundial construídos durante a era de ouro das exposições internacionais tinham dois propósitos. O primeiro era associar a nação patrocinadora com o progresso universal que estava ocorrendo. Toda feira mundial tinha um tema – "O Século do Progresso" (1933), "Construindo o Mundo de Amanhã" (1939), "A Paz Através da Compreensão" (1964) – e o simples fato de participar de uma feira associava uma nação com seu tema. O segundo propósito da feira mundial era demonstrar ao mundo as características da nação patrocinadora que a distinguiam das outras nações, justificando assim sua existência soberana, e fazendo que sua contribuição para a comunidade internacional fosse única. Para atingir esses objetivos, as nações utilizavam seus pavilhões para discursar em caráter exclusivo, fazendo uso de uma dominante narrativa nacionalista apoiada por seu estado, objetivando marginalizar, incorporar, ou eliminar alternativas diferentes da ideologia nacionalista oficial.

Por 60 anos, o "Pavilhão Palestino Judaico", construído para a Feira Mundial de Nova Iorque de 1939-1940, foi tido como um modelo típico de pavilhão de feira mundial. Mas depois da nostalgia pós-holocausto, e de célebres trabalhos como *World's Fair* [Feira mundial], de E. L. Doctorow, e *1939: The Lost World of the Fair* [1939: O mundo perdido da feira], de David Gelernter, o pavilhão se tornou um símbolo da solidariedade judaica existente às vésperas do desastre. Ao mesmo tempo, uma visão sionista singular ficou associada à história do pavilhão, enquanto a memória das dificuldades vividas pela comunidade judaica antissionista, não sionista ou alternativa ao sionismo, foi diminuindo gradualmente.

A realidade do pavilhão era, na verdade, bem diferente, por dois motivos. Em primeiro lugar, diferentemente dos outros pavilhões de feiras mundiais, o Pavilhão Palestino Judaico não representava uma nação-Estado estabelecida. Ao invés disso, ele representava uma comunidade (o *Yishuv*) que dependia tanto de não nacionalistas (judeus não sionistas, na maior parte) quanto de nacionalistas (sionistas) para seu suporte financeiro e político. Em segundo lugar, como o sionismo ainda estava em seu período de formação e precisava expandir sua base de suporte, os organizadores do pavilhão foram forçados a reconhecer – e validar – as variadas crenças de seus colaboradores e potenciais colaboradores. O resultado foi um pavilhão cujos objetivos representativos eram, no mínimo, ambíguos. Uma análise detalhada do pavilhão proporcionava aos historiadores uma posição de análise privilegiada que permitia recapitular as diversas crenças associadas com o assentamento judaico na Palestina e observar sua interação durante um período particularmente crítico da história sionista.

De maneira geral, os organizadores do pavilhão reconheceram três eleitorados que mereciam representação no conselho de planejamento. Esses eleitorados davam apoio financeiro ao pavilhão e também compunham o público-alvo primário do local. O primeiro eleitorado era composto por judeus não sionistas que rejeitavam o que um proeminente líder definia como "a filosofia judaica nacionalista". Embora, com certa frequência, essa rejeição não conflitasse com seu apoio à presença judaica na Palestina, estes não sionistas rejeitavam as tentativas dos sionistas em apresentar o nacionalismo judaico como o apogeu da história de seu povo. E por isso, muitos não sionistas estavam apreensivos em participar do projeto do pavilhão, pois temiam – corretamente – que os sionistas o utilizassem para glorificar as aspirações nacionalistas judaicas.

O segundo grupo que participou do planejamento do pavilhão era formado por aqueles que representavam o que poderia ser definido por um "sionismo americano nativo". Embora apoiassem as aspirações nacionalistas judaicas, os componentes deste grupo rejeitavam três doutrinas associadas ao sionismo popular no leste europeu: primeiramente, eles se recusavam a igualar a cultura exílica com a degeneração, e isso era a base para o princípio sionista de "negação do exílio". Em segundo lugar, eles não aceitavam a ideia de que o povo judeu espalhado pelo mundo devesse seguir um nacionalismo unificado, com seus próprios direitos políticos sobre seus membros – uma doutrina conhecida como "nacionalismo da diáspora". Os sionistas que viviam nos Estados Unidos se consideravam norte-americanos (ou, para ser mais preciso, judeus-americanos), em vez de simplesmente judeus. E, por isso, o movimento sionista norte-americano negou a participação na campanha para reavivar a nação judaica nos Estados Unidos (uma outra doutrina, conhecida formalmente como *Gegenwartsarbeit*). O sionismo norte-americano concentrava seus esforços na imigração judaica da Europa para a Palestina. Eles sentiam que esse apoio ajudaria a solucionar a "questão judaica" na Europa e também os tornaria mais participativos na iniciativa da marcha universal rumo ao progresso. Em resumo, o sionismo norte-americano nativo era mais um sistema de apoio para o nacionalismo dos outros do que um nacionalismo propriamente dito. Assim como os não sionistas, os sionistas norte-americanos queriam usar o Pavilhão Palestino Judaico para exibir o bom trabalho e o papel civilizador dos judeus da Palestina.

O terceiro grupo a participar do planejamento do pavilhão consistia de sionistas do *Yishuv*, cujos ideais refletiam suas raízes vindas da segunda e da terceira *aliyot*. Este grupo defendia os princípios rejeitados pelo sionismo nativo norte-americano: negação do exílio, nacionalismo de diáspora e o *Gegenwartsarbeit*. Embora dependessem do apoio financeiro daqueles comprometidos com a marca norte-americana do sionismo, os sionistas do *Yishuv* que estavam envolvidos no projeto do pavilhão estavam impacientes com o que chamavam de tendência norte-americana de reduzir o sionismo a um mero empreendimento filantrópico. Ao invés disso, eles consideravam a Palestina o epicentro de uma revolução social regenerativa. Em uma carta, eles descreveram suas três ambições em relação ao pavilhão: atrair não sionistas ao sionismo, disseminar uma ideologia sionista oficialmente sancionada (o sionismo trabalhista) dentro da comunidade, e conseguir apoio para as ambições sionistas na Palestina entre os não judeus simpatizantes.

Embora sionistas, não sionistas e sionistas norte-americanos tenham vivido em relativa harmonia até o início da década 1930, sua relação começou a se conturbar nessa época. Havia diversas razões para isso. A resistência dos habitantes nativos da Palestina ao *Yishuv* ridicularizou a certeza da maioria, de que estes habitantes receberiam com os braços abertos a "missão civilizadora" dos sionistas, e também gerou incertezas sobre o futuro do assentamento judaico na Palestina. Os sucessos militares da Itália na região também complicaram o cenário. Por fim, o relatório da comissão de Peel chegou para colocar a polêmica questão do Estado judeu às vistas de todos. Nas palavras do proeminente não sionista Maurice J. Karpf:

> Se você perguntar [a um não sionista] por que eles entraram na Agência Judaica, eles responderão que quando entraram na Agência, nunca imaginavam que, enquanto vivessem vivos, teriam que se preocupar com o Estado Judaico [...] Agora que o Estado Judaico está sendo proposto e bem acei-

CAPÍTULO 7 – O SIONISMO E O NACIONALISMO PALESTINO: UM OLHAR DETALHADO | **179**

to, eles se viram forçados a encarar um problema que não tinham previsto, e foram sinceros o suficiente para dizer que não aceitarão este Estado.[43]

A liderança do *Yishuv* temia a fragmentação do frágil sionismo *Yishuv*, do sionismo norte-americano e da coalisão não sionista, mas também temia a dissolução das ambições sionistas em um eventual período de crise. Ela então assumiu responsabilidade primária pela organização do pavilhão. Trabalhando com um projeto escolhido a dedo e com uma equipe administrativa, essa liderança buscou garantir que a aparência e as exibições do pavilhão refletissem as conquistas sionistas na Palestina e a narrativa sionista da história judaica. Juntos, liderança e equipe administrativa deixaram o pavilhão repleto de símbolos do sionismo. Acima da entrada do pavilhão, por exemplo, os projetistas colocaram uma versão estilizada do menorá de sete velas (candelabro). Derivado de uma imagem esculpida no Arco de Tito de Roma, o mesmo menorá foi incorporado ao emblema nacional de Israel posteriormente. Sua importância como símbolo sionista foi perceptivelmente descrita pelos antropólogos Don Handelman e Lea Shamgar-Handelman:

> A biografia do menorá caminhou junto com a da Nação Judaica. Sua imagem simbolizava o menorá do Segundo Templo, da centralidade singular da terra de Israel. Ele também foi exilado, ostentado e depois degradado com o triunfo romano, acorrentado a um monumento que celebrava a opressão sofrida pela nação judaica. Durante séculos, o menorá ficou estático, dentro do arco – o tempo parou para ele, como se, de certa forma, o tempo tivesse também parado em termos de significância para os judeus; até o ressurgimento. E agora o menorá voltou, livre, redimido e reunido, assim como os sionistas voltaram para aquele local que lhes ofereceu a frutífera realização de nação e de indivíduo. Este menorá, então, recusou-se a permanecer no exílio, assim como as crenças messiânicas, trazendo então um fim ao período de ausência.[44]

E se ainda assim a mensagem transmitida pelo menorá e por outros símbolos fosse muito sutil, o pavilhão incluiu ainda outras exibições da narrativa sionista da história. Pedreiros entalharam as datas mais importantes da narrativa na entrada do pavilhão. As datas começavam em

---

43   HALPERIN, Samuel. *The Political World of American Zionism* [O mundo político do sionismo americano]. Silver Spring, MD: Information Dynamics, Inc., 1985. p. 118.

44   HANDELMAN, Don; SHAMGAR-HANDELMAN, Lea. Shaping Time: The Choice of the National Emblem of Israel [Moldando o Tempo: a escolha do emblema nacional de Israel]. In: *Culture through Time: Anthropological Approaches* [Cultura através do tempo: abordagens antropológicas]. OHNUKI-TIERNEY, Emiko (Ed.). Stanford, CA: Stanford University Press, 1990. p. 223.

180 | ISRAEL X PALESTINA

2000 a.C. ("Abraão sai em direção à terra da Jordânia"), continuavam por meio do retorno dos judeus à Palestina, do exílio no Egito, na Babilônia, e na Assíria, e terminavam com a reconstrução sionista da nação judaica no período moderno ("1896: 'O Estado Judeu', publicado por Theodor Herzl", "1922: os Estados Unidos apoiam o lar nacional"). Dentro do pavilhão, os visitantes subiam a "escadaria ascendente da imigração", que continha inscrições com os nomes e datas dos assentamentos judaicos. Depois, os visitantes entravam nas salas de exibição. Dentre elas havia uma que abrigava a atração principal do pavilhão: dioramas animados que retratavam "a transformação de uma terra atrasada e negligenciada em um país moderno, através do trabalho dedicado dos heroicos *Chalutzim* [pioneiros]". Os visitantes assistiam Haifa, Tel Aviv, e a planície de Esdrelão se transformarem, deixando de ser, respectivamente, um "pequeno vilarejo", uma "uma praia estreita", e um "pântano isolado", para se tornar um "porto moderno", uma "grande metrópole", e um "vale fértil e cultivado". "Por séculos essa terra antiga ficou improdutiva e deixada de lado, devastada por guerras que destruíram seus locais sagrados", recitavam os guias, seguindo o texto que haviam decorado.

> Nestes dioramas vocês verão como o interior tornou-se árido depois que poços e nascentes secaram, dunas de areia cobriram campos que outrora foram frutíferos, montes ficaram praticamente sem árvores, vales inundados em locais onde cresciam grãos e frutos. Uma população primitiva vivia uma vida seminômade nessa terra, e mal podiam conseguir dela um escasso sustento... E nessa terra chegaram os colonos judeus, cheios de esperança de estabelecer lá um novo lar para seu povo oprimido.

E para garantir que os visitantes entendessem as exibições exatamente da maneira que os organizadores desejavam, livretos e catálogos explicativos eram distribuídos.

Parecia que a mensagem do pavilhão ficaria clara para todos os seus visitantes. Mas como os líderes do *Yishuv* achavam necessário aplacar diversos grupos com objetivos diferentes e agradara os seus conselhos, grande parte do pavilhão acabou ficando confusa. Tomemos como exemplo a tarefa de retratar a relação dos colonos judeus e os habitantes nativos da Palestina – uma tarefa problemática para os organizadores do pavilhão desde o princípio, pois colocava os representantes do *Yishuv* em linha direta contra não sionistas e sionistas norte-americanos. O jurista Louis Brandeis, que tinha uma grande identificação com o sionismo norte-americano, foi um dos primeiros a ponderar sobre a questão. Brandeis e seus aliados

CAPÍTULO 7 – O SIONISMO E O NACIONALISMO PALESTINO: UM OLHAR DETALHADO | 181

defendiam o uso do pavilhão para apresentar o sionismo como uma espécie de peregrinação ao mundo selvagem, e os sionistas como representantes do mundo "civilizado" que levariam luz para locais isolados do globo. Ele argumentava que as exibições deveriam mostrar como a expectativa de vida dos árabes na Palestina havia crescido depois da imigração sionista, ou como a economia árabe na Palestina havia melhorado. "Nós devemos mostrar o esforço dos sionistas em cultivar o bom relacionamento entre árabes e judeus", escreveu seu representante no conselho de planejamento, "devemos ter evidências estatísticas e visuais de como o trabalho sionista na Palestina beneficiou os árabes, e devemos também indicar que nosso objetivo é evoluir a amizade e a cooperação entre judeus e árabes".

A política departamental da Agência Judaica tratava as visões utópicas de Brandeis e seus associados com uma mistura de confusão e medo. De acordo com eles, aquele deveria ser o Pavilhão Palestino *Judaico*, e não apenas o Pavilhão Palestino. Moshe Shertok, do departamento político, era muito duro. Ele deixou claro a Brandeis que os judeus não foram à Palestina com o objetivo de melhorar as terras dos árabes; ao invés disso, eles vieram para encontrar uma expressão nacional própria. Os árabes da Palestina, escreveu Shertok, eram livres para buscar sua expressão nacional no Iraque, na Arábia, ou na Transjordânia. Afinal, a Palestina não é e nunca foi o "centro nacional" dos árabes.

Apesar de todo o barulho de Shertok, os sionistas do *Yishuv* não podiam isolar os sionistas norte-americanos. Eles precisavam do suporte financeiro dos norte-americanos e precisavam da ajuda deles para convencer o governo norte-americano a desempenhar um papel mais importante na Palestina. Chegou-se então a um compromisso: os dois lados concordaram que as exibições deveriam recontar a história de apoio anglo-americano aos direitos políticos judaicos na Palestina, comparar a condição dos árabes antes e depois da imigração sionista, destacar que a Palestina nunca foi "politicamente, ou até culturalmente", um país árabe, e demonstrar que a Palestina podia acomodar confortavelmente todos os judeus da diáspora caso eles quisessem imigrar para lá. E o mais importante de tudo é que ambos os lados concordavam que os habitantes nativos da Palestina deviam ser subjugados.

Ironicamente, foi a própria equipe de projeto que posicionou as relações dos árabes com o *Yishuv* no palco central. Enquanto os membros do conselho associados ao sionismo norte-americano defendiam um projeto de pavilhão que tivesse como "*leitmotif* [...] o significado universal da civilização que estava nascendo na costa do Mediterrâneo", o departamento político da Agência Judaica encarregou o arquiteto responsável de exibir elementos "autênticos palestinos". O arquiteto, então, projetou o pavilhão da forma que considerava ser o mais autêntico esquema de projeto palestino que pôde imaginar: uma interpretação modernista de um assentamento com "torre e paliçada". Os assentamentos com torre e paliçada eram uma inovação relativamente recente na Palestina. Os colonos sionistas começaram a construí-los durante a Grande Revolta naquelas áreas da Palestina em que o *Yishuv* tentava expandir sua presença. O projeto era puramente funcional: ameaçados por ataques dos nativos, os colonos judeus abruptamente ergueram uma muralha que protegia os abrigos pré-fabricados. Sobre a guarnição, ficava uma torre central com um holofote direcionado à parte externa do cercado, evitando a aproximação silenciosa de "beduínos" e "terroristas". No final da década de 1930, a torre e a paliçada se tornaram um símbolo dos residentes do *Yishuv*. À medida que o espírito pioneiro popularmente associado com a segunda e a terceira *aliyot* passava a dar lugar à orientação urbana da quarta e da quinta, a torre e a paliçada substituíram dois símbolos míticos do *Yishuv* e de seus simpatizantes: a Palestina Judaica como posto avançado da civilização em uma terra selvagem, e o colono sionista, com um rifle em uma mão e um arado na outra, como o herói ideal.

IMAGEM 16. O Pavilhão Palestino Judaico na Feira Mundial de Nova Iorque de 1939-1940. Ao fundo, o Trylon e a Perisphere, símbolos da feira. (Fonte: do acervo do autor.)

CAPÍTULO 7 – O SIONISMO E O NACIONALISMO PALESTINO: UM OLHAR DETALHADO | 183

Embora isso concentrasse simbolicamente o foco nas relações entre os árabes e o *Yishuv*, os organizadores acreditavam que o mito do intrépido pioneiro desbravando uma terra estéril e enfrentando os nativos selvagens, tocaria de certa forma o público norte-americano. O diretor norte-americano do pavilhão fez a seguinte descrição:

> Um grupo de jovens, garotos e garotas, entrou apressadamente no Pavilhão Palestino durante seu passeio na feira. Eles param diante de um expressivo mural de fotos que mostram os pioneiros preparados para defender uma colônia recém-formada. Um garoto, cujo rosto poderia ser classificado no atual vocabulário distorcido como tipicamente nórdico, vira para seus amigos e sussurra: "É igual à história dos Estados Unidos. Estes pioneiros defendendo as paliçadas contra terroristas árabes são iguais a nossos ancestrais lutando contra os índios raivosos".

Se a representação dos habitantes nativos da Palestina já não era problema suficiente, os organizadores enfrentaram outro pesadelo representativo de igual magnitude: o retrato da mulher. Embora a liderança do *Yishuv* quisesse falar sobre a revolução social que o sionismo trabalhista proporcionara a Palestina Judaica, eles temiam afastar a porção socialmente conservadora de visitantes não judeus, os sionistas norte-americanos, e os judeus não sionistas que não aprovavam totalmente a agenda social da segunda e terceira *aliyot*.

As mulheres proporcionaram apoio crucial ao movimento sionista nos Estados Unidos em um tempo em que o suporte ao sionismo estava, de maneira geral, em declínio: durante a década de 1920, o Hadassah, organização de mulheres sionistas comprometidas com o levantamento de fundos para projetos de saúde e bem-estar na Palestina, triplicou seu número de associadas. No mesmo período, a Organização Sionista da América perdeu mais da metade de seus membros. Na década de 1930, o número de associadas do Hadassah triplicou mais uma vez. A organização devia grande parte de seu sucesso ao compromisso exclusivo com atividades de caridade e sua ausência nas disputas doutrinais que dividiam a organização sionista. Organizando atividades "apropriadas ao gênero", para uma causa que era, não obstante, "progressiva" e ficando de fora das brigas, o Hadassah encabeçou uma base que era ao mesmo tempo ampla e difusa ideologicamente. A influência e a reputação do Hadassah e de outras organizações de mulheres com ideologias similares na comunidade judaica, e o apoio financeiro que elas ofereceram ao pavilhão, deixaram os organizadores alertas sobre o perigo de privilegiar a "nova mulher palestina", retratando-a como modelo único para emulação e como símbolo do *Yishuv* definido como laboratório social.

A atitude com relação às mulheres e à "questão feminina" expressada por meio do projeto do pavilhão acabou sendo equivocada. Por um lado, os projetistas integraram ao pavilhão imagens de mulheres companheiras e generosas durante a colonização da Palestina, provedoras, artesãs domésticas, educadoras e transmissoras de cultura. Eles representaram o Hadassah com uma estátua de uma enfermeira segurando uma criança; a Liga das Mulheres da Palestina com uma garota trabalhando em um tear; e a Organização das Mulheres Pioneiras com uma exibição de artesanatos elaborados em escolas técnicas concebidas pela organização, com o objetivo de atender garotas imigrantes pobres. Este esforço em retratar a mulher em funções convencionais foi idealizada pelos projetistas como tentativa de atingir o público feminino consumidor. "O Pavilhão Palestino tinha exibições que fascinavam o público feminino", anunciou um comunicado publicitário. "Uma bela exposição de joias feitas à mão fez muito sucesso, e uma exibição de utensílios de cozinha feitos na Palestina, produtos enlatados, artigos em couro e tecidos, estava sempre cheia de visitantes mulheres admiradas."

Por outro lado, murais de foto e guias preparados sob supervisão do departamento de política da Agência Judaica definiam a mulher de uma forma bem diferente, usando-as como figuras de referência da transformação social que estava acontecendo na Palestina. O material promocional aprovado pela Agência Judaica trazia retratos das mulheres pioneiras que "lutavam em dobro, tanto para conquistar seus direitos como pioneiras, quanto para ter os mesmo direitos que os homens". O material também citava aquelas que "abriram os caminhos para as outras mulheres", plantando nos campos, carregando tijolos, construindo estradas, pintando muros, arrumando barcos, carregando refles e derramando sangue.

A incerteza dos organizadores do pavilhão sobre como tratar a questão da mulher da Palestina judaica para o público norte-americano ficou evidenciada quando se tentou encontrar uma "guia-chefe" para o tema entre as mulheres do *Yishuv*. De acordo com o plano submetido pelo diretor de publicidade do pavilhão, a candidata ideal não somente deveria ter contribuído com ótimos serviços em seu *kibbutz*, ou com as forças de defesa ("neste caso, apenas de mulheres que fossem aceitas"), mas também deveria ser a jovem mais atraente da Palestina, escolhida por meio de um concurso de beleza.

CAPÍTULO 7 – O SIONISMO E O NACIONALISMO PALESTINO: UM OLHAR DETALHADO | **185**

"E muito cuidado", alertou o diretor, "não permitam que eles tragam uma 'coroa' de meia-idade só porque é esposa ou parente de alguém importante".

Os sionistas que trabalhavam como projetistas e gerentes do pavilhão sabiam da existência das mensagens conflitantes passadas pelas exibições do evento, e tentaram resolver o problema de duas formas. Primeiro, eles encheram o pavilhão com sinais de nacionalidade – a bandeira ("nacional") sionista, o guarda de honra do *chalutzim**, e assim por diante – a tal ponto que, nas palavras do arquiteto-chefe, "em Nova Iorque, as pessoas não dizem que vão ao pavilhão palestino. Eles dizem que vão à Palestina, porque eles veem o pavilhão como parte do solo palestino". Em segundo lugar, eles organizaram demonstrações e cerimônias. A maior cerimônia foi a de abertura do pavilhão – um evento que coincidiu com o anúncio público do Livro Branco Britânico de 1939. Aproveitando a ocasião do anúncio britânico, os organizadores transformaram a cerimônia em um protesto contra a política britânica e também em uma reafirmação do apoio dos judeus americanos ao *Yishuv*. Albert Einstein, que por seus feitos científicos, seu cosmopolitismo e seu apoio incondicional e sentimental ao sionismo, tornou-se a personificação do compromisso do movimento com o progresso e a modernidade, era um palestrante confirmado.

Por fim, foi justamente o polêmico Livro Branco, e não um mero pavilhão, que contribuiu para a divulgação do sionismo dentro da comunidade judaica. Conforme já discutido no capítulo anterior, o Livro Branco mudou o pensamento daqueles que eram a favor de uma presença judaica na Palestina, mas não gostavam da ideia de um Estado judaico. Os sionistas argumentavam que apenas o estabelecimento de um Estado nacional judaico na Palestina, que controlasse a imigração e o desenvolvimento institucional, seria capaz de garantir a viabilidade de uma Palestina Judaica.

Contudo, a mensagem confusa apresentada pelo pavilhão ajudou o movimento sionista mais do que uma mensagem direta provavelmente ajudaria. Naquela época, a Organização Sionista da América contava com cerca de 28 mil membros, mas o número de norte-americanos que contribuíram para o evento com cinquenta centavos ou mais chegou a 82 mil, e o pavilhão atraiu entre 2,5 e 4 milhões de visitantes, o quarto evento mais popular de toda a feira. É importante mencionar também que cerca de um terço das

---

* Grupo pioneiro de judeus e judias a voltar para Israel. Os colonos que prepararam a terra, drenaram os pântanos, construíram sobre desertos, para que, posteriormente, as gerações seguintes prosperassem. (N.T.)

pessoas que entraram no pavilhão em sua segunda temporada visitaram o local também em sua primeira edição; e que 87% dos visitantes da primeira temporada não voltaram a passar pelo salão considerado pelos organizadores do *Yishuv* a atração principal – aquele dos dioramas. De acordo com um dos projetistas, a proposta do salão era disseminar uma "mensagem controlada, para produzir entusiasmo nas direções desejadas". Este objetivo foi provavelmente percebido pelos visitantes, que não quiseram ser enganados mais uma vez. No fim do evento, até mesmo o departamento político da Agência Judaica percebeu os benefícios de apresentar o sionismo como uma "grande tenda". Imediatamente após o encerramento da Feira Mundial de Nova Iorque, eles solicitaram a apresentação do mesmo pavilhão na Exposição Internacional de Cleveland para que o evento se tornasse uma referência para a organização sionista no centro-oeste norte-americano.

A EXPERIÊNCIA DO EXÍLIO:
A POESIA DA PALESTINA E A POLÍTICA ISRAELENSE*

Quando a romancista Willa Cather pediu ao poeta W. B. Yeats uma contribuição em forma de poema para a antologia que ela estava compilando durante a Primeira Guerra Mundial, ele enviou um que se chamava, muito apropriadamente, "O Pedido de um Poema de Guerra". Nele, Yeats registra sua opinião sobre a relação entre a poesia e a política:

> Eu acho melhor que em tempos como esse
> a boca do poeta permaneça fechada, pois na verdade
> nós não temos o dom de corrigir um estadista;
> Ele tem diplomacia suficiente para agradar
> uma garota na indolência da juventude,
> ou um idoso em plena noite de inverno.

Com a morte de Yeats, cerca de duas décadas depois, W. H. Auden escreveu um poema de tributo que repetia os sentimentos de Yeats:

> Pois a poesia não faz que nada aconteça: ela sobrevive
> no vale de seus dizeres, onde executivos
> nunca ousariam interferir, ela flui para o sul
> de ranchos de isolamento e pesares abafados,
> cidades brutas nas quais acreditamos e morremos; ela sobrevive
> em uma forma de acontecer, uma boca.

---

* Todos os poemas foram traduzidos em versões livres, priorizando o conteúdo à forma (métrica e rimas). (N.T.)

CAPÍTULO 7 – O SIONISMO E O NACIONALISMO PALESTINO: UM OLHAR DETALHADO | **187**

Aparentemente, os políticos israelenses nunca entenderam essa mensagem. Em 2000, mudanças propostas no currículo escolar israelense criaram uma agitação que ameaçava derrubar o governo de coalisão do país. E no centro dessa controvérsia estava um poema que reformistas educacionais lutavam para incluir nos livros escolares de israelenses. O poema fora escrito por Mahmoud Darwish (1941-2008), considerado por muitos palestinos seu poeta laureado.

Nem toda a poesia escrita pelos palestinos provocaria a mesma controvérsia do que essa escolhida pelos reformistas. A poesia palestina é muito diversificada. Ela trata dos temas convencionais de toda a poesia, como amor, perda, natureza, e espiritualidade. Contudo, poetas palestinos, assim como juízes da Suprema Corte, acordam de manhã e leem o jornal. E como o *nakba* fora um evento marcante na memória coletiva palestina, não deve ser surpresa que poetas palestinos representem os temas habituais de sua poesia por meio de imagens de exílio e também descrevam as experiências do exílio fazendo uso de seu temas usuais. Como resultado, surgiu um gênero de poesia palestina que ficaria conhecida como "poesia do exílio". Essa poesia foi moldada pela memória coletiva palestina e, ao mesmo tempo, ajudou a moldar essa memória.

Os poetas palestinos reagiram à experiência do exílio de maneiras diferentes. Para alguns, ela levou à nostalgia. E nos trabalhos desses poetas, a Palestina era representada como um paraíso perdido. Peguemos como exemplo o trecho abaixo do poema "Eu te Amo Mais",[45] escrito por Abu Salma (1907-1980). Abu Salma era da cidade de Tulkarm, na Cisjordânia ocupada. Ele trabalhou na área do Direito, em Haifa, até 1948, e acabou indo para Damasco.

> Quanto mais luto por você, mais te amo!
> Que outra terra, se não essa de almíscar e âmbar?
> Que outro horizonte define meu mundo?
> Os ramos de minha vida ficam mais verdes quando me apoio em você
> e minhas asas, ó Palestina, se abrem sobre suas montanhas.
>
> O limoeiro foi nutrido por nossas lágrimas?
> Não há mais pássaros flutuando sobre os altos pinheiros,
> ou estrelas brilhando vigilantes sobre o Monte Carmelo.
> Os pequenos pomares choram por nós, jardins crescem desolados,
> as videiras estão tristes para sempre...
> Ó Palestina! Nada é mais belo, mais precioso e mais
> puro...

---

45 JAYYUSI, Salma Khadra (Ed.). *Anthology of Modern Palestinian Literature* [Antologia da literatura palestina moderna]. New York: Columbia University Press, 1992. p. 97.

188 | ISRAEL X PALESTINA

Outros poetas abordaram a experiência do exílio de forma fatalista, utilizando-a para explorar suas aflições de alienações e perdas trágicas, apresentadas como componentes essenciais para a condição humana. Foi nesse espírito que o poeta de Jerusalém, Yusuf Abd al-Aziz (nascido em 1956) escreveu "O Viajante"[46]:

> Ele chega à estação,
> compra uma passagem, e parte.
> Ele sonha com um sol ininterrupto,
> com pousadas em frente ao mar,
> e a mulher como um lírio.
> Ele bebe seu beijo
> na cama,
> próximo de uma calma janela.
>
> Ele sempre acumulou seus dias,
> assim como o mar acumula suas ondas no crepúsculo.
> Ele os observava atentamente, e depois partia
> para destinos inescrutáveis.
> – Você encontrou a data de partida certa?
> – Não, eu encontrei a estrada que desviou o rio de sua nascente.

Muitos poetas palestinos rejeitaram este fatalismo. Dentre eles, aqueles que eram crianças em 1948, ou haviam nascido depois do *nakba*. A raiva expressada em sua poesia é, obviamente, direcionada primordialmente aos israelenses, mas em algumas ocasiões, ela tinha outro alvo: como era possível, perguntavam eles a seus pais, que vocês pudessem fugir tão prontamente e abrir mão de nosso patrimônio? Essa raiva aparece em um poema de Sameeh al-Qasim (nascido em 1939), intitulado "Amuletos Antiaéreos".[47] Al-Qasim tinha 9 anos de idade no *nakba*. Por ser um *druso* (membro de uma seita religiosa que se ramificou a partir da corrente principal do islamismo, no século XI), e não ser considerado rigorosamente palestino, ele arrumou um emprego de professor em uma escola pública israelense – para depois ser demitido por suas ideologias políticas.

> Eles me ensinaram que
> As questões da terra

---

46 JAYYUSI, Salma Khadra (Ed.). *Anthology of Modern Palestinian Literature*. New York: Columbia University Press, 1992. p. 83.

47 ARURI, Naseer; GHAREEB, Edmund. *Enemy of the Sun: Poetry of Palestinian Resistance* [Inimigo do Sol: a poesia da resistência palestina]. Washington, DC: Drum and Spear, 1970. p. 44.

> Estão nas mãos dos céus
> Eles me ensinaram que Ele dá vida
> Ou morte
> Para aqueles que Ele escolhe
> Eles me ensinaram a obedecer os profetas
> Sem perguntar
> Quem são eles?
> E o que eles fizeram para os oprimidos?
> Pai derrotado – mãe humilhada
> Para o inferno com
> Minha herança de ensinamentos tribais,
> Meus ritos selvagens.
> Eu repudio os costumes estúpidos
> De minhas raízes, e cuspo minha ira
> Minha vergonha
> Nas faces dos devotos
> Nos sagrados
> Chuto os destroços de minha derrota e
> Minha humildade
> Nas faces dos dervixes –
> Os meio-homens que ladram – os oficiais.

Finalmente, havia também os poetas que assumiram o papel de testemunhas. Embora a expressão "papel de testemunha" se referisse originalmente aos cristãos que iam atestar sua fé perante os pagãos, ela é hoje empregada a qualquer um que se coloque como guardião de uma memória que atormente a consciência mundial. Yusuf Abd al-Aziz assume este papel no poema "A Lua de Shaqeef".[48] O poema deriva seu título do local onde certa vez 33 palestinos conseguiram conter as forças israelenses durante a invasão do Líbano de 1982. Todos eles acabaram morrendo no confronto.

> Por uma noite carregada de profetas
> por trinta e três jardins
> pela semente vermelha explodindo sobre as rochas
> pela rocha que perfura as nuvens
> e pelo livre sol.
>
> Devo afinar minhas cordas com o vento e cantar.
> Por aqueles que queimaram como pássaros na manhã
> eu devo cantar.
> O sangue derramado de seus corpos vem do
> meu.

---

48 JAYYUSI, Salma Khadra (Ed.). Op. cit., p. 86.

Tudo isso nos traz de volta a controvérsia gerada pela tentativa de incluir um poema de Mahmoud Darwish nos livros didáticos israelenses. O sistema escolar do Estado de Israel, estabelecido em 1953 pela Legislação Educacional do Estado, foi projetado para inculcar "os valores da cultura judaica", o "amor à terra natal", e a "lealdade ao Estado judaico". David Ben-Gurion se referia a Legislação Educacional do Estado como uma das duas "leis supremas" do país – uma lei que, junto com a Lei do Retorno, dava corpo à missão histórica do Estado judaico. (Nós vamos discutir a Lei do Retorno no próximo capítulo.) Para Ben-Gurion, a educação era essencial ao projeto de *mamlachtiyut* (estadismo), a centralização do poder e da autoridade nas mãos do Estado israelense.

Benzion Dinur, um dos fundadores da chamada escola de história de Jerusalém, foi o idealizador principal do primeiro currículo. A escola de história de Jerusalém consistia em um grupo de historiadores que construíram uma narrativa da história judaica baseada em duas premissas. Em primeiro lugar, eles acreditavam que os judeus eram um povo único e distinto, que permaneceu unido durante o exílio da Palestina pela crença de que algum dia acabariam voltando ao Sião. E em segundo lugar, eles acreditavam que o estabelecimento do Estado de Israel era a realização de um sonho que já durava milhares de anos. Dessa forma, o currículo projetado por Dinur começava com o Reino de Davi e tinha seu apogeu na "Guerra da Independência" de Israel em 1948.

Apesar de historiadores terem revisado o currículo na década de 1970, somente em 1991 o governo comissionou um totalmente novo. O novo currículo refletia, por um lado, mudanças na disciplina de História e, por outro, mudanças na política e sociedade israelenses. Em 1991, nenhum historiador acreditava que o nacionalismo havia existido antes da era moderna, e aqueles que eram contrários a essa linha se colocavam na defensiva. Essa crença ia contra as premissas da escola de Jerusalém. Nessa época, os historiadores também questionavam a maneira organizada com que a narrativa histórica era exposta pelas escolas de Jerusalém. Além do trabalho dos novos historiadores de colocar os mitos originais de Israel em pauta, cientistas sociais estavam questionando o valor das narrativas sobre histórias nacionais como um todo. Histórias nacionais, argumentavam eles, exaltavam as vozes das camadas dominantes às custas daqueles que, por eles, eram comandados (minorias, pobres, mulheres etc.), ignoravam a fluidez e o "hibridismo" das culturas, enfatizavam de forma exagerada o consenso, diminuindo a importância do conflito, e apresentavam

CAPÍTULO 7 – O SIONISMO E O NACIONALISMO PALESTINO: UM OLHAR DETALHADO | **191**

o estabelecimento do Estado (seja ele qual fosse) como um ponto final e glorioso da história.

As reclamações apresentadas pelos cientistas sociais na década de 1980 eram difíceis de ignorar por dois motivos. Primeiro, os cidadãos israelenses sem descendência europeia estavam cada vez mais ativos. Dentre eles estavam os *mizrahis* (judeus que imigraram para Israel a partir de terras árabes depois do estabelecimento do Estado de Israel) e os cidadãos árabes de Israel (aqueles palestinos que viviam dentro dos limites de Israel em 1948, e se recusaram a sair de suas casas). Esses grupos já não podiam ser ignorados dentro da sociedade israelense, e também não podiam ser ignorados nos livros didáticos e na narrativa nacional. Além disso, muitos achavam que o currículo educacional tinha que refletir a condição de transformação de Israel à medida que o próprio conflito começava a entrar em uma nova fase de sua história. Embora os reformistas tivessem começado a trabalhar no novo currículo dois anos antes do Acordo de Oslo, já ficava cada vez mais óbvio que definir o conflito como uma disputa entre os Estados Árabes e Israel não era mais adequado. Em 1987, os palestinos dos territórios ocupados iniciaram uma revolta aberta conhecida como a (primeira) *intifada*, e um ano depois a Organização para a Libertação da Palestina começou a apoiar a solução dos dois Estados. Para alguns israelenses, a possibilidade de um último assentamento não parecia mais inadequado. Na verdade, alguns acadêmicos israelenses começaram a discutir a possibilidade de uma "Israel pós-sionista" – desprovida de seu clamor em representar a missão especial e a incorporação histórica da nação judaica; uma Israel confortável em ser apenas um pequeno país da região mediterrânea, vivendo em paz com seus vizinhos.

Nem todos do estabelecimento educacional israelense e do governo de Israel enxergavam a necessidade da reforma do currículo, do multiculturalismo educacional ou da possibilidade de uma Israel pós-sionistas. Um poeta escolhido pelos reformistas para o novo currículo deu aos conservadores um contra-argumento difícil de ignorar. Ele escreveu um poema intitulado "Aqueles que passam pelas palavras fugazes",[49] que continha as seguintes frases:

---

49 DARWISH, Mahmoud. Those Who Pass Between Fleeting Words [Aqueles que passam pelas palavras fugazes]. In: *Intifada: The Palestinian Uprising Against Israel: Occupation*. [Intifada: a insurreição Palestina contra Israel: a ocupação]. LOCKMAN, Zachary; BEININ. Joel. Boston: South End Press, 1989. p. 26-7.

> É hora de você partir
> Viver onde quiser, mas não entre nós.
> É hora de você partir
> Morrer onde quiser, mas não morrer entre nós
> Pois temos trabalho a fazer em nossa terra.
> ...saia de nossa terra
> de nosso continente, nosso mar
> nosso trigo, nosso sal, nossa dor
> nosso tudo, saia.

A ala conservadora argumentou que o poema expressava uma implacável hostilidade dos palestinos com Israel. O autor do poema, Mahmoud Darwish, respondeu às críticas explicando que a "nossa terra" da qual devem sair os israelenses eram os territórios palestinos.

Embora a réplica de Darwish parecesse dissimulada para alguém de fora do conflito, sua posição política era certamente mais complexa do que essas críticas deixaram parecer. Mahmoud Darwish nasceu em 1942 no vilarejo de Al-Barweh, onde seu pai era fazendeiro. As forças sionistas destruíram seu vilarejo em 1948. Sua família cruzou a fronteira em fuga para o Líbano, e depois retornou para a região da Galileia. Darwish trabalhou como jornalista para o jornal do Partido Comunista em Haifa. Em 1971, ele se mudou para Beirute, onde permaneceu até a invasão israelense de 1982, quando fugiu para Paris. Depois de sair de Haifa, o governo israelense o baniu do país. O banimento foi suspenso em 1996, mas mesmo assim ele só poderia viver nos territórios sob controle da Autoridade Palestina.

Na década de 1970, Darwish trabalhou como conselheiro do presidente da Organização para a Libertação da Palestina, Yasir Arafat. Entre 1978 e 1993, ele foi membro do comitê executivo (tido, ao menos na teoria, como órgão principal) dessa mesma organização. Contudo, Darwish nunca conseguiu se posicionar apenas como um poeta. Certa vez, quando Arafat reclamou que os palestinos eram um povo ingrato, Darwish respondeu agressivamente ao seu presidente: "procure você mesmo outro povo, então". Darwish renunciou ao seu cargo no comitê executivo depois que Arafat assinou o acordo de Oslo, porque, segundo ele, "não pode haver paz entre o mestre e o escravo". Ele explicou sua posição contra Oslo em um poema escrito para Arafat, que levava o título "A realidade tem duas faces, a neve é negra":[50]

---

50   DARWISH, Mahmoud. *Ahda c ashara kawkaban*. Beirut: Dar Al Jadid, 1995. p. 19.

CAPÍTULO 7 – O SIONISMO E O NACIONALISMO PALESTINO: UM OLHAR DETALHADO | 193

> Quem vai carregar nossas bandeiras: nós ou eles? E quem
> Vai proclamar o "acordo de paz" para nós, ó rei da extinção?
> Tudo já foi preparado para nós. Quem vai apagar
> Nossos nomes de nossos cartões de identidade: você ou eles?
> E quem entre nós vai proclamar
> O relato oficial de nosso vagar no deserto:
> "Não conseguimos levantar o cerco
> Então vamos entregar as chaves de nosso paraíso
> para o ministro da paz, e sermos salvos..."

Assim como Yeats e Auden, Darwish não tinha ilusões com relação ao poder da poesia. Em uma entrevista para a *Newsweek* em 2000, Darwish declarou que "poemas não estabelecem um Estado. Mas eles podem estabelecer um lar metafórico na mente das pessoas. Acredito que meus poemas construíram algumas casas nesses terrenos".[51]

Muitos israelenses acharam a política de Darwish provocativa. Outros contestaram o fato de que Darwish não somente encobria os palestinos com o manto da vitimização em sua poesia, mas também não tinha escrúpulos em exibi-los encobertos por essa manta para um dos povos que mais sofreu como vítima no século XX. Contudo, se os israelenses fossem além do poema "Aqueles que passam pelas palavras fugazes" e analisassem outro intitulado "Onze planetas no último céu da Andaluzia",[52] eles perceberiam um poeta cujo mundo simbólico se aproximava do mundo deles mesmos. Os "Onze planetas" do título são as onze estrelas observadas por José em sua visão sobre seu pai Jacó. A história está no Alcorão. Assim como José, Darwish assume poderes proféticos. "O último céu da Andaluzia" faz alusão à expulsão dos mouros (muçulmanos) da Espanha (*al-andalus* em árabe); os espanhóis expulsaram também os judeus. Aqui, é claro, Darwish utiliza a expulsão do paraíso espanhol na terra para representar a expulsão dos palestinos de seu próprio paraíso na terra. Porém, se um sionista comprometido com sua causa lesse o poema dentro do contexto de sua memória histórica, ele não teria dificuldades em compreender seu sentimento:

---

51 The Politics of Poetry [A política da poesia]. In: *Newsweek*, 20 mar. 2000.

52 DARWISH, Mahmoud. Eleven Planets in the Last Andalusian Sky [Onze planetas no último céu da Andaluzia]. In: MOORE, Daniel; AKASH, Munir (Eds.). *The Adam of Two Edens* [O Adão de dois Édens]. Syracuse, NY: Syracuse University Press, 2000. p. 147-70.

Na última noite
nós destruímos nossos dias com treliças
contamos as costelas que carregamos conosco
e também as costelas que deixamos para trás.

Na última noite
nós não nos despedimos de nada,
não temos tempo de terminar,
tudo é deixado como está,
lugares mudam sonhos da mesma forma que
mudam seu elenco de personagens.

Repentinamente nosso coração já não pode estar leve,
este lugar está prestes a ser palco de nada.

Na última noite
nós contemplamos as montanhas que rodeiam as nuvens,
invasão e contra-invasão,
a era antiga entregando as chaves de nossas portas
para a nova era.

Entrem, ó invasores, venham, entrem em nossas casas
bebam o doce vinho de nossas canções da Andaluzia!

Nós somos a noite à meia-noite,
nenhum cavaleiro galopando em nossa direção
da segurança da última chamada à oração
que garante o amanhecer
Nosso chá está quente e verde – então beba!
Nosso pistache está maduro e fresco – então coma!
As camas são verdes, feitas de cedro novo
– ceda à sua sonolência!
Depois de tão longo cerco, durma profundamente e sonhe!
Lençóis frescos, fragrâncias à porta, e muitos espelhos.
Entrem em nossos espelhos, assim vagamos os aposentos completamente!

Depois vamos procurar o que ficou gravado na nossa história
     sobre os seus em terras longínquas.

Então perguntaremos a nós mesmos,
"A Andaluzia ficava
aqui ou lá? Na terra
ou só nos poemas?"

Sugestões de leitura complementar

ABURISH, Said K. *Children of Bethany: The Story of a Palestinian Family* [As crianças de Betânia: a história de uma família palestina]. Londres: I. B. Tauris, 1988. Memórias de diversas gerações de vidas palestinas.

BARGHOUTI, Mourid. *I Saw Ramallah* [Eu vi Ramalá]. Trad. inglês Ahdaf Soueif. New York: American University in Cairo Press, 2000. Memórias de um poeta palestino exilado.

BERKOWITZ, Michael. *Western Jewry and the Zionist Project, 1914-1931* [A judiaria ocidental e o projeto sionista, 1914-1931]. Cambridge: Cambridge University Press, 1997. A história da evolução do sionismo fora do leste europeu continuada.

DARWISH, Mahmoud. *The Adam of Two Edens: Poems* [O Adão de dois Édens: poemas]. Ed. Munir Akash e Daniel Moore. Syracuse, NY: Syracuse University Press, 2000. Interessante introdução à poesia do laureado poeta palestino.

GELVIN, James L. Zionism and the Representation of "Jewish Palestine" at the New York World's Fair, 1939-1940 [O sionismo e a representação da "Palestina Judaica na Feira Mundial de Nova Iorque, 1939-1940]. *The International History Review 22* (mar. 2000). Análise do relacionamento entre o *Yishuv* e os sionistas norte-americanos, e a construção do sionismo por meio de símbolos.

JAYYUSI, Salma Khadra (Ed.). *Anthology of Modern Palestinian Literature* [Antologia da literatura palestina moderna]. New York: Columbia University Press, 1992. Contém poesia, pequenas histórias, trechos de trabalhos maiores etc.

MENDELSOHN, Ezra. *On Modern Jewish Politics* [Sobre a política judaica moderna]. New York: Oxford University Press, 1993. Interessante abordagem sobre a evolução de várias linhas de pensamento judaicas nos Estados Unidos.

capítulo 8

O CONFLITO ÁRABE-ISRAELENSE

A guerra de 1948 entre sionistas e palestinos, e depois entre Israel e os Estados Árabes, deixou duas questões não resolvidas. Primeiro, embora o Estado de Israel tenha recebido o reconhecimento de grande parte dos demais Estados do mundo, os Estados Árabes vizinhos se negaram a garantir tal reconhecimento. Os representantes destes Estados postergaram a confirmação da soberania israelense apoiando seus adversários em negociações estatais organizadas para solucionar a disputa. E para isolar ainda mais e aumentar a pressão sobre Israel, a Liga Árabe impôs um boicote diplomático e econômico ao novo Estado imediatamente após a guerra. A segunda questão não resolvida – que deu aos Estados Árabes a justificativa que eles precisavam para recusar o acordo de reconhecimento de Israel – era o problema dos refugiados palestinos.

Israel obteve sua independência durante a grande onda de descolonização que começou depois da Segunda Guerra Mundial. Quando a Organização das Nações Unidas foi fundada em 1945, ela contava com 51 Estados como membros. Em 1965, existiam 118 membros. Mas Israel se diferenciava dos demais Estados que conseguiram a independência nesse período por três motivos. Em primeiro lugar, a maioria dos Estados recém-independentes tiveram que adaptar instituições impostas por uma outra potência colonial, ou criar instituições "do zero". Israel, por outro lado, entrou em seu período de independência com uma forte herança de instituições construída nas bases no decorrer do último meio século. Além disso, enquanto outros novos Estados independentes tiveram que subjugar grupos recalcitrantes que viviam próximos de suas fronteiras, ou inseri-los ao nacionalismo das elites, Israel reduziu seus adversários mais recalcitrantes – os palestinos – a uma minoria gerenciável, deixando a maioria judaica debater temas mais agradáveis da ideologia nacionalista comum, o sionismo. E embora seja fato que o debate político em Israel terminasse com frequência em derramamento de sangue, os protestos e revoltas foram mantidos dentro dos limites. E por fim, diferentemente de outros Estados que conquistaram a sua independência durante o período de descolonização, Israel podia contar com sua diáspora mundial para obter apoio político e econômico. De fato, como já vimos anteriormente, na época da independência, o movimento sionista já tinha uma organização trabalhista entre os construtores do Estado na Palestina, apoiada por seus benfeitores na América do Norte e no Oeste europeu. Israel tinha, portanto, uma cobertura econômica, e podia inclusive apoiar alguns novos Estados.

Então, em vez de comparar Israel com outros Estados que surgiram no período de descolonização, o historiador israelense-americano Jehuda Reinharz sugeriu que seria mais preciso comparar Israel em seu período imediato após a independência com os Estados Unidos em sua fase de imigração maciça, entre 1880 e 1920. Os imigrantes que chegaram a Israel na metade do século XX, assim como aqueles imigrantes que chegaram aos Estados Unidos anteriormente, encontraram instituições políticas e econômicas já em funcionamento. Embora a chegada desses imigrantes em grandes quantidades tenha modificado a maneira de trabalhar dessas instituições, não foi necessário que os imigrantes criassem novas formas de se organizar. Além disso, eles também encontraram em sua chegada um sistema político que estabelecia as "regras do jogo".

Os primeiros dez anos da existência de Israel podem, portanto, ser considerados um período de mudança demográfica radical e de mudança institucional mais sutis. A mudança demográfica foi resultado de dois fatores. O primeiro, mais óbvio, era a fuga dos palestinos. Depois da guerra, Israel repatriou um número muito pequeno de palestinos fugitivos – um gesto que tinha por objetivo conquistar a simpatia da comunidade internacional. (Um cabo enviado pelo presidente dos Estados Unidos, Harry S. Truman, para tratar deste tema com o novo governo de Israel foi direto. "Se o governo israelense continuar a rejeitar [a solicitação das Nações Unidas para que os palestinos fossem repatriados]", alertou ele, "o governo norte-americano será forçado a concluir que a revisão de sua atitude em relação a Israel será inevitável".) A questão da repatriação e da restituição é muito complexa, e precisa ainda ser resolvida. Israel é um Estado judaico. Em 1950, o parlamento israelense, chamado de *Knesset*, aprovou a Lei do Retorno, que estipulava em seu primeiro artigo que "todo judeu tem o direito de imigrar para o país". Israel teria dificuldades em reter sua característica judaica se concedesse o direito de cidadania a um grande número de não judeus, como os palestinos, por exemplo.

IMAGEM 17. Vista da rua principal do quarteirão judeu de Fez, Marrocos, durante a década de 1930. Até o início da década de 1950, aproximadamente 13 mil judeus viviam em Fez. Após 20 anos, só restaram cerca de mil. (Fonte: do acervo do autor.)

Tornando ainda mais complexos os problemas da repatriação e da restituição estava o fato de que o governo israelense tomou posse de cerca de 94% das propriedades abandonadas pelos palestinos que fugiram e as distribuíram para os judeus israelenses. Alguns palestinos tentaram reivindicar suas propriedades, cruzando as linhas do armistício para colher o que tinham plantado e buscar móveis de seus antigos lares. Outras cruzavam os limites para cometer atos de sabotagem, ou até mesmo assassinatos. O governo israelense não diferenciava estes dois grupos. Para lidar com o problema da "infiltração", eles lançavam ataques de represália contra os Estados a partir do qual a infiltração havia ocorrido. Em parte, o governo israelense adotou essa política para encorajar o surgimento do "novo homem sionista". Nas palavras do primeiro ministro de Israel, David Ben-Gurion, "nós devemos endireitar a postura [dos israelenses] e demonstrar que aqueles que nos atacam não escaparão impunes, e que nós vivemos em um Estado soberano que se responsabiliza pela segurança de seus cidadãos". O segundo motivo que levou à adoção das represálias foi que o governo de Israel sentiu que essa estratégia poderia induzir os Estados Árabes a monitorar suas fronteiras de forma mais diligente. Obviamente, a estratégia das represálias tornou Israel impopular com seus vizinhos. Em 1953, um ataque israelense à Jordânia resultou em 66 casualidades de civis. Em 1955, um ataque israelense a um posto militar do Egito em Gaza matou 38 soldados egípcios e feriu cerca de quarenta. Ambos os ataques foram liderados por Ariel Sharon, que viria a ser primeiro-ministro israelense.

O outro fator que mudou o equilíbrio demográfico de Israel foi a imigração. Durante os primeiros quatro anos da existência de Israel, cerca de 700 mil novos imigrantes vieram à região. Isso dobrou a população do Estado. Outros 700 mil chegaram nos 15 anos seguintes. Um grande número de novos imigrantes vieram de países muçulmanos. Alguns judeus árabes imigraram para Israel motivados pelos sionistas israelenses. Outros vieram porque estavam sendo perseguidos onde viviam. Por exemplo, a partir de 1947, o governo iraquiano aprovou uma legislação discriminatória com judeus iraquianos. A legislação restringia a liberdade de circulação dos judeus, e estabelecia que eles deveriam suspender seus vínculos caso quisessem deixar o país. Em 1948, a discriminação contra os judeus tornou-se sistemática no Iraque. Ocorreram vários protestos antissemitas em Bagdá, provavelmente estimulados pelo governo iraquiano (embora alguns historiadores, como Elie Kedourie, acreditem que agentes israelenses foram os verdadeiros responsáveis pelos atos); judeus eram presos; e aqueles que trabalhavam em cargos públicos (portos, estradas etc.) eram demitidos. Houve até um julgamento e execução públicos de um proeminente homem de negócios judeu iraquiano. A comunidade judaica do Iraque entendeu a mensagem. Mais de 120 mil judeus iraquianos imigraram para Israel. Alguns eram sionistas, outros não. Eles se juntaram a 165 mil judeus do Marrocos, 31 mil da Líbia, 40 mil do Iêmen (que voaram para Israel na "Operação Carpete Mágico"), 80 mil do Egito, 10 mil da Síria, e assim por diante. Algumas comunidades judaicas que existiam há séculos, ou até há milênios, desapareceram repentinamente. Por volta dos anos 2000, somente cerca de 5 mil judeus permaneceram no mundo árabe.

CAPÍTULO 8 – O CONFLITO ÁRABE-ISRAELENSE | **201**

Inicialmente, parecia que Israel conseguiria absorver os judeus do mundo árabe sem maiores problemas. Mas na década de 1960, porém, os descendentes dos judeus, israelenses e árabes começaram a reclamar de discriminação institucional, e assim como outros grupos étnicos espalhados pelo mundo, eles se organizaram contra essa opressão. Suas reclamações eram numerosas. Imediatamente depois de sua imigração para Israel, por exemplo, muitos foram colocados em vilarejos com casas feitas de tenda, enquanto emigrantes da Europa recebiam loteamentos habitacionais. Eles também reclamavam da discriminação relacionada a oportunidades de emprego e educacionais, que resultava em um padrão de vida inferior àquele gozado pelos judeus europeus, e das atitudes paternalistas dos estabelecimentos israelenses, que presumiam que os imigrantes árabes precisavam de mais "civilidade". Muitos manifestavam sua insatisfação associando-se a partidos de direita do *Likud bloc* (uma coalisão que não se tornou um partido unificado até 1988). O bloco parecia incluir todos os grupos da sociedade israelense que tinham queixas contra a "aristocracia do trabalho", ou que se sentiam excluídos da corrente principal. Seu apelo em relação aos judeus árabes vinha de sua posição mais belicosa contra os próprios países árabes dos quais vieram esses imigrantes, e de um populismo e de uma ideologia não socialista, que estava em harmonia com os sentimentos de pequenos burgueses de muitos dos imigrantes.

Contudo, os sionistas trabalhistas continuaram controlando as instituições do Estado. O Histadrut continuava a distribuir benefícios a seus membros e desempenhar papel importante no mercado de trabalho (empresas associadas com o Histadrut empregavam um quarto da força de trabalho de Israel) e, por isso, a reputação dos sionistas trabalhistas crescia positivamente. Como resultado, as instituições do Estado novo eram muito similares às instituições que governaram o *Yishuv* no período do mandato – instituições criadas durante a segunda e a terceira *aliyot*.

Era claro que essas instituições precisavam ser modificadas para atender as necessidades do Estado soberano. Embora uma rede de organizações voluntárias tivesse assumido diversas responsabilidades no período pré-Estado, era o Estado que deveria coordenar suas atividades e assumir essas funções agora. O Estado fizera tudo isso para garantir que ele (e somente ele) fosse o ponto centralizador. Era essa a ideia por trás da doutrina *mamlachtiyut*. Logo, enquanto o governo israelense permitia que o Histadrut continuasse a prestar serviços sociais (como o assentamento de novos imigrantes), ele insistia que o Histadrut entregasse as responsabilidades educacionais ao governo. E para garantir que o Estado tivesse o monopólio do uso legítimo da violência, ele estabeleceu milícias afiliadas ao partido no Exército israelense. Essas milícias eram denominadas Forças de Defesa de Israel (IDF, na sigla em inglês). A força do governo nessa questão seria logo testada. Em junho de 1948, o navio cargueiro Altalena chegou à costa de Israel com um carregamento de armas e munições para o Irgun. Quando o líder do Irgun, Menachem Begin, se recusou a entregar seu armamento, Ben-Gurion bombardeou o navio. Cerca de 16 combatentes do Irgun morreram no confronto e os problemas começaram.

Centralizar a autoridade nas mãos do Estado pode ter feito sentido do ponto de vista político, mas era caro. Israel era, e continua sendo, muito dependente de uma forma específica de receita denominada "aluguel". Cientistas sociais definem este aluguel como receita derivada de fontes diversas à tributação interna. Embora Israel cobrasse impostos de sua população equivalentes aos praticados por outras democracias sociais, ele também se beneficiava de contribuições e investimentos de judeus de fora do país. Para encorajar contribuições privadas, o governo israelense rompeu sua conexão oficial com a Agência Judaica e com o Fundo Nacional Judaico. Isso permitiu que os judeus norte-americanos fizessem contribuições isentas de taxas para essas instituições. Além disso, Israel se beneficiava de concessões e empréstimos de outros governos. Isso ocorreu logo no início de sua formação e permanece até hoje. Em 1953, o governo da Alemanha Ocidental pagou 700 milhões de dólares como reparação pelo Holocausto. Logo depois disso, a França começou a fornecer assistência militar. A assistência norte-americana começou em 1949 com um empréstimo do Banco de Comércio Exterior. Por mais 25 anos, o governo dos Estados Unidos contribuiu com cerca de 3 bilhões de dólares em ajuda direta anualmente, e com mais cerca de 3 bilhões em ajuda indireta (perdão de dívidas e concessões especiais). Como a ajuda externa e as contribuições vão diretamente para o Estado e para organizações afiliadas a ele, o benefício proveniente do "aluguel" permitiu que o Estado assumisse um papel dominante na economia e mantivesse as instituições e os benefícios de estilo socialista, provenientes da segunda e da terceira *aliyot*. Somente no final da década de 1980, quando as doutrinas do livre-mercado de Reagan e Thatcher tornaram-se as bases da nova economia internacional "globalizada", o Estado israelense começou a mudar os princípios democráticos sociais de sua fundação.

Israel não foi o único Estado a passar por uma transição no Oriente Médio durante o período pós-guerra de 1948. Logo no início da década de 1940, uma série de golpes de Estado militares tomaram os governos da Síria, Egito, Iraque, Iêmen do Norte e Líbia, e ameaçaram governos de outros Estados na região. Esses golpes trouxeram ao poder uma nova geração de líderes árabes, que, nas décadas de 1950 e 1960, defenderam cada vez mais as políticas anti-imperialistas, o não alinhamento, e o desenvolvimento econômico guiado pelo Estado; práticas muito populares no mundo em desenvolvimento da época. O mais proeminente destes líderes era Gamal Abdel Nasser, do Egito.

Nasser nasceu em 1918 nos arredores de Alexandria. Filho de um funcionário dos correios, ele graduou-se na Academia Militar Real do Egito e chegou a ocupar o cargo de major no Exército egípcio. Durante a guerra de 1948, a unidade comandada por Nasser foi cercada por forças sionistas, e ele foi severamente ferido. Para Nasser, e para muitos membros de seu grupo, a guerra foi um divisor de águas. Além de resultar no estabelecimento de uma presença "alienígena" em seu território, ela também confirmou seus piores temores: a corrupção de seus governos e a hesitação de suas sociedades fizeram que seus Estados não tivessem nem força e nem vontade de enfrentar o imperialismo. De acordo com alguns biógrafos, foi a experiência de Nasser com o imperialismo que, de imediato, conduziu os jovens oficiais militares para a política. Em 1942, enquanto Nasser estava posicionado com seu grupo no Cairo, o embaixador britânico enviou um ultimato ao rei egípcio, ordenando que ele apontasse um candidato aprovado pelos britânicos para o cargo de primeiro-ministro. O rei hesitou, e o embaixador ordenou que seus tanques cercassem o palácio do monarca. Pouco depois desse incidente, Nasser começou a organizar o movimento dos Oficiais Livres. Os Oficiais Livres assumiram o poder em 1952, e em 1954 já era o líder absoluto do Egito.

Nem Israel e nem os palestinos estavam no topo da lista de prioridades de Nasser quando ele assumiu o poder. Nasser focou seus esforços em consolidar seu poder e negociar o tratado final com os britânicos para acabar com os 75 anos de presença militar no Egito de uma vez por todas. Representantes egípcios e israelenses chegaram a se encontrar em segredo para negociar questões de interesse mútuo. Esses contatos chegaram ao fim por causa de dois incidentes. No verão de 1954, o governo egípcio descobriu um plano feito por agentes israelenses para bombardear instalações norte-americanas e britânicas no Cairo. Quem quer que tenha elaborado a conspiração – e suspeitava-se principalmente do ministro da Defesa israelense, Pinhas Lavon, mas ele foi provavelmente vítima da armação de outros membros do governo – achava que norte-americanos e britânicos culpariam os egípcios pelos ataques. Os britânicos iriam, então, romper negociações sobre a retirada de suas tropas da região do Canal de Suez, enquanto os norte-americanos se recusariam a vender armas para o Egito. A "Questão Lavon", que mais parecia um roteiro de filme, enfureceu Nasser. E depois disso, ocorreu o ataque israelense a Gaza.

O ataque israelense disparou uma série de eventos em cadeia que provocaram a Primeira Guerra de Suez, em 1956, e depois a guerra de 1967. No início do confronto, Nasser fechou o Estreito de Tiran para os navios israelenses. O estreito ligava o recém-construído porto israelense de Eilat com o Golfo de Aqaba e o mar Vermelho. Embora o Egito reivindicasse a posse do estreito e controlasse o seu acesso desde 1948, a maioria do mundo considerava a área como território internacional. Fechar o estreito era tanto um prejuízo para a economia israelense quanto uma provocação. Depois do ataque, Nasser também recorreu ao mundo ocidental para conseguir armas para defender suas fronteiras. Mas o Ocidente se negou a ajudar, e ele então decidiu buscar ajuda em outros lugares. Depois de declarar o não alinhamento (com o Ocidente) do Egito, ele assinou um acordo de armamento com o bloco oriental do Estado da Tchecoslováquia e, além disso, provocou os norte-americanos garantindo à China continental – "China Vermelha" – reconhecimento oficial.

Aos olhos do governo norte-americano, Nasser havia claramente passado dos limites. O secretário de Estado John Foster Dulles chegou ao ponto de dizer que "ele não passava de um Hitler prepotente". Para dar a ele e a outros líderes do terceiro mundo uma lição sobre os altos custos da infidelidade política, o governo norte-americano vetou o pedido de empréstimo do Egito para o Banco Mundial para o financiamento da represa de Assuã. Nasser construíra sua reputação com a ajuda dessa represa, que prometia revolucionar a agricultura no Egito regulando o imprevisível fluxo do rio Nilo. Ele então contemplou um esquema para matar dois coelhos com uma só cajadada: nacionalizando o Canal de Suez (que tinha o governo britânico como principal acionista, seguido por investidores franceses), o governo egípcio poderia simultaneamente adquirir uma fonte de renda e acabar com a presença britânica no Egito de uma vez por todas. E essa foi a faísca que provocou a explosão da Guerra de Suez.

Imediatamente após a nacionalização do canal, Grã-Bretanha, França e Israel organizaram uma conspiração para invadir o Egito. O plano era tão complexo quanto insensato. As três nações tinham problemas com Nasser: os britânicos não queriam a nacionalização do canal; os franceses queriam proteger seus investidores, e sabiam que Nasser havia fornecido apoio político e material para os revolucionários da Argélia contra os quais eles lutavam; e os israelenses foram vítimas de ataques do *fedayin* vindos do Egito, além de discordar do fechamento do Estreito de Tiran, e finalmente, pelo simples fato de que Nasser era Nasser e os israelenses eram israelenses. Mas em vez de derrubar Nasser, a invasão provocou uma grande polêmica internacional. Ocorrendo junto com o início da entrada soviética na Hungria, a invasão irritou os Estados Unidos porque desviou a atenção do que seria o auge da propaganda do Ocidente. E mais importante que isso, a invasão também marcou o último triunfo das velhas forças coloniais na região, antes que fossem definitivamente substituídas pelas novas potências. No início da Guerra de Suez, os Estados Unidos assumiram seu papel de poder externo absoluto no Oriente Médio – o mesmo papel desempenhado até hoje. Submetidos à pressão norte-americana, Grã-Bretanha, França e Israel foram forçadas a retirar seus exércitos. Assim, além de permanecer no poder, Nasser teve sua reputação política engrandecida no Egito e em toda a região.

Há uma linha direta que liga os eventos de 1956 e de 1967. Como resultado da Guerra de Suez, Nasser tornou-se uma figura conhecida e associada à conspirações no mundo ocidental – uma associação que, como vimos anteriormente, não era errada. Nasser acreditava que nenhum Estado árabe conseguiria isoladamente resistir às investidas das potências do Ocidente, e por isso começou a buscar ativamente a unificação árabe. Em 1958, o Egito juntou-se à Síria para formar a República Árabe Unida e logo depois começou a negociar a entrada do Iraque no grupo. O insucesso dessas negociações e a saída da Síria do grupo, em 1961, só confirmaram para Nasser a força das potências que ele enfrentava. Ele também pôde constatar que Israel significava uma ameaça à unidade árabe, já que sua presença dividia o território como uma "adaga cravada no coração da nação árabe". Porém, se as nações árabes não conseguiam se consolidar em um Estado único, eles podiam ao menos coordenar suas políticas. E foi assim que Nasser acabou sendo vítima de sua própria retórica: quando Síria e Israel se confrontaram por causa de um desvio unilateral feito por Israel no rio Jordão em 1964, tendo a União Soviética agravado a situação depois de reportar que Israel estava enviando tropas gigantes para a fronteira com a Síria em maio de 1967 (o que acabou sendo revelado como mentira), o Egito se viu obrigado a fazer algo. E esse "algo" acabou sendo um desastre, não somente para o Egito, mas também para Síria, Jordânia e todos os palestinos. E seu resultado afetou de maneira fundamental a natureza dos conflitos entre Israel e os Estados Árabes.

GUERRA E DIPLOMACIA

Em 14 de maio de 1967, Gamal Abdel Nasser colocou as forças armadas egípcias em alerta máximo e enviou o exército para a Península do Sinai. Os jornais egípcios relatavam que as ações de Nasser eram uma resposta às informações fornecidas pela União Soviética de que Israel estava planejando um ataque à Síria. Logo depois, o governo egípcio tomou duas medidas que aumentaram as tensões dramaticamente. Primeiro, eles demandaram que as Nações Unidas removessem seus observadores de solo egípcio. Estes observadores estavam do lado egípcio da fronteira entre Egito e Israel desde a retirada das tropas israelenses do Sinai, em 1956. Depois, Nasser ordenou novamente o fechamento do Estreito de Tiran para as embarcações israelenses; Israel protestou novamente, argumentando que o estreito estava em águas internacionais. Os Estados Unidos concordaram. Na realidade, para acelerar a saída do Sinai em 1956, os Estados Unidos enviaram para Israel um *aide memoire* (memorando diplomático) apoiando a posição do governo israelense já naquela época. Para Israel, o fechamento do estreito era um ato de guerra.

A Primeira Guerra Mundial explodiu quando líderes europeus deixaram a cautela de lado e decidiram reavaliar o já instável equilíbrio do poder. Nove décadas depois do evento, historiadores ainda tentam agrupar as apostas ousadas, as premissas erradas e as queixas reais e imaginárias que geraram toda a catástrofe. Dentre os eventos analisados até hoje, está a guerra de 1967. O que exatamente passava pela cabeça dos principais líderes naquela época nunca será conhecido com certeza. O que pensavam os soviéticos quando enviaram a Nasser um relatório falso de uma iniciativa militar israelense na fronteira com a Síria? O que pensava Nasser quando utilizou o relatório – que ele, aparentemente,

CAPÍTULO 8 – O CONFLITO ÁRABE-ISRAELENSE | **207**

sabia ser falso – como base para complicar ainda mais uma situação que já estava tensa? Sejam quais forem os motivos, o relatório soviético parece ter tido o mesmo efeito que o famoso "cheque em branco" (ou apoio incondicional) oferecido pelos alemães aos austríacos depois do assassinato do arquiduque Franz Ferdinand. Os egípcios, assim como os austríacos, entenderam a mensagem enviada por seus aliados mais fortes e elevaram o tom da conversa.

Alguns historiadores dizem que Nasser tomou uma decisão delibera-da ao desferir o primeiro golpe contra Israel. Ele deve ter pensado que isso isolaria Israel diplomaticamente, da mesma forma que ocorrera há onze anos, e assim ganhar apoio internacional para a coalisão militar árabe que estava sendo construída desde o final de maio daquele ano. Caso esse tenha sido seu raciocínio, ele cometeu um erro. Nas primeiras horas de guerra, os ataques aéreos de Israel destruíram 90% da força aérea egípcia, cerca de 70% da força aérea síria, e quase toda a força aérea jordania-na. O espaço aéreo é aberto no Oriente Médio, logo, quem controla este território, controla a guerra. A guerra estava concluída em seis dias. O Exército israelense prevaleceu, e, ao final da guerra, Israel tinha o controle de territórios que pertenciam aos Estados Árabes – a Península do Sinai (pertencente ao Egito), as Colinas de Golã (que pertenciam à Síria) e uma pequena faixa de terra próxima da fronteira com a Jordânia – além da Cisjordânia, da Faixa de Gaza e do leste de Jerusalém.

Ironicamente, a conquista de Israel do território que pertencia a seus vizinhos abriu novas perspectivas para a resolução do impasse diplomá-tico que frustrou a comunidade internacional por quase 20 anos. Ape-sar das revoltas da década de 1950, a disputa entre árabes e israelenses chegou a um problema político sem solução às vésperas da guerra de 1967. A guerra resolveu esse problema e deu a ambos os lados objetivos e opções específicas e diferentes entre si. Antes da guerra, o problema que incomodava os israelenses e seus vizinhos árabes era justamente a existência continuada de Israel. Antes do início da guerra, por exemplo, Nasser definiu o conflito com um "embate de destinos" entre israelenses e árabes. "O problema é [...] a agressão contra a Palestina que ocorreu em 1948", disse ele à assembleia nacional egípcia. "[O povo] acha que se trata apenas do Estreito de Tiran, da Força de Emergência das Nações Unidas e do direito de passagem. Nós afirmamos: queremos os direitos do povo da Palestina – todos eles."

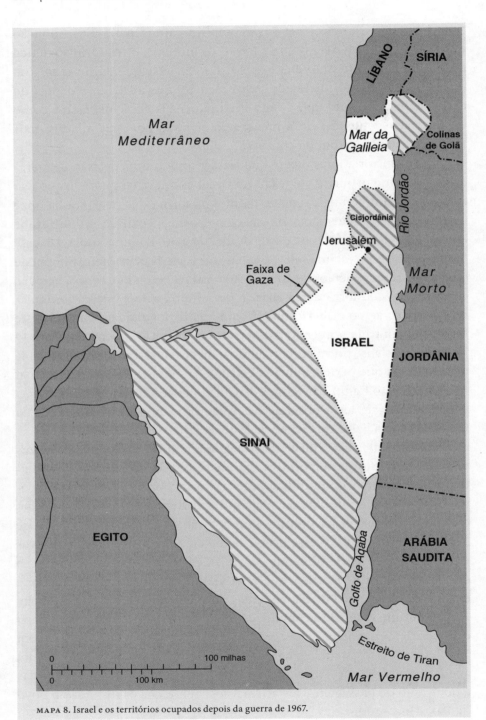

MAPA 8. Israel e os territórios ocupados depois da guerra de 1967.

CAPÍTULO 8 – O CONFLITO ÁRABE-ISRAELENSE | **209**

Depois da guerra, a questão discutida já não era a existência de Israel. Agora, a devolução dos territórios ocupados durante as hostilidades tornou-se o tema central para os Estados Árabes. Os israelenses, por sua vez, demandavam o reconhecimento e a paz nos assentamentos como preço para a devolução das terras. A troca de terras por paz fora estruturada pela Resolução nº 242 do Conselho de Segurança das Nações Unidas, escrita pelo embaixador britânico nas Nações Unidas, Lorde Caradon. Essa Resolução continha os seguintes trechos:

> Ao Conselho de Segurança,
>
> Expressando sua contínua preocupação com a grave situação no Oriente Médio, enfatizando a inadmissibilidade da aquisição de territórios por meio de guerra e a necessidade de trabalhar para uma paz justa e duradoura na qual cada Estado da área possa viver com segurança, enfatizando ainda que todos os Estados Membros em sua concordância com a Carta das Nações Unidas assumiram um compromisso de agir de acordo com o Artigo 2 da Carta,
>
> 1. Afirma que o cumprimento dos princípios da Carta requer o estabelecimento de uma paz justa e duradoura no Oriente Médio, que deve incluir a aplicação de ambos os seguintes princípios:
>
> (i) Retirada das forças aramadas de Israel dos territórios ocupados no recente conflito;
>
> (ii) Fim de todas as reivindicações ou estados de beligerância, além de respeito e reconhecimento da soberania, integridade territorial e independência política de todos os Estados da área, e o direito deles de viverem em paz dentro de fronteiras seguras e reconhecidas, livres de ameaças e atos de força.

O Conselho de Segurança das Nações Unidas adotou a resolução em novembro de 1967. Israelenses, egípcios e jordanianos (que conseguiram antecipadamente o retorno do controle da Cisjordânia à Jordânia), afirmaram seu apoio à resolução logo depois, e os sírios também o fizeram em 1973. Como era de se esperar, os palestinos, representados pela Organização para a Libertação da Palestina (OLP), inicialmente se recusaram a aceitar a validade da resolução porque o documento não fazia referência aos palestinos como um dos protagonistas da disputa. Ao invés disso, a única referência da resolução aos palestinos tratava-os como refugiados, cujo destino estava contemplado na resolução como uma "tarefa a ser cumprida": "O Conselho de Segurança [...] afirma a necessidade [...] para conquistar um assentamento justo para o problema dos refugiados.". Para o OLP, isso estava muito distante do real reconhecimento dos direitos nacionais palestinos. O OLP não aceitou formalmente a Resolução nº 242 como base de negociação até 1988. E até mesmo o OLP formalizou sua aceitação dentro do contexto de uma demanda pelo Estado palestino. Foi somente com o Acordo de Oslo de 1993 e sua afirmação sobre os direitos nacionais palestinos que o OLP aprovou a resolução sem qualificação.

A fórmula da "terra pela paz" proporcionou a fundação para todos os esforços pela paz a partir do fim da guerra de 1967 até o Acordo de Oslo, estendendo-se inclusive depois do acordo. E o fato dos palestinos terem levado duas décadas para aderirem ao movimento, e os israelenses relevarem este fato, não compromete a importância da fórmula. (A posição oficial do Likud foi a de que Israel não deveria entrar em negociações com seus vizinhos aceitando condições prévias, que a "Terra de Israel" era inviolável e não poderia ser negociada, e que a concessão da paz era a recompensa. Então, os primeiros-ministros do Likud, dentre eles Yitzhak Shamir e Ariel Sharon, defenderam a fórmula da "paz em troca da paz", ao invés da "terra pela paz".) Adequadamente, a partir de novembro de 1967, quando as Nações Unidas enviaram o mediador sueco Gunner Jarring para a região a fim de estabelecer um assentamento, até março de 2002, quando a Arábia Saudita propôs pela primeira vez a "Iniciativa de Paz Árabe" em uma conferência com a elite da Liga Árabe, os membros da comunidade internacional – agindo isoladamente, em grupos ou em uniões – lançaram mais de 12 iniciativas majoritárias para resolver a disputa árabe-israelense com base na Resolução nº 242. Assim como a citação de Samuel Johnson sobre o segundo casamento, tal persistência é um exemplo clássico do "triunfo da esperança sobre a experiência".

Não que essas iniciativas não tivessem sofrido mudanças interessantes durante esses 35 anos. Algumas vezes, os responsáveis por essas iniciativas tentaram reunir todas as partes interessadas ao mesmo tempo para tentar negociar um assentamento compreensivo. Foi assim com a Conferência de Genebra de 1973, e com a Conferência de Madri de 1991. Em outras oportunidades, os responsáveis – ou, como eram os Estados Unidos que sempre encorajavam este tipo de iniciativa, o responsável – adotaram o "formato Rodes". O formato Rodes nada mais era do que uma referência à ilha na qual Ralph Bunche estruturou seus acordos de armistício. Neste formato, Israel e seus adversários deveriam se comunicar por meio de um mediador. Eles nunca realizariam negociações diretas e só se encontrariam frente a frente no final do processo para assinar o acordo. A diplomacia do "leva e traz" de Henry Kissinger é o mais famoso exemplo do formato Rodes. No início da guerra de 1973, Kissinger ia e voltava de Tel Aviv a Damasco, e do Cairo a Tel Aviv, estruturando um plano para acalmar exércitos que se enfrentaram nos últimos dias de guerra e iniciar negociações de paz entre Israel e seus dois vizinhos. E apesar dessa estratégia ter aproximado os Estados Unidos das negociações de paz, e reduzido a União Soviética a uma simples observadora dos eventos – um dos principais objetivos da estratégia de Kissinger com relação ao Oriente Médio – ela não conseguiu sucesso em trazer uma resolução definitiva para o conflito.

Os dois métodos de negociação – conferências e o formato Rodes – tinham qualidades e fraquezas. Como o formato de conferência reunia todos de uma só vez, e todos seriam obrigados a assumir compromissos ao mesmo tempo, não haveria ninguém em posição neutra para checar e validar os procedimentos. Além disso, alguns políticos dos Estados Unidos achavam que se a União Soviética fosse incluída em uma conferência internacional, ela iria aproveitar a ocasião para pedir apoio a seus aliados na região, particularmente para a Síria. Mas enquanto alguns políticos norte-americanos acreditavam, como dizia um provérbio árabe, que era melhor ter um camelo dentro de sua tenda urinando para fora dela, do que um camelo fora de sua tenda urinando para dentro dela, outros políticos ficaram horrorizados com a ideia de ter o principal inimigo dos Estados Unidos na Guerra Fria como um "parceiro da paz" na região. Afinal, o objetivo primário da política externa norte-americana depois da Segunda Guerra Mundial era "conter" a União Soviética. Isso significava manter a União Soviética fora de regiões como o Oriente Médio – e não convidá-los a entrar – e diminuir sua influência nos locais em que ela tinha boa circulação. Os políticos que eram contra o método de conferência também argumentavam que esse tipo de evento encorajava discursos de autopromoção e intransigência. Os esforços para se chegar a um senso comum, argumentavam os políticos, obrigariam os participantes da conferência a aceitar as demandas dos redutos mais radicais para não sacrificar um assentamento mais compreensivo.

Por fim, nem a conferência, nem o método Rodes, resultaram em tratados pacificadores baseados na troca de terra por paz. Em vez disso, nos dois casos em que esse tipo de tratado foi assinado – o tratado entre Israel e Egito, em 1979, e o tratado entre Israel e Jordânia, em 1994 –, foram os próprios envolvidos que negociaram os acordos diretamente (embora os Estados Unidos tivessem desempenhado um papel essencial no primeiro caso, e contribuído com promessas de auxílio militar e perdão de dívidas no segundo). No primeiro caso, foram as circunstâncias domésticas que induziram o presidente Anwar al-Sadat, que sucedeu Nasser como presidente do Egito em 1970, a fazer as pazes. Anwar al-Sadat nunca teve a popularidade de seu antecessor e teve que encontrar algo para fortalecer a sua fraca base de apoio. Se ele conseguisse recuperar o Sinai, perdido por Nasser, se conseguisse um bom acordo, apoiado financeiramente pelos norte-americanos, e se conseguisse desviar alguns recursos alocados à defesa para fortalecer a economia civil, Anwar al-Sadat provavelmente conseguiria conquistar a devoção de seu povo, que nunca esteve antes ao seu lado. (Anwar al-Sadat foi assassinado em 1981.) Já o tratado entre Israel e Jordânia foi firmado imediatamente após a assinatura do Acordo de Oslo, quando os jordanianos já não reivindicavam a Cisjordânia e quando as negociações entre israelenses e palestinos já haviam transformado a lógica da disputa. Afinal, se os próprios palestinos estavam dispostos a fazer as pazes com Israel, que motivo teriam os jordanianos para não fazer o mesmo?

A troca de terra por paz seguia uma fórmula simples. Mas esperar mais de uma década para se concluir o primeiro assentamento conquistado através dessa fórmula, e depois mais uma década e meia para o segundo, parece desafiar qualquer lógica. Os historiadores citam diversas razões para explicar a incapacidade de Israel e de seus vizinhos em chegar a acordos com base na Resolução nº 242. Em primeiro lugar, a própria resolução é ambígua. E isso não era nenhum acidente. Afinal, a resolução tinha que acomodar preocupações conflitantes de membros do Conselho de Segurança das Nações Unidas e, além disso, poderia, caso ela fosse aceita, oferecer a base para uma negociação (ou ao menos para acalmar os ânimos) entre israelenses e Estados Árabes. E é por isso que o documento tinha palavras tão ambíguas quanto a Declaração de Balfour.

Assim como na Declaração de Balfour, os diplomatas cuidadosamente examinaram cada palavra e cada frase da Resolução nº 242. Por exemplo, a resolução pede a retirada das forças israelenses "dos territórios ocupados durante o recente conflito". Os israelense gostam de dizer que a resolução não afirma que eles devem retirar suas forças de *todos* os territórios ocupados. Na verdade, a frase "retirada das forças armadas de Israel [*sic*] dos territórios ocupados no recente conflito", na primeira versão do documento, estava da seguinte forma: "retirada das forças armadas de Israel *dos* [grifo nosso] territórios ocupados no recente conflito". A frase foi deliberadamente revisada para dar a ambas as partes

CAPÍTULO 8 – O CONFLITO ÁRABE-ISRAELENSE | 213

mais espaço de manobra. A resolução também pede a "terminação de todas as reivindicações ou estados de beligerância, além de respeito e reconhecimento da soberania, integridade territorial, independência política de todos os Estados da área e o direito deles de viver em paz dentro de fronteiras seguras e reconhecidas, livres de ameaças e atos de força". Os Estados Árabes destacam que a resolução não solicita tratados de paz formais com Israel. Eles afirmaram que poderiam cumprir com os termos da resolução, emitindo, simplesmente, declarações de não beligerância (ou qualquer coisa do tipo). Obviamente, cada lado da disputa desafiou a interpretação de seu opositor.

A estratégia do pós-guerra adotada pelos Estados Árabes também complicou a aplicação da Resolução nº 242, embora essa nunca tivesse sido a intenção. Logo depois da guerra, os chefes dos Estados Árabes se reuniram em Cartum, no Sudão, para negociar uma posição unificada. Lá, os líderes árabes chegaram aos famosos "três nãos": não às negociações com Israel, não à paz com Israel e não ao reconhecimento de Israel. Na época, observadores interpretaram isso como uma demonstração de forte intransigência. Na verdade, os três nãos significaram uma súbita mudança de tática. Os Estados Árabes concordaram em unir esforços para "eliminar os efeitos da agressão" – e não para eliminar Israel. E eles concordaram em tomar uma atitude política, e não militar. Embora os chefes dos Estados Árabes tenham concordado em não negociar com Israel, eles não definiram como evoluir as questões pendentes com os israelenses. Os chefes dos Estados Árabes esperavam que as superpotências – Estados Unidos e União Soviética – resolvessem as disputas. Mas como a União Soviética havia rompido todas as relações diplomáticas com Israel, sobrou para os Estados Unidos lidar com os israelenses. E foi assim que os Estados Unidos tomaram para si "99% das cartas" na região, como disse o próprio Anwar al-Sadat.

Essa tática era perigosa para os Estados Árabes porque ela assumia que os norte-americanos também quisessem um assentamento, e então pressionariam Israel para que ele o fizesse. Essa premissa também era exageradamente otimista. Tomar a iniciativa da disputa árabe-israelense era politicamente arriscado para um presidente norte-americano, especialmente se significasse pressionar Israel. Como resultado, depois da guerra de 1967, os Estados Unidos decidiram esperar que os Estados Árabes mudassem de ideia. Se os Estados Árabes quisessem suas terras de volta, argumentavam os políticos norte-americanos, tudo o que tinham que fazer era assinar tratados de paz com Israel. E se eles não quisessem negociar diretamente com Israel, eles poderiam recorrer aos Estados Unidos. E, tendo em vista a Guerra Fria em andamento – em que cada vitória dos Estados Unidos significava uma derrota da União Soviética, e vice-versa –, seria muito bom se eles de fato recorressem. Para descartar a opção de guerra de uma vez por todas, os Estados Unidos adotaram a política de fornecer a Israel armamento suficiente para que ele fosse mais forte do que todos os seus inimigos juntos. Essa política começou em 1968, com a venda pelos Estados Unidos de 50 caças-bombardeiros Phantom de última geração para Israel, e continua até hoje.

A política norte-americana tinha lógica mas não era infalível. Logo em 1969, o Egito iniciou a chamada Guerra de Atrito contra Israel para romper o impasse que havia se instaurado após a guerra de 1967. O conflito começou com duelos de artilharia, que deram lugar a duelos aéreos entre egípcios e israelenses sobre o Canal de Suez. Quando os israelenses começaram a intensificar os bombardeios sobre o Egito, pilotos soviéticos iniciaram missões aéreas em benefício dos egípcios. Naturalmente, os norte-americanos perceberam. Políticos norte-americanos ficaram horrorizados com a ideia de que seu aliado pudesse iniciar a Terceira Guerra Mundial atingindo um piloto soviético de um MIG. Eles, então, lançaram a Iniciativa Rogers e o Plano Rogers (ambos levando o nome do secretário de Estado William Rogers) para buscar o cessar-fogo, assim que a exaltação diminuísse. Depois do fracasso do Plano Rogers, os Estados Unidos novamente "compraram um impasse" (frase utilizada na administração de Nixon). A iniciativa americana teve sucesso até outubro de 1973, quando Egito e Síria iniciaram novamente uma guerra contra Israel.

Ao contrário de 1967, egípcios e sírios não iniciaram a guerra de 1973 para reclamar dos resultados de 1948. Em vez disso, eles lançaram seus ataques para acabar com o impasse e chamar a atenção das superpotências novamente. Anwar al-Sadat estava aflito, pois além dos Estados Unidos terem comprado um impasse, eles levaram a União Soviética a fazer o mesmo. Em uma reunião de cúpula ocorrida em abril de 1972, os Estados Unidos e a União Soviética concordaram que, quando se tratava do Oriente Médio, eles "fariam todo o possível para evitar situações e conflitos que pudessem aumentar as tensões internacionais" e nenhum deles buscaria "vantagem unilateral sobre o outro".

Anwar al-Sadat e seus aliados sírios precisavam fazer alguma coisa para que o processo voltasse a evoluir.

A guerra de 1973 resultou em um número de mortes estimado entre 11 mil e 16 mil pessoas, somando árabes e israelense, e foi usada pelos países membros da OPEP como explicação para um aumento nos preços do petróleo que chegou a 380% em poucos meses. Mas o fato mais ameaçador veio depois, quando a União Soviética atendeu um pedido egípcio para enviar tropas para a região a fim de forçar os israelenses a respeitar um cessar-fogo, e o governo dos Estados Unidos colocou seu exército em estado de alerta máximo, deixando o mundo à beira de uma guerra nuclear. Assim como ocorreu com a Guerra de Atrito, a guerra de 1973 atraiu a atenção dos Estados Unidos. Em um período em que os Estados Unidos estavam mais preocupados com outras questões – eles ainda estavam envolvidos com o Vietnã, tinham aberto relações com a China, e precisavam resolver as complicações da *détente* (cooperação) com a União Soviética – Henry Kissinger, que substituíra William Rogers como secretário de Estado, acabou sendo obrigado a transitar Damasco, Cairo e Tel Aviv, trabalhando nas minúcias das realocações das tropas árabes e israelenses.

O período que antecedeu a guerra de 1973 não foi o último em que as habilidades de políticos e diplomatas atuantes após a Resolução nº 242 seriam testadas e eventualmente deixariam a desejar. O período entre os anos de 1983 e 1987 foi também marcado por uma crise motivada por um impasse – a invasão israelense do Líbano e a eclosão da primeira *intifada*. Diplomatas apoiavam a Resolução nº 242 porque ela prometia fornecer uma estrutura para se resolver a disputa árabe-israelense. Mas em vez disso, no mundo criado pela resolução, cada impasse dava origem a uma crise, que por sua vez iniciava uma intensa atividade diplomática, e então vinha novamente um impasse, iniciando o ciclo uma vez mais.

Os territórios ocupados

Havia uma terceira razão para que a fórmula "terra por paz" fosse difícil de se implementar: as atitudes dos israelenses com os territórios conquistados. Alguns territórios seriam entregues por Israel com certa facilidade. Outros, nem tanto. Os israelenses se recusavam a colocar determinados territórios – as partes de Jerusalém anexadas – sobre a mesa de negociação.

Na verdade, parte das atitudes israelenses com relação ao valor das terras conquistadas pode ser relacionada com uma questão ideológica. Pensemos na questão de Jerusalém. Como já vimos no Capítulo 1, Jerusalém sempre teve um papel simbólico importante na ideologia sionista. Como capital do reino de Davi e Salomão, ela trazia a memória da era de ouro do antigo reino israelita, tema central da narrativa sionista da história. Em razão disso, em 1950, o *knesset* não apenas declarou Jerusalém como capital de Israel, mas também confirmou que a cidade foi a capital de Israel desde a proclamação de sua independência, em 1948. O único problema era que Israel só possuía a porção oeste da cidade. Com a guerra de 1967, Israel veio a tomar posse de toda a cidade. Duas semanas depois do fim da guerra, o *knesset* declarou a unificação de Jerusalém. E para confirmar a declaração do *knesset*, o governo israelense rompeu a conexão política entre Jerusalém e a Cisjordânia, e começou a delimitar as áreas do que era a Jerusalém do Leste para o estabelecimento de bairros israelenses. A partir de 1967, a Jerusalém do Leste tornara-se lar de aproximadamente 200 mil israelenses judeus, e suas fronteiras foram estendidas para dentro da Cisjordânia. Em 1967, esse território já havia anexado cerca de 6,5 quilômetros quadrados. Até o momento em que este livro foi escrito, ele já havia anexado 71 quilômetros quadrados. O governo israelense não considerava o povo enviado para aquela região como colonizados, nem considerava os novos vizinhos dos arredores de Jerusalém do Leste como assentamentos. Em outras palavras, eles não eram negociáveis, e nunca foram colocados à mesa como instrumento de barganha após o Acordo de Oslo.

Enquanto Jerusalém fica em um extremo do espectro ideológico do sionismo, a Península do Sinai fica do outro. O Sinai nunca foi parte da "Terra de Israel", e embora ele tenha papel importante na memória histórica judaica (afinal, foi lá que Moisés recebeu os Dez Mandamentos), este papel nunca foi visto de forma totalmente positiva: para a maioria dos judeus, Sinai era um lugar que deveria ser deixado para trás, mesmo que isso levasse 40 anos. E as razões ideológicas para se permanecer na península nunca foram muito convincentes. Mas existiam, obviamente, outros motivos para ficar. O Sinai tem petróleo e belas praias que atraem turistas, além de ser uma zona geograficamente estratégica, separando Israel e Egito. E para aqueles mais radicais – os revisionistas seculares e os zelotes mais religiosos –, a saída de qualquer território era inadmissível. Para a maioria dos israelenses, porém, nenhuma dessas considerações fazia que o Sinai devesse ser mantido; e ainda pesavam contra a possibilidade de um tratado de paz com o Egito e um consequente aumento de auxílio financeiro norte-americano. Sendo assim, os israelenses concordaram em se retirar do Sinai como parte do tratado de paz assinado com os egípcios em 1979. Monitores norte-americanos, uma força multinacional na época, foram alocados na região desde então.

A ideologia não foi o único fator considerado pelos israelenses para avaliar a importância dos diversos territórios ocupados por Israel, em 1967. Havia também a questão da defesa. Embora a maioria dos especialistas militares israelenses acreditasse que os benefícios militares que Israel viria a obter ao manter a Península do Sinai fossem pequenos, eles viam as Colinas de Golã, tomadas da Síria, de forma diferente. As Colinas de Golã tinham uma vista privilegiada da região da Galileia, e, por isso, sua importância parecia óbvia. Guias de turismo de Israel levam até hoje seus visitantes para os pontos mais altos do local a fim de demonstrar a vulnerabilidade das comunidades israelenses que ficavam abaixo das montanhas. Mas o valor estratégico das Colinas de Golã não deixou de ser contestado. O ministro da Defesa de Israel em 1967, Moshe Dayan, argumentava que o risco envolvido em assumir a posse das colinas era muito maior do que qualquer benefício estratégico que os israelenses poderiam obter. Em uma entrevista concedida depois da guerra, Dayan chegou a dizer que o ataque israelense foi motivado pelo valor da agricultura do local, e não por sua importância defensiva. "Na fronteira com a Síria, havia duas fazendas e nenhum campo de refugiados – somente o Exército sírio", lembrou ele, amargamente. "O *kibbutzim* via aquela terra cultivada e passou a sonhar com ela."[53]

De forma geral, a importância dos territórios ocupados pelas forças de defesa israelenses ainda é debatida entre especialistas. Alguns afirmam que os territórios dão a Israel proteção para as suas fronteiras, impedindo seus inimigos de lançar ataques a partir dessas áreas, além de atuar como amortecedores de conflitos, que distanciam Israel de seus inimigos hostis e garantem que batalhas futuras ocorram fora dos limites de seu território. Outros acreditam que os territórios enfraquecem a defesa israelense. A lógica deles é baseada no famoso aforismo do estrategista da Prússia do início do século XIX, Karl von Clausewitz, que afirmava que "a guerra é uma continuação da política em outro meio". A manutenção desses territórios, argumentam os especialistas, é uma ameaça a Israel, já

---

53   Dayan Reveals Regrets over Golan, Hebrom in Newly Disclosed Interview [Dayan revela seus remorsos sobre golã, Hebrom, em uma entrevista recentemente divulgada]. *Imprensa Associada*, 11 mai. 1997.

que aumentam as hostilidades dos palestinos e de outros povos árabes; além disso, ela frustra as possibilidades de um assentamento pacífico com os sírios, diminui o apoio ao país nas comunidades internacionais e une os inimigos árabes de Israel em uma causa comum. Eles também questionam o valor de uma zona "amortecedora" de conflitos em uma época em que satélites com GPS e sistemas de alerta podem rastrear os movimentos de tropas inimigas, e mísseis Scud podem voar por diversas milhas sobre quaisquer territórios, assim como quando o Iraque os lançou durante a Guerra do Golfo de 1991.

Além da questão ideológica e da preocupação com a defesa, dois outros fatores influenciaram as atitudes israelenses em relação aos territórios ocupados, particularmente com a Cisjordânia e a Faixa de Gaza: economia e assentamentos. Logo depois da guerra de 1967, Moshe Dayan, que tinha um ministério de defesa que gerenciava os territórios ocupados, instituiu o que ficou conhecido como "política das pontes abertas". Dayan explicava que a instabilidade econômica na Cisjordânia frustraria o controle de Israel, alimentaria as aspirações nacionalistas palestinas e aumentaria a motivação de vários grupos guerrilheiros que desafiavam a ocupação israelense por meio de combates. De acordo com a política das pontes abertas, o povo da Cisjordânia continuaria autorizado a transitar para a Jordânia para trabalhar, realizar atividades comerciais e visitar parentes. Dayan esperava que isso fizesse a ocupação parecer menos dolorosa. Além dessa conexão com o leste, os israelenses logo estabeleceram uma conexão com o oeste. Eles deram aos palestinos da Cisjordânia e da Faixa de Gaza o direito de viajar por toda a Palestina histórica, e de aceitar empregos dentro de Israel (desde que os trabalhadores palestinos voltassem a seus lares nos territórios ocupados depois do dia de trabalho). Com o passar do tempo, o governo israelense aumentou e aprofundou os laços econômicos entre Israel e os territórios ocupados, e até considerou estes territórios no planejamento econômico nacional.

As políticas de Israel transformaram a economia dos territórios. Os israelenses descobriram um mercado cativo na Cisjordânia e na Faixa de Gaza. Eles gozavam de direitos exclusivos para exportar produtos manufaturados para os territórios e, como os fazendeiros israelenses tinham subsídios que eram negados aos residentes dos territórios, eles introduziam seus produtos agrícolas no mercado palestino em grandes volumes e por preços mais baixos. Restrições ao uso da terra, quotas de produção e de mercado, controles de importação jordanianos, e acesso ao mercado de trabalho israelense; tudo isso servia para mudar a orientação da força de trabalho palestina, migrando da agricultura para o emprego (não qualificado) em Israel. Depois de quatro anos do fim da guerra de 1967, aproximadamente metade de todos os trabalhadores dos territórios ocupados passaram a ocupar vagas de trabalho em Israel. Adicionalmente, os israelenses integraram a rede elétrica dos territórios ocupados, aumentando assim a sua dependência dos recursos hídricos da Cisjordânia. Em 2009, Israel já utilizara 95% e 70% da água armazenada nos dois aquíferos que dividia com a Cisjordânia, além de 37% da água armazenada no aquífero que é exclusivamente da Cisjordânia.

De forma geral, depois da guerra de 1967, Israel integrou as economias da Cisjordânia e da Faixa de Gaza com a sua própria. Isso tornou uma eventual separação mais difícil. E pelo fato dessa integração ter ocorrido de maneira compulsiva, e também porque o nível de desenvolvimento econômico de Israel era bem superior ao dos demais territórios, acabou-se criando uma economia dependente, de estilo colonialista, nesses territórios. Inicialmente, a criação dessa economia de dependência parecia trazer benefícios para ambos os povos. Executivos de Israel perceberam que as políticas israelenses produziram um taxa de emprego de 98% nos territórios. De acordo com o estudioso de Harvard Nadav Safran,

> [O ato de empregar palestinos em Israel] eliminou o desemprego nos territórios, resultou em aumento nos salários da região, disparou uma revolução na agricultura, multiplicou o consumo, as economias e os investimentos, estimulou o comércio e precipitou muitos processos de mudança social. Todos esses acontecimentos não significaram a aprovação da ocupação israelense, mas deram à grande parte da população um motivo para se evitar problemas e conflitos sem sentido.[54]

Parafraseando o humorista James Thurber: essa pode ser uma ideia simples e inocente, mas não devemos ficar muito empolgados com sua grandeza. Safran escreveu seu estudo em 1978, antes de Israel começar a impor a sua política de fechamento – obstruindo o fluxo diário de trabalho dos territórios para Israel – de forma mais regular. Ele também escreveu seu estudo antes de 1993, quando os israelenses começaram uma política de afastamento da força de trabalho palestina, importante trabalhadores do leste e do sul da Ásia, do leste da Europa, e da África

---

54 SAFRAN, Nadav. *Israel, the Embattled Ally* [Israel, um aliado pronto para o combate]. Cambridge, MA: Belknap Press, 1978. p. 269.

(até 2011 havia cerca de 200 mil trabalhadores convidados, formais e informais, em Israel – aproximadamente 3% de sua população – um número que despertou as tensões e, em 2012, deu início a uma rebelião em Tel Aviv). Com a eclosão da segunda *intifada* em 2000, o governo israelense, citando preocupações com a segurança, começou a restringir a entrada de trabalhadores palestinos em Israel quase regularmente. De acordo com estatísticas da Organização de Trabalho Internacional, em dois anos, as taxas de desemprego nos territórios dispararam para cerca de 50%, com cerca de 68% da população de Gaza vivendo abaixo da linha da pobreza. O problema de uma economia dependente não é apenas o fato dela limitar o desenvolvimento econômico; ela também faz que a população deste Estado dependente fique vulnerável a políticas de uma força externa.

Embora a defesa, a ideologia e a economia dificultassem a simples troca da terra pela paz, nenhum outro fator era tão problemático quanto os assentamentos israelenses (usualmente chamados de "colônias" por seus detratores para enfatizar o fato de que a terra não estava vazia) construídos nos territórios ocupados. E isso não era coincidência. Na verdade, vários membros do governo israelense descreveram a construção dos assentamentos como uma "criação de razões". Isso significava que cada assentamento confirmava o controle de Israel sobre o território no qual ele era construído. Cada assentamento dava a Israel uma base nos territórios, ou ao menos um valioso instrumento de barganha para futuras negociações.

As informações sobre os assentamentos e seus ocupantes podem ser confusas. Além dos números estarem em constante mudança por causa da imigração e da expansão natural, o governo israelense considera alguns assentamentos "legais", enquanto outros são "ilegais" – ou seja, não podem ser autorizados ou contabilizados como assentamentos pelo governo israelense. Além disso, o governo não inclui os habitantes israelenses do leste de Jerusalém em suas contagens. Excluindo esses habitantes, em 2012 havia mais de 350 mil colonos vivendo em mais de 124 assentamentos na Cisjordânia, e mais de 20 mil colonos vivendo em mais de 30 assentamentos nas Colinas de Golã. O tamanho dos assentamentos varia muito, desde "pequenas cidades" (segundo a própria classificação do governo israelense), como Modiin Illit e Betar Illit, na Cisjordânia, que em 2012 tinham uma população de cerca de 42 mil e 35 mil colonos, respectivamente, até assentamentos "ilegais" que consistiam simplesmente em um *trailer* no topo de uma colina e alguns moradores, não necessariamente permanentes. A estrutura social dos assentamentos também variava muito, desde o *neo-kibbutzim* e do *moshavot* até comunidades com pequenas casas, com o estilo muito similar a uma cidade qualquer em um subúrbio norte-americano.

Essencialmente, as considerações citadas acima – defesa, ideologia e economia – guiaram o programa de assentamento israelense. Seu governo autorizou a construção de assentamentos com propósitos militares imediatamente depois da guerra de 1967. Esses assentamentos foram construídos nas zonas marginais dos territórios: no Vale do Jordão próximo à fronteira com a Jordânia, nas Colinas de Golã junto à fronteira com a Síria, e nos confins da Península do Sinai. Esperava-se que os assentamentos servissem como uma linha *Maginot** israelense, atrasando ou contendo qualquer ataque que tivesse como objetivo cruzar as fronteiras. A ideologia do Partido Trabalhista que estava no poder também defendia que a construção de assentamentos militares no estilo *kibbutz* e *moshav* poderiam trazer de volta as imagens dos assentamentos de torre e paliçada da década de 1930. Isso poderia restaurar o esplendor da imagem do guerreiro-pioneiro, figura central na história do Partido Trabalhista. Mas essas ideias foram logo frustradas. Os assentamentos não atraíram ou retiveram o grande número de pioneiros que as primeiras estatísticas contabilizaram. Até 2012, menos de 1,4 mil colonos viviam no maior assentamento desse tipo.

Durante a década de 1970, os membros do Partido Trabalhista tinham todos os motivos para se preocupar com o futuro do sionismo trabalhista. Grande parte do eleitorado acusava os políticos do partido de serem responsáveis pelos eventos que desencadearam a guerra de 1973. O crescimento econômico havia diminuído drasticamente durante o período de 1972-1981, em parte por causa da crise internacional financeira que trouxe a "estagflação" ao ocidente, e em parte por causa da rigidez das instituições políticas e econômicas de Israel. No mundo, os povos estavam culpando o estado social por seus problemas econômicos, e a população israelense não pensava diferente. Outra questão relevante era que, nos anos seguintes à guerra de 1967, os governos dominados pelo Partido Trabalhista não fo-

---

* A linha *Maginot* foi uma linha de fortificações e de defesa construída pela França ao longo de suas fronteiras com a Alemanha e a Itália, após a Primeira Guerra Mundial, mais precisamente entre 1930 e 1936. (N.T.)

222 | ISRAEL X PALESTINA

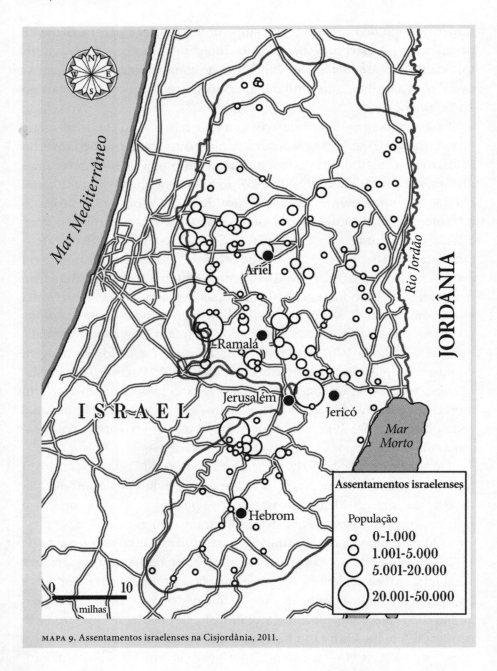

MAPA 9. Assentamentos israelenses na Cisjordânia, 2011.

ram capazes de articular uma proposta clara para o futuro. Alguns membros do partido, utilizando a questão demográfica como argumento, afirmavam que Israel não poderia manter seu caráter judaico se incorporasse

CAPÍTULO 8 – O CONFLITO ÁRABE-ISRAELENSE | **223**

muitos territórios habitados por palestinos. Eles se opunham aos assentamentos, dizendo que isso faria que a retirada israelense da Cisjordânia se tornasse mais difícil. Para eles, a linha *Maginot* dos assentamentos já seria suficiente. Outros buscavam um futuro em que uma união de Israel com a Jordânia exercesse o controle sobre a Cisjordânia, colocando assim o ressurgimento do movimento nacional palestino em cheque. Esse grupo queria criar fatos que sustentassem essa visão de futuro.

Mas enquanto a coalisão que estava no governo hesitava, outros grupos tinham um zelo todo especial com o tema dos assentamentos. Dentre esses grupos, estava um bem conhecido, o Likud, e um novo representante da política israelense, o movimento colonizador Gush Emunim, de inspiração religiosa.

Assim como Jabotinsky, o Likud defendia a construção de uma "Grande Israel". E isso teve grande influência na questão dos assentamentos. Antes de 1977, o Likud e seus aliados exerceram pressão sobre os trabalhistas do governo para subsidiar, ou ao menos permitir, as atividades relacionadas aos assentamentos. Seus esforços geraram resultados, e o governo do partido trabalhista foi responsável pela construção de 85 assentamentos nos territórios ocupados. Em 1977, os candidatos do Likud ao *Knesset* criaram uma plataforma que defendia, em parte, o seguinte:

> O direito do povo judeu sobre a terra de Israel é eterno e indiscutível e é ligado com o direito à segurança e à paz; portanto, a Judeia e a Samaria não serão entregues a nenhuma administração estrangeira; entre o mar e a Jordânia haverá apenas a soberania israelense [...]
>
> Os assentamentos, tanto urbanos quanto rurais, em todas as partes da terra de Israel, representam a questão central do esforço sionista para a redenção do país, para manter áreas de segurança vital e servir de reserva de força e inspiração para a renovação do espírito pioneiro. O governo Likud irá convocar sua geração mais jovem em Israel e a [diáspora] para colonizar e auxiliar todo grupo e indivíduo na tarefa de habitar e cultivar a terra baldia, tomando sempre o cuidado de não desapossar ninguém.[55]

As eleições de 1977 elegeram um primeiro-ministro do Likud, Menachem Begin, pela primeira vez. Com Ariel Sharon como seu ministro da Agricultura e principal homem nas atividades relacionadas aos assentamentos, a expansão começou logo. Mas embora o governo apoias-

---

55 LAQUEUR, Walter; RUBIN, Barry (Eds.). *The Israel-Arab Reader: A Documentary History of the Middle East Conflict* [O livro Arábia-Israel: um documentário histórico do conflito no Oriente Médio]. New York: Penguin, 1995. p. 591-2.

se a expansão dos assentamentos, sua política só teria êxito se existisse um fluxo constante de colonos dispostos a habitar essas áreas. Begin e Sharon aproximaram-se, portanto, de novas organizações para assentamentos, sendo que, dentre elas, o assentamento mais conhecido era o Gush Emunim.

Embora o Gush Emunim – o "bloco dos fiéis" – tenha sido fundado em 1974, suas doutrinas podem ser identificadas nos ensinamentos do chefe rabino do *Yishuv* no período de 1921 a 1935, Rabbi Abraham Isaac Kook, e nos de seu filho, Zvi Yehuda Kook. Assim como os seguidores de Jabotinsky, os discípulos dos Kook estavam insatisfeitos com o território que tinham recebido no período dos mandatos. Porém, diferentemente dos seculares Likudniks, os membros do Gush Emunim consideravam o reassentamento da Terra de Israel uma missão religiosa. O triunfo de 1967 analisado em termos messiânicos, e a aceitação de Israel e dos territórios ocupados como patrimônios sagrados de Deus, deixaram o povo judeu cheio de orgulho. De acordo com um dos fundadores do movimento,

> o problema da Terra de Israel é misterioso, e tem em sua base uma conexão espiritual com a matéria e o solo. Se analisarmos profundamente e tentarmos compreender a relação entre o corpo e a alma, ou a relação entre o homem e a mulher, e penetrar no mistério da unidade da matéria e do espírito, seremos capazes de entender e sentir o amor e a apreciação de cada parte da Terra de Israel, assim como entendemos e sentimos cada membro do corpo humano. A Terra de Israel possui elementos com vida que estão ligados ao seu espírito; sendo assim, abrir mão de qualquer uma de suas partes é como abrir mão de um órgão de nosso corpo.[56]

O Gush utilizou uma estratégia dupla em seu esforço para garantir a dita confiança sagrada de Deus para Israel. Para ter a certeza de que o governo israelense estaria de acordo com essa confiança sagrada, os membros do Gush estabeleceram suas próprias regras, sempre buscando aprovação prévia do governo. Para o governo Likud, o Gush era uma solução ideal: os líderes do governo podiam afirmar categoricamente aos seus patrocinadores internacionais que não estavam fazendo nada para sabotar a ideia da troca da terra pela paz; e ainda assim ofereciam apoio maciço para aqueles que executavam essa sabotagem. Mas o Gush queria explorar o sistema partidário de Israel diretamente também. Em 1977,

---

56 SPRINZAK, Ehud. *The Ascendance of Israel's Radical Right* [A ascensão da direita radical de Israel]. Oxford: Oxford University Press, 1991. p. 112.

o Gush conquistou a maioria das vagas para membros do Partido Religioso Nacional (NRP, na sigla em inglês) atuantes nos assentamentos. Além do membro do NRP ser figura importante na coalisão dominada pelo Likud, o partido em si era essencial para a existência da coalisão. O Gush, então, conseguiu acesso direto aos corredores do poder, e explorou esse benefício ao extremo. Com o apoio do Likud, ele estabeleceu assentamentos próximos dos centros habitados por palestinos, e também dentro desses mesmos centros. Até 2012, por exemplo, 800 colonos, protegidos por cerca de 600 soldados, habitaram Hebrom, uma cidade com 170 mil palestinos.

IMAGEM 18. Cisjordânia ou bairro no subúrbio de Nova Jersey? Muitos israelenses se sentiram atraídos pelos assentamentos não somente pelos incentivos do governo, mas também pelo estilo de vida que eles ofereciam. Na imagem: o assentamento de Ofra, na Cisjordânia. (Fonte: Sipa Press/Rex Features.)

Ainda que o Gush representasse uma parte combativa dentro do movimento dos assentamentos, ele era apenas uma parte dele. Nem todos os colonos eram motivados por ideologias políticas ou religiosas. Muitos assentamentos construídos próximos de Israel eram habitados por israelenses em busca de habitações mais econômicas, ou de um "lugar bom e acessível para criar os filhos". (Em 2012, Tel Aviv ocupava a 31ª posição na lista das cidades mais caras do mundo para se viver, seis posições abaixo de Londres, mas acima de Nova Iorque.) Esses assentamentos se misturavam com outros habitados por judeus "ultra ortodoxos" que não se interessavam pelo messianismo cultista do Gush, mas que queriam viver em um local com preço acessível, rodeado por outros judeus ultra ortodoxos e instituições ultra ortodoxas. O governo israelense encorajou a expansão desses assentamentos ofertando aos colonos diversos incentivos, como isenção de taxas, gratificações e empréstimos com juros baixos. Em 2001, o acadêmico israelense Avishai Margalit explicou o sistema de incentivos da seguinte forma:

> Se um colono compra um apartamento por 100 mil dólares, ele vai receber do governo um empréstimo padrão de 20 mil dólares, que na prática torna-se uma concessão depois de cinco anos. Além disso, ele também recebe 12 mil dólares como concessão real; e paga uma taxa de juros baixa em sua hipoteca (2,5%, bem mais baixa que os 5,5% de uma propriedade em Israel) que lhe proporciona uma economia de 40 mil dólares no financiamento em vinte anos [...] Mas os subsídios do governo não acabam aí. Viver em um assentamento como o Ma'ale Adumin (a dez minutos do campus do Monte Scopus da Universidade Hebraica de Jerusalém) significa, dentre outros benefícios, que seu imposto sobre a renda é reduzido em 10%, os impostos de saúde em 30%, e as taxas de pré-escola em 50%.[57]

Além do fato do governo israelense ter adquirido as terras para os assentamentos por meio de expulsões e do reforço seletivo do Código da Terra Otomano de 1858 (especialmente a parte que permite que o Estado assuma um terreno se o proprietário não conseguir prova documental de sua posse, ou se a área estiver improdutiva por um determinado período), sua própria política de incentivos aos assentamentos dava a seus oponentes da comunidade internacional argumentos para ataques. Adversários da política de assentamento israelense argumentavam que os assentamentos violavam a Quarta Convenção de Genebra de 1949. De acordo com a convenção, "a administração dos territórios ocupados não deve deportar ou transferir parte de sua própria população civil para os territórios ocupados". Ao dar incentivos em forma de imposto e outros benefícios para encorajar os colonos, argumentavam eles, o governo israelense beneficiava a transferência da população. Não é necessário dizer que as Nações Unidas condenaram os assentamentos israelenses diversas vezes.

---

57 MARGALIT, Avishai. Settling Scores [Ajuste de contas]. In: *New York Review of Books*, 20 set. 2001.

Antes mesmo da administração de Reagan, o governo dos Estados Unidos já classificara a política de assentamento de Israel como ilegal. A administração de Reagan começou a criticar a questão da legalidade dos assentamentos, referindo-se a eles como "um obstáculo no caminho da paz". Somente na administração de George W. Bush que os Estados Unidos reverteram essa insatisfação de longa data com a política de assentamentos de Israel. Em 14 de abril de 2004, Bush escreveu ao primeiro-ministro Ariel Sharon uma carta em que afirmava que,

> à luz das novas realidades existentes, incluindo os já estabelecidos grandes centros populares israelenses, é irreal esperar que o desfecho das negociações finais seja um retorno total e completo às linhas do armistício de 1949, e todos os esforços anteriores para se negociar uma solução com dois Estados chegaram à essa mesma conclusão. É realista esperar que qualquer desfecho nas negociações finais só será alcançado se tomarmos como base as mudanças mutuamente já aceitas que refletem essas novas realidades.

A reversão da posição norte-americana sobre os assentamentos era coerente com a visão de mundo maniqueísta da administração de Bush, que dividia os Estados em dois grupos – os "do nosso lado", e os "do outro lado", na guerra mundial contra o terror – e apoiava seus aliados a agir unilateralmente contra seus inimigos se conveniente fosse.

Os governantes israelenses, por sua parte, ignoraram as condenações de grande parte da comunidade internacional, chegando até a contestar a aplicabilidade da Quarta Convenção de Genebra. Essa convenção tratava dos territórios ocupados, afirmavam os advogados do governo israelense; aqueles territórios conquistados na guerra de 1967 não estavam ocupados, já que nenhum Estado desde os otomanos tivera soberania sobre eles. Eles eram meramente "disputados". Já com relação à Cisjordânia e à Faixa de Gaza, sucessivos governos israelenses fizeram uso da "doutrina do lar", argumentando que esses territórios não eram de fato ocupados, mas sim parte da terra natal dos judeus.

Independentemente dos argumentos favoráveis e contrários, os assentamentos israelenses certamente provaram ser "um obstáculo à paz". Eles se tornaram uma barreira que dificultava todas as negociações entre Israel, seus vizinhos e os palestinos desde que foram construídos. Eles serviam como um lembrete constante do poder israelense e de suas reivindicações territoriais. Eles serviam de prova simbólica e tangível à essas reivindicações. Aqueles instalados nos topos das colinas na Cisjordânia não tinham o propósito de se integrar ao ambiente ao seu redor. Pelo contrário, eles foram construídos para se destacar, como uma grande e antiga fortaleza. Na Faixa de Gaza, onde devido ao desinteresse israelense até 2005 a população de colonos só representava 0,5% da população, os assentamentos chegaram a ocupar 40% das terras e desviaram as escassas reservas de água para irrigar os gramados e encher as piscinas dos colonos. E para piorar, os assentamentos eram conectados uns aos outros e a Israel através de uma "rede de acesso" e de "estradas secundárias" – cobrindo cerca de 800 quilômetros na Cisjordânia – que passavam pelo interior palestino e faziam do sonho da Palestina unificada algo cada vez mais distante.

IMAGEM 19. Assentamentos no topo de colinas na Cisjordânia eram um lembrete constante aos palestinos da autoridade e dominância israelense. (Fonte: David G. Houser/Corbis.)

Por fim, ficou provado que definitivamente os assentamentos não poderiam ser utilizados como instrumento de barganha em negociações. Os colonos relutavam em sair de territórios que foram previamente reivindicados por eles. Nas ocasiões em que o governo israelense mencionou a ideia de uma retirada parcial de assentamentos "legais" ou "ilegais", os colonos conseguiram mobilizar apoio político – tanto dentro como fora do *Knesset* – muito além do necessário. Em parte, sua força no *Knesset* era resultado da dinâmica interna de sua estrutura: as coalisões no poder do *Knesset* precisavam conseguir apoio de diversos partidos políticos, e muitos dos quais defendiam uma causa única – como aqueles que representavam a causa dos colonos. A força de um movimento relacionado aos assentamentos fora do Knesset também impactava os governantes israelenses. Os oficiais do governo se apavoravam ao lembrar de 1982, quando o Exército israelense teve de ser enviado para conter colonos e posseiros nos assentamentos do Sinai – um território que não poderia, nem com um grande esforço de imaginação, ser classificado como parte da *"Eretz Israel".* Quando o primeiro-ministro Ariel Sharon – possivelmente o mais influente proponente da política de assentamento de Israel – anunciou seu plano de retirada unilateral da Faixa de Gaza no início de 2004, líderes dos movimentos de assentamento chegaram a ameaçar uma guerra civil. Isso obviamente não aconteceu, e a resistência dos colonos à separação foi mais frágil do que se esperava. Mas quando o governo propôs posteriormente a consolidação dos assentamentos por meio do fechamento de alguns deles localizados ao norte da Cisjordânia, transferindo seus moradores para outros assentamentos mais seguros na mesma região, o movimento dos assentamentos e seus aliados se mobilizaram de maneira eficaz a fim de impedir a execução do plano. Atacando de forma intensa, eles conseguiram até a autorização do governo para a construção de um novo assentamento no Vale do Jordão depois de uma moratória de dez anos. Apesar da frágil resistência inicial, o movimento dos assentamentos demonstrara amplamente que não era uma força a ser desprezada.

Sugestões de leitura complementar

KUNIHOLM, Bruce. *The Origins of the Cold War in the Near East* [As origens da Guerra Fria no Oriente Médio]. Princeton, NJ: Princeton University Press, 1980. Trabalho sobre a rivalidade Estados Unidos – União Soviética na região durante a primeira década depois da Segunda Guerra Mundial.

LUSTICK, Ian. *Arabs in the Jewish State: Israel's Control of a National Minority* [Árabes no Estado Judaico: o controle de Israel sobre uma minoria nacional]. Austin: University of Texas Press, 1980. Uma análise sobre os cidadãos árabes de Israel dentro da política e sociedade israelense.

MARGALIT, Avishai. Settling Scores [Ajuste de contas]. In: *New York Review of Books*, 20 de setembro de 2001, p. 20-4. Visão concisa sobre a questão dos assentamentos.

MORRIS, Benny. *The Birth of the Palestine Refugee Problem 1947-1949* [O surgimento do problema dos refugiados da Palestina 1947-1949]. Cambridge: Cambridge University Press, 1987. Relato revisionista de um dos mais importantes novos historiadores de Israel.

NEFF, Donald. *Warriors at Suez: Eisenhower Takes America into the Middle East* [Guerreiros no Suez: Eisenhower leva a América ao Oriente Médio]. New York: Linden Press, 1981. Relato conhecido sobre a guerra de 1956, contado do ponto de vista dos envolvidos no evento.

PARKER, Richard B. (Ed.). *The Six-Day War: A Retrospective* [A Guerra dos Seis Dias: uma retrospectiva]. Gainesville: University of Florida Press, 1996. Excelente coleção de ensaios sobre a guerra e seus resultados.

QUANDT, William B. *Decade of Decisions: American Policy toward the Arab-Israeli Conflict, 1967-1976* [Uma década de decisões: a política norte-americana em relação ao conflito Árabe-Israelense, 1967-1976]. Berkeley: University of California Press, 1977. A diplomacia americana na região, da administração de Johnson à de Ford, relatadas por um informante interno.

ROY, Sara. *The Gaza Strip: The Political Economy of Dedevelopment* [A Faixa de Gaza: a economia política do desenvolvimento]. Washington, DC: Instituto de Estudos Palestinos, 1995. Análise da economia de Gaza e de sua sociedade a partir da ocupação israelense.

SAFRAN, Nadav. *Israel, the Embattled Ally* [Israel, o aliado preparado para combate]. Cambridge: Belknap Press, 1978. A história de Israel contada por um acadêmico simpatizante.

SEGEV, Tom. *The Seventh Million: Israelis and the Holocaust* [O sétimo milhão: os israelenses e o Holocausto]. Trad. Haim Watzman. New York: Hill and Wang, 1993. Relato provocativo das atitudes israelenses em relação ao Holocausto, escrito por um dos mais conhecidos jornalistas / novos historiadores de Israel.

SILBERSTEIN, Laurence J. (Ed.). *New Perspectives on Israeli History: The Early Years of the State* [Novas perspectivas sobre a história de Israel: os primeiros anos do Estado]. New York: New York University Press, 1991. Vasto acervo que trata de tudo, desde a história institucional até a construção dos símbolos nacionais.

SMITH, Pamela Ann. The Palestinian Diaspora, 1948-1985 [A Diáspora Palestina, 1948-1985]. In: *Journal of Palestine Studies 59* [Jornal de Estudos Palestinos 59] (Primavera de 1986): p. 90-108. Boa análise sobre os efeitos do exílio na sociedade palestina.

SPRINZAK, Ehud. *The Ascendance of Israel's Radical Right* [A ascensão da direita radical de Israel]. Oxford: Oxford University Press, 1991. Descreve o surgimento do partido Likud, o movimento dos assentamentos, seus aliados e o desafio que eles representavam para o sionismo trabalhista.

TROEN, S. Ilan; Noah, LUCAS (Eds.). *Israel: The First Decade of Independence* [Israel: a primeira década de Independência]. Albany: State University of New York Press, 1995. Ampla coletânea de ensaios sobre tópicos diversos que tratam da consolidação e da história do surgimento de Israel.

WEISBROD, Lily. Gush Emunim Ideology: From Religious Doctrine to Political Action [A ideologia do Gush Emunim: das doutrinas religiosas à ação política]. In: *Middle East Studies 18* [Estudos do Oriente Médio 18] (1982): p. 264-75. Boa introdução sobre o nacionalismo religioso de Israel.

capítulo 9

Amadurecimento do Movimento Nacional Palestino

Na segunda metade de 2001, Mary Robinson, alta comissária de direitos humanos das Nações Unidas, convocou a Conferência Mundial contra o Racismo, Discriminação Racial, Xenofobia e Intolerâncias Conexas, em Durban, África do Sul. Dentre os participantes estavam os Estados membros da Assembleia Geral das Nações Unidas, diversas missões de observação e organizações não governamentais. Ao final da conferência, os participantes chegaram a um relatório final que incluía uma lista com 122 "questões gerais" e um "plano de ação" com 219 pontos. Como era de se esperar, o relatório condenava o racismo, a discriminação racial, a xenofobia e as intolerâncias relacionadas. O relatório também pedia com urgência que a comunidade mundial fosse mais sensível a esses terríveis problemas e não medisse esforços para erradicá-los. Tudo isso fora estabelecido por meio de um peculiar estilo de retórica que posteriormente foi definido pelo ex-vice-presidente dos Estados Unidos Nelson Rockefeller como BOMFOG – sigla em inglês para a Irmandade dos homens (sob a) paternidade de Deus. Afinal, vivemos em um mundo pequeno.

A suavidade do relatório final escondia diversas controvérsias que ameaçaram acabar com a conferência antes mesmo dela ser convocada: um esboço inicial do relatório condenava as "práticas de discriminação racial contra palestinos e outros habitantes árabes nos territórios ocupados", chegando ao ponto de classificar o sionismo como uma forma isolada e virulenta de racismo. "A Conferência Mundial reconhece com grande preocupação o aumento de práticas racistas do sionismo e do antissemitismo em diversas partes do mundo", relatava o esboço, "assim como o surgimento de movimentos raciais violentos baseados no racismo e em ideias discriminatórias, em particular o movimento sionista, que se baseia na superioridade racial". Posteriormente, o relatório suprimiu tais passagens ofensivas, mas somente depois que as delegações norte-americana e israelense ameaçaram deixar o evento.

Embora a equação do sionismo associado ao racismo nunca tenha sido mencionada no esboço final, o relatório não ignorou completamente a questão árabe-israelense. O artigo 63 da lista de questões gerais, por exemplo, dizia que:

> estamos preocupados com a condição do povo palestino submetido à ocupação estrangeira. Nós reconhecemos o inalienável direito do povo palestino a autodeterminação e ao estabelecimento de um Estado independente.

Embora não tão polêmica quanto a comparação do sionismo com o racismo, a inclusão do artigo 63 ainda gerava debates. Embora o relatório declarasse abertamente sua simpatia com as causas de povos nativos ao redor do mundo – descendentes de escravos africanos e asiáticos colonizados, tráfico de mulheres e crianças, nômades e ciganos –, os palestinos eram o único grupo nacional cujos direitos eram defendidos pelos participantes.

Este fato e outras expressões similares de solidariedade internacional com as aspirações nacionais palestinas se tornaram frequentes em encontros formais e informais durante os últimos 40 anos. Contudo, essas manifestações, e até a existência persistente da questão palestina, nunca conduziram o tema a uma conclusão. A Grande Revolta de 1936-1939 e a Guerra de 1948 foram catástrofes de tamanha magnitude que não seria surpresa ver o movimento nacional palestino e a identidade individual da nação palestina desaparecerem definitivamente depois delas. Na verdade, como já vimos, depois do estabelecimento de Israel e do *nakba*, membros da comunidade internacional abandonaram ou ignoraram as aspirações nacionais palestinas, ou cinicamente manipularam essas aspirações em benefício próprio. Com pouco apoio internacional, um inimigo poderoso empenhado em destruí-lo, sem base operacional, e poucos recursos para lhe dar sobrevida, o movimento nacional palestino – representante da identidade nacional palestina – parecia destinado à destruição.

Mas não foi isso o que aconteceu. Nos capítulos anteriores, discutimos alguns dos fatores que impediam a destruição da identidade nacional palestina. Dentre elas estavam a história do esforço palestino contra o sionismo, a memória da tragédia nacional. ("Quando se trata da memória nacional, o pesar tem mais valor do que o triunfo, já que eles impõem obrigações e demandam um esforço comum."), a segregação física e legal dos refugiados palestinos e de seus descendentes sofrida em meio aos povos dentre os quais eles viviam, e a invenção e reinvenção de peculiares tradições nacionais palestinas. Há um outro fator, todavia, que deve ser acrescentado à essa lista: a existência e o trabalho da Organização para a Libertação da Palestina (OLP, na sigla em inglês). Na verdade, embora tivessem a reputação manchada entre palestinos e não palestinos, tanto a OLP quanto seu líder, Yasir Arafat, tiveram responsabilidade primordial na manutenção das aspirações nacionais palestinas vivas. Conforme veremos posteriormente, a participação deles serviu tanto de benção quanto de maldição para o movimento nacional palestino.

Ironicamente, o maior responsável pela fundação da OLP não era sequer palestino. Foi justamente Gamal Abdel Nasser que projetou a formação da organização em 1964. Os ataques desferidos pelas guerrilhas palestinas (*fedayeen*) a Israel e o aumento das tensões entre Israel e Síria relacionadas à alocação da água do rio Jordão ameaçavam o surgimento de uma crise que Nasser não desejava. Ele então convocou uma reunião de cúpula no Cairo em que 13 líderes árabes assinaram a aprovação da fundação de uma organização que seria profundamente comprometida em representar os interesses nacionalistas palestinos, mas que, na verdade, serviria para aplacar e controlar esses interesses. Nasser escolheu pessoalmente o primeiro líder da OLP, Ahmad Shuqairy, um diplomata palestino pouco criativo e pouco carismático, mencionado no início do CAPÍTULO 5. Além de seu conhecido comentário sobre jogar os judeus ao mar, a única contribuição de Shuqairy para a causa palestina foi supervisionar a elaboração do Estatuto Nacional da Palestina, que define a nação palestina e o seu movimento nacionalista até os dias de hoje. O estatuto começa da seguinte forma:

1. A Palestina é a terra natal do povo árabe palestino e uma parte integral da grande terra árabe, e o povo da Palestina é parte da nação árabe.
2. A Palestina, com as fronteiras delimitadas na época do mandato britânico é uma unidade regional integral.
3. O povo árabe palestino possui o direito legal à sua terra natal, e quando a liberação de sua terra natal for completada, ele exercerá sua autodeterminação de acordo com sua vontade e escolha.

236 | ISRAEL X PALESTINA

4. A individualidade palestina é inata, e é uma característica persistente, que não desaparece, e é transferível de pai para filho. A ocupação
sionista e a dispersão do povo árabe palestino como resultado dos
desastres que o acometeram, não privam este povo de sua individualidade e afiliação palestina, e não anulam a existência desses direitos.

O estatuto foi adotado em 1964. Modificado em 1968 depois de Oslo,
ele continua sendo a constituição da OLP.

Ao fazer da OLP uma organização totalmente subsidiada pela Liga
Árabe, Nasser esperava garantir que a libertação da Palestina continuasse a ser um problema dos árabes. Mas isso não perdurou por muito tempo. A participação desastrosa dos Estados Árabes na guerra de
1967 demonstrou a muitos palestinos que, qualquer que fosse a retórica, aqueles Estados eram incapazes de vencer Israel. Logo no início da
guerra, muitos palestinos acreditavam que a libertação da Palestina só
viria a ocorrer se os palestinos assumissem o controle da situação. Essa
crença teve sua primeira validação em março de 1968, quando tropas
israelenses atacaram a cidade jordaniana de Karameh para eliminar os
grupos de guerrilha que tinham o local como base. Em menor número,
o *fedayeen*, apoiado pela artilharia jordaniana, matou cerca de 100 soldados do exército invasor e forçou os israelenses a recuar. A Batalha de
Karameh tornou-se um mito palestino. Cerca de 300 palestinos destrei-
nados expulsaram uma tropa três vezes maior que a deles, realizando
um feito que exércitos árabes completos e treinados não conseguiram
realizar. E para colaborar ainda mais com a criação do mito, Karameh
significa "honra" em árabe.

A Batalha de Karameh mudou o equilíbrio do poder na política palestina. Antes da batalha, o Fatah – o maior grupo guerrilheiro, que tinha
a liderança de Yasir Arafat – tinha entre 200 e 300 soldados. Depois de
algumas semanas de batalha, os líderes do Fatah estimavam que o grupo
tinha aproximadamente 15 mil guerrilheiros. Antes da batalha, os grupos
de guerrilha mantinham distância da OLP. Depois, eles assumiram um
papel dominante na organização, e em 1969 seus membros elegeram Yasir
Arafat como presidente – posição que lhe pertenceu até a sua morte.

Yasir Arafat nasceu em Jerusalém (era o que ele dizia) ou no Cairo
em 1929. Seu pai era um próspero comerciante, possivelmente descendente de Hajj Amin al-Husayni. O fato de ele ter ou não parentesco com
Al-Husayni é debatido até hoje, mas mesmo aqueles que o consideram
um mito, concordam: a Arafat faltava a posição social e as credenciais

políticas de Hajj Amin e, na posição de emergente, não fazia oposição à reputação que tinha ao ser associado a uma personalidade mais bem estabelecida. Arafat estudou engenharia na Universidade de King Fuad no Egito, e se formou em 1951. Ele atingiu maturidade política durante o período de descolonização, e pode até ser considerado parte de um grupo de jovens líderes de terceiro mundo da época, que também incluía Marshal Tito, da Iugoslávia (nascido em 1892); Chou Enlai, da China (nascido em 1898); Achmed Sukarno, da Indonésia (nascido em 1901); Kwame Nkrumah, de Gana (nascido em 1909); Gamal Abdel Nasser (nascido em 1918) e Ahmed Sékou Touré (nascido em 1922), da Guiné; Patrice Lumumba, do Congo (nascido em 1925); e Fidel Castro, de Cuba (nascido em 1926). A década de 1950 foi a era de ouro do anti-imperialismo, do nacionalismo secular e da afirmação do Terceiro Mundo. E mesmo com o fim do "terceiro-mundismo", ocorrido no início da década de 1980, as ideias de Arafat nunca se afastaram muito de sua origem.

Enquanto cursava a Universidade de King Fuad, Arafat reorganizou a União dos Estudantes da Palestina. Este período foi crítico para o entendimento de suas evoluções posteriores, uma vez que foi nessa época que ele construiu duas convicções que definiriam sua abordagem sobre a construção do movimento nacional palestino. De acordo com um informante que o conhecia desde a época em que estudava no Egito,

> Yasser Arafat e eu sabíamos o que estava prejudicando a causa palestina. Estávamos convencidos, por exemplo, que os palestinos não deviam esperar nada dos regimes árabes, [que eram, em 1951] na sua maioria corruptos ou vinculados ao imperialismo, e que eles não deveriam apostar em nenhum partido político da região. Nós acreditávamos que os palestinos só poderiam confiar neles mesmos.[58]

O princípio de manter autonomia organizacional e operacional não é o único atributo que a OLP mantém até hoje. Assim como todas as organizações, a OLP era um produto de seu tempo, e esse tempo era a década de 1960. Durante essa década, dois eventos em particular proporcionaram inspiração aos ativistas políticos do Oriente Médio e de suas vizinhanças: a Revolução Argelina (1954-1962) e a radicalização da política egípcia pós-Suez. O primeiro gerou o culto aos esforços armados; o segundo, es-

---

58 COBBAN, Helena. *The Palestinian Liberation Organisation: People, Power, and Politics* [A organização para a libertação da Palestina: povo, poder e política]. Cambridge: Cambridge University Press, 1984. p. 21-2.

IMAGEM 20. Yasir Arafat personificou o movimento nacional palestino e sua doutrina de esforço armado. (Fonte: Popperfoto/Alamy.)

CAPÍTULO 9 – AMADURECIMENTO DO MOVIMENTO NACIONAL PALESTINO | 239

truturas de governança emuladas por todo o Oriente Médio. Arafat e seus aliados aderiram abertamente a estes dois legados.

A Revolução Argelina foi um conflito extremamente sangrento que resultou em mais de 1 milhão de mortes. A contrainsurgência francesa, que incluía uma dose liberal de tortura contra os rebeldes capturados, provocou clamor internacional (com direito a uma denúncia fervorosa em relação às atitudes francesas em pleno senado dos Estados Unidos, feita por um jovem senador de Massachusetts, John F. Kennedy). Do outro lado, os revolucionários argelinos não só cometiam atos de violência contra soldados e civis, mas também apoiavam e até elogiavam estes atos. O teórico revolucionário e psicólogo Franz Fanon, considerado por muitos o filósofo da revolução, chegou a proclamar que a violência dos colonizados com os colonizadores tinha um efeito libertador e de "limpeza". A violência, escreveu Fanon, não só desmitifica o poder do colonizador (se você os corta, eles sangram, não?), mas também "introduz na consciência de cada homem as ideias de uma causa comum, de um destino nacional e de uma história coletiva".[59]

Assim como os argelinos insurgentes, os comandantes da guerrilha que eventualmente formaram a liderança da OLP adotaram a teoria do esforço armado. De acordo com o estatuto da OLP (1968):

> O esforço armado é a única forma de libertar a Palestina. Portanto, ela será a estratégia principal e não apenas uma mera fase tática. A ação comandada constitui o núcleo da guerra de libertação popular palestina. E isso requer uma escalada, compreensão e mobilização de todo o povo palestino, além de esforços educacionais, organização e envolvimento na revolução armada palestina. Ela também requer a conquista da unidade para o esforço nacional entre diferentes grupos do povo palestino, e também entre o povo palestino e as massas árabes, a fim de assegurar a continuação da revolução, sua progressão e vitória.

Essa vitória permaneceu no campo ilusório. Para alguns observadores, inclusive alguns simpatizantes da causa palestina, a culpa do fracasso do movimento nacional palestino está justamente na utilização da violência e no culto ao esforço armado. É fato que a violência desempenhou papel importante – talvez até decisivo – na manutenção da questão palestina como um dos itens prioritários na agenda política internacional.

---

59 FANON, Franz. *Wretched of the Earth* [Os condenados da Terra]. New York: Penguin Books, 1967. p. 73.

Contudo, aqueles que questionam o valor da doutrina do esforço armado argumentam que em vez de mobilizar e libertar a população palestina, essa fixação pelo armamento brutalizou a cultura política palestina, colocou o cidadão comum palestino às margens da iniciativa nacionalista e desviou os palestinos do lento e deliberado trabalho preliminar essencial para a construção de uma nação. De acordo com o contemporâneo intelectual palestino-americano, Edward Said:

> Por décadas, tivemos em nossas mentes claras ideias sobre armas e assassinatos, ideias que desde a década de 1930 até os dias de hoje nos trouxeram diversos mártires, mas poucos resultados eficazes em relação ao sionismo ou em nossas próprias ideias sobre o que deveria ser feito em seguida. No nosso caso, a luta é travada por um pequeno número de corajosas pessoas atiradas em uma batalha com poucas esperanças de êxito... Mas se olharmos rapidamente outros movimentos – como o movimento nacionalista da Índia, o movimento de libertação da África do Sul, o movimento dos direitos civis norte-americanos – veremos que, em primeiro lugar, só um movimento de massa, que emprega táticas e estratégias que maximizem o elemento popular, fazem alguma diferença sobre o ocupante e/ou o opressor. Em segundo lugar, somente um movimento de massa politizado e imbuído de uma visão de participação direta em um futuro imaginado por ele mesmo, só esse tipo de movimento tem alguma chance histórica de se libertar da opressão e da ocupação militar. O futuro, assim como o passado, é construído por seres humanos. Eles, e não um mediador ou salvador distante, são os agentes da mudança.[60]

Independente da crença em Fanon ou em Said, a doutrina do esforço armado sancionou o papel dominante desempenhado pelos grupos de guerrilha e seus líderes na luta nacional palestina, da mesma forma que o papel dominante desempenhado pelos grupos de guerrilha sancionou a doutrina do esforço armado. Desde 1969, representantes dos grupos de guerrilha dominaram o comitê executivo da OLP, que, na verdade, tornara-se o gabinete privado de Yasir Arafat.

Arafat fundou o Fatah no final da década de 1950 com a ajuda de amigos próximos do Egito e do Kuwait, onde trabalhou depois de seus estudos. Esse grupo formaria a cúpula do Fatah nos anos seguintes. No decorrer da história, o Fatah de Arafat articulou mensagens nacionalistas diretas apoiadas por esquerdistas e "pan-árabes" através de jargões e

---

60 SAID, Edward. *From Oslo to Iraq and the Road Map: Essays* [De Oslo ao Iraque, e o mapa da paz: ensaios]. New York: Pantheon, 2004. p. 29-30.

missões, como: "O Fatah [...] solenemente proclama que o objetivo final de seus esforços é a restauração do Estado independente e democrático da Palestina, e que todos os seus cidadãos irão gozar de direitos iguais independente de suas religiões". Compare essa mensagem de fácil compreensão com os apelos pela revolução social e o esforço de classes do estatuto de um outro grupo guerrilheiro, o mais faccioso ideologicamente a Frente Popular para a Libertação da Palestina (PFLP, na sigla em inglês): "A visão da PFLP para se criar uma sociedade mais justa, livre de todas as formas de exploração, é guiada por [...] uma interpretação marxista e uma dialética materialista sobre a compreensão e a análise da realidade social". Por causa da simplicidade de sua mensagem, que atraiu todas as camadas da sociedade, dos notáveis aos comerciantes (classificados pelos marxistas como exploradores), dos camponeses aos trabalhadores civis (os explorados), o Fatah sempre foi o maior grupo de guerrilha. E, por isso, sempre teve o maior número de membros no comitê executivo.

As posições remanescentes do comitê executivo ficaram para simpatizantes e líderes de uma verdadeira sopa de letrinhas: a PFLP, a PDFLP (Frente Democrática Popular para a Libertação da Palestina, que depois mudou para a sigla DFLP), a PPSF (Frente do Esforço Popular Palestino), a ALF (Frente da Libertação Árabe), e a Al-Saiqa (única frente sem sigla, já que Al-Saiqa em árabe significa "o trovão"). Assim como a PFLP, alguns grupos de guerrilha se diferenciaram de seus concorrentes reivindicando vínculo com uma ou outra ideologia – marxismo-leninismo, maoísmo, ideologia pan-árabe ou baathismo – mesmo que esse vínculo fosse, muito frequentemente, uma questão de conveniência ou patrocínio. Por exemplo, como a Al-Saiqa e a ALF receberam patrocínio respectivamente da Síria e do Iraque, ambos os grupos tiveram que adotar a linha do partido sugerida pelos líderes baathistas desses dois países. Outros grupos eram simplesmente fundados por empreendedores políticos independentes que recrutavam bandos de seguidores nos seus arredores. Não era raro que alguns dos grupos mais pequenos tivessem apenas algumas centenas de membros – o que trazia questionamentos sobre o motivo que levava líderes como Ahmad Jibril, da minúscula Frente Popular para a Libertação da Palestina – Comando Geral (PFLP-GC, na sigla em inglês), a merecer uma cadeira no comitê executivo.

Mas eles tinham direito a elas. Os lugares do comitê executivo eram determinados por um consenso entre os líderes da OLP, que normalmente se reuniam a portas fechadas. Suas escolhas eram ratificadas ("eleitas") pelo Conselho Nacional Palestino (PNC, na sigla em inglês) e pela facção legislativa da OLP. Como o PNC era formado por representantes de organizações oficialmente reconhecidas – a União Geral dos Estudantes Palestinos, a União Geral dos Trabalhadores Palestinos, a União Geral das Mulheres Palestinas, a União Geral dos Fazendeiros Palestinos, o Alto Conselho da Juventude e Esportes Palestino, e assim por diante – e também de delegados independentes, a OLP acreditava que o PNC era uma espécie de embrião da nação palestina. Mas a realidade era um pouco mais complexa. A escolha dos delegados para a PNC nunca fora totalmente democrática: embora alguns delegados independentes tivessem sido eleitos, outros simplesmente tomaram os assentos que lhes foram reservados. Além disso, como os israelenses baniram a OLP e proibiram os palestinos que viviam nos territórios ocupados de participar de suas instituições, os habitantes da Cisjordânia e da Faixa de Gaza não tinham representação direta. Mais de duas décadas depois da "legalização" da OLP perante o governo israelense em Oslo, somente 15% dos representantes do PNC vêm desses territórios, apesar do percentual de palestinos que vivem no local ser, pelo menos, duas vezes e meia maior do que esse valor, de acordo com as estatísticas da própria OLP.

A estrutura da OLP não surgiu por acidente. Durante a década de 1960, os partidos do Oriente Médio e também os do Terceiro Mundo consideravam-se a vanguarda dos elementos progressivos da sociedade. Eles também consideravam as assembleias e congressos por eles convocados como um meio de recriar suas sociedades em linhas mais progressivas. No Egito pós-Suez, por exemplo, o governo de Nasser reconheceu cinco grupos como blocos estruturais para a nova ordem que estava sendo construída: camponeses, trabalhadores, intelectuais e profissionais qualificados, capitalistas nacionalistas (somente os "bons") e o Exército. Em 1961, o governo egípcio convocou representantes escolhidos a dedo dentro desses grupos (a Aliança das Forças de Trabalho) para ratificarem a nova construção – a Escritura da Ação Nacional –, e para agirem como intermediários que tinham como trabalho manter seus constituintes informados das decisões do governo. As iniciativas do governo egípcio tiveram dois efeitos. Primeiro, ao colocar os "parasitas sociais" (capitalistas oportunistas ou donos de terras feudais) distantes da classificação da ordem social, o governo conseguiu transmitir uma imagem de sociedade livre de classes unida por um interesse comum. Segundo, como cada categoria estava ligada a outra apenas por meio do governo, ficava garantido ao governo exclusivamente

CAPÍTULO 9 – AMADURECIMENTO DO MOVIMENTO NACIONAL PALESTINO | **243**

a definição dos interesses comuns, sem a interferência de uma cidadania verdadeiramente unificada.

Nasser e seus semelhantes do mundo árabe acreditavam que a construção de instituições de governo desse tipo poderia expandir o alcance dessas organizações dentro da sociedade, criar a ilusão de uma nação unificada em prol de um esforço comum e passar a impressão de que a vanguarda nacionalista que estava no ápice da sociedade (como o Conselho do comando revolucionário do Egito), estava intimamente conectada com as massas que essas instituições afirmavam representar. Mas até mesmo no Egito, onde a população é relativamente homogênea e já existia uma longa história de poder centralizado muito antes de Nasser, a tentativa do governo de impor sua visão sobre a sociedade produziu, na melhor das hipóteses, resultados inconclusivos. Os resultados foram ainda mais decepcionantes quando o modelo egípcio foi transferido para os palestinos. Os motivos não eram difíceis de se identificar: a população palestina estava dispersa entre a comunidade da diáspora e a população assentada por um longo período nos territórios ocupados. E por ter sido banida pelos israelenses, a OLP não tinha presença institucional permanente na Palestina, e tinha que competir tanto com o governo israelense quanto com os árabes na administração do dia a dia daqueles que ela queria representar. Portanto, quando os israelenses tentaram organizar os palestinos dos territórios ocupados em "ligas de vilarejos" colaborativas no início da década de 1980, a OLP só podia agir defensivamente assassinando aqueles que colaboravam com a organização. O comando da OLP sobre o povo palestino sempre foi mais emotivo do que institucional – um fator que certamente contribuiu com o ambiente competitivo dos grupos de guerrilha. Até o estabelecimento oficial da Autoridade Palestina em 1996 (e depois, inclusive), os laços institucionais que conectavam o povo palestino à liderança da OLP permaneceram tênues. Isso ficará mais claro em nossa discussão sobre a *intifada*, quando os palestinos dos territórios ocupados organizaram seus próprios conjuntos de instituições, que pediam fidelidade (mas eram amplamente autônomos) às instituições da OLP.

Havia um problema adicional que tanto Nasser quanto Arafat tinham que tratar: como evitar atritos com a vanguarda revolucionária que estava no poder. O carismático Nasser era capaz de impor sua visão por meio da força de sua personalidade. Arafat já não tinha tanto carisma, e por isso escolheu um caminho diferente: ele optou por uma política de inclusão e a construção de um consenso. Em outras palavras, ele adotou todos os costumes dos grupos palestinos – mesmo aqueles que faziam oposição às estratégias do Fatah ou aqueles que estavam alinhados com um ou outro poder externo – e os implantou dentro da cúpula da OLP. Quando os conflitos surgiram acerca das novas políticas, ele tentou resolvê-los por meio de acomodação e negociação, e não por confronto.

Arafat afirmava que sua política derivava da inclusão da experiência histórica do povo palestino, especialmente da Grande Revolta:

> [Em 1936] nossa liderança palestina estava dividida e os grupos rivais lutavam entre eles. Por causa dessa luta interna, muitos de nossos líderes foram assassinados. Depois de estudar essas questões, eu fiz uma promessa que minha geração nunca repetiria estes erros do passado.[61]

Na visão de Arafat, a política de inclusão e de construção de consenso iria minimizar incidentes de violência entre os grupos. E, de certa forma, ela assim o fez, mas os incidentes nunca desapareceram completamente. Depois da invasão israelense ao Líbano em 1982, por exemplo, facções aliadas à Síria dentro da OLP iniciaram uma verdadeira guerra civil na organização. As feridas na OLP perduram até hoje. A política de inclusão e de construção de consenso também atesta a reivindicação da OLP de representar a nação palestina inteiramente e, nessa posição, ser a "exclusiva representante legítima do povo palestino" (como de fato reconheceram os governos árabes, em 1974). Contudo, é difícil deixar de imaginar qual teria sido o destino do movimento nacional palestino se Arafat tivesse estabelecido os mesmos limites para facções problemáticas que Ben-Gurion estabeleceu durante seu confronto com o Irgun durante o incidente ocorrido com o navio de cargas S.S. Altalena.

Certamente, a política de inclusão e de construção de consenso teve também seus pontos negativos. Críticos da OLP reclamam que Arafat gastou muito tempo e energia para atender até as mais excessivas demandas de rivais teimosos e aspirantes à política. Para a OLP, isso dificultou o ajuste às novas circunstâncias, o aproveitamento de novas oportunidades ou de ocorrências mais urgentes, ou a alteração do curso das coisas, mesmo em face do desastre iminente. De acordo com um

---

61 SWEDENBURG, Ted. *Memories of Revolt: The 1936-1939 Rebellion and the Palestinian National Past* [Memórias da revolta: a rebelião de 1936-1939 e o passado nacional palestino]. Minneapolis: University of Minnesota Press, 1995. p. 152.

dos críticos, é mais fácil alterar as correntes do oceano do que mudar o direcionamento da OLP.

Isso não significa que a OLP não alterou suas políticas no decorrer dos anos, é claro. Ela certamente mudou com o tempo. Mas isso não era frequente; mudanças costumavam chegar com atraso, e somente quando havia o uso da força. Tomemos, como exemplo, a política estratégica da OLP. O artigo 15 do estatuto da OLP, adotada em 1968, clama pela "eliminação do sionismo na Palestina". Isso continuou sendo a principal meta da OLP durante quase toda a década de 1970, apesar da guerra de 1967 ter demonstrado que Israel estava naquela região para ficar, e que a própria linha de frente dos Estados Árabes concordou em buscar metas menos pretensiosas, visando ao restabelecimento do *status quo* anterior, e que os ataques de guerrilha contra Israel não geraram sinais convincentes de que os israelenses iriam simplesmente desistir, arrumar as malas e sair. Somente em 1974, a OLP adotou oficialmente seu novo objetivo de estabelecer um mini Estado palestino na Cisjordânia e na Faixa de Gaza. E ainda assim, a OLP foi conservadora em sua aposta inicial, declarando que o mini Estado seria temporário, durando apenas até a libertação da Palestina. A OLP aceitou, mais de uma década depois, e com reservas, a cláusula da Resolução nº 242 que reconhecia "a soberania, a integridade territorial e a independência política de cada um dos Estados da região" – e isso significava Israel e os Estados Árabes.

Com essa lenta reorientação política, Arafat se recusava consistentemente a estabelecer as regras para tratar do problema que representava o principal objetivo do movimento nacional palestino. Além de não concordar em alienar os conservadores radicais da OLP, ele também temia causar um conflito entre os palestinos da diáspora (cujas reivindicações não seriam atendidas pela criação do mini Estado) e os palestinos dos territórios ocupados. Arafat deu apoio total à alternativa dos "dois Estados" somente depois que a questão já havia sido decidida por ele, em todos os seus intentos e propósitos. Em 1987, os palestinos que viviam nos territórios iniciaram a *intifada* contra a ocupação israelense, e Arafat precisou se apressar para tomar a frente do movimento. Críticos de Arafat foram rápidos em afirmar que o movimento nacional palestino acabou sendo liderado por um político, sendo que precisava da liderança de um estadista.

Além de fazer que o movimento nacional palestino mudasse seu curso lentamente, a fixação pela inclusão e pela construção de um consenso fez que, em algumas situações, alguns grupos de guerrilha colocassem a organização contra a parede. Possivelmente, o mais notório exemplo disso foi uma questão chamada pelos palestinos de "Setembro Negro". Antes de 1970, a Jordânia formava a base principal da OLP. Contudo, o relacionamento entre a liderança da OLP e o governo jordaniano tinha muitos atritos: os líderes da OLP suspeitavam que o governo jordaniano tinha uma agenda própria com relação à Palestina (e de fato tinha); e, por outro lado, o governo jordaniano lamentava o desrespeito às leis jordanianas e aos direitos de soberania demonstrados pelos residentes guerrilheiros palestinos em seu reinado. As atividades da PFLP eram particularmente provocativas, já que o grupo via a instalação de um governo palestino na Jordânia como o primeiro passo de uma campanha para libertar toda a Palestina – ou, usando as palavras do lema da PFLP, "a estrada para Jerusalém começa em Amã". No verão de 1970, a PFLP e sua aliada PDFLP bloquearam estradas e organizaram diversos incidentes terroristas de alto impacto para intimidar o governo jordaniano e demonstrar onde estava o verdadeiro poder do reinado. Eles fizeram reféns em hotéis turísticos na Jordânia e sequestraram aviões, três dos quais foram aterrissados no deserto fora de Amã antes de serem explodidos. Embora um dos princípios do Fatah fosse não se envolver em questões internas dos Estados Árabes, as ações do *fedayeen* da PFLP e da PDFLP não deixaram outra opção para Arafat. Motivado por lealdade, oportunismo, ou ambos, Arafat superou sua inicial relutância em se envolver e apoiou totalmente seus camaradas palestinos.

Pode-se inferir por meio do epíteto "Setembro Negro" que os resultados gerados pela decisão de Arafat foram desastrosos para os palestinos. Na metade de setembro, o exército jordaniano contra-atacou e massacrou as guerrilhas palestinas, causando severas baixas (a OLP estima cerca de 30 mil mortes) de guerrilheiros palestinos e civis, e expulsando a OLP de seu seguro refúgio na Jordânia. A OLP foi forçada a organizar suas base no Líbano. E por lá ficou até a invasão israelense naquele desventurado país em 1982. Forçada a fugir novamente, a liderança da OLP acabou se instalando na distante Tunísia, um estado secundário, onde restava apenas observar de longe os desdobramentos dos eventos na Palestina.

O Setembro Negro não foi o último evento em que um ou mais grupos de guerrilha precisaram da ajuda da OLP. Os diversos incidentes terroristas que se tornaram marca registrada destes grupos tiveram efeitos similares nas décadas de 1970 e 1980. Esses incidentes mantiveram a questão

CAPÍTULO 9 – AMADURECIMENTO DO MOVIMENTO NACIONAL PALESTINO | 247

palestina viva em uma época em que a comunidade mundial teria rapidamente a esquecido. E os autores desses incidentes podem justificar suas missões por meio da doutrina do esforço armado. Mas frequentemente havia uma lógica na loucura dos terroristas que transcendia os objetivos óbvios, que eram manter o sonho vivo, libertar os palestinos presos e causar perdas no inimigo sionista. Na verdade, os grupos de guerrilha costumavam lançar seus ataques contra dois alvos de uma só vez: o inimigo sionista e seus apoiadores de um lado, e os pragmáticos da OLP, seus aliados externos e os regimes moderados árabes que buscavam uma saída daquele interminável estado de guerra, do outro. Os terroristas temiam que este último grupo estaria disposto a comprometer os direitos dos palestinos em troca de uma estabilidade.

Em função disso, muitos dos mais violentos incidentes terroristas coincidiam com iniciativas em busca de um possível acordo, fosse ele entre israelenses e palestinos, ou entre israelenses e seus vizinhos. Por exemplo, em 1974 três *fedayeen* da PDFLP cruzaram a fronteira israelense do Líbano e mataram 22 estudantes de um liceu na cidade israelense de Maalot. Foi um crime horrível, cometido ostensivamente para forçar a libertação dos prisioneiros palestinos mantidos em cadeias israelenses. Mas a libertação desses prisioneiros não era o único motivo: a PDFLP e seus aliados sírios – ambos membros da chamada "Frente Rejeicionista" – temiam que israelenses e egípcios fizessem um acordo bilateral para retirar as suas tropas do Sinai. Eles estavam particularmente preocupados porque depois que os dois lados chegassem a um acordo de retirada, eles iniciariam as negociações de assuntos mais complexos. Isso deixaria palestinos e sírios sem auxílio externo. O ataque deixou os egípcios em uma situação desconfortável e desencorajou os horrorizados israelenses a negociarem com seus antagonistas. Por fim, israelenses e egípcios continuaram suas discussões apesar de todo o derramamento de sangue.

De forma similar, houve uma explosão de ataques terroristas no final de 1985, que incluíram o sequestro de um navio de cruzeiro italiano, o *Achille Lauro* (durante o evento, Leon Klinghoffer, um norte-americano, foi assassinado) e tiroteios nos aeroportos de Roma e Viena (organizados por Abu Nidal, um renegado da OLP). Os ataques coincidiram com um acordo feito entre o rei Hussein, da Jordânia, e Yasir Arafat para unir esforços com o objetivo de elaborar um documento que tivesse como base a Resolução nº 242 das Nações Unidas. Israelenses e norte-americanos já haviam sinalizado que estavam dispostos a negociar nessas bases, assim como a União Europeia, que começava a desempenhar papel mais ativo na política da região. Dessa vez, porém, os ataques tiveram o resultado desejado. As negociações foram interrompidas em meio ao derramamento de sangue e a acusações recriminatórias mútuas.

Os críticos da OLP, depois de tomarem conhecimento dos incidentes como os mencionados anteriormente, balançaram a cabeça em negação e comentaram ironicamente que a OLP e Yasir Arafat "nunca perderam a oportunidade de perder uma oportunidade". Todavia, a oportunidade de uns é o oportunismo de outros. E se por um lado existiram aqueles que criticaram a OLP e Arafat pelas oportunidades perdidas, há, por outro lado, aqueles que os elogiaram por não abandonarem o legado nacional que lhes fora confiado. Karl Marx certa vez escreveu, "a tradição de todas as gerações passadas assombra como um pesadelo as mentes daqueles que ainda vivem". A OLP não foi a única organização de movimento nacionalista a enfrentar problemas relacionados à manutenção – ou não – das tradições do passado.

Dito isto, deve-se deixar claro que as realizações conquistadas pela OLP foram pouco inspiradoras. A OLP não cumpriu a "eliminação do sionismo na Palestina", não estabeleceu um estado viável (e nem sequer um inviável) e também não melhorou a parte dos palestinos nos territórios ocupados. Em alguns casos, as decisões tomadas por suas lideranças beiraram o bizarro. Arafat concedeu o apoio da OLP a Saddam Hussein, em 1990, quando o ditador iraquiano invadiu o Kuwait. Um ano depois, ele apoiou um breve e hesitante golpe de radicais comunistas contra Mikhail Gorbachev, na Rússia. Em ambos os casos, as decisões de Arafat alienaram parceiros diplomáticos e financeiros de longa data (os Estados do Golfo e a Rússia). Conforme mencionado anteriormente, depois que uma coalisão que incluía diversos Estados Árabes libertou o Kuwait, os kuaitianos expulsaram 70 mil palestinos que trabalhavam em seu país. Sob o comando de Arafat, a liderança da OLP fora perseguida em Amã, Beirute e Tunes, acabando instalada em uma estrutura parcialmente demolida em Ramalá. Arafat personificava o poder e, propositalmente, se recusava a construir instituições que viriam a garantir uma transição ordenada e uma continuidade administrativa depois de sua morte. E, como veremos adiante, a OLP conseguiu ainda desperdiçar seu maior patrimônio – o monopólio sobre o movimento nacional palestino – em vez de manter-se eternamente com o título de "única representante legítima do povo palestino".

Mas até mesmo os depreciadores mais severos não podem negar que a OLP teve que enfrentar condições que poderiam ter esmagado qualquer organização nacionalista menos resistente. A OLP atuava fora dos territórios que eram reivindicados pelos palestinos historicamente como sua terra natal. Isso tornava mais difícil a mobilização de seu público constituinte original, a manutenção dessa mobilização e os recursos diretos para a empreitada nacionalista. Ela teve que tratar das questões dos palestinos da diáspora, que tinham o direito sobre as propriedades de seus ancestrais em Israel e sonhavam em recuperá-las; e dos palestinos que não estavam envolvidos com a diáspora, e só queriam viver uma vida normal no local em que estavam. Ela teve que resolver reclamações internas, que muitas vezes eram apoiadas por forças externas, e também tratar de questões externas, muitas vezes geradas por supostos aliados. E é claro, tinha que fazer tudo isso enquanto enfrentava um inimigo que não somente tinha o terceiro maior número de soldados ativos *per capita* do mundo (depois somente da Coreia do Norte e da Eritreia), mas também não hesitava em utilizar este exército para massacrar a OLP e assassinar seus líderes.

IMAGEM 21. Crianças brincando com pedras, 1988. (Fonte: Peter Turnley/Corbis.)

Apesar disso tudo, a OLP conseguiu alguns sucessos diplomáticos e em outras áreas. Para a maioria do mundo, a OLP ainda é a "única representante legítima do povo palestino". Mais importante do que isso, a OLP conseguiu salvar o nacionalismo palestino de potenciais ataques definitivos em 1939 e em 1948, e o manteve vivo em tempos muito difíceis. E isso por si só já é uma grande realização.

INTIFADA

Depois da guerra de 1967, o poeta sírio Nizar Qabbani (1923-1998) escreveu um poema chamado "Anotações para o Livro do Revés".[62] O poema era uma dura crítica ao desempenho árabe na guerra, e continha os seguintes versos:

> Nós queremos uma geração irada
> Para arar o céu
> Para explodir a história
> Para transbordar nossos pensamentos.
>
> Nós queremos uma nova geração
> Que não perdoa erros
> Que não se curva
> Nós queremos uma geração
> De gigantes.

Após 20 anos, Qabbani teve seu desejo atendido e celebrou com outro poema intitulado "Crianças brincando com pedras"[63]:

> Com pedras nas mãos,
> eles desafiam o mundo
> e vêm a nós como boas-novas.
> Eles transbordam ódio e amor, e eles caem
> enquanto nós permanecemos como um bando de ursos:
> o corpo blindado das mudanças do clima.
>
> Como ostras, sentamos em um café,
> um caça negócios de sucesso
> outro mais um bilhão
> e uma quarta esposa
> e seios polidos pela civilização.

---

62 QABBANI, Nizar. Footnotes to the Book of Setback [Anotações para o Livro do Revés]. In: ROSEN, Michael; WIDGERY, David (Eds.). *The Chatto Book of Dissent* [O Livro da Dissidência]. London: Chatto and Windus, 1994. p. 101-5.

63 LOCKMAN, Zachary; BEININ, Joel (Eds.). *Intifada: The Palestinian Uprising against Israeli Occupation* [Intifada: a insurreição palestina contra a ocupação israelense]. Boston: South End Press, 1989. p. 100.

CAPÍTULO 9 – AMADURECIMENTO DO MOVIMENTO NACIONAL PALESTINO | 251

Um observa Londres de uma sublime mansão
um trafica armas
um busca revanche nas boates
um planeja a conquista de um trono, de um exército particular
e de um principado.
Ah, geração da traição,
de homens indecentes e de segundo escalão,
geração de restos,
seremos varridos –
não importa o ritmo lento da história –
por crianças brincando com pedras.

O poema é uma ode à *intifada* palestina e seu pragmático símbolo: crianças palestinas desarmadas atirando pedras contra tanques israelenses. A palavra árabe *intifada* significa "sacudir". Antes de ser associada com a insurreição palestina contra a ocupação israelense, oradores palestinos e árabes usavam a palavra para se referirem a acontecimentos ordinários, como um cachorro sacudindo o corpo molhado pela chuva. Mas a *intifada* de 1987-1993 não foi nada ordinária. Assim como os eventos de 1936-1939, 1948 e 1967, a *intifada* marcou uma mudança de curso, não apenas na história do movimento nacional palestino, mas também no conflito entre israelenses e palestinos.

Quando eclodiu a *intifada*, o movimento nacional palestino estava vivendo tempos difíceis. A ocupação israelense na Cisjordânia e na Faixa de Gaza entrava em sua terceira década. A OLP, escondida no Líbano e dependente da compaixão dos Estados Unidos, tinha sua base a quase 2,5 mil quilômetros de distância do local dos esforços. A intensa atividade diplomática que buscava resolver a disputa em 1985 havia entrado em colapso depois de diversos ataques violentos e reprimendas. Em um discurso emocionado feito em 1986, o rei Hussein da Jordânia, que coordenava a política com seu governo junto com a OLP, anunciou que estava farto de Arafat e da organização que ele presidia. E o rei Hussein não estava só ao lavar as mãos em relação ao problema palestino. Em 1987, o restante do mundo árabe havia voltado sua atenção para um problema diferente.

Logo depois da assinatura do tratado de paz entre Israel e Egito em Camp David no ano de 1979, a Liga Árabe expulsou seu maior membro, acusando-o de quebrar acordos e de traição às causas palestinas e árabes. Anwar al-Sadat, presidente do Egito, declarou na época que o mundo árabe acabaria de joelhos, pedindo a sua volta. Em 1987, sua previsão se tornou realidade. Sete anos antes, o Iraque de Saddam Hussein atacou o Irã, acreditando que a Revolução Iraniana de 1978-1979 havia enfraquecido seu inimigo, e que a vitória seria rápida e certa. Mas não foi. E em 1987 os Estados Árabes estavam diante da perspectiva de uma vitória iraniana. Muitos acreditavam que essa vitória poderia ser perigosa para todos. Em novembro daquele ano, líderes árabes se encontraram em Amã, Jordânia, para decidir o que deveria ser feito. Eles concluíram que tinham que apoiar firmemente o Iraque, e se isso significasse a absolvição do Egito para que este fornecesse recursos e apoio, que assim fosse. Os líderes decidiram deixar para cada Estado a sua determinação política em relação ao Egito. O desejo de reintegrar o Egito ao equilíbrio do poder dentro da Arábia era um evidente sinal de que o mundo árabe estava disposto a colocar a questão Israel x Palestina em segundo plano. Quando Yasir Arafat chegou à Amã para fazer sua reclamação, o rei Hussein enviou um oficial de baixo escalão para buscá-lo no aeroporto. Parecia que o movimento nacional estava por sua conta.

Menos de um mês depois, tudo mudou. Em 8 de dezembro de 1987, um caminhão militar israelense bateu em um carro que transportava trabalhadores palestinos do campo de refugiados de Jabalia, matando quatro deles. Como um executivo israelense havia sido assassinado a facadas dois dias antes, o rumor que se espalhou era o de que a colisão não fora um acidente, e sim um ato de vingança. A Faixa de Gaza explodiu em rebeliões e protestos. Os movimentos logo se espalharam pela Cisjordânia e pelo leste de Jerusalém. A *intifada* começava.

Por duas vezes já vimos como um evento menor, como o assassinato de um arquiduque ou a descoberta de armas escondidas, podem desencadear conflagrações muito maiores do que qualquer observador sensato poderia esperar. E aqui temos um terceiro exemplo. Assim como no caso da Primeira Guerra Mundial e da Grande Revolta Árabe, um acidente histórico (nesse caso, literalmente um acidente) deflagrou o início da *intifada*. Também de forma similar à Primeira Guerra Mundial e à Grande Revolta Árabe, essa pequena ocorrência passaria despercebida se não fosse uma "faísca em palha seca". E as condições da ocupação eram essa palha seca. Além disso, por piores que fossem as condições dessa ocupação, elas ainda se deterioraram na metade da década de 1980 – e ela não dava sinais de acabar.

Em 1987, não havia nenhum aspecto da vida cotidiana, nenhum setor da economia palestina, nenhuma parte da paisagem palestina, que não

CAPÍTULO 9 – AMADURECIMENTO DO MOVIMENTO NACIONAL PALESTINO | 253

tivesse sofrido influência da ocupação. Durante 20 anos, os israelenses inundaram a população palestina em um mar de regras burocráticas que interferiam em todos os aspectos da vida nos territórios, desde o uso da terra, passando por empregos e chegando a viagens. Os israelenses desapropriaram terras dos territórios ocupados para "treinamento militar", "necessidades públicas" e até para "preservação da natureza". Eles construíram assentamentos que dominavam toda a área do interior. Somente nos três anos que antecederam a *intifada*, os israelenses construíram 17 assentamentos na Cisjordânia e na Faixa de Gaza, e aumentaram as populações de assentados para mais de 68 mil pessoas. As políticas agrícolas de Israel devastaram a agricultura palestina de tal forma que a área de terra cultivada em 1987 era menor do em 1947. As políticas de trabalho israelenses discriminavam trabalhadores palestinos e os impediam de gozar de benefícios sociais e remunerações garantidas aos trabalhadores israelenses. As políticas de investimentos públicos israelenses eram avarentas – chamadas por muitos de políticas de desinvestimentos –, e causaram sérios prejuízos à infraestrutura. Havia muita volatilidade nos territórios e problemas de superpopulação (na Faixa de Gaza, estimava-se mais de 1,4 mil pessoas por quilômetro quadrado). Essa população era constituída, em sua maioria, por jovens cheios de rancor e ressentimentos (mais da metade da população dos territórios tinha menos de 15 anos, e um terço tinha entre 15 e 34 anos), que viviam em uma política de repressão conhecida como "pulso de ferro", que contemplava prisões administrativas, demolições de casas, deportações e fechamento de escolas.

Obviamente, nada disso era garantia de que uma explosão viria a acontecer. Insurreições populares são ocorrências raras na história, e, na maioria das vezes, o povo acaba sendo arrebanhado e desencorajado pela repressão e a pobreza, ao invés de se rebelar. Mas por alguma razão, o período de 10 anos que se iniciou no final da década de 1970 foi particularmente volátil na história mundial. Insurreições populares, que previamente eram raras, tornaram-se comuns em meio a populações não armadas pelo mundo – China, Polônia, África do Sul, Nicarágua, Irã, Filipinas, Tchecoslováquia –, enfrentando soldados fortemente armados para resistir ao poder arraigado. E a população dos territórios ocupados fez o mesmo.

A *intifada* durou cinco anos. Embora ela tenha começado a enfraquecer quando a liderança palestina, preocupada com o "espírito de Oslo", declarou o fim do movimento, ela não poderia ter continuado sem algum tipo de organização e planejamento. Logo depois de sua erupção inicial, a *intifada* tornou-se rotineira. Não demorou para que os residentes dos territórios ocupados organizassem uma divisão informal do trabalho entre eles. Isso fez que eles pudessem se sustentar enquanto mantinham a rebelião ativa. Com o passar do tempo, uma liderança e uma série de instituições logo surgiram para guiar a rebelião, coordenar as atividades da população e, quando necessário, impor disciplina.

Um dos níveis mais fundamentais, que era a divisão do trabalho, era geracional. Jovens palestinos – que eram muito numerosos – compunham as linhas de frente da rebelião. Eles entravam em conflito com soldados israelenses e tanques, organizavam greves e boicotes convocados pela liderança, distribuíam panfletos e auxiliavam comitês locais em suas atividades cotidianas. Possivelmente, a principal função deles era agir como atores em um teatro de rebelião. Imagens de jovens desarmados confrontando soldados e tanques israelenses com pedras e estilingues em suas mãos provocaram efeitos certeiros sobre a audiência internacional, e faziam Israel deixar de ser Davi para se tornar Golias. E essa nova imagem de Israel tornou-se ainda mais forte quando o arquiteto da política do "pulso de ferro" nos territórios, o ministro da Defesa, Yitzhak Rabin, ordenou aos soldados israelenses que quebrassem os braços das crianças palestinas que atiravam pedras. Já que os palestinos alocados nos territórios não eram capazes de derrotar o Exército israelense em um confronto direto, que melhor forma havia de forçar os cidadãos israelenses a confrontarem a natureza das ocupações e motivarem a comunidade internacional a pressionar Israel a pôr um fim nestas ocupações? E que mensagem mais forte poderia ser enviada aos adultos palestinos do que a lembrança dos riscos e sacrifícios assumidos por suas crianças?

Embora as linhas de frente pertencessem aos jovens, os adultos participavam do que os cientistas sociais chamavam de "mobilização passiva". Eles praticavam desobediências civis e organizavam boicotes a produtos e empregadores israelenses. Eles se recusavam a cooperar com a administração pública ou pagar taxas, não sacavam dinheiro em bancos israelenses, organizavam bandos de trabalho para realizar colheitas, seguiam pedidos de greves setoriais e gerais, e sugeriam iniciativas de autoajuda para promover a autossuficiência econômica. Essas atividades eram planejadas, coordenadas e monitoradas por meio de uma rede de organizações formais e informais rudimentares, como grupos de estudantes ou políticos, associações de profissionais ou de vizinhos e instituições de caridade islâmicas. Aqui, por exemplo, temos uma descrição feita por uma mulher chamada Sarona, que participou de um dos comitês femininos:

> A *Intifada* começou em dezembro de 1987. Ela não ocorreu simples e instantaneamente. Ela surgiu porque havia um movimento que a estava construindo, um movimento imperceptível para nós.
>
> Na escola, eu só tinha acesso ao trabalho realizado por outros alunos. Depois que terminei meus anos de escola, entrei para o comitê das mulheres. Isso me deu um olhar panorâmico para a sociedade e para os problemas sociais que ela enfrentava.
>
> Nós assumimos diversos projetos. Muitas mulheres não sabiam ler e escrever [...] logo, um dos projetos foi o combate ao analfabetismo.
>
> Outra atividade do comitê das mulheres eram as visitas sociais, em que um tema previamente escolhido era debatido com as donas de casa. Nossa sociedade foi formada de maneira muito tradicional, e as mulheres tinham que aceitar a opressão ou a repressão no seu próprio lar ao invés de pensar ou falar sobre a sua própria libertação como mulher. Nós tentávamos levar essas mulheres a outras áreas, apresentá-las a outras pessoas. Um dos problemas de um lar tradicional é que a mulher fica entre quatro paredes. Ela não tem acesso a muita coisa além de sua própria experiência. Portanto, quando ela pode sair e conhecer outras mulheres do vilarejo, perceber que aquelas que trabalham e assumem papéis na sociedade se desenvolvem mais, elas têm mais esperanças e mais compreensão sobre suas possibilidades.
>
> A estratégia geral do trabalho com as mulheres envolvia duas coisas: primeiro, envolver-se na vida social da mulher, e segundo, por meio do relacionamento gerado por esse envolvimento, construir uma mulher com consciência política. O primeiro era o objetivo principal. As mulheres tinham problemas reais. E nós achávamos que se quiséssemos ser ativas e ganhar a confiança das massas, precisávamos fazer dos problemas delas os nossos problemas.
>
> As mulheres que viviam em uma mesma rua e eram ativas no movimento das mulheres se encontravam regularmente. Mas no mês seguintes, aquelas mulheres se encontrariam com as mulheres da outra rua. O objetivo era fazer que cada uma delas se sentisse inserida em um movimento que as representava, e não fazê-las pensar que o movimento era delas. Duas vezes por ano havia uma conferência ou uma convenção de todo o movimento, e todas nós nos reuníamos.[64]

---

64 BAHOUR, Sam; LYND, Alice; LYND, Staughton. *Homeland: Oral Histories of Palestine and Palestinians* [A terra-natal: histórias contadas da Palestina e dos palestinos]. New York: Olive Branch Press, 1994. p. 85-6.

Embora estes grupos frequentemente coordenassem suas atividades no âmbito das cidades, a *intifada* inicialmente não tinha coordenação regional. Este problema foi resolvido em janeiro de 1988, quando um grupo auto intitulado de Liderança Nacional Unificada para a Insurreição (UNLU, na sigla em inglês) apareceu. A UNLU afirmava falar em nome dos rebeldes. Ela emitia comunicados (que eram distribuídos como panfletos, e lidos nas rádios sírias e iraquianas) pedindo solidariedade e ordenando a marcha dos povos nos territórios. O primeiro comunicado, por exemplo, convocava uma greve geral e ameaçava aqueles que não queriam aderir: "Nós alertamos sobre as possíveis consequências de se envolver com capangas das autoridades da ocupação que tentarão fazer você abrir seu negócio. Nós confirmamos que puniremos o negociante que fizer isso, em um futuro próximo". É interessante mencionar que este primeiro comunicado também colocava a UNLU como autoridade da OLP. A relação entre essas duas organizações era tanto cooperativa quanto cautelosa. Embora a UNLU fosse formada por grupos de guerrilha locais e fiéis, a chave para compreender seu relacionamento com a OLP está na palavra "local". A distância e a falta de conhecimento local comprometiam a habilidade da liderança da OLP de supervisionar suas atividades de maneira cuidadosa. Outro fator que dificultava essa supervisão era que a OLP representava os interesses dos palestinos que viviam fora dos territórios, bem como os daqueles que viviam dentro deles. Os que viviam fora dos territórios, naturalmente, eram simpatizantes da causa de seus irmãos, mas tinham aspirações territoriais mais amplas.

Por um lado, tanto a OLP quanto as lideranças locais dos territórios precisavam da ajuda um do outro. A liderança local buscava explorar a aura de seu relacionamento especial com a OLP para prevenir o surgimento de rivais políticos. Mas, por outro lado, eles temiam a influência de moderados socialmente proeminentes, muitos vindos de famílias importantes. Eles concordavam que estes moderados seriam mais aceitáveis para os Estados Unidos e para os poderes regionais, e estariam comprometidos com os objetivos da rebelião. Mas eles temiam a concorrência de grupos islâmicos, como o Hamas, que era definitivamente menos moderado. A UNLU buscava derivar legitimidade de uma associação com a OLP e com seu icônico chefe, Yasir Arafat. Mas a questão da legitimidade funcionava para ambos os lados. A OLP não poderia assumir uma posição secundária enquanto uma nova liderança conquistava um raro sucesso contra o inimigo sionista. Conforme veremos no próximo capítulo, esse

CAPÍTULO 9 – AMADURECIMENTO DO MOVIMENTO NACIONAL PALESTINO | 257

temor de ser considerado irrelevante teve papel importante na aceitação do Acordo de Oslo por parte da OLP.

Parte dos líderes locais temia que alguns notáveis tradicionais, ou que radicais islâmicos, pudessem tentar enganá-los futuramente, e esse fato chamava a atenção para um dos pontos fracos da rebelião, que, de fato, viria a minar sua força. Quando rebeliões como a *intifada* acontecem, elas incorporam todos os seguimentos da sociedade que querem protestar contra um inimigo comum. Uma vez que os rebeldes começam a fazer exigências periodicamente, ou tomar medidas para disciplinar a revolução, o apelo pela unidade começa a enfraquecer e as frentes tendem a se desunir. O surgimento da UNLU não garantiu unanimidade política ou de opinião. Com o passar do tempo, divisões de classe, gênero e ideológicas, que por algum tempo ficaram desaparecidas na sociedade palestina, reapareceram, e a UNLU teve que recorrer a força para manter a disciplina progressivamente. Muitas vezes, ativistas independentes se encarregaram de reforçar a "disciplina revolucionária". Isso era comum, pois as principais atitudes que moldavam a insurreição vinham de jovens de classes baixas, que agiam como tais. Por exemplo, defensores de direitos femininos reclamavam que em cidades da Cisjordânia e da Faixa de Gaza, jovens atacavam e violentavam mulheres que se vestiam com trajes ocidentais, para força-las a mudar suas vestimentas para o padrão islâmico: lenços cobrindo a cabeça, vestidos largos e longos, e assim por diante. Embora muitos estudiosos tivessem visto isso como uma "islamização" do espaço público, é provável que muitos jovens pobres tenham associado os trajes ocidentais com as classes mais altas, e tenham realizado estes ataques motivados por segregação hierárquica. Assim como em festas populares (Carnaval ou *Mardi Gras*), a insurreição deu uma oportunidade aos seus participantes de inverterem as classes sociais.

Se até esse momento a descrição da *intifada* parece familiar, é porque ela, de fato, tem uma estranha semelhança com a Grande Revolta da década de 1930. Ambas as rebeliões começaram com pequenos incidentes e rapidamente se espalharam pela população politicamente marginalizada e cada vez mais pobre da Palestina. Grupos locais e com base popular sustentaram ambas as rebeliões e assumiram responsabilidades por diversas funções econômicas, sociais e políticas. O surgimento desses grupos demonstraram a resiliência e o potencial democrático da sociedade palestina, é claro. Mas a competição entre esses grupos e a inexperiência de seus líderes levavam a tentativas desesperadas de ganhar mais influência por meio de força e intimidação. Assim como na Grande Revolta, a *intifada* logo acabou se tornando um confronto de gangues violentas e de vandalismo.

Por fim, a *intifada* demonstrou as vantagens e desvantagens que teriam os rebeldes se empregassem táticas de não cooperação e resistência para frustrar uma ocupação ou uma potência colonizadora, tornando sua administração insustentável. Do lado positivo para os palestinos, a *intifada* dava para a comunidade internacional ciência de tudo o que estava acontecendo: a questão palestina não ia desaparecer. Ao mesmo tempo, ela fez a ocupação deixar de ser um fato da vida de Israel para se tornar um problema moral e financeiro. Soldados israelenses que eram vistos – e, talvez mais importante, que se viam – como baluartes contra a agressão estrangeira, tinham agora que cumprir suas obrigações em meio a uma população hostil, contendo protestos, ferindo e matando crianças. Durantes os primeiros sete meses da *intifada*, cerca de 600 soldados se recusaram a servir nos territórios ocupados. Outros pediram dispensa alegando lesões e doenças não diagnosticadas previamente. Mas a resistência palestina nos territórios ocupados teve um alto preço. Entre 1987 e 1993, soldados israelenses mataram entre 900 e 1,2 mil palestinos e feriram cerca de 18 mil (outros 500 palestinos foram mortos pelos próprios palestinos). Cerca de 175 mil palestinos estiveram em cadeias israelenses, e as organizações de direitos humanos de Israel estimam que, aproximadamente, 23 mil palestinos foram sujeitados a "interrogatórios duros" (leia-se: tortura). O Exército israelense destruiu cerca de 2 mil casas palestinas como punição. E estima-se que ao final da *intifada* o padrão de vida nos territórios havia declinado em 40%.

Obviamente, cabe aos palestinos julgar se a *intifada* valeu o custo das vidas que levou. E com tudo o que aconteceu depois dela – Oslo, a decadência de Oslo, a segunda *intifada* (que começou em 2000), o fracasso dos israelenses em impor um assentamento e o fracasso da negociação dos palestinos por um assentamento –, há muito o que ponderar. Mas os palestinos devem reconhecer que a *intifada* de fato convenceu muitos israelenses de que o custo de se manter nos territórios ocupados era maior do que os benefícios trazidos por essa ação. Em 1992, Israel elegeu Yitzhak Rabin como primeiro-ministro. Membro do Partido Trabalhista e arquiteto da política de "pulso de ferro", Rabin candidatou-se em uma plataforma que tinha como uma de suas promessas encontrar uma saída para a crise instalada. Essa promessa levou os israelenses a Oslo. Mas antes de irmos para Oslo, vamos tratar de um item ainda não totalmente esclarecido.

Concorrência

Dentre as diversas organizações que surgiram durante a *intifada,* estava uma que desafiou a dominância da OLP em relação ao movimento nacional palestino: o Movimento de Resistência Islâmica, mais conhecido por seu acrônimo, Hamas. Junto com o menor e menos politizado islâmico palestino Jihad, o Hamas atingiu notoriedade fora da Palestina por introduzir uma nova e letal tática ao conflito israelense-palestino: atentados com bombas. No auge da campanha com bombas, que durou do final de 2000 até o primeiro semestre de 2003, houve 95 bombardeios suicidas em Israel e nos territórios ocupados. Embora uma parte desses ataques tenha sido organizado por facções ligadas à OLP, a maioria deles foi atribuída às organizações políticas islâmicas. Mirando tanto soldados israelenses nos territórios ocupados como civis em Israel, bombardeios suicidas mataram cerca de 366 israelenses durante este período.

Assim como aconteceu com a OLP, o Hamas proclamava a libertação da Palestina como seu principal objetivo político. Mas diferentemente da OLP, o Hamas se recusou a reconhecer Israel ou apoiar uma solução de dois Estados. E há outro ponto que difere o Hamas da OLP: além de defender a libertação da Palestina, o Hamas é comprometido com a reconstrução da sociedade palestina de acordo com o que seus líderes chamam de princípios islâmicos. Ativistas islâmicos na Palestina, assim como em qualquer outro lugar, demandam o domínio e a disseminação da lei islâmica, promovem o que denominam "normas islâmicas" de comportamento (trajes apropriados para mulheres, segregação de gêneros, banimento do álcool), e pregam a fundação de "instituições islâmicas" que funcionariam como bases de sustentação para uma nova sociedade.

A propagação da política islâmica nos territórios ocupados durante a década de 1980 pode ser atribuída para a convergência de diversos fatores. Certamente, o sucesso dos movimentos islâmicos em outras partes do Oriente Médio ressoou na Palestina, que testemunhou governos e organizações, adotando uma unidade nacional baseada em princípios seculares, falharem seguidas vezes ao tentar libertar a Palestina e acabar com a ocupação. Movimentos islâmicos também vieram em diversos formatos e tamanhos, mas eles se reforçavam mutuamente, e o sucesso obtido pela política islâmica em um local mostrou aos demais povos que aquilo poderia de fato se realizar. Ativistas palestinos obtiveram inspiração da crescente militância de seus semelhantes egípcios, da Revolução Iraniana de 1978-1979, e, talvez principalmente, das realizações do Hezbollah, que ficou famoso no início da invasão israelense ao Líbano, em 1982. Muitas pessoas deram crédito ao Hezbollah pela nova forma de política por ele representada, pela solidariedade social islâmica que ele promovia, além das primeiras vitórias reais conquistadas contra o inimigo sionista.

Embora o exemplo do Hezbollah e de outros movimentos islâmicos tenham servido de inspiração para os palestinos, a política islâmica não emplacaria nos territórios ocupados se não tivesse ocorrido uma preparação prévia. A proliferação de instituições de caridade islâmicas e de associações para o bem-estar social deram origem à organizações políticas islâmicas e eventualmente formaram a sua plataforma. Durante o processo de ocupação, o número e o alcance dessas instituições e associações cresceu enormemente, assim como sua importância naquela sociedade. Existiam diversos motivos para essa expansão, mas dois eram particularmente mais relevantes. Primeiro, no início da explosão do petróleo na década de 1970, países que produziam petróleo como a Arábia Saudita e o Kuwait aumentaram sua filantropia islâmica na Cisjordânia e na Faixa de Gaza, financiando diversas fundações islâmicas e mesquitas que distribuíam generosidade em seus domínios. Em 1967, existiam 77 mesquitas em Gaza; quando a *intifada* explodiu, havia 150. Muitas dessas mesquitas forneciam abrigo para fundações e instituições de caridade, e, além disso, funcionavam como incubadoras para organizações políticas islâmicas. Os israelenses, por sua vez, davam um apoio tácito à propagação das associações islâmicas nos territórios. O governo israelense acreditava que, oferecendo assistência e serviços para a população dos territórios, as associações islâmicas iriam aliviar a aflição direta e assim manter os palestinos pacificados. Além disso, os israelenses achavam que as associações islâmicas, que concentravam seus esforços em trabalhos de caridade, renovação espiritual e religiosidade do indivíduo, poderiam funcionar como contrapeso em relação à OLP. Mas eles não perceberam que estavam brincando com fogo.

Na metade da década de 1970, instituições de caridade e de bem-estar social islâmicas assumiram a responsabilidade por diversas atividades essenciais nos territórios, como auxílio aos necessitados, à organização de creches, aos jardins de infância, às escolas primárias, aos centros de treinamento vocacional, aos bancos de sangue, às clínicas médicas, às bibliotecas, aos clubes de jovens e de esportes e às cozinhas comunitárias. Quando a *intifada* eclodiu, ativistas islâmicos que desempenhavam essas funções entraram em ação junto com o resto da população nos territórios ocupados.

Além deles, outros ativistas islâmicos, que haviam adquirido experiência política pela atuação em sindicatos e instituições de ensino, também se juntaram ao movimento. Cinco dias depois do acidente de trânsito que iniciou a *intifada*, o Hamas anunciava ao mundo a sua existência.

Analistas discordam sobre a espontaneidade do surgimento do Hamas. Alguns argumentam que as instituições de caridade e organizações para o bem-estar social estabelecidas nas décadas de 1970 e 1980 eram apenas fachadas que mascaravam os objetivos políticos de longo prazo dos militantes islâmicos. Eles apontam que muitos daqueles que estabeleceram instituições de caridade e organizações de bem-estar social foram membros da Irmandade Muçulmana, uma organização estabelecida no Egito em 1928, que pode ter sido a primeira organização islâmica de massa do mundo árabe. A Irmandade Muçulmana não só enviou auxílio aos rebeldes que lutaram da Grande Revolta, mas também teve voluntários alistados para lutar junto com os rebeldes. Depois da Grande Revolta, a Irmandade Muçulmana estabeleceu filiais na Palestina, e em 1948 havia 38 unidades autônomas na região. Depois de sofrer repressão no Egito e na Faixa de Gaza, que então era dominada pelo Egito (Nasser via a Irmandade Muçulmana como ameaça ao seu regime e a ele próprio), argumenta-se que seus membros permaneceram prostrados, esperando as circunstâncias certas para ressurgir.

Outros reconhecem as conexões da Irmandade Muçulmana com os líderes do Hamas, mas não dão muita importância a essa ligação. Eles apontam que as organizações islâmicas que surgiram na "segunda onda" de ativismo islâmico eram diferentes daquelas que surgiram anteriormente em termos de estrutura organizacional, capacidade de mobilização, estratégia e até ideologia. Assim, afirmam eles, só porque os movimentos islâmicos contemporâneos têm características externas e, por vezes, até pessoas iguais aos movimentos islâmicos anteriores, não significa que aqueles são descendentes lineares destes. Fazer tal reivindicação significaria encobrir diferenças mais importantes que distinguem os movimentos islâmicos dos dois períodos e cair na armadilha que é a perdição dos historiadores: a lógica do *post hoc ergo propter hoc* (depois disso, logo, causado por isso). Além disso, enquanto alguns membros da Irmandade Muçulmana do Egito defendiam ações políticas diretas, outros acreditavam que sua prioridade principal deveria ser a renovação da sociedade islâmica. Por que assumir o poder, indagava a Irmandade Muçulmana, se a sociedade comandada por eles permanecia corrupta e não islâmica? O propósito das instituições de caridade e das organizações de bem-estar social estabelecidas nos territórios era o de nutrir essa renovação. Quando eclodiu a *intifada*, argumenta-se que aqueles envolvidos com essas instituições não tinham nada a fazer a não ser embarcar nas ações do movimento. Eles naturalmente colocaram a extensa rede de relacionamentos que tinham a serviço da causa.

Seja qual for o caso, a síntese de aspirações nacionalistas, renovação islâmica e piedade do indivíduo realizada pelas organizações políticas islâmicas criaram uma mistura potente. Assim como as organizações políticas islâmicas de qualquer outro lugar, o Hamas oferecia a seus seguidores uma ideologia que adequava a mensagem universal do islamismo ao que era, na verdade, um esforço nacionalista. O "Memorando Introdutório" do Hamas coloca da seguinte forma:

> O Hamas é um movimento de esforço popular que busca libertar a Palestina completamente, do mar Mediterrâneo ao rio Jordão. Ele baseia sua ideologia e suas políticas nos ensinamentos do islamismo e em sua tradição jurídica. Ele acolhe todos aqueles que acreditam em suas ideias e teorias, e que estão prontos para suportar as consequências da luta sacrificada pela libertação da Palestina e pelo estabelecimento de um Estado islâmico independente [...]
>
> O povo palestino é o principal alvo da ocupação colonizadora sionista. E por isso, eles devem carregar o maior fardo na resistência contra essa ocupação injusta. É por isso que o Hamas busca mobilizar o máximo potencial do povo palestino e canalizar essa força na resistência contra o usurpador.
>
> A Palestina está em posição de confrontar o seu inimigo. Os países árabes e islâmicos são regiões em que o povo palestino encontra apoio, especialmente político, informacional e financeiro; mas o confronto sangrento com o nosso inimigo sionista deve acontecer no solo sagrado palestino.

Fica evidente por meio deste documento que aqueles palestinos que apoiavam o Hamas não o faziam porque tinham desistido do nacionalismo. Em vez disso, eles apoiavam o Hamas porque acreditavam que ele representava um meio mais eficaz (e confiável) para se atingir os objetivos nacionalistas do que o oferecido pela OLP.

Embora o governo israelense não admitisse que foi o causador de seu próprio problema, o Hamas certamente provou ser a oposição da OLP. Desde a sua origem, o Hamas evitou cuidadosamente comprometer sua autonomia organizacional. Durante a *intifada*, ele permaneceu independente da UNLU e, até hoje, recusa-se a se unir à OLP (apesar que, assim como acontece com muitos casais combinados, o Hamas e o Fatah passam metade de seu tempo discutindo uma convivência saudável, e a outra metade do tempo planejando como acabar um com o outro). Diferente da OLP, o Hamas inicialmente evitava a Autoridade Palestina (PA) – o pseudo-governo estabelecido em 1995 nas áreas da Cisjordânia e da Faixa de Gaza que tinham controle palestino – porque a PA era produto do Acordo de Oslo e, como veremos em breve, foi estruturada por este acordo – e prometida para o movimento nacional da Palestina – para ser uma solução de dois Estados. O Hamas boicotou a eleição para presidente da PA, que foi vencida com folga por Yasir Arafat e, depois da morte de Arafat, pelo seu sucessor no Fatah, Mahmud Abbas (Abu Mazen). Ele também boicotou a primeira eleição para o parlamento da PA (ocorrida em 1996), na qual a maioria dos candidatos do Fatah foram eleitos. Possivelmente depois de perceber que um boicote persistente ao único jogo que estava sendo de fato jogado era uma derrota para ele mesmo, o Hamas apoiou candidatos na eleição parlamentar de 2006. Para a surpresa de todos, seus candidatos tiveram vitórias colossais, assumindo 72 dos 132 postos disponíveis. Provavelmente, ninguém ficara mais surpreso do que os próprios líderes do Hamas, que estavam preparados e dispostos a atuar como oposição no parlamento em um governo cuja legitimidade eles questionavam, mas agora tinham que apoiar. O Fatah, é claro, não aceitou a derrota graciosamente, e isso criou um problema que reforçou a divisão do movimento nacional palestino e levou o Hamas a retirar o controle da Faixa de Gaza da PA em 2007.

Seria um erro concluir que, baseado no resultado eleitoral, uma mudança ideológica gigantesca havia acontecido na política palestina, e que a liderança do movimento nacional palestino havia definitivamente deixado de ser da secular OLP e passado para os islâmicos do Hamas. Se não fosse a problemática estratégia eleitoral do Fatah (que em muitos casos permitia múltiplos candidatos a disputar vagas no mesmo distrito), os resultados da eleição refletiriam de forma mais real o voto popular: embora os candidatos apoiados pelo Hamas tivessem conquistado 56% das cadeiras do parlamento, eles superaram seus concorrentes do Fatah por uma diferença de apenas 2% dos votos. Além disso, a lista de apoiados do Hamas (que incluía cristãos e mulheres) não ressaltava o aspecto religioso de seu programa. Na verdade, ela diminuía esse aspecto do Hamas por meio de seu *slogan* "Mudança e Reforma". A estratégia deu certo: os eleitores elegeram os candidatos do Hamas apesar da maioria do eleitorado desaprovar os principais elementos de sua filosofia (de acordo com pesquisas feitas depois da eleição, somente 1% dos eleitores apoiava a imposição das leis islâmicas nos territórios) e apoiar políticas rejeitadas pelo Hamas (de acordo com as mesmas pesquisas, 73% dos eleitores apoiavam as negociações com Israel e a alternativas de dois Estados). Por que, então, o Hamas conseguiu tantos votos? A resposta está em seu *slogan*, "Mudança e Reforma". Muitos eleitores, aparentemente, estavam cansados da corrupção, do autoritarismo e das incessantes disputas que marcaram a política palestina sob o comando da OLP. Por outro lado, as instituições do Hamas tiveram êxito em suas administrações, e seus candidatos prometiam limpar o governo para o futuro. Outro fator contribuinte era que a única figura icônica e potencialmente unificadora da política palestina – Yasir Arafat, que morreu em 2004 – não estava mais em cena.

Críticos se dividem ao analisar a capacidade do Hamas de deixar de ser um movimento de resistência para se transformar em um partido governante. Por um lado, alguns afirmam que o Hamas demonstrou habilidade em mudar seu curso no passado. Por exemplo, o Hamas mudou sua posição em relação à participação no processo político – mudança entendida por alguns como um sintoma do triunfo do pragmatismo sobre a ideologia – depois de perceber que suas tentativas de boicote eram contraproducentes (mesmo que, quase um ano depois de sua eleição, o líder da delegação parlamentar do Hamas tivesse proclamado, "nós aderimos ao movimento para nos tornarmos mártires, e não ministros"). Há também a estranha história do Hamas e da alternativa de dois Estados: enquanto o Hamas se recusava consistentemente em aceitar a alternativa de dois Estados, alguns de seus representantes davam a entender o contrário. Embora o objetivo de libertar toda a Palestina estivesse escrito no previamente citado "Memorando Introdutório" do Hamas, eles pareciam dizer que ele não estava "escrito na pedra". A liderança do Hamas tentou postergar qualquer decisão definitiva sobre a questão. Enquanto mantinha sua objeção com relação à alternativa de dois Estados, sugeriu a Israel um cessar-fogo de longo prazo (*hudna*). O Hamas já havia concordado com propostas desse tipo no passado, já tendo, inclusive, mantido uma pausa de 17 meses apesar de pressões internas e provocações de ambos os lados. Enquanto alguns israelenses ressaltaram rapidamente que um cessar-fogo era bem diferente de um reconhecimento, outros – dos mais altos níveis do governo israelense – ponderavam secretamente sobre a ideia do *hudna*, considerando-o uma possível saída do que havia se tornado um impasse. É bem possível também que o que parecia ser uma recusa obstinada do Hamas em reconhecer Israel fosse – dentro das circunstâncias adequadas –, na verdade, um lance inicial para marcar um novo começo para futuros acordos.

Por outro lado, o Hamas, assim como o Hezbollah no Líbano e o Fatah nos territórios palestinos, manteve sua milícia sob controle político – e não relutou em utilizá-la contra israelenses e rivais do Fatah. Além disso, o Hamas também tinha os mesmos problemas organizacionais que afligiram a OLP e dificultavam a mudança de curso dessa organização quando o momento era adequado. Assim como a OLP, o Hamas tinha diversas facções. Por exemplo, a liderança do Hamas era dividida entre os internos (aqueles que representavam a organização dentro dos territórios ocupados) e os externos (aqueles que estiveram no exílio em locais como Damasco). Embora os externos controlassem a maioria dos fundos estrangeiros da organização (que vinha de regimes parceiros da região) e, na verdade, ocupassem as posições mais altas na estrutura organizacional do Hamas, os internos tinham que carregar o peso da política cotidiana e das rotinas econômicas de seu eleitorado em Gaza, afastando seus rivais políticos. Durante as insurreições árabes de 2010-2011, os externos agiram de maneira mais hábil que os internos no sentido de mudar as circunstâncias. Primeiramente, eles fecharam o comércio em Damasco, condenando o regime sírio pela violência infligida por eles aos civis (dentre esses civis estavam os palestinos que viviam em campos de refugiados). Depois, em resposta à mudança no equilíbrio do poder regional, eles substituíram os financiamentos provenientes do Catar, que era sua principal fonte de recursos, por financiamentos provenientes do Irã, que era aliado sírio. E para agradar o governo pós-insurreição do Egito (cujo presidente era um antigo líder da Irmandade Muçulmana) e sua própria base nos territórios – e isso implicava em fazer que o Hamas deixasse de lado suas diferenças com a OLP – eles reafirmaram o compromisso de se reconciliar com seu rival. Eles até anunciaram que o Hamas havia aprendido com os protestos que assolaram a região, e que agora adotariam a tática de protestos pacíficos e em massa para acabar com a ocupação. A reação dos internos à essas medidas foi de silêncio, depois de negação, e chegou à hostilidade.

À essa altura, os efeitos políticos de tais tensões internas ficam claros: movimentos como a OLP e o Hamas, que valorizam a inclusão e não querem ou não têm a capacidade de impor uma disciplina tática ou estraté-

266 | ISRAEL X PALESTINA

gica, acabam se colocando à mercê de seus membros mais intransigentes. Ironicamente, como veremos no próximo capítulo, pode ter sido justamente essa intransigência que manteve as prospecções de estabelecimento de um Estado palestino viável, ao lado de Israel, ainda vivas.

SUGESTÕES DE LEITURA COMPLEMENTAR

ABU-AMR, Ziad. Hamas: A Historical and Political Background [Hamas: bastidores históricos e políticos]. In: *Journal of Palestine Studies 22* [*Jornal de Estudos Palestinos 22*] (Verão de 1993): p. 5-19. Artigo conciso e informativo sobre as origens do grupo islâmico.

CHRISTISON, Kathleen. *Perceptions of Palestine: Their Influence on U.S. Middle East Policy* [Percepções da Palestina: sua influência na política dos Estados Unidos sobre o Oriente Médio]. Berkeley: University of California Press, 1999. Histórico de medidas oficiais norte-americanas com relação aos palestinos, presidente a presidente.

COBBAN, Helena. *The Palestinian Liberation Organization: People, Power, and Politics* [A organização para a libertação da Palestina: povo, poder e política]. Cambridge: Cambridge University Press, 1984. Excelente, mas talvez um pouco desatualizada, introdução ao OLP.

HROUB, Khaled. *Hamas: Political Thought and Practice* [Hamas: a política através da prática]. Washington, DC: Instituto de Estudos Palestinos, 2000. Hroub apresenta uma impressionante seleção de documentos em seu relato sobre a origem e a evolução ideológica do movimento.

LOCKMAN, Zachary; BEININ, Joel (Eds.). *Intifada: The Palestinian Uprising against Israeli Occupation* [Intifada: a insurreição palestina contra a ocupação israelense]. Boston: South End Press, 1989. Seleção de artigos do jornal *MERIP Reports*, acompanhado de material suplementar.

PETEET, Julie. *Gender in Crisis: Women and the Palestinian Resistance Movement* [Gênero em crise: as mulheres e o movimento de resistência palestino]. New York: Columbia University Press, 1991. Análise sobre o nacionalismo palestino contemporâneo utilizando o gênero como base.

SAID, Edward; HITCHENS, Christopher (Eds.). *Blaming the Victims: Spurious Scholarship and the Palestine Question* [Culpando as vítimas: espúria escolar e a questão palestina]. Londres: Verso, 1988. Coleção de ensaios provocativos sobre os palestinos e a questão palestina e como elas eram vistas no oeste.

SAYIGH, Yezid. *Armed Struggle and the Search for State: The Palestinian National Movement, 1949-1993* [O esforço armado e a busca pelo Estado: o movimento nacional palestino, 1949-1993]. Oxford: Clarendon Press, 1997. Parecido em conteúdo com o livro de Cobban, porém mais atualizado, chegando até o Acordo de Oslo.

STEIN, Kenneth. The Intifada and the 1936-1939 Uprising: A Comparison [A Intifada e a Insurreição de 1936-1939: um comparativo]. In: *Journal of Palestine Studies 19* [*Jornal de Estudos Palestinos 19*], n. 4 (1990): p. 64-85. Trata da continuidade do esforço nacional palestino e situa a *intifada* em seu contexto histórico.

capítulo 10

FECHANDO O CÍRCULO:
OSLO E SUAS CONSEQUÊNCIAS

De dezembro de 1992 até agosto de 1993, uma delegação não oficial de israelenses (agindo com o conhecimento de seu ministro de relações exteriores) se encontrou com uma delegação de palestinos em Oslo, Noruega. Em reuniões organizadas pelo ministro das Relações Exteriores da Noruega e por sua esposa, eles chegaram a uma fórmula para a paz entre israelenses e palestinos, conhecida desde então como o Acordo de Oslo. Depois de estruturar o trabalho em linhas gerais, os seus autores o apresentaram para considerações oficiais. Desde Rodes, em 1949, até Madri, em 1991, o caminho para a paz fora comprometido por tentativas fracassadas de se realizar um assentamento. O que fez das negociações de Oslo algo revolucionário foi sua configuração: em vez de organizar Israel e seus vizinhos como fora feito em Rodes ou em outras conferências, o formato escolhido por Oslo colocava israelenses e palestinos para negociar frente a frente pela primeira vez. Reduzindo o conflito a seu nível mais elementar – um conflito entre duas pessoas, sendo que ambas reivindicavam o direito de habitar e controlar toda a Palestina, ou ao menos parte dela – as negociações de Oslo fecharam o círculo do conflito que já durava um século.

Não era coincidência o fato da fase árabe-israelense do conflito sionista/israelense-palestino ter começado junto com o despontar da Guerra Fria e ter terminado logo depois que o presidente norte-americano George H. W. Bush e o soviético Mikhail Gorbachev anunciaram o fim dessa mesma guerra. Embora o conflito árabe-israelense acontecesse de maneira independente, de acordo com sua própria lógica interna, não há como negar que a rivalidade da Guerra Fria entre as duas superpotências tinha papel significativo no direcionamento e sustentação do conflito.

A partir de 1948, quando Estados Unidos e União Soviética avaliaram os custos e os benefícios da Guerra Fria antes de darem o reconhecimento a Israel, as duas superpotências nunca mais se esqueceram das implicações globais de suas políticas na região. Por 40 anos os políticos norte-americanos abordaram ou justificaram sua intervenção no conflito por meio do argumento de conter a União Soviética ou reverter a influência deste país na região. Por isso, Henry Kissinger criou a sua diplomacia do "leva e traz" para marginalizar o papel da União Soviética, e para tornar os Estados Unidos indispensáveis para todas as partes envolvidas no conflito, e o presidente Reagan anunciou Israel como um ativo estratégico na luta contra o comunismo internacional. Por 40 anos a União Soviética explorou o conflito para evitar a contenção e ganhar uma vantagem regional sobre seu antagonista, esperando que isso poderia se traduzir em uma vantagem global. Consequentemente, por exemplo, a União Soviética deliberadamente aumentou as tensões às vésperas da guerra de 1967 para estimular uma aliança pró-soviéticos e árabes e contra Israel, e reabasteceu os arsenais de seus aliados depois do fim da guerra. Porém, a União Soviética implodiu abruptamente, deixando estadistas e políticos com um problema completamente novo nas mãos: como definir a ordem mundial pós-Guerra Fria.

O período imediato após a Guerra Fria foi de otimismo extraordinário. É provável que não haja melhor exemplo desse otimismo do que o artigo escrito em 1989 por Francis Fukuyama no jornal *National Interest*. Este artigo, intitulado "O Fim da História", previa que o fim dos últimos grandes sistemas totalitários do século XX e o fim da Guerra Fria anunciavam o princípio de uma nova ordem internacional na qual conflagrações regionais e violências nacionalistas seriam extintas para dar lugar à marcha rumo à democracia e à liberdade. Os assassinatos na Bósnia, em Kosovo, na Somália, em Ruanda, e, é claro, o 11 de setembro logo mostrariam como a bola de cristal de Fukuyama estava turva. Contudo, Fukuyama conseguiu transmitir o sentimento da época. O mesmo otimismo que motivou Fukuyama pode ser encontrado na expressão utilizada por George H. W. Bush: "a Nova Ordem Mundial".

A Nova Ordem Mundial foi a primeira tentativa prática de enfrentar as novas circunstâncias impostas pela era pós-Guerra Fria. Apesar de ser um conceito vago, a Nova Ordem Mundial parecia se sustentar em dois pilares: multilateralismo e globalização. Embora os Estados Unidos fossem a única superpotência remanescente, os estadistas norte-americanos aprenderam uma importante lição sobre a utilidade da OTAN e de outras instituições multilaterais para se vencer a Guerra Fria. E fazendo uso dessa lição, eles diziam que os Estados Unidos poderiam ser mais eficientes no mundo pós-Guerra Fria se não tentassem impor sua vontade unilateralmente para o mundo (os neoconservadores da administração de George W. Bush discordavam dessa lição). Sim, os Estados Unidos assumiriam a liderança nos assuntos internacionais, mas iriam gerenciar a força da comunidade internacional por meio de diplomacia e consenso. O novo multilateralismo teve seu primeiro teste na Guerra do Golfo de 1991, quando o Conselho de Segurança das Nações Unidas, que tinha Rússia e China como membros, sancionou o esforço liderado pelos norte-americanos para retirar o Iraque do Kuwait.

A globalização era o correlato econômico do novo multilateralismo. Ela prometia prosperidade a todos os membros da comunidade internacional se eles conseguissem romper as barreiras que impediam o comércio global de bens. Entusiastas da globalização afirmavam que, com o fim da Guerra Fria, a economia substituiria a ideologia como moeda comum nas negociações mundiais (ignorando o fato de que a economia neoliberal apregoada pelos entusiastas da globalização – livre-comércio, mercados abertos, mão invisível* etc. – era, obviamente, apenas mais uma ideologia). Parafraseando Calvin Coolidge, no mundo pós-Guerra Fria, o negócio principal de todas as pessoas era o negócio.

A história pode julgar a breve Nova Ordem Mundial como sendo tão inocente quanto os Quatorze Pontos de Woodrow Wilson – que, a propósito, também se sustentavam nos dois pilares do multilateralismo e da globalização. Contudo, por um breve momento, ela teve seu brilho, pois era a única opção disponível.

O otimismo do momento empolgou muitos israelenses que estavam cansados dos constantes atritos com a *intifada* e que ansiavam pelos benefícios econômicos da paz na nova economia global. Para eles – e aqui estamos nos referindo aos quase 60% de israelenses que apoiavam o Acordo de Oslo desde a sua primeira apresentação – a teimosia em permanecer nos territórios ocupados e expandir assentamentos havia se tornado mais um fardo do que um benefício, especialmente porque

---

* "Mão invisível" foi um termo criado por Adam Smith em "A riqueza das nações" para descrever como, numa economia de mercado, apesar da inexistência de uma entidade coordenadora do interesse comunal, a interação dos indivíduos parece resultar numa determinada ordem, como se houvesse uma "mão invisível" que orientasse a economia. (N.T.)

representava uma barreira que dificultava a integração completa de Israel com as comunidades regional e mundial. Se a *intifada* e sua queda diplomática não fossem prova suficiente disso, havia também a Guerra do Golfo, que convenceu em definitivo os israelenses de que o valorizado argumento sobre os territórios servem como escudo de defesa para Israel estava ultrapassado. Afinal, enquanto o Exército israelense estava ocupado em conter a insurreição palestina provocada por sua ocupação, mísseis Scud do Iraque vinham de longe e caíam como chuva em Israel. E para piorar, o aliado de outrora de Israel, os Estados Unidos, mantiveram sua "aquisição estratégica" sob supervisão para que ele não atacasse os membros árabes da grande coalisão.

Foi durante esse período que alguns israelenses começaram a promover a ideia de um futuro "pós-sionista". Se os israelenses estivessem dispostos a esquecer as obrigações impostas pelo sionismo, afirmavam eles, e aceitar o fato de que Israel era apenas mais um pequeno Estado em uma comunidade mundial que englobava muitos outros pequenos Estados, eles poderiam começar a ter uma vida "normal", como os cidadãos de outros Estados: eles poderiam viver em paz com seus vizinhos, poderiam interagir e fazer negócios com eles, poderiam economizar em despesas com defesa e reestruturação, tornando sua economia mais eficiente. Isso possibilitaria aos israelenses competir de forma eficaz no mercado global. Embora a doutrina do pós-sionismo nunca tivesse recebido adesão significativa, a maioria do eleitorado respondeu às novas circunstâncias elegendo um candidato do Partido Trabalhista, Yitzhak Rabin, como primeiro-ministro em junho de 1992. Ninguém podia acusar Rabin de ser "suave" em questões de defesa e militares: ele não só era o arquiteto da política do "pulso de ferro" nos territórios, mas também foi responsável pela expulsão de 50 mil palestinos das cidades de Lida e Ramla, na guerra de 1948. A candidatura de Rabin se beneficiou da intransigência de sua oposição, o Likud, em relação a questão dos assentamentos e da expansão territorial, e também das novas aspirações de muitos israelenses depois da Guerra do Golfo. A sua plataforma prometia reverter a política do Likud em relação aos territórios ocupados congelando a atividade dos assentamentos por uma ano. Ela também assumia o compromisso de negociar um acordo interino sobre a autonomia palestina em um prazo de seis meses.

A OLP também se deparava com novas circunstâncias, mas nesse caso, aparentemente, havia mais apreensão do que esperança. Já discutimos anteriormente alguns fatores que geraram essa apreensão. Com sua base estabelecida na distante cidade de Túnis, a OLP foi pega de surpresa pelo surgimento da *intifada* e, durante o curso da insurreição, se deparou com desafios à sua liderança provenientes de uma nova geração de ativistas "caseiros", dentre eles os ativistas islâmicos. A desintegração da União Soviética havia acabado com o mais importante parceiro diplomático da OLP, e a confusão diplomática de Arafat o distanciou ainda mais de Moscou (que desferiu um duro golpe contra Arafat ao restabelecer as relações diplomáticas com Israel, rompidas desde 1967). Com a desintegração da União Soviética, dezenas de milhares de judeus soviéticos – 175 mil só em 1990 – que haviam anteriormente sido impedidos de deixar o país, imigraram para Israel.

O governo Likud de Israel expandiu a construção de assentamentos nos territórios ocupados para abrigar esses novos imigrantes e encorajar os empregadores israelenses a contratá-los para substituir a mão de obra palestina. Enquanto isso, as condições dos territórios continuavam a decair, a *intifada* saía do controle, e os Estados do Golfo Árabe cortavam o auxílio financeiro à Palestina, motivados pela postura pró-Iraque assumida por Arafat. Para piorar, a OLP não fora sequer convidada para a Conferência de Madri convocada ao final da Guerra do Golfo (embora fosse permitida a participação de palestinos não afiliados). Para que a "única representante legítima do povo palestino" continuasse a ter alguma importância, ela tinha que fazer algo que nunca fizera anteriormente: se adiantar aos eventos e guiar o seu próprio caminho.

O Acordo de Oslo assinado pelo governo israelense e a OLP incluía, na verdade, dois protocolos separados. O primeiro consistia de uma troca de cartas de reconhecimento mútuo entre as duas partes. A carta de Arafat para Yitzhak era a seguinte:

> Senhor Primeiro-Ministro,
>
> A assinatura da Declaração de Princípios marca uma nova era na história do Oriente Médio. Na firme convicção disso, eu gostaria de confirmar os seguintes compromissos assumidos pela OLP:
>
> A OLP reconhece o direito do Estado de Israel de existir em paz e segurança.
>
> A OLP aceita as Resoluções 242 e 338 do Conselho de Segurança das Nações Unidas.
>
> A OLP se compromete com o processo de paz e com uma resolução de paz no Oriente Médio em relação ao conflito entre as duas partes, e declara

que todos os problemas extraordinários relacionados a situação permanente serão resolvidos por meio de negociações.

A OLP considera que a assinatura da Declaração de Princípios constitui-se em um evento histórico, inaugurando uma nova época de coexistência pacífica, livre de violência e de todo e qualquer ato que ameace a paz e a estabilidade. Adequadamente, a OLP renuncia o uso de terrorismo e de outros atos de violência e assume a responsabilidade por todos os elementos e indivíduos da OLP a fim de garantir a observância destes, prevenir violações e disciplinar violadores.

Tendo em vista a promessa de uma nova era e a assinatura da Declaração de Princípios, e baseada na aceitação palestina das Resoluções 242 e 338 do Conselho de Segurança, a OLP afirma que aqueles artigos da Aliança Palestina que negam a Israel o direito de existir, e as provisões desta aliança que estão inconsistentes com os compromissos desta carta, estão agora inoperantes e invalidados. Consequentemente, a OLP compromete-se a submeter ao Conselho Nacional Palestino para aprovação formal as mudanças necessárias relacionadas à Aliança Palestina.

E a carta de Rabin para Arafat era a seguinte:

Sr. Presidente,

Em resposta a sua carta de 9 de setembro de 1993, eu gostaria de informá-lo que, à luz dos compromissos assumidos pela OLP e descritos em sua carta, o Governo de Israel decidiu reconhecer a OLP como representante do povo palestino, e começar as negociações com a OLP para o processo de paz no Oriente Médio.

Embora a troca de reconhecimentos parecesse direta e recíproca, ela não foi. Palestinos céticos e opositores à Oslo apontam que a carta de Arafat reconhece o Estado de Israel, mas a carta de Rabin para Arafat não reconhece o direito dos palestinos de estabelecer um Estado soberano próprio. Além disso, o ato de reconhecer Israel fazia os palestinos concordarem que cerca de 80% do território que era palestino antes de 1948 – e que constituía Israel até a guerra de 1967 – ficaria para sempre fora das mesas de negociações. Isso significava que todos os ajustes territoriais futuros seriam feitos apenas na Cisjordânia e na Faixa de Gaza. O território controlado por Israel só poderia aumentar; e o território controlado pelos palestinos, só diminuir. Arafat fora acusado de acabar com uma das duas únicas moedas de troca que os palestinos tinham para iniciar as negociações (a outra seria o direito ao retorno). E foi por esse motivo que Mahmoud Darwish respondeu à Oslo escrevendo, "quem vai derrubar nossas bandeiras, nós ou eles?" e, sarcasticamente, colocou os seguintes dizeres como sendo de Arafat: "nós não conseguiríamos vencer o cerco / então vamos nos render e dar as chaves de nosso paraíso / para o ministro da paz / e sobreviver". Foi por isso também que muitos palestinos trataram as demandas israelenses por mais concessões territoriais com tanto ressentimento.

O segundo protocolo assinado por Arafat e Rabin foi chamado de Declaração de Princípios. A declaração estipulava que Israel e a OLP iriam negociar a saída/realocação das forças israelenses da Faixa de Gaza e da "área de Jericó" em três meses. Tanto Gaza (excluindo os assentamentos israelenses) quanto Jericó teriam seu próprio governo; israelenses e palestinos negociariam um "acordo interino", que iria definir e autorizar a criação de um conselho representativo palestino, e este conselho iria, em retribuição, elaborar um projeto para uma "autoridade interina para o governo próprio": a Autoridade Palestina. Depois das eleições palestinas, os dois lados entrariam em um *status* de negociação permanente". Esse *status* permaneceria até, no máximo, julho de 1997, e resolveria algumas "pequenas" questões ainda pendentes: Jerusalém; o direito ao retorno; refugiados; assentamentos; segurança.

A Declaração de Princípios tomou, então, um formato que já era conhecido para aqueles que acompanhavam as negociações do Oriente Médio – uma forma que favorecia o "processo" sobre o "conteúdo". Como já vimos, logo depois do fim da guerra de 1967, os Estados Unidos tentaram intermediar um acordo de assentamento permanente entre Israel e Egito, conhecido como plano Rogers. O secretário de Estado norte-americano William Rogers viajou para o Oriente Médio levando consigo um acordo preparado que precisava apenas do consentimento dos dois governos. De acordo com o plano Rogers, Israel tinha que sair de todos os territórios que havia tomado do Egito, e o Egito tinha que assinar um tratado de paz com os israelenses. O que poderia ser mais simples? Mas as condições do plano Rogers estavam longe de ser adequadas para ambos os lados, o plano falhou, e os mediadores aprenderam uma valiosa lição para o futuro: em vez de apresentar aos dois lados envolvidos os termos finais da proposta logo no princípio, os mediadores das negociações do Oriente Médio devem começar com passos pequenos, para construir confiança. Só depois de construída a confiança colocam-se as cartas na mesa. Apoiadores dessa estratégia apontam o sucesso de sua aplicação no pós-guerra de 1973, quando os Estados Unidos intermediaram as negociações entre Israel e Egito, chegando aos acordos de paz de Camp David de 1978. Os céticos, por sua vez, argumentam que o desespero de Anwar al-Sadat em recuperar o Sinai, e não a estratégia dos mediadores, foi o fator-chave para se chegar a um acordo.

A ideia por trás da estratégia mencionada anteriormente é que passos pequenos levam, inevitavelmente, a passos maiores, especialmente quando os dois lados da negociação habituam-se a conversar e assumir compromissos. Isso faz que os mediadores tenham mais facilidade em conseguir acordos sucessivos interinos e, assim, gerar *momentum*. Isso também permite que os mediadores façam as devidas propagandas dos compromissos já acordados, bem como dos tratados finais, para o público e para seu próprio governo. Contudo, existem diversos problemas associados à essa estratégia também. A confiança é um conceito elusivo, na melhor das hipóteses. Utilizar a construção da confiança em estratégias diplomáticas é como apostar todas as fichas em uma teoria de psicologia. Uma fórmula baseada em um processo também encoraja ambos os lados a regatear pequenas questões para que se colocar em melhor posição para as rodadas de negociação seguintes. Como as questões negociadas ficavam cada vez mais complexas, e os compromissos assumidos cada vez mais onerosos, os mediadores precisavam gastar quantidades cada vez maiores de capital político para manter o processo se movendo e fazer a devida propaganda das decisões alcançadas para um público e um governo cada vez mais céticos. Afinal, quem foi mesmo que assumiu que acordos em assuntos relativamente triviais levariam a acordos em assuntos mais importantes? Por exemplo, Israel prometeu desmantelar assentamentos ilegais, e a OLP prometeu eliminar as cláusulas de seu estatuto que defendiam a destruição de Israel, mas isso não significava que qualquer um dos lados estivesse preparado para se comprometer em relação à Jerusalém ou aos assentamentos autorizados pelo governo israelense. O comprometimento com relação a essas questões poderia levar à queda qualquer governo, não importando o lado que estivesse. É fácil imaginar, assim, que nem israelenses nem palestinos mantiveram seu entusiasmo pelo processo de Oslo durante muito tempo.

O prazo para o "acordo interino" chegou e passou. Finalmente, em setembro de 1995, Arafat e Rabin assinaram o Oslo 2 (nome pelo qual ficou conhecido o acordo interino) em uma cerimônia no jardim da Casa Branca. O acordo definia os poderes e as obrigações da Autoridade Palestina e, conforme estabelecido pela Declaração de Princípios, as eleições foram realizadas em janeiro de 1996. Como era de se esperar, os palestinos esco-

CAPÍTULO 10 – FECHANDO O CÍRCULO: OSLO E SUAS CONSEQUÊNCIAS | 277

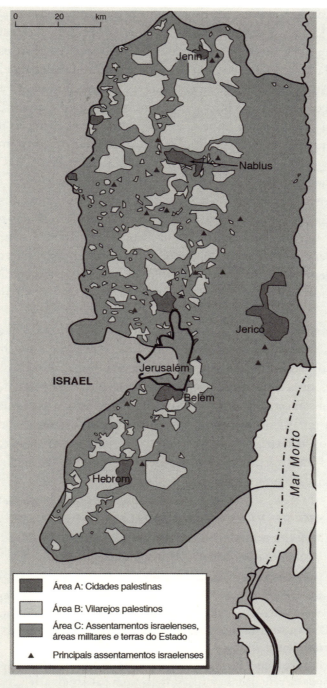

MAPA 10. As zonas de controle da Cisjordânia de acordo com a Oslo 2.

lheram Yasir Arafat para ser o primeiro presidente da AP. Além disso, o acordo dividia a Cisjordânia em áreas que se diferiam pela quantidade de controle por parte de Israel: zonas A, B, e C. As forças israelenses deveriam sair de cada área de acordo com uma agenda preestabelecida e, quando o faziam, a Autoridade Palestina assumia o controle. Enquanto a saída dos israelenses das zonas A e B aconteceriam quase imediatamente, o acordo relacionava a retirada da zona C com o *status* de negociação permanente. Em outras palavras, o acordo deixava o controle de aproximadamente 70% da Cisjordânia por parte da AP à espera das negociações relacionadas a Jerusalém, refugiados, assentamentos e segurança. Para complicar a situação dos palestinos, a Oslo 2 também permitia uma expansão através de "estradas secundárias" (estradas essas que eram proibidas para palestinos que não eram cidadãos israelenses) para ligar os assentamentos com Israel. Independentemente da quantidade de territórios da zona C que eventualmente passaram a ser controlados pela AP, essas estradas agiam como divisores que preveniam a livre movimentação dos palestinos de um "cantão" para outro.

Claramente, os israelenses negociaram com mais habilidade. Contudo, a oposição de Rabin em Israel, incluindo o Likud e o Gush Emunim, acusaram o primeiro-ministro de "entregar o ouro". Pouco mais de um mês depois da assinatura de Rabin da Oslo 2, um extremista religioso judeu o assassinou com um tiro. No seu julgamento, o assassino afirmou que atirou em Rabin porque o primeiro-ministro queria "dar o nosso país para os árabes". Seis meses depois, os israelenses elegeram o candidato do Likud e opositor à Oslo, Benjamin Netanyahu, como o novo primeiro-ministro.

O DECLÍNIO DO PROCESSO DE OSLO

Aproximadamente uma década depois da assinatura do Acordo de Oslo, a *Imprensa Associada* publicou a seguinte história:

> JERUSALÉM (Imprensa Associada) – Apesar da pressão dos Estados Unidos por uma trégua, Israel atacou cidades palestinas e campos de refugiados na sexta-feira, matando ao menos 36 palestinos no dia mais violento de 17 meses de conflitos. Cinco adolescentes israelenses e um soldado foram mortos por palestinos.
>
> Batalhas que duravam horas assolaram um vilarejo em Gaza e dois campos de refugiados na Cisjordânia, com palestinos alvejados por metralhadoras de tanques e helicópteros israelenses [...]

CAPÍTULO 10 – FECHANDO O CÍRCULO: OSLO E SUAS CONSEQUÊNCIAS | 279

No campo de refugiados de Tulkarm, na Cisjordânia, dúzias de atiradores palestinos foram encurralados em becos e casas, cercados por todos os lados por forças israelenses, inclusive por cima, onde helicópteros com metralhadoras sobrevoavam os esconderijos. As tropas israelenses usavam megafones para demandar a rendição dos atiradores. Cerca de 250 palestinos ficaram presos em uma escola.

Tropas israelenses barraram ambulâncias palestinas que queriam entrar no campo para tratar dos feridos, e o número de seis palestinos assassinados no campo – incluindo um garoto de nove anos – tendia a aumentar [...]

No assentamento judeu de Atzmona em Gaza, um atirador palestino assassinou cinco adolescentes israelenses em um confronto que durou 15 minutos, começando pouco antes da meia-noite, na quinta-feira. O assassino, membro há 19 anos do grupo militante islâmico Hamas, esvaziou nove cartuchos de balas e lançou três granadas antes de ser morto por tropas israelenses. Quatro dos adolescentes foram mortos enquanto estudavam textos de religião, e o quinto queimou até morrer depois que uma granada explodiu em seu dormitório.[65]

Mas como o espírito de Oslo acabou resultando nisso?

Oslo 2 não foi o maior acordo assinado por palestinos e israelenses. Em janeiro de 1997, os dois lados concordaram em dividir a cidade Hebrom da Cisjordânia em zonas exclusivas de controle, e em outubro de 1998 eles assinaram o "Memorando Wye", que tratava de algumas questões não resolvidas nos dois acordos anteriores. Contudo, as coisas mudaram. Os acordos de Hebrom e Wye só foram firmados depois de um intenso estímulo norte-americano, e as tentativas subsequentes de acelerar o processo de Oslo, levá-lo a uma conclusão, ou até mesmo fazer que os dois lados cumprissem seus compromissos, eram inúteis.

Comparamos previamente os movimentos nacionalistas com uma "casa de muitas moradas". Enquanto as duas partes das negociações de Oslo incluíam aqueles que, por razões nobres ou ignóbeis, queriam chegar a um acordo comum, ambos os lados também contavam com membros que achavam que os acordos representavam uma traição de princípios. E esses dissidentes atiravam pedras em todas as conjunturas. Os israelenses tinham o Likud e Gush Emunim, e os palestinos tinham seus rejeicionistas e o Hamas. E embora tivesse tido a oportunidade de esmagar seus dis-

---

65 LAUB, Karin. Middle East Violence Intensifies [A violência no Oriente Médio se intensifica]. In: *Associated Press*, 8 mar. 2002.

280 | ISRAEL X PALESTINA

sidentes (lembrando que o Hamas não fazia parte da OLP), Arafat fracassou em sua tentativa de alinhar os opositores de Oslo e, por força do hábito ou por fraqueza, acabou sendo levado pelos eventos ao invés de guiá-los. Os opositores palestinos de Oslo também recorreram a ações conhecidas, agindo com violência para sabotar o processo. Já do lado de Israel, o assassinato de Rabin levou ao poder um governo que estava comprometido a resistir à concessões adicionais e minimizar o impacto das concessões já concedidas. A violência palestina veio oportunamente para eles. Por três importantes anos, o governo dominado pelo Likud, alegando questões de segurança, tentou mitigar os acordos feitos em Oslo. Quando o governo dominado pelos trabalhistas voltou ao poder, ele tentou enganar os palestinos, buscando prioritariamente um acordo com a Síria, para depois direcionar sua atenção à parceria pela paz com os palestinos. Porém, quando isso aconteceu, já era tarde demais.

Entre 1993 e o início da segunda *intifada* em 2000, as queixas palestinas continuaram a crescer e o apoio ao processo de Oslo continuou a diminuir. E embora o processo de Oslo tivesse continuado por sete anos, a Autoridade Palestina nunca conseguiu assumir o controle completo sobre mais do que 18% da Cisjordânia. Israel desapropriou 200 quilômetros quadrados de terra, criou 30 novos assentamentos e expandiu aqueles que já existiam, ordenou a construção de quase 500 quilômetros de estradas secundárias ligando os assentamentos em Israel, e construíram 90 mil habitações nos assentamentos e na região leste de Jerusalém. Entre 1993 e 2000, o número de colonos israelenses nos territórios ocupados havia dobrado. Ao mesmo tempo, Israel começou a barrar regularmente o acesso à Israel de trabalhadores palestinos ao país. O governo israelense alegava questões de segurança, mas os palestinos não estavam convencidos disso. Israel começara a substituir trabalhadores palestinos por cerca de 200 mil asiáticos do sul e do leste, europeus do leste, e africanos, apesar do recém-assinado acordo. Para muitos palestinos, se recusar a dar empregos e manter o controle de recursos vitais como a água, parecia uma forma estranha de se começar a era em que "dois Estados viveriam lado a lado em paz e segurança", e poderia até ser considerado um ato de má-fé.

A paciência dos palestinos nos territórios com o processo de Oslo estava cada vez menor. Assim como a paciência deles com a incompetência e a corrupção da OLP, cujos membros controlavam a AP. A liderança da OLP, visando a proteger suas prerrogativas, desmantelou organizações de base que surgiram durante a *intifada*, impôs censura a novos projetos, e cons-

CAPÍTULO 10 – FECHANDO O CÍRCULO: OSLO E SUAS CONSEQUÊNCIAS | 281

truiu nove agências diferentes para policiar a população. Os "tunisianos" (apelido dos exilados da OLP que haviam retornado) construíram exuberantes vilas para eles e suas famílias, garantiram monopólios para seus amigos e comissões por essas transações, além de esbanjarem grande parte da assistência anual de 1 bilhão de dólares concedida à AP pelos Estados Unidos e pela União Europeia. Embora o próprio Arafat tivesse uma vida simples, sua esposa vivia em Paris com um subsídio de AP de 100 mil dólares ao mês – e isso em uma época em que os palestinos estavam vivendo na pobreza (de acordo com um relatório do Banco Mundial, em 2004, metade dos palestinos nos territórios viviam com menos de dois dólares por dia). E o hábito de personificar e centralizar o poder de Arafat teve consequências desastrosas: quando ele morreu, em novembro de 2004, ninguém sabia onde os diversos bilhões de dólares da AP estavam guardados.

Assim, em julho de 2000, o processo de Oslo parecia ter chegado a um impasse. E para romper esse impasse, o ex-presidente norte-americano Bill Clinton convocou o primeiro-ministro israelense Ehud Barak e Yasir Arafat para Camp David a fim de tentar revitalizar os acordos lá realizados por uma última vez. Preocupado em não desperdiçar seu limitado capital político em acordos interinos, Barak decidiu abandonar a estratégia do "pouco a pouco" que havia sido a marca registrada do processo de Oslo até então. Em seu lugar, ele extraiu uma página do livro de William Rogers. Apostando tudo em um único arremesso de dado, ele fez a Arafat uma oferta inegociável, como "pegar ou largar", que cobria todos os itens, da disposição final sobre os territórios até a situação de Jerusalém. E se a oferta era para pegar ou largar, Arafat optou por largar. Embora Arafat não fosse um hábil em tomar decisões sob pressão, havia uma lógica em sua decisão. Os negociantes palestinos perceberam que Israel não cumprira seus compromissos prévios de reempregar seus esforços para reduzir o crescimento dos assentamentos. Agora eles pediam aos palestinos para deixarem de lado o que já tinham negociado e aceitarem cegamente as novas garantias israelenses. E a recusa de Barak em documentar a sua oferta (alegando que isso iria irritar seus opositores internos) certamente não ajudou a aumentar a segurança dos palestinos. Certos ou errados, os negociantes palestinos desconfiaram. E para o desgosto de Bill Clinton, eles se recusaram a fazer uma contraoferta e simplesmente se retiraram.

Uma ironia cruel abalou as negociações em Camp David. Barak fez a sua oferta porque estava preocupado com a redução contínua do apoio israelense à Oslo se o processo continuasse se arrastando. Arafat e sua

ISRAEL X PALESTINA

equipe rejeitaram a oferta de Barak porque estavam preocupados com a redução contínua do apoio palestino à Oslo, caso eles voltassem para casa tendo aceito disponibilizar todo o seu legado histórico de uma só vez. E as coisas pioraram de vez dois meses depois, quando Ariel Sharon fez uma visita provocativa ao Monte do Templo em Jerusalém. A reação dos palestinos veio com uma segunda e mais sangrenta *intifada*.

SEGUINDO SOZINHO (PARTE I)

Em um maravilhoso estudo sobre a política de Israel em relação aos seus vizinhos, o historiador Avi Shlaim coloca como metáfora central um imagem já utilizada anteriormente por Vladimir Jabotinsky em um ensaio de 1923, chamado de "No Muro de Ferro (Nós e os Árabes)". Os "árabes", de acordo com Jabotinsky, nunca aceitarão o projeto sionista na Palestina e nunca desejarão a paz com um Estado judeu. Então, escreveu Jabotinsky, se os sionistas realmente quisessem construir um Estado eles teriam que erguer um "muro de ferro" militar e impor sua presença unilateralmente sobre seus vizinhos. Shlaim enxergava a abordagem do muro de ferro como um padrão invariável na política israelense, não limitada a um ou outro partido. Afinal de contas, foi o primeiro-ministro do partido trabalhista de Israel, David Ben-Gurion, que iniciou a política de lançar ataques de represália contra aqueles Estados pelos quais infiltrados palestinos acessavam Israel. Todavia, nenhum líder israelense levou tão a sério a visão de Jabotinsky quanto Ariel Sharon, que se tornou o primeiro-ministro de Israel em 2001.

Ariel Sharon nasceu em 1928 em um *moshav* a cerca de 15 quilômetros de Tel Aviv. Sua carreira militar começou quando tinha 14 anos e se juntou ao *Palmach*, uma unidade de elite da Haganá. Ele lutou em todas as guerras árabes-israelenses (1948, 1956, 1967 e 1973) e foi comandante da Unidade 101 que foi formada para conduzir os ataques de represália de Ben-Gurion. Foi a Unidade 101 que praticou as incursões sangrentas e desestabilizadoras em termos políticos à Jordânia, em 1953, e em Gaza, em 1955, descritas no CAPÍTULO 8. À medida que o Likud aumentava seus sucessos na década de 1970, Sharon ganhava reputação. Em 1977, o primeiro-ministro Menachem Begin o convidou para ocupar o posto de ministro da Defesa. Foi nessa função que ele arquitetou a invasão israelense ao Líbano em 1982 – uma leviandade que quase comprometeu a sua carreira.

Sharon apresentou a invasão ao Líbano como uma necessidade militar para livrar a parte sul daquele país das guerrilhas da OLP. Para cumprir

CAPÍTULO 10 – FECHANDO O CÍRCULO: OSLO E SUAS CONSEQUÊNCIAS | 283

esse objetivo, Begin anunciou que o Exército israelense iria atacar até um limite de 40 quilômetros dentro do território libanês. O Exército libanês logo ocupou mais de 50% do Líbano e chegou a sitiar Beirute. A profundidade da invasão israelense indicava outros motivos para a ação. Depois que Israel e Egito assinaram os acordos de Camp David em 1979, Israel começou a estabelecer "ligas de vilarejos" colaboracionistas na Cisjordânia para minar o poder da OLP nessas áreas. Como já vimos anteriormente, a OLP, agindo como ela mesma, reagiu ordenando aos palestinos a não obedecer e assassinando aqueles que obedeciam essas ligas. Para impor sua vontade unilateralmente nos territórios ocupados, o governo israelense precisava eliminar o único grupo organizado que estava em seu caminho, e, para isso, caçar e matar os membros da OLP no Líbano se fosse necessário.

Infelizmente para Sharon, o Líbano provou ser para Israel o que o Vietnã foi para os Estados Unidos: um atoleiro sangrento. As últimas tropas israelenses deixaram o Líbano somente em 2000. O próprio Sharon estava envolvido em uma das maiores atrocidades da guerra: um massacre de 700 (de acordo com cálculos oficiais israelenses) ou 2.750 (de acordo com cálculos oficiais da Cruz Vermelha) refugiados palestinos desarmados por uma milícia cristã de direita nos campos de Sabra e Chatila. O relatório oficial de Israel sobre o massacre, emitido pela Comissão de Kahan, afirmava que Sharon era responsável indireto pelo massacre. "Responsabilidade indireta" era uma forma estranha de interpretar a situação: o Exército israelense disparou sinalizadores na noite do massacre para iluminar o caminho para os assassinos. Igualmente prejudicial à reputação de Sharon, a invasão fracassou em atingir seus objetivos: o mundo estava horrorizado com as táticas israelenses (incluindo o bombardeio indiscriminado a Beirute durante o cerco de 88 dias) e as condenava; os Estados Unidos rejeitaram a ação de seu aliado e pediram a total autonomia palestina (presumidamente sob comando jordaniano) pela primeira vez, e o controle da evacuação da liderança da OLP para Túnis; e o presidente eleito do Líbano, escolhido pelos israelenses, foi assassinado. Um ano depois da invasão, Menachem Begin renunciou à posição de primeiro-ministro, convencido, de acordo com a história, de que fora enganado por seu ministro da Defesa. Embora Sharon tenha passado os anos seguintes em um isolamento, ele se recusou a desistir de sua estratégia do muro de ferro para impor uma solução unilateral ao problema palestino.

A reabilitação política de Sharon começou sob o comando do primeiro-ministro Yitzhak Shamir, que sucedeu Begin. Apontado como ministro da habitação em 1990, Sharon dirigiu a maior expansão de assentamentos israelenses – em valores oficiais – nos territórios ocupados até a data. Com mandato iniciado em 1998, ele foi ministro das Relações Exteriores no gabinete do rival político Benjamin Netanyahu, e depois que Ehud Barak se tornou primeiro-ministro um ano depois (eleito principalmente porque prometeu finalmente retirar Israel do atoleiro sangrento do Líbano), ele começou uma campanha repleta de manobras para eliminar seus rivais políticos do Likud e colocar o partido novamente no poder.

Em 28 de setembro de 2000, Ariel Sharon, acompanhado por mais de mil seguranças, foi visitar o Monte do Templo. Como vimos no Capítulo 1, os judeus consideram o Monte do Templo um solo sagrado porque é o local onde eles acreditam que foram erguidos o primeiro e o segundo templo da história. Os muçulmanos consideram o *haram* solo sagrado porque marca o local da Mesquita de Al-Aqsa, construída no local onde Muhammad fez sua viagem noturna para o céu. De acordo com o relatório feito pelo governo dos Estados Unidos – o relatório Mitchell – Sharon foi ao local sem outro motivo, exceto o de fortalecer seu poder político: ao visitar o local, ele esperava constranger o governo de Ehud Barak, que seria forçado a decidir se permitia que Sharon tivesse acesso ao local religioso de Jerusalém, sobressaindo-se aos seus rivais do Likud. Quer ele tenha antecipado seus efeitos ou não, a visita de Sharon transcendeu o seu objetivo inicial. No dia seguinte, os palestinos organizaram uma manifestação que foi contida pela polícia israelense, fazendo uso de munição real. Quatro manifestantes foram mortos. Protestos se espalharam pelos territórios. Embora o governo israelense tivesse agido rapidamente e jogado a culpa dos protestos e a consequente violência na AP e em Yasir Arafat, o relatório Mitchell descrevia os eventos de forma contrária:

> Nós não temos base para concluir que houve um plano deliberado da AP para iniciar uma campanha incitando a violência quando a primeira oportunidade surgisse, ou concluir que houve um plano deliberado do GI [Governo de Israel] para responder com força letal.
>
> Porém, também não há evidência para concluir que a AP fez um esforço consistente para conter as manifestações e controlar a violência depois que ela havia começado, ou que o GI fez um esforço consistente para utilizar meios não letais de controlar as manifestações dos palestinos não armados. Em meio à crescente raiva, medo e desconfiança, cada um dos lados pensou o pior sobre o outro, e agiu de acordo.

A violência que explodiu depois da visita de Sharon ao Monte do Templo arremessou o ambicioso general – que ganhara o apelido de "trator" não apenas por sua silhueta, mas também por sua habilidade em atropelar adversários sem hesitar (ou, nesse caso, sem sutileza) – à posição de primeiro-ministro de Israel.

Com o começo da segunda *intifada*, as campanhas de bombardeios suicidas organizadas pelo Hamas, pelo islâmico Jihad e por militantes da OLP que temiam ser ofuscados por seus rivais islâmicos começaram a ocorrer em grande número. Em março de 2001, um homem-bomba palestino matou três mulheres israelenses em Netanya, uma pequena cidade entre Tel Aviv e Haifa. Em maio, outro homem-bomba matou dez israelenses e feriu outras 100 pessoas em um *shopping center*. Em agosto, outro bombardeio explodiu seu causador e mais 18 israelenses em uma pizzaria em Jerusalém. Dos 18 israelenses mortos, 6 eram crianças. Cinco bombas foram disparadas em Jerusalém em 5 de setembro.

É difícil imaginar os efeitos do que ficou conhecido como a "segunda" ou a "Al-Aqsa" *intifada* nas mentes dos horrorizados israelenses e na sua postura em relação à Oslo e aos palestinos. Embora três quartos das 4 mil pessoas que morreram durante essa *intifada* fossem palestinos – e mais de 10% desses palestinos tivesse menos de 18 anos – estes números, e as mágoas palestinas que deram início à segunda *intifada*, foram superadas pelo horror gerado pelos ultrajes terroristas. Em nível individual, o horror devastou o senso comum de segurança do cidadão israelense dentro do "Estado guardião", tão defendido por Ben-Gurion anos atrás. Em nível comunal, o horror encontrou sua expressão por meio do *rap* ultra-nacionalista e até mesmo na poesia:

> Sentado no ônibus que está no tique-taque
> prestes a explodir
> escrevendo meu último poema.
> Logo tudo ficará esfumaçado e aparecerá tempestuosamente
> como uma carruagem de fogo
> e nós estaremos dispersos por toda parte e seremos todos um
> e iremos subir como fumaça em finas nuvens, nos céus se unindo
> com a fumaça de outros dias...[66]

---

66 COHEN, Eliaz. *Hear O Lord: Poems from the Disturbances of 2000-2009* [Ouça, oh lorde: poemas dos distúrbios de 2000-2009]. Trad. Larry Barak. New Milford, CT: The Toby Press, 2010. p. 105.

O governo israelense respondeu à onda de bombardeios suicidas ordenando assassinatos extrajudiciais daqueles que eram declarados culpados por Israel de organizarem ou estimularem a campanha, lançando ataques de represália em cidades palestinas, destruindo lares e pomares de famílias acusadas de terrorismo, instalando pontos de inspeção na saída de cada centro de povoado e cada campo de refugiados pelos territórios, e fechando as ligações econômicas entre os territórios e Israel.

E então veio o 11 de setembro. O ataque da Al-Qaeda aos Estados Unidos acabaram com a Nova Ordem Mundial, que já estava decadente desde a administração de Clinton e suas atitudes insatisfatórias em relação à Ruanda, Bósnia e Kosovo. Dez dias depois do ataque, o presidente George W. Bush anunciou uma nova doutrina que os Estados Unidos usariam para definir a ordem internacional: a guerra global ao terror.

> Nós perseguiremos as nações que fornecerem ajuda ou asilo ao terrorismo. Toda nação, em toda região, agora tem uma decisão a tomar. Ou você está conosco ou você está com os terroristas. A partir deste dia, qualquer nação que continuar a abrigar ou apoiar o terrorismo será classificada pelos Estados Unidos como regime hostil [...]
>
> Essa não é, todavia, uma luta dos Estados Unidos apenas. E o que está em jogo não é só a liberdade dos Estados Unidos. Essa é uma luta do mundo todo. Uma luta da civilização. Essa é a luta de todos os que acreditam no progresso e no pluralismo, tolerância e liberdade. Pedimos a todas as nações que se juntam à nós [...]
>
> Esse país definirá os nossos tempos, e não o contrário.

Se a Nova Ordem Mundial definiu o contexto que permitiu o surgimento de Oslo, a Guerra ao Terror definiu um contexto em que Israel podia defender uma política de imposição de uma solução unilateral para o seu problema palestino.

Embora os palestinos não parecessem muito preocupados com a nova dispensa, Sharon levou-a muito a sério. Logo depois de um atentado com bombas que deixou 30 mortos em março de 2002, Sharon organizou a "Operação Escudo Defensivo", a maior incursão israelense em territórios palestinos depois de Oslo. As forças israelenses reocuparam vilas e cidades palestinas em todas as três zonas – A, B e C –, incluindo Belém, Hebrom, Ramalá, Nablus, Jenin e Gaza. Em um esforço para "eliminar a infraestrutura terrorista", os israelenses travaram batalhas armadas contra os palestinos, explodiram casas, fizeram prisões em massa e utilizaram helicópteros armados, tanques e escavadeiras para transformar bairros

CAPÍTULO 10 – FECHANDO O CÍRCULO: OSLO E SUAS CONSEQUÊNCIAS | 287

inteiros em escombros. Neste processo, cerca de 500 palestinos morreram. Quando um enviado das Nações Unidas chegou a Jenin, ele chamou o que viu de "horrível além do que se pode crer", e comparou os efeitos da ação de Israel com um terremoto. Em Ramalá, o Exército israelense deixou o complexo de Arafat em ruínas e manteve o presidente da AP em virtual prisão domiciliar até seus últimos dias. Fazendo uso do desgastado clichê "nós não negociamos com terroristas" da Guerra ao Terror, Sharon cortou relações com a AP, declarando que não havia ninguém do outro lado para dialogar.

A declaração de Sharon de que não havia ninguém para dialogar do lado palestino – reclamação apoiada por uma administração norte-americana consumida pela Guerra ao Terror – efetivamente deixou o processo de Oslo de lado. Mas isso não significava que vários partidos não tenham tentado continuar o já condenado processo. Eles tentaram e, no início de 2003, contavam com diversos planos na mesa. Esses planos eram tanto oficiais (o Mapa da Paz, co-escrito por: Estados Unidos, Rússia, União Europeia e Organização das Nações Unidas) quanto não oficiais (o chamado Acordo de Genebra e a Iniciativa da Voz do Povo, elaborado por palestinos e israelenses independentes que lutavam para recapturar a mágica de 1993). O Mapa da Paz tinha uma estratégia passo a passo, começando com o fim do terrorismo palestino, uma retirada israelense das cidades palestinas reocupadas e uma completa paralisação nos assentamentos, e terminando com uma conferência contando com Israel, os palestinos e os Estados Árabes, na qual, por mais improvável que isso parecesse, israelenses e palestinos chegariam a um acordo sobre as fronteiras, os refugiados, Jerusalém e os Estados Árabes. Todos fariam as pazes com Israel (a festa era opcional) – algo como Oslo em um formato tradicional de conferência. Embora tudo isso devesse ser concluído em 2005, até o momento em que esse livro foi escrito, o Mapa da Paz permanece sem conclusão por parte de seu quarteto de autores. Outros planos sugeriam tratar de todos os assuntos de uma só vez. Mas isso já não importava muito: os tempos mudaram e Sharon tinha sua própria estratégia. Se ele pudesse impor sua estratégia sobre outro plano qualquer, melhor assim; se não, paciência.

Em abril de 2002, o governo israelense anunciou que iria iniciar a construção de uma barreira para evitar que homens-bomba se infiltrassem em Israel pela Cisjordânia. Batizada pelos israelenses de "cerca de segurança" e, pelos palestinos, de "muro da separação", a barreira tinha

288 | ISRAEL X PALESTINA

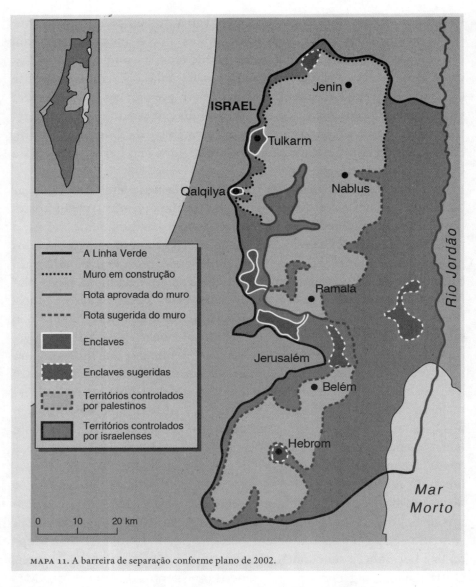

MAPA 11. A barreira de separação conforme plano de 2002.

uma rota em formato de circuito. Em vez de seguir as linhas do armistício de 1949, que serviram como fronteiras não oficiais de Israel por mais de meio século, a barreira – que eventualmente consistiria de aproximadamente 720 quilômetros de paredes de concreto, cercas elétricas, cercas eletrônicas e trincheiras – seguia uma rota que, por vezes, adentrava profundamente em áreas ocupadas e incorporava grande parte dos blocos de assentamento da Cisjordânia e também de Jerusalém.

Palestinos, grupos de direitos humanos e a maioria da comunidade internacional condenou a decisão de se construir a barreira por uma série de motivos. Para começar, a barreira estabelece novos fatos que, se um processo diplomático por um acaso recomeçasse, marcariam um novo ponto de partida para os negociantes israelenses. Além disso, construir a cerca significa extirpar os palestinos, confiscar suas terras e destruir vilarejos e plantações. A rota da barreira engloba cidadelas inteiras, como Qalqilyah e Tulkarm, além dos arredores a leste de Jerusalém – na prática, as pessoas que vivem nesses locais perderão totalmente o contato com o resto da Cisjordânia. De acordo com o Banco Mundial, durante a primeira fase da construção, cerca de 150 mil palestinos tiveram suas vidas desfeitas (fazendeiros separados de suas terras, trabalhadores e estudantes afastados de seus empregos e escolas, médicos e pacientes isolados de seus locais de tratamento, colonos de seus açudes etc.), e quando ela estiver completa, outros 150 mil estarão na mesma situação. Outros 35 mil palestinos, excluindo aqueles que vivem à leste de Jerusalém, serão privados do acesso aos territórios ocupados e deixarão de ser controlados diretamente por Israel. A escolha deles: viver sob as regras israelenses ou se

IMAGEM 22. Em 1948, a porção oeste da cidade de Baqa, na Cisjordânia, fora integrada a Israel, enquanto a parte leste ficou fora dessa integração. A barreira hoje separa as duas partes da cidade. (Fonte: Reinhard Krause/Reuters/Corbis).

mudar e viver em um território sob jurisdição palestina. Portanto, para muitos palestinos, grupos de direitos humanos e membros da comunidade internacional, a barreira representa o primeiro passo para uma mais discreta e gentil divisão étnica.

O governo israelense, por sua vez, defende a eficácia da barreira em impedir a entrada de infiltrados e cita uma redução de 90% nos atentados suicidas desde o início de sua construção. Talvez seja verdade. Mas atentados suicidas são uma tática, e as táticas são facilmente alteradas para que se adequem às circunstâncias. Em outubro de 2004, homens-bomba atacaram um hotel e um acampamento turístico em Sinai, repletos de israelenses em férias, matando 34 pessoas. Em dezembro de 2004, "militantes palestinos" realizaram uma explosão em um túnel subterrâneo abaixo de um ponto de fiscalização israelense em Gaza, matando cinco soldados israelenses. E nos primeiros seis meses de 2012, mísseis lançados de Gaza atingiram Israel por mais de 100 vezes. Certamente, a barreira não foi nada eficiente na prevenção desses ataques.

A construção da barreira não foi a única ação unilateral iniciada pelo governo de Sharon em sua busca pela reorganização do pós-Oslo. Em fevereiro de 2004, o governo de Sharon anunciou planos de retirar todos os assentamentos israelenses de Gaza. Essa não era a primeira vez que alguém do governo israelense fazia a proposta de se separar de Gaza. Para muitos em Israel, o esforço para se manter em Gaza não se pagava: enquanto os mais zelosos membros do movimento dos assentamentos se opunha a sair de qualquer território conquistado, outros israelenses argumentavam que não havia motivo para reter um território superpopuloso, empobrecido e hostil, onde 50 mil soldados tinham de ser mobilizados para proteger 7,5 mil colonos israelenses. A ideia de se separar de Gaza foi debatida por ministros israelenses pouco tempo depois da guerra de 1967, e as propostas de retirada chamadas de "Gaza Primeiro" faziam parte da Declaração de princípios de 1993, além das tentativas de 2002 para um acordo de cessar-fogo durante a segunda *intifada*. (Porque negociantes palestinos temiam que a "Gaza Primeiro" fosse a primeira e a última. Eles insistiram que as retiradas israelenses de Gaza fossem acompanhadas de retiradas, mesmo que simbólicas, da Cisjordânia. Por isso, a "Gaza Primeiro" de 1993 tornou-se "Gaza e Jericó Primeiro", e a "Gaza Primeiro" de 2002 tornou-se "Gaza e Belém Primeiro".)

Enquanto o movimento dos assentamentos enfraquecia, a esquerda israelense e o governo dos Estados Unidos se apressavam para tratar da proposta de Sharon, argumentando que ele havia mudado sua postura. Em 1958, o presidente francês Charles de Gaulle proclamou, *"Vive Algérie française"* ("Vida longa à Argélia francesa"); em 1959, de Gaulle revogou o que disse e deu à Argélia a autodeterminação. O velho guerreiro, Richard Nixon, foi à China em 1972. Agora parecia que Ariel Sharon, antigo padroeiro do movimento dos assentamentos, havia se tornado um de Gaulle ou um Nixon israelense, também se contradizendo: ao invés de expandir o território controlado por Israel, ele estava, na verdade, diminuindo a área por ele administrada. E mesmo depois que a saída de Gaza começou a ocorrer, Sharon prosseguiu com sua estratégia e anunciou que estava preparado para abandonar alguns assentamentos do norte que ficavam fora dos limites da barreira, e mover entre 50 mil e 70 mil colonos para assentamentos da parte de dentro da barreira.

Mas as coisas não andaram conforme o esperado. Mesmo depois da saída de Gaza, Israel continuou a controlar a sua fronteira, seu espaço aéreo, seu comércio e sua rede elétrica, além do fluxo de trabalhadores e exportações para Israel e as viagens entre Gaza e a Cisjordânia. Grave também foram as implicações geradas pelo desligamento do processo de Oslo. O fato de Israel ter decidido dar esse passo sem se importar com a aprovação da AP significava, como comentou o próprio Sharon em setembro de 2002, que "Oslo não existia mais". Isso também estabeleceu um precedente que permitiu que Israel apresentasse aos palestinos e à comunidade internacional um fato consumado por um futuro indefinido. Nas palavras do conselheiro de Sharon, Dov Weisglass:

> A significância de nosso plano de separação está no congelamento do processo de paz [...] Ele oferece o formaldeído necessário para que não haja processo político com os palestinos [...] Quando você congela o processo, você evita o estabelecimento do Estado palestino, e evita a discussão dos refugiados, das fronteiras e de Jerusalém. Tudo com uma benção presidencial [norte-americana] e a ratificação de ambas as casas do Congresso.

Tudo isso, ele poderia ter acrescentado, ao preço de abrir mão de Gaza e de mais alguns assentamentos isolados e desprotegidos da Cisjordânia.

Antes, contudo, havia uma pendência para se resolver em casa. Para fortalecer o apoio político para a sua estratégia, Sharon deixou o Likud e estabeleceu seu próprio partido, o Kadima (Adiante). Era uma manobra de retirada, planejada para isolar os radicais que se opunham à saída de Israel dos territórios ocupados e fazer funcionar de base de equilíbrio para os políticos israelenses a aprovação ou a rejeição do que ficaria conhecido como o plano de "convergência" ou "realinhamento". Embora um ataque cardíaco deixasse Sharon fora de cena logo depois, seu deputado do Kadima – Ehud Olmert – venceu as eleições e se tornou primeiro-ministro com um plano de realinhamento completamente elaborado. O plano consistia em manter o controle dos maiores blocos de assentamento e de Jerusalém, uma área que cobria cerca de 15 quilômetros dentro da Cisjordânia a partir do oeste, anexar o Vale do Jordão a partir do leste, e conectar todas as estradas secundárias, dando espaço para o crescimento dos assentamentos e dos subúrbios de Jerusalém. Olmert iria dividir a Cisjordânia em três cantões independentes, completamente cercados pela presença israelense. E como se isso ainda não fosse o suficiente para acabar com o sonho de um Estado palestino viável, Olmert anunciou que a partir daquele momento, "a separação seria dos assentamentos, e não dos territórios". Em outras palavras, Israel iria manter presença militar nas áreas das quais eles se separaram. E por fim, Olmert eliminou qualquer dúvida que ainda pudesse existir com relação a seus objetivos: se os palestinos não provassem que estavam dispostos a negociar um acordo definitivo até o fim de 2006 (o que era pouco provável, já que a AP era então dominada por um parlamento que tinha o Hamas em sua maioria, e este grupo tratava a estrutura de Oslo com desdém), Israel transformaria a "cerca de segurança" de Sharon em uma fronteira política permanente dentro de dois ou quatro anos (pronunciamentos oficiais sobre o prazo variavam). A separação e a construção da barreira, outrora apresentados como passos intermediários de um "processo de longo prazo", eram, agora, interpretados de outra forma: o começo do fim.

Assim, na primavera de 2006, tudo indicava que o conflito de 100 anos entre israelenses e palestinos não fecharia um círculo completo, mas chegaria a um fim – nos termos previstos por Israel. Sharon e Olmert podem não ter realizado o sonho dos membros mais radicais do movimento sionista de construir um Estado judaico em toda a palestina histórica, mas eles reconheceram uma oportunidade dentro da história quando ela surgiu, e a aproveitaram para conseguir para Israel mais do que a metade do bolo (em termos de território, eles conseguiram cerca de 85% do bolo). Já para o movimento nacional palestino, enfraquecido e fragmentado, não havia mais nada a fazer a não ser justar os restos da melhor forma possível. Era o fim.

Eis que então o mundo desabou.

Não é o fim se ainda não terminou

Em 25 de junho de 2006, oito militantes palestinos de três grupos diferentes (incluindo o Hamas) surgiram de um túnel secreto que saía de casa e adentrava quase 300 metros em Israel, matando dois soldados israelenses, ferindo mais três e sequestrando outros seis oficiais. Depois de 17 dias, o Hezbollah realizou um ousado ataque atravessando a fronteira do Líbano para Israel. Na batalha seguinte, os guerreiros do Hezbollah mataram oito soldados israelenses e sequestraram mais dois. Os israelenses demandaram a libertação imediata de seus soldados sequestrados e lançaram intensos ataques aéreos em Gaza e no Líbano, seguidos por ataques em terra. Embora o Exército de Israel tenha encontrado resistência em ambos os locais, os invasores se depararam com uma força violenta e disciplinada no Líbano. A guerra excedeu os limites das fronteiras: enquanto os foguetes lançados de Gaza em direção ao sul de Israel não tinham a precisão necessária para causar danos maiores, os mísseis mais sofisticados do Hezbollah atingiam seus alvos dentro do país inimigo. Do outro lado, quando a fumaça baixava, largas faixas de ruínas ficavam visíveis em Gaza e no Líbano. Bombardeios intensos destruíam obras vitais de infraestrutura – pontes, estradas, estações de energia, aeroportos e depósitos de combustível – em ambos os locais, forçando mais de 3,5 mil palestinos e quase 1 milhão de libaneses a fugirem de suas casas. A guerra resultou na morte de cerca de 300 civis palestinos, 1,2 mil libaneses, e 44 israelenses. Mais de 1,2 mil civis palestinos, 5 mil libaneses e 400 israelenses ficaram feridos. E houve ainda mais uma fatalidade decorrente da guerra: o plano de realinhamento de Olmert.

Israel, os palestinos e o Hezbollah estiveram envolvidos em conflitos de baixa intensidade por anos, e apesar da velha máxima de que Israel não negocia com terroristas, eles chegaram a concordar com trocas de prisioneiros com palestinos e com o Hezbollah no passado. Sob circunstâncias normais, o episódio que provocou toda essa conflagração poderia ser considerado apenas mais um incidente fronteiriço – e não o ponto de partida de uma guerra. Mas três meses antes, tanto a AP quanto Israel tinham experimentado revoltas políticas quando Hamas e Kadima tomaram posse. As circunstâncias forçaram tanto o Hamas quanto o Kadima a governar em posições mais frágeis do que as anteriormente imaginadas. E isso fez que ambos os governos encarassem seus desafios como testes de vida ou morte.

Comecemos com a AP. Assim que o Hamas assumiu o governo em março de 2006, a comunidade internacional começou a impor sanções sobre o grupo para tentar forçá-lo a mudar sua posição em relação à solução de dois Estados de Oslo. Israel se recusou a devolver taxas e faturamentos de alfândega coletados em benefício da AP (aproximadamente 50 milhões de dólares por mês), a União Europeia e os Estados Unidos anunciaram que não forneceriam apoio financeiro para a AP até que o Hamas concordasse em reconhecer Israel, renunciar o terrorismo e se comprometer a observar contratos anteriores entre israelenses e palestinos. Os Estados Unidos racionalizaram ainda mais o provimento financeiro do novo governo, comunicando a todos que qualquer banco que transferisse dinheiro ao Hamas seria severamente penalizado pelas leis antiterrorismo norte-americanas. Como a AP dependia da ajuda estrangeira para até metade de seu orçamento, ela se viu incapaz de honrar suas dívidas e pagar os seus 165 mil empregados, muitos dos quais eram fiéis ao Fatah e não tinham restrições em manifestar suas frustrações em público. As condições nos territórios iam de mal a pior: 40% da população de Gaza dependia dos pagamentos da AP. E, em maio de 2006, o Banco Mundial alertou que suas projeções iniciais de 50% de crescimento da pobreza e 23% de desemprego nos territórios era "muito otimista". Na verdade, as condições nos territórios havia se tornado tão ruim que a comunidade internacional começou a discutir o estabelecimento de fundo de assistência especial para contornar suas próprias sanções e aliviar uma catástrofe humanitária iminente.

Enquanto isso, o islâmico palestino Jihad continuava a lançar seus notoriamente ineficazes foguetes contra Israel, provocando uma resposta israelense em forma de artilharia e mísseis. Israel também continuou a utilizar sua política de "assassinatos direcionados" contra líderes palestinos, incluindo dois oficiais do alto escalão do Hamas, em Gaza. No decorrer da primavera, o nível de violência continuava a se elevar. Duas semanas antes do incidente do túnel, uma barricada com artilharia israelense matou oito palestinos – incluindo sete membros da mesma família que estavam fazendo um piquenique em uma praia de Gaza. Quatro dias depois, um ataque de míssil matou mais 11 pessoas em um campo de refugiados. O apoio ao governo do Hamas, que parecia incapaz de abastecer e proteger a população sob sua responsabilidade, que sofria provocações frequentes dos seguidores do Fatah, e que estava sob crescente pressão interna e externa para desistir de sua renúncia em reconhecer Israel e aceitar a

estrutura de Oslo, caíra para um número entre 30 e 35%. O primeiro-
-ministro do Hamas, Ismail Haniya, sabia o que tinha de fazer: ao declarar os últimos incidentes como "batalha direta e aberta", ele renunciou
o cessar-fogo com Israel imposto ao Hamas por ele mesmo, e prometeu
"responder na hora e local adequados".

Do outro lado da fronteira Gaza-Israel, o partido empoderado Kadima se encontrava numa posição similar à do Hamas. Embora todas
as previsões em Israel indicassem que o Kadima seria eleito com larga
margem, o partido – sob o comando do pouco expressivo Ehud Olmert,
ao invés do carismático Ariel Sharon – conseguiu uma vitória apertada,
tendo apenas dois terços do número de cadeiras previstas, em uma eleição
nacional que teve o menor número de eleitores na história de Israel. Para
Olmert, os ataques contínuos de foguetes vindos de Gaza eram mais do
que um estorvo; eles ameaçavam a plataforma na qual seu partido se apoiava, assim como a bem costurada coalisão que sustentava essa plataforma.
Sharon e Olmert venderam a sua política de separação para o eleitorado, dizendo que ela levaria ao estabelecimento de fronteiras defensivas
e, assim, aumentaria a segurança israelense. Por outro lado, a oposição
de Olmert argumentava que além da área separada ter servido como
refúgio seguro para que os inimigos de Israel conduzissem ataques contra sua população civil, ela também motivava tais ataques porque os inimigos de Israel interpretaram a saída dos territórios como um sinal de
fraqueza. Vieram então os sequestros, que não aconteciam somente nos
territórios deixados por Israel em 2005, mas também no único outro território do qual Israel se separou unilateralmente – o Líbano. Para salvar o
plano de realinhamento e restabelecer o equilíbrio estratégico na região,
o governo israelense tinha que demonstrar que ainda possuía a mais valiosa arma do arsenal de seu país: a capacidade de deter seus inimigos por
meio da ameaça de fazer uso – e, quando a necessidade surgisse, de usá-la
de fato – de sua esmagadora força militar contra eles. Daí veio a fúria da
resposta de Israel aos sequestros, e daí veio também a resposta dada pelo
embaixador israelense das Nações Unidas às críticas que afirmavam que
o ataque israelense fora desproporcional: "Você está absolutamente certo
em dizer que foi desproporcional".

Para muitos israelenses, ainda era pouco, e um pouco tarde. Israel havia desenhado sua estratégia de dissuasão para a fase árabe-israelense do
conflito – uma fase intermediária. Os ataques de foguete palestinos, o sequestro de soldados israelenses, e, em particular, a resistência forte e bem

organizada do Hezbollah, demonstraram que essa estratégia de dissuasão de Israel havia falhado contra inimigos que não queriam jogar conforme as regras. Para se restabelecer a ordem, argumentava a oposição de Olmert, não deveria ser feita nenhuma concessão territorial ao inimigo. Mas de acordo com as palavras do primeiro ministro Benjamin Netanyahu, isso só garantiria que da "próxima vez, haverá Qassams não somente nas comunidades de Negueve, mas também em Tel Aviv". A surpresa da guerra, sua má execução e seus resultados inconclusivos (a retirada das tropas israelenses para disfarçar inexequíveis cessar-fogo) faziam que a maioria dos israelenses concordasse com o comentário de Netanyahu, e também com suas previsões trágicas. Da mesma forma, a maioria dos parlamentares do Kadima abandonaram o barco. Nas palavras de um deles, a "convergência talvez seja a principal bandeira do Kadima, mas agora ela precisa ser agitada". Olmert podia prever o que estava por vir: antes mesmo das armas silenciarem, ele protelou seu plano, citando a necessidade de se concentrar na reconstrução das cidades do norte de Israel, destruídas pelos foguetes do Hezbollah.

Por um breve período, os planos israelenses de impor perante os palestinos uma resolução unilateral ao conflito estavam cancelados.

MERGULHANDO NO ABISMO
O Hamas não era a única facção palestina que se sentiu forçada a resolver o problema com suas próprias mãos. Enfraquecido pela economia debilitada e pelo boicote político imposto à AP pelos israelenses e pelo quarteto internacional, Mahmoud Abbas e seus colegas do Fatah tentaram encontrar uma saída daquele impasse. Os efeitos econômicos do boicote já eram ruins isoladamente, mas os líderes do Fatah apostaram suas carreiras e o *status* de Estado da Palestina no processo de Oslo. Enquanto o Hamas permanecesse no governo, o quarteto internacional se recusaria a negociar com a AP e a avançar o processo. Abbas compreendeu que o quarteto não iria abrir mão de suas condições para voltar a negociar com a AP, e que o Hamas não parecia inclinado a, na melhor das hipóteses, ignorar a situação. Estava claro que o Hamas tinha que sair, e a força de segurança da AP, treinada por norte-americanos e egípcios e formada por fiéis do Fatah, era o instrumento que faria essa saída acontecer.

Infelizmente para Abbas, o Hamas atacou primeiro, e depois de uma semana de lutas em que mais de 100 pessoas morreram, o Hamas assumiu o controle da Faixa de Gaza, separando o território da Cisjordânia. Agora eram dois governos reivindicando a representação dos palestinos – a AP controlada pelo Fatah na Cisjordânia, e o governo controlado pelo Hamas em Gaza. Pela primeira vez desde 1974, quando a OLP conseguiu reconhecimento internacional como a "única representante legítima do povo palestino", o movimento nacional palestina não podia sequer sonhar com uma unidade. Ironicamente, quando o governo israelense se viu forçado a abandonar o unilateralismo, os palestinos não estavam prontos para lidar com a nova situação.

É difícil se livrar de hábitos antigos, especialmente quando aqueles que detêm os tais hábitos não querem se livrar deles. E, por isso, a estranha saga de negociações diretas entre Israel e a AP continuou, com Israel e sua capacidade de fazer os compromissos necessários para se chegar a um acordo ficarem paralisados por considerações políticas domésticas, e com os palestinos incapazes de garantir que qualquer acordo que fosse negociado seria de fato cumprido. Mahmoud Abbas e Ehud Olmert continuaram a se encontrar depois do golpe do Hamas, e quando as conversas tiveram fim, o presidente George W. Bush convidou-o para ir a Annapolis, Maryland, a fim de continuar as discussões. As conversas em Annapolis não passaram de um teatro político. Como poderia ser diferente, sendo que nem Olmert nem Abbas estavam em posição de enfrentar os Estados Unidos, e nenhum dos dois tinha força suficiente para "vender" um compromisso a seu povo? As conversas tiveram um resultado duradouro, contudo: eles estabeleceram um novo obstáculo para as negociações futuras. Durante o evento, Olmert introduziu uma demanda: queria que os palestinos reconhecessem Israel como um Estado judaico. Essa era a primeira vez que tal demanda era feita, então faz-se justo questionar o motivo pelo qual Olmert a fez. (Os políticos israelenses tentaram abordar o tema novamente, em 2010, quando introduziram a ideia de contrabalancear as demandas palestinas por direitos e retorno com uma demanda por compensação para os judeus árabes que saíram ou fugiram de suas casas em decorrência da guerra de 1948.) Desde que essa demanda fora introduzida, os palestinos protestaram, citando diversas razões, além da crença de que Israel estava agindo de má-fé para fazer os palestinos parecerem teimosos. Além do fato de não caber aos estrangeiros fazer julgamento sobre como um Estado se define, a problema dos palestinos com a demanda de Olmert era que aquilo significava que a AP seria obrigada a condenar os 20% de cidadãos israelenses que eram palestinos a uma cidadania de segunda classe. Eles

298 | ISRAEL X PALESTINA

também seriam obrigados a abrir mão de seu último instrumento de barganha, o direito ao retorno. Não haveria tal direito em um Estado que se define como judaico. Não é necessário dizer que Annapolis não chegou a nenhuma conclusão.

Quando Barack Obama assumiu a presidência dos EUA, em janeiro de 2009, ele estava determinado a não repetir o que ele definia como fixação imprevidente de seu antecessor sobre os assuntos do Oriente Médio, desde o Iraque até o conflito israelense-palestino. Ao invés disso, Obama queria se concentrar no que considerava ser a área que mais precisava da atenção norte-americana, a China e o Anel de Fogo do Pacífico. Mas antes que pudesse realizar seu plano, havia uma questão aberta que tinha de ser tratada: o conflito israelense-palestino. O raciocínio lógico que levou Obama a aceitar esse desafio era a sua crença de que não poderia haver estabilidade no Oriente Médio até que esse conflito – classificado por ele como a causa principal das rebeliões na região – fosse resolvido. Essa crença era chamada, sem muita criatividade, de "ligação", e não era o item mais debatido por Obama e sua administração. Na verdade, a ligação era um nome elegante, que vinha da administração de Eisenhower. E era também uma razão (apenas uma delas) para a incessante busca norte-americana por uma resolução pacífica deste conflito.

Obama decidiu que sua administração iria iniciar as negociações imediatamente. Como parte dessa estratégia, ele também decidiu reverter a abordagem pró-Israel da administração Bush, assumindo que a mediação norte-americana seria mais eficaz se ambos os lados vissem os Estados Unidos como um intermediário honesto. Como sinal da sinceridade norte-americana aos palestinos que Bush não tinha, Obama decidiu confiar nos israelenses para o processo de congelamento da construção de novos assentamentos e da expansão dos já existentes.

Essa não era a primeira vez que os Estados Unidos cogitavam a ideia de um congelamento completo dos assentamentos como medida para construir confiança. O relatório Mitchell, citado anteriormente, e o Mapa da Paz também contemplavam tal ação. E havia uma lógica em demandar a parada completa da expansão dos assentamentos, e até mesmo da chamada expansão natural por crescimento, já que os políticos acreditavam que se as negociações fossem conduzidas com sensatez tudo poderia estar finalizado em alguns meses. Isso iria mitigar a necessidade imediata de jovens famílias de colonos de construir ou ampliar suas casas para acomodar mais filhos, por exemplo. E se depois das negociações

Israel decidisse manter alguns ou todos os blocos de assentamento, eles poderiam então fazer as ampliações, limitadas de acordo com o que foi decidido por ambas as partes. Mas o relatório Mitchell e o Mapa estipulavam que o fim da violência palestina deveria acompanhar o congelamento dos assentamentos. O governo de Benjamin Netanyahu, que se tornou primeiro-ministro pela segunda vez em 2009, se agarrava nisso, argumentando que a administração de Obama estava pressionando Israel de maneira injusta para fazer concessões sem exigir o mesmo dos palestinos. Seus aliados norte-americanos, de lobistas e congressistas, pensavam da mesma forma. O argumento do "equilíbrio" mascarava uma falha mais importante na política de Obama, contudo. Além do fato de que a coalisão do governo de Netanyahu era muito frágil e muito dependente dos direitos políticos e do movimento dos assentamentos para assumir qualquer compromisso, o primeiro-ministro não tinha nenhuma intenção de fazê-lo.

Assim, mesmo quando o governo israelense iniciou a sua movimentação, ficou evidente que eles não queriam sinceramente chegar a um consenso sobre os assentamentos com os palestinos. Em 2009, por exemplo, Netanyahu estava muito pressionado pelos norte-americanos e anunciou que estava disposto a impor um congelamento de dez meses nos assentamentos – excluindo casas que foram autorizadas antes da oficialização do congelamento, casas a leste de Jerusalém e qualquer construção que não fosse para uso privado. Ele também anunciou que estava pronto para negociar – mas somente se os palestinos aceitassem antes o fato de que Jerusalém era a capital indivisível de Israel e isso não era negociável, que nenhum refugiado palestino poderia voltar para Israel, e que Israel era um Estado judaico. Assim que os palestinos concordassem com essas estipulações, declarou ele, Israel aceitaria a formação de um Estado palestino dentro das fronteiras temporárias – desde que o Estado fosse desprovido de armamentos e que Israel detivesse o controle sobre suas fronteiras e seu espaço aéreo. Finalmente, em um ato que só pode ser definido pela palavra iídiche *chutzpah*, Netanyahu colocou a demanda final aos palestinos: se eles quisessem negociar com Israel, deveriam sentar à mesa sem nenhuma pré-condição.

Dessa vez, foram os palestinos que decidiram se retirar. E depois de gastar uma tremenda quantidade de capital político em troca de poucos resultados, Obama recuou, deixando temporariamente a situação em banho-maria.

Seguindo sozinho (Parte II)

Em 10 de dezembro de 2010, Muhammad Bouazizi, um comerciante tunisiano, ateou fogo em si próprio em frente do prédio do governo local na pequena cidade de Sidi Bouzid, Tunísia. Pouco tempo antes, suas mercadorias haviam sido confiscadas, e ele fora humilhado quando fez a reclamação aos oficiais. O suicídio de Bouazizi disparou protestos que chegaram à capital da Tunísia dez dias depois. Os levantes árabes de 2010-2011 tinham começado.

Depois das rebeliões da Tunísia, levantes e protestos ocorreram em todos os 22 membros da Liga Árabe – menos em cinco. Na Tunísia, no Egito, na Líbia, no Iêmen, na Síria e, pouco tempo depois, no Barein, os manifestantes demandavam a queda do regime. Em outros lugares, eles demandavam a sua reforma. Em alguns eles obtiveram êxito; na maioria dos outros, a intervenção externa, a repressão, o medo do caos ou da luta sectária, ou uma combinações desses fatores, possibilitaram forças repressoras a reagirem e intimidarem o movimento de mudança.

É normal pensar que os levantes árabes foram eventos discretos que começaram em dezembro de 2010 e, com exceção da insurreição da Síria, ocorreram dentro do previsto por um período de aproximadamente um ano. O abominável termo comumente utilizado para descrevê-los, "Primavera Árabe", faz que eles pareçam algo que chegou e partiu, como as estações do ano. Uma maneira mais eficaz de compreender os levantes árabes é enxergá-los como os mais recentes episódios de conflitos que já duram décadas, contra a autocracia e a injustiça econômica e social do mundo árabe. Da Argélia ao Egito, passando por Barein e outros, esses conflitos tiraram a resistência contra autocratas e suas políticas das mãos de indivíduos e de pequenos grupos para se transformarem em um fenômeno de massa. Eles também expandiram o repertório da luta popular na região, incluindo protestos não violentos, desobediência civil e ativismo trabalhista.

Nos territórios palestinos, o modelo de resistência utilizado desde 1987 tanto replicava quanto divergia daquele do resto do mundo árabe. Como já vimos, antes da *intifada*, o *fedayeen* – chamados por Edward Said de "pequeno número de corajosas pessoas atiradas em uma batalha com poucas esperanças de êxito" – tinha suportado o peso do esforço contra Israel. A primeira *intifada* mudou isso mobilizando grandes números de palestinos que viviam nos territórios e engajando-os em atos de resistência contra a ocupação israelense, inclusive atos não violentos de desobediência civil. Depois de Oslo, protestos populares similares, com

CAPÍTULO 10 – FECHANDO O CÍRCULO: OSLO E SUAS CONSEQUÊNCIAS | 301

palestinos desarmados contra soldados israelenses, continuaram esporadicamente nos territórios. Por exemplo, a partir de 2005 os residentes do vilarejo de Bilin, na Cisjordânia, organizaram manifestações semanais de protesto contra a construção da barreira de separação que dividia o centro do vilarejo de seu interior agrícola. Com o passar do tempo, outros vilarejos organizaram protestos iguais. E em 2012, quando o governo israelense anunciou seus planos de construir uma área chamada de "E1" que fazia fronteira com o leste de Jerusalém, os palestinos montaram uma cidade de tendas, "Bab Al-Shams" ("Portal para o Sol") para bloquear a construção. Em março de 2013, uma eleição feita entre palestinos da Cisjordânia e de Gaza indicou que quase 60% apoiavam uma insurreição popular não violenta contra Israel – uma *intifada* do "poder do povo", melhor dizendo.

A resistência palestina divergia da resistência do restante do mundo árabe em seu alvo. Em vez de desafiar sua própria autocracia ou a injustiça social e econômica sofrida por seu povo, a resistência palestina lutava contra os atos de uma força externa. Isso mudou na época das insurreições árabes, quando manifestantes palestinos começaram a mirar a liderança palestina além de Israel, fazendo uso das mesmas táticas, símbolos e *slogans* utilizados pelo restante do mundo árabe. Por exemplo, jovens palestinos utilizaram as mídias sociais para registrar seu descontentamento, da mesma forma que seus similares tunisianos ou egípcios fizeram. Na época da explosão da insurreição tunisiana, um grupo autoproclamado "a Juventude de Gaza se Liberta" postou um manifesto no Facebook intitulado, "Manifesto por Mudança da Juventude de Gaza". O manifesto começa com, "Dane-se o Hamas. Dane-se Israel. Dane-se o Fatah", e segue declarando que "há uma revolução crescendo dentro de nós, uma imensa insatisfação e frustração que vai nos destruir a menos que encontremos uma forma de canalizar essa energia em algo que possa desafiar o *status quo* e nos dar alguma esperança". Essa energia foi "canalizada" no movimento jovem de 15 de março, uma associação livre feita por jovens habituados com mídias sociais com o similar movimento de 6 de abril do Egito, responsável pela insurreição deste país. Assim como o movimento de 6 de abril, o movimento de 15 de março começou seus protestos com uma "Dia de Fúria", que contou com a participação de dezenas de milhares de palestinos. Em vez de demandar o fim do regime, como fizeram seus companheiros egípcios, os líderes do movimento exigiam uma reconciliação entre o Fatah e o Hamas.

302 | ISRAEL X PALESTINA

Os mais sérios e significantes protestos aconteceram na Cisjordânia em setembro de 2012 depois que o primeiro-ministro da AP, Salam Fayyad, aumentou os preços dos alimentos e dos combustíveis. Embora elementos contra o Fayyad da OLP tivessem ajudado a mobilizar a população, os protestos tomaram vida própria e se tornaram populares de verdade. Estimulados pelo mesmo tipo de ativismo trabalhista que tinha sido decisivo na insurreição egípcia, os palestinos rapidamente aumentaram suas demandas econômicas e políticas, pedindo a demissão de Fayyad (e, em alguns casos, a resignação de Abbas), a abolição da AP, a renúncia de Oslo e dos protocolos associados a este acordo, e o estabelecimento de um Estado palestino respeitando as fronteiras de 1967 com Jerusalém do leste como sua capital. Os protestos impactaram fortemente a liderança da AP.

Forçado a responder, Mahmoud Abbas decidiu tirar proveito da situação para agir unilateralmente e avançar na causa do Estado palestino. Deixando de lado o processo de Oslo, ele levou a causa do Estado palestino às Nações Unidas. Abbas tentou obter o reconhecimento de um Estado palestino no Conselho de Segurança das Nações Unidas no ano anterior – um erro tolo, já que os Estados Unidos, que viram essa atitude como uma apelação apressada em relação à negociação que eles ansiavam mediar, poderia utilizar seu poder de veto ao pedido caso se sentisse pressionado. Depois desse desastre, a liderança da Cisjordânia começou a debater uma estratégia alternativa: levar o caso para a Assembleia Geral das Nações Unidas. Embora a Palestina pudesse no máximo obter a condição de uma "entidade sem direito a voto" por meio da Assembleia Geral – uma forma de "semi-reconhecimento" também concedida ao Vaticano –, os membros da assembleia eram extremamente favoráveis à causa palestina. A insurreição de setembro acabou sendo decisiva para reforçar o comando de Abbas (embora ela, mais uma vez, significasse uma afronta ao poder que mais financiava a AP, os Estados Unidos). Por fim, 138 membros da Assembleia Geral votaram a favor da mudança da condição da Palestina, 41 não votaram, e somente sete se juntaram aos Estados Unidos e Israel votando contra. Em janeiro de 2013 a Autoridade Palestina declarou-se oficialmente como Estado da Palestina, e Mahmoud Abbas se tornou seu primeiro presidente.

Além de obrigar o governo palestino a substituir o antigo timbre em seus documentos oficiais pelo novo, o significado da nova condição palestina ainda não está muito claro. Yasir Arafat declarou a Palestina um

CAPÍTULO 10 – FECHANDO O CÍRCULO: OSLO E SUAS CONSEQUÊNCIAS | 303

Estado independente em 1988 sob circunstâncias similares (no auge da primeira *intifada*). Ele quase repetiu a ação em 1999, como se isso fosse tornar o ato verdadeiro. Nem a declaração, nem a sua quase repetição, tiveram grandes consequências. Além disso, as comemorações em homenagem à nova condição da Palestina aconteciam ao mesmo tempo em que a Cisjordânia mantinha seu confronto diário nas áreas ocupadas. Por outro lado, o voto da Assembleia Geral de 2012 permitiu aos palestinos, caso quisessem, fazer uso dos benefícios disponíveis aos Estados independentes. Dentre esses benefícios, estava a posição de membro da Corte Criminal Internacional. Ao serem admitidos nessa corte, os palestinos teriam a opção de colocar oficiais palestinos em pauta, já que eles estavam se expandindo pela Cisjordânia, e ela era agora um Estado soberano, e não um território "em disputa", como afirmavam os juristas israelenses. O reconhecimento também deu a outros Estados o direito legal de tomar ações individuais contra Israel, como impor sanções ou participar de boicotes.

É importante colocar, contudo, que o pedido palestino de reconhecimento das Nações Unidas é significativo, não só pelo que ele significa, mas também pelo que pode vir a conquistar. Depois do colapso das negociações em Camp David em 2000 e a eclosão da segunda *intifada*, o primeiro-ministro Ehud Barak disse pela primeira vez, referindo-se a Yasir Arafat, o que se tornaria o mantra de Ariel Sharon: "não há parceiro para a paz". Quer seja válida ou não, uma década depois, era a vez dos palestinos registrarem a mesma reclamação. Como dito pelo chefe das negociações da AP, Saeb Erekat, "eu não acho que temos um parceiro em Israel hoje para prosseguir debatendo a solução dos dois Estados". Assim, quando os negociadores palestinos encerraram as discussões com seus canais israelenses no verão de 2013 em meio a um disseminado ceticismo sobre as chances de sucesso, eles estavam apostando suas fichas na possibilidade ou não de um futuro para o processo de Oslo.

O ACORDO DE OSLO CHEGOU AO FIM?

Levar a sua questão às Nações Unidas não foi a única forma que os palestinos encontraram de dar vazão à sua frustração com o colapso do processo de Oslo. Em dezembro de 2009, depois do fracasso da tentativa de Obama, Erekat elaborou um documento com um título estranho, "A situação política à luz dos desenvolvimentos com a administração dos Estados Unidos e do governo israelense e o contínuo golpe de Estado do Hamas". Nele,

304 | ISRAEL X PALESTINA

Erekat elencou diversas opções disponíveis aos palestinos. Duas opções especificamente causaram polêmica. A primeira, convocava os palestinos para "reavaliar o acordo de Oslo e considerar declará-lo nulo e vazio". A segunda, os convocava para

> desenvolver alternativas críveis para a tradicional solução de dois Estados, como o Estado único, ou um Estado binacional etc. Caso a alternativa seja adotada em detrimento da solução de dois Estados, dissolver/utilizar a AP e alterar o mandato de acordo da OLP.

Em outras palavras, a opção que Erekat estava sugerindo reverteria a resolução de partilha de 1947 das Nações Unidas, e compelia Israel a fazer dos palestinos, nos territórios, cidadãos plenos em um Estado democrático ou, no caso de Israel reter os direitos de cidadão desses palestinos, expor Israel à mesma vergonha internacional que forçou a África do Sul a abandonar a sua política de *apartheid*.

Erekat não inventou a solução do Estado único: ela era popular entre os acadêmicos de esquerda há muito tempo. E com o Acordo de Oslo se aproximando dos 20 anos de existência sem que a realização dos "dois Estados vivendo lado a lado em paz e segurança" estivesse sequer por perto, a solução recebia adesão da direita política também. Em algumas ocasiões, proponentes de uma solução de Estado binacional de direita, invocavam abertamente o *apartheid* político, assim como o congressista norte-americano Joe Walsh de Illinois quando propôs um Estado binacional com "poder limitado [palestino] de voto" (a proposta de Walsh também foi chamada de "leve" limpeza étnica por meio do convite de palestinos insatisfeitos para serem cidadãos de segunda classe, com direito limitado a um voto sem importância). Em outras ocasiões, proponentes de uma solução de Estado binacional de direita citavam (duvidosos) dados demográficos que provavam que mesmo se Israel quisesse se expandir a fim de incluir os palestinos em seus territórios, Israel ainda seria predominantemente judeu e os palestinos perderiam as votações de qualquer forma. É suficiente, portanto, afirmar que embora a solução de um Estado permanecesse apenas um ponto de vista de uma minoria distinta, seu apelo limitado vem dos dois lados do espectro político.

Os proponentes de um Estado binacional citam três motivos para justificá-lo como a melhor alternativa para se solucionar o conflito. Primeiramente, eles acreditam que é hora de reconhecer o fato de que o processo de Oslo, que oferece o mecanismo para que se atinja a solução de dois Estados, falhou por diversas razões. Depois de duas décadas, os dois lados permanecem distantes de resolver o conflito, como sempre. Na verdade, tornou-se frequente a existência de um esboço de acordo (os "parâmetros de Clinton" continham trocas de terras, divisão de soberania sobre Jerusalém, aplicação do direito ao retorno principalmente para um Estado palestino etc.) à mesa de negociação, por anos e anos, frustrado pela falta de vontade política. A vontade política pode de fato nunca vir a existir. Em segundo lugar, eles afirmam que o tempo se esgotou para a criação de um Estado palestino viável. Muitos danos já foram causados a uma futura Palestina – muitos colonos (um em cada dez israelenses), assentamentos, estradas secundárias que dividem o território do que seria o Estado palestino, e muita mistura de economias, recursos e infraestrutura –, que em vez de se tornar uma "Cingapura do Oriente Médio" (termo atribuído tanto a Yasir Arafat quanto a Shimon Peres, que era ministro das Relações Exteriores quando o termo surgiu), seria mais parecida com um Bangladesh da região. Por fim, alguns proponentes de um Estado binacional justificam sua posição na justiça: uma população traumatizada pelas experiências do colonialismo dos assentamentos e da limpeza étnica, argumentam eles, não deve ser colocada em restos territoriais ou em um Estado que não é nem economicamente viável e nem politicamente responsável.

Aqueles que se opunham à solução de Estado único não se preocupavam com esses argumentos. Em primeiro lugar, argumentavam eles, em um mundo de Estados-nação, por que somente os judeus não seriam merecedores de uma nação com autodeterminação (especialmente quando, por trás de uma solução de Estado único, sempre havia a desconfiança de que os palestinos dominariam o Estado binacional por serem grande maioria e, portanto, o Estado binacional seria na verdade um Estado palestino com minoria judaica)? Além disso, diziam eles, os proponentes do Estado binacional nunca abordavam medidas práticas necessárias para a sua construção. O que iria substituir as fundações institucionais de Israel, como suas cortes, suas leis de direitos pessoais e suas políticas de recrutamento? Que garantias teriam as representações das minorias? Por que alguém iria acreditar que israelenses e palestinos poderiam chegar a um acordo nessas questões se, até hoje, não conseguiram estabelecer compromissos acerca de problemas inerentes da solução de dois Estados, como o destino de Jerusalém ou dos assentamentos? E que vantagens teriam os israelenses, afinal? Por fim, a oposição da solução de Estado único aponta o fato de que nem o sionismo, nem o nacionalismo palestino, em todas as suas mais variadas formas, eram movimentos ultrapassados, que iriam eventualmente desaparecer em um Estado binacional. Unir palestinos e israelenses em uma única estrutura política seria, portanto, a receita de um desastre. Historicamente, as tentativas de união de povos que têm consciências de suas disparidades – Iugoslávia e Ruanda, como exemplos – terminaram em fracasso. Mesmo entre povos que se enxergavam fundamentalmente como semelhantes – egípcios e sírios, por exemplo –, Estados criados a partir da desistência de soberania de uma ou mais de suas partes constituintes são raros, e tendem a se separar – exatamente o que ocorreu com a República Árabe Unida, que durou apenas três anos.

Mas, provavelmente, o argumento mais forte contra um Estado binacional é que atualmente, nem israelenses, nem palestinos o querem. Isso foi confirmado por diversos plebiscitos que indicaram que israelenses e palestinos só eram a favor da solução de Estado único se ela significasse a derrota, a eliminação ou a subordinação do outro lado. Outra confirmação foi dada no pedido de reconhecimento de Estado feito pelos palestinos às Nações Unidas – pedido esse que seria apoiado por um governo israelense mais sábio. Afinal, o voto das Nações Unidas reafirmou indiretamente o direito de Israel de existir ao lado do Estado palestino, enquanto colocava a plena realização deste último Estado em uma situação muito difícil. De forma simplificada, poucos querem a solução de Estado único porque ela oferece uma solução pós-nacionalista para um problema nacionalista em um mundo de Estados-nação. É irônico o fato de Erekat ter feito a sugestão em que um Estado binacional é uma opção possível para se resolver o conflito apenas seis meses depois que Netanyahu reafirmou a necessidade dos palestinos reconhecerem Israel como Estado judaico se eles quisessem que as negociações chegassem a um fim.

Alguns dizem que o conflito é insolúvel. Outros opinam que o *status quo* é insustentável" – o que, verdade ou não, não ajudou a motivar os políticos que não costumam pensar a longo prazo. De qualquer forma, se existe uma solução para o conflito em um futuro próximo, é pouco provável que ela venha no formato defendido pelos proponentes da solução de Estado único. E por mais que a "esperança de Oslo" tenha ficado desgastada, e que o conflito ainda continue em um impasse, faíscas geradas pelas insurreições árabes de 2010-2011, ou a corrida do Irã em busca de armas nucleares e influência regional, ou alguma demonstração inesperada de estadismo vinda de alguma pessoa ou de algum evento na região, podem ainda reacender a chama de Oslo estimulando líderes a concluir que chegar a um acordo é uma opção melhor do que as alternativas apresentadas hoje por eles.

SUGESTÕES DE LEITURA COMPLEMENTAR

GELVIN, James L. *The Arab Uprisings: What Everyone Needs to Know* [As insurreições árabes: o que todos precisam saber]. New York: Oxford University Press, 2012. Visão geral histórica sobre as insurreições, suas raízes, cursos e possíveis efeitos, incluindo os possíveis efeitos no conflito israelense-palestino.

MAKOVSKY, David. *Making Peace with the P.L.O.: The Rabin Government's Road to the Oslo Accord* [Fazendo as pazes com a O.L.P.: o caminho do governo rabino rumo ao Acordo de Oslo]. Boulder, CO: Westview Press, 1999. Um relato detalhado das motivações israelenses para entrar no processo de Oslo.

MALLEY, Robert; AGHA, Hussein. Camp David: The Tragedy of Errors [Camp David: uma tragédia de erros]. In: *New York Review of Books*, 9 ago. 2001, p. 59-65. Relato de um revisionista que participou das negociações de Camp David. Em edições posteriores, há réplicas de Ehud Barak e Benny Morris, e tréplicas de Malley e Agha.

SAID, Edward W. *From Oslo to Iraq and the Road Map: Essays* [De Oslo ao Iraque e o Mapa da Paz: Ensaios]. New York: Pantheon, 2004. O último ensaio político do homem considerado por muitos o mais importante intelectual público palestino de seu tempo.

SCHIFF, Ze'ev; YA'ARI, Ehud. *Israel's Lebanon War* [A guerra de Israel no Líbano]. New York: Simon & Schuster, 1984. Primeiro relato popular sobre a guerra, escrito por dois jornalistas.

SHLAIM, Avi. *The Iron Wall: Israel and the Arab World* [O muro de ferro: Israel e o Mundo Árabe]. New York: W. W. Norton, 2001. Shlaim utiliza a metáfora de Jabotinsky do "muro de ferro" para explicar as políticas de Israel em relação a seus vizinhos.

SIEGMAN, Henry. Sharon and the Future of Palestine [Sharon e o futuro da Palestina]. In: *New York Review of Books*, 2 dez. 2004, p. 7-14. Ponto de vista cético das iniciativas políticas de Sharon relacionadas ao conflito.

SILBERSTEIN, Laurence J. *The Postzionism Debates: Knowledge and Power in Israeli Culture* [Os debates pós-sionistas: conhecimento e poder na cultura israelense]. New York: Routledge, 1999. Uma análise dos dois lados do debate sobre o que pode ser uma grande mudança ideológica na vida pública israelense ou apenas uma tempestade em copo d'água.

Esboços biográficos

Abbas, Mahmud	1935	Membro fundador do Fatah e líder da delegação da OLP em Oslo; eleito presidente da OLP e da Autoridade Palestina depois da morte de Arafat.
Abd Al-Nasser, Gamal	1918-1970	Líder do movimento dos Oficiais Livres que tomou o poder no Egito em 1952; presidente do Egito durante a Guerra de Suez de 1956 ("Agressão Tripartida") e na guerra contra Israel de 1967.
Abdullah	1882-1951	Filho de Sharif Husayn de Meca; instalado pelos britânicos como emir da Transjordânia; primeiro rei da Jordânia; líder jordaniano durante a guerra de 1948.
Arafat, Yasir	1929-2004	Líder de guerrilha e presidente da OLP de 1969 a 2004; primeiro presidente da Autoridade Palestina.
Barak, Ehud	1942	Líder do Partido Trabalhista; eleito primeiro-ministro de Israel em 1999; apresentou uma oferta "tudo ou nada" na reunião de cúpula do Camp David em 2000.
Begin, Menachem	1913-1992	Primeiro-ministro inaugural do Likud de Israel; negociou o tratado de Camp David com o Egito (1979) e autorizou a invasão israelense do Líbano (1982).
Ben-Gurion, David	1886-1973	Imigrante da segunda *aliyah* para a Palestina; líder do Executivo Sionista Palestino, a facção palestina da Organização Sionista Mundial; primeiro-ministro inaugural de Israel.
Bunche, Ralph	1904-1971	Diplomata norte-americano das Nações Unidas; organizou os acordos do armistício ao final da guerra de 1948; inventou o "formato Rodes".

Catarina, a Grande	1729-1796	Czarina da Rússia; estabeleceu os limites do assentamento judaico em 1791.
Darwish, Mahmoud	1942-2008	Poeta palestino; considerado por muitos o poeta nacional palestino.
Herzl, Theodor	1860-1904	Jornalista de Viena; pioneiro sionista; organizou o Primeiro Congresso Sionista na Basileia, Suíça. Nele, a Organização Sionista Mundial foi fundada.
Al-Husayni, Hajj Amin	1897-1974	Rebento de uma proeminente família de Jerusalém; *mufti* de Jerusalém, presidente do Conselho Supremo Muçulmano, fundador e líder do Alto Comitê Árabe durante as décadas de 1930 e 1940.
Hussein	1935-1999	Rei da Jordânia; neto de Abdullah; expulsou a OLP da Jordânia durante o Setembro Negro (1970); assinou o tratado de paz com Israel (1994).
Ibrahim Pasha	1789-1848	Filho de Mehmet Ali; general que liderou a invasão do Egito e a ocupação da Palestina (1831-1841).
Jabotinsky, Vladimir	1880-1940	Jornalista nascido na Rússia; fundador do paramilitar Betar; imigrou para a Palestina, onde organizou o Irgun; arquiteto do revisionismo sionista.
Al-Jazzar, Ahmad Pasha	1722-1804	Antigo escravo egípcio, dono de terras, e governador otomano; estabeleceu um principado baseado em Sídon; apelidado de "Al-saffah" ("o açougueiro").
Mehmet Ali	1769-1849	Líder do contingente da Albânia do Exército otomano enviado ao Egito para destituir Napoleão; apelidado pelos otomanos como o vice-rei do Egito; enviou Ibrahim Pasha para a Palestina.
Pinsker, Leo	1821-1991	Físico russo e um dos primeiro sionistas; autor de Autoemancipação; presidente do movimento "Amantes do Sião" e espírito por trás da primeira aliyah.
Al-Qassam, 'Izz Al-Din	1880-1935	Sacerdote nascido na Síria; lutou na resistência contra a França (1919-1920); organizou guerrilhas para enfrentar britânicos e sionistas; morreu nas mãos dos britânicos, contribuindo para incitar a Grande Revolta; primeiro grande herói nacional palestino.
Rabin, Yitzhak	1922-1995	Líder militar israelense, político e primeiro-ministro (1992-1995); assumiu compromisso em relação ao Acordo de Oslo em nome de Israel; assassinado por um fanático religioso.

ESBOÇOS BIOGRÁFICOS | 311

DE ROTHSCHILD, BARON EDMOND	1845-1934	Filantropo e herdeiro da fortuna da família de banqueiros Rothschild; investiu em *plantations* na primeira *aliyah* na Palestina, mas retirou o seu apoio em 1900.
AL-SADAT, ANWAR	1918-1981	Membro do movimento dos Oficiais Livres que assumiu o controle do Egito em 1952; vice-presidente do Egito na gestão de Nasser; presidente do Egito depois da morte de Nasser; assinou um tratado de paz com Israel (1979).
SHARON, ARIEL	1928	General israelense, político do Likud, e primeiro-ministro (2001-2006); arquiteto chefe do programa de assentamento israelense; sua visita ao Monte do Templo / Haram Al-Sharif em 2000 provocou a segunda *intifada*; iniciou a construção da barreira de separação e a retirada israelense de Gaza.
SHUQAIRY, AHMAD	1907-1980	Diplomata que trabalhou para vários Estados Árabes; primeiro presidente da OLP (1964-1969).
AL-UMAR, ZAHIR	1749-1775	Dono de terras de origem beduína; fundou o principado do algodão baseado no Acre; deposto pelos otomanos e por Ahmad al-Jazzar.

ÍNDICE REMISSIVO*

"A Juventude de Gaza se Liberta", 301.

"A Realidade tem Duas Faces, a Neve é Negra" (Darwish), 192-3.

Abbas, Mahmud (Abu Mazen), 296-7, 302 e 309.

Abd al-Aziz, Yusuf, 188-9.

Abdel Nasser, Gamal, 212, 237 e 242.

    Arafat comparado com, 243.

    guerra de 1967 e, 206-7 e 209.

    Guerra de Suez e, 205-6.

    história de, 203-4 e 309.

    Irmandade Muçulmana e, 261.

    OLP e, 235-6.

Abdulhamid II (sultão otomano), 76.

Abdullah, rei da Jordânia, 114, 122, 158, 160 e 309.

Abraão, 23, 26-7 e 180.

Abu Nidal, 247.

Abu Salma, 187.

Achille Lauro (navio), 247.

Acordo de Genebra, 287.

Acordo de Oslo, 172, 191, 210, 212, 263 e 269-307.

    acordo interino, 275-6.

    ajustes territoriais e o, 274.

    clima internacional acerca na época do, 269-73.

    configuração revolucionária do, 269.

    Declaração de Princípios, 274-5.

    declínio do, 278-82.

    definido, 341.

    OLP aceita o, 257.

    operações pós-Oslo, 286 e 290-1.

    processo versus conteúdo, 275-6.

    protesto contra Darwish, 274.

    reconhecimento mútuo no, 273.

    solução de dois Estados, 263.

    território palestino concedido no, 276 e 278.

    tratado de paz israelense-jordaniano, 212.

Acordo de Paulet-Newcombe, 126.

Acordo de Saint-Jean-de-Maurienne, 105.

acordos de armistícios, 163 e 165.

Acordos de Camp David (1978), 251, 275 e 341.

Acordos de Hebrom e Wye, 279.

Acre, 20-1, 43 e 82.

Afeganistão, 28.

África do Sul, 233, 253 e 304.

Agência das Nações Unidas para o Auxílio da Palestina (UNRP) 169 e 347.

Agência das Nações Unidas para o Auxílio e o Trabalho (UNRWA), 169-72 e 347.

Agência Executiva Judaica, 151.

---

* Os itens presentes neste índice cuja paginação inclui as letras "i" ou "m" referem-se, respectivamente, às indicações de imagens ou mapas. (N.E.)

Agência Judaica, 114-5 e 341.

    contribuições financeiras para a, 202.

    funções da, 115.

    Livro Branco rejeitado pela, 147-8.

    Pavilhão Palestino Judaica e a, 181, 184 e 186.

    separação oficial de Israel da, 202.

agricultura,

    cultivo visando ao lucro, 44, 46-7, 84 e 91.

    de subsistência, 81 e 84.

    durante a Segunda Guerra Mundial, 149.

    e colonização sionista, 81-5.

    Grande Depressão, 132-3.

    grãos de, 81 e 84.

    monocultura, 84.

    na Palestina otomana, 43-4, 47 e 49.

    nos territórios ocupados, 217-9 e 253.

    percentual de judeus na, pelo mundo, 62.

    policultura, 91 e 348.

    sistema *plantation*, 84 e 348.

agricultura visando ao lucro, 44, 46-7, 84 e 91.

Al-Aqsa *intifada,*

    bombardeios suicidas, 285-7.

    definição, 345.

    eventos que levaram a, 284-5.

Al-Azhar, Universidade de, 134 e 341.

Al-Barweh, 192.

Alcorão, 193.

Alemanha,

    Alfred Dreyfus e a, 70.

    emancipação judaica na, 57.

    Iluminismo judaico na, 68.

    movimento Artamenan na, 88.

    movimento sionista na, 108.

    nazismo, 147-9 e 152.

    Ocidental, 202.

    Partido Comunista na, 75.

    Primeira Guerra Mundial e a, 101-4.

    refugiados do Holocausto da, 152.

    Segunda Guerra Mundial e a, 147-9 e 152.

Alemanha nazista, 148-9.

Alemanha Ocidental, 202.

Alexandre II, Czar da Rússia, 78.

Alexandre III, Czar da Rússia, 78.

Alexandria, 23.

ALF (Frente da Libertação Árabe), 241.

Al-Hajj Amin al-Husayni, 121, 137, 148, 159 e 310.

Aliança das Forças de Trabalho (Egito), 242.

aliyot (*aliyah* no singular),

    definição, 341.

    primeira (1882), 77-85.

    segunda (1904-1914), 86, 94-7, 178, 182-3 e 201-2.

    terceira (1918-1923), 86, 94-7, 178, 182-3 e 201-2.

    quarta (1924-1928), 130 e 182.

    quinta (1929-1939), 130, 149 e 182.

Al-Jazairi, Abd al-Qadir, 133.

Al-Jazzar, Ahmad Pasha ("*Al-saffah*"), 43 e 310.

Al-Khalil, 20 e 26-7.

    ver também Hebrom.

Al-Qaeda, 286.

al-Qasim, Sameeh, 188.

al-Qassam, 'Izz Al-Din, 130, 133-5, 141 e 310.

al-Sadat, Anwar, 212, 214, 251 e 311.

Al-Saiqa, 241.

Altalena, S.S. (navio), 202.

Alto Comitê Árabe, 137-8, 140, 146-7, 159, 167 e 341.

Alto Comitê Nacional, 124-6 e 341.

Alto Conselho da Juventude e Esportes Palestino, 242.

aluguel, 202-3 e 341.

Al-Umar, Zahir, 43 e 311.

Amã, 17, 21 (m. 2), 171, 246-8 e 252.

"Amantes do Sião" comitês, 80-1 e 342.

Amir, 341.

"Amuletos Antiaéreos" (Al-Qasim), 188-9.

Anatólia, 38.

"ano da decisão", 175.

"Anotações para o Livro do Revés" (Qabbani), 250-1.

antissemitismo, 61, 130, 200, 233 e 341.

AP. *Ver* Palestina, Autoridade.

ÍNDICE REMISSIVO | 315

"Aprendendo com os Britânicos" (Gazit), 141-2.

"Aqueles que Passam pelas Palavras Fugazes" (Darwish), 191.

árabes,
 ataques em 1929, 120.
 identidade otomana dos, 121-2.
 Irgun Zvai Leumi ataque aos, 95.
 judeus, 191 e 200-1.
 mandato palestino e os, 112-3.
 na força de trabalho da agricultura, 84 e 89.
 Primeira Guerra Mundial e os, 102-3.
 refugiados palestinos definidos como, 164-5.
 relacionamento com os sionistas durante a primeira *aliyah*, 85.
 relações econômicas com judeus, 85.
 separação de laços com os, 90.

Arábia Saudita, 160, 210 e 260.

Arafat, Yasir, 238, 263 e 280-1.
 aspirações nacionalistas mantidas por, 239.
 atitude centralizadora de, 280-1.
 confusão diplomática de, 246-7 e 273.
 corrupção ignorada por, 280.
 Darwish e, 192.
 Declaração de Princípios e, 273-4.
 duas convicções de, 237.
 eleito presidente da AP, 278.
 eleito presidente da OLP, 236.
 em prisão domiciliar, 287.
 Fatah fundado por, 236 e 240-1.
 história de, 236-7 e 309.
 Hussein (rei) e, 247 e 251.
 Iraque apoiado por, 248.
 no encontro em Camp David, 281-2.
 o Acordo de Oslo e, 273-6.
 Oslo 2 e, 276-8.
 política de inclusão e de construção de consenso, 243-4.
 segunda *intifada* e, 121.
 Setembro Negro e, 246-7.

Argélia, 84, 133, 237, 239 e 291.

Argentina, 72.

Ariel, 222 (m. 9).

Armênios, 102.

arqueologia, interesse nacionalista em, 11-2.

Ascalão, 28.

Asdode, 28.

assassinatos, 78, 130, 140, 207, 212, 243-4, 249, 278-80, 283-6 e 294.

assassinatos direcionados, 140 e 294.

assentamentos, 48, 52, 81-2, 84-6, 91 e 220-9.
 Acordo de Oslo e os, 274 e 278.
 estrutura social dos, 220.
 expansão dos, 221-5.
 fardo do, 221-3 e 271.
 imigrantes soviéticos nos, 272-3.
 legais e ilegais, 219.
 motivações dos colonos, 224-6.
 na Cisjordânia, 223.
 opinião internacional sobre os, 227.
 oposição inicial aos, 140.
 paralisação dos, 287 e 298-9.
 pós-Oslo, 279-80.
 propostas de separação e os, 292 e 295.
 Rabin e os, 272.
 retirada de Gaza, 290-1.
 sistema de incentivos, 226.

assentamentos agrícolas, 91-3.

assentamentos "ilegais", 220, 228 e 276.

assimilação, dos judeus, 60-1 e 68.

assírios, 20, 24 e 180.

Associação Judaica de Colonização, 84-5.

Associações Cristãs-Muçulmanas, 126 e 342.

Attlee, Clement, 152.

Atzmona, 279.

Auden, W. H., 186 e 193.

Áustria, 58, 59 (m. 4), 61, 101 e 207.
 emancipação judaica na, 57.
 Iluminismo judaico na, 68.
 Primeira Guerra Mundial e a, 101 e 206.

autodeterminação, 110-1, 234 e 306.

Autoemancipação (Pinsker), 80-1.

autoridades dos parques nacionais, 25.

Baathismo, 241.

"Bab al-Shams", 301.

316 | ISRAEL X PALESTINA

Babilônia, 23 e 180.

Bagdá, 35, 122 e 200.

Balcãs, 37-8 e 104.

Balfour, Alfred, 106-8.

Banco de Comércio Exterior, 202.

Banco Mundial, 204, 281, 289 e 294.

Barak, Ehud, 156, 281-2 e 309.

barreira de separação, 288 (m. 11), 290
e 292.

Batalha de Karameh, 236.

beduíno, 20, 39-41, 47, 50, 122 e 182.

Begin, Menachem, 97, 153, 202, 223, 282
e 309.

Beirute, 52, 122, 192, 248 e 283.

Belém, 21 (m. 2), 162-3, 277, 286, 288 (m. 11)
e 290.

Bélgica, 101.

Ben-Gurion, David, 88-9, 115 e 285.

    ataques de represália, 199 e 282.

    história de, 309.

    incidente do *Altalena* e, 202 e 244.

    Legislação Educacional do Estado, 190.

    mandato palestino e, 151.

    Programa de Biltmore e, 151.

    refugiados palestinos e, 168.

    rejeição do Livro Branco, 148.

    transferência de pensamento, 167-8.

Berlim, 148-9 e 155.

Betar, 95-6 e 120.

Bialik, Haim Nahman, 79 e 95.

bíblia, 22, 26, 28, 55 e 64.

Bielorrússia, 60.

Bilin, 301.

boicotes, 126, 197, 263-4, 296 e 303.

    durante a Grande Revolta, 136-8 e 139 (i. 13).

    durante a *intifada*, 253-5.

bolcheviques, 110.

bombardeio suicida, 259, 285-6 e 290.

Bonaparte, Napoleão, 45.

Bose, Subhas Chandra, 148.

Bósnia, 18, 78, 270 e 286.

Bouazizi, Muhammad, 300.

Brandeis, Louis, 108, 164 e 180-1.

Brody, 53, 59 (m. 4) e 68.

Bunche, Ralph, 164 e 309.

Bureau Árabe, 113.

Bush, George H. W., 269-70.

Bush, George W., 135, 227, 271, 286 e 297-8.

"busto do imperador, O" (Roth), 54-5.

Cairo, 122, 124, 134, 203, 211, 215 e 235-6.

califas, 37, 39 e 342.

camponeses,

    nacionalismo palestino e os, 122-5.

    otomanos, 40-1, 49 e 128-9.

Cananeus, 27.

cantões, 278 e 292.

Caradon, Lorde, 209.

Cartum, Sudão, 213.

Caso Dreyfus, 70-1 e 342.

Castro, Fidel, 237.

Catarina, a Grande, czarina da Rússia,
58 e 310.

Cather, Willa, 186.

Católicos, 70, 104 e 153.

censura, 280.

Centro de Abastecimento do Oriente
Médio, 150 e 342.

chalutzim (*chalutz*, no singular), 180, 185
e 342.

Chamberlain, Joseph, 74.

Chamberlain, Neville, 151.

charia, 39 e 342.

Chatila, 175 e 283.

China, 154, 204, 215, 237, 253, 271 e 291.

Chisinau, pogrom de, 78-9, 95 e 348.

Chou Enlai, 237.

Churchill, Winston, 114 e 116.

cidade de tendas, 201.

Cisjordânia, 20, 26, 141, 208, 227, 251, 263,
274, 283, 288 (m. 11) e 289.

    assentamentos na, 220, 222 (m. 9), 225 (i. 18),
228, 253 e 279.

    como base do mini Estado, 172 e 245.

    economia da, 218-20.

    Hamas na, 263.

    intifada na, 251-2.

    Israel assume o controle da, 207.

Jerusalém separada da, 216.

Jordânia e a, 164, 212 e 223.

muro da separação e a, 288-90 e 301.

nomes diferentes para, 20 e 26-7.

OLP e a, 242.

organizações islâmicas na, 260.

Oslo 2 e a, 278.

política das pontes abertas, 218.

protestos na, 300-2.

refugiados palestinos na, 169.

residentes palestinos na, 20.

separação, importância da, na, 291-2.

clãs, na Palestina otomana, 50.

Clausewitz, Karl von, 217.

Clemenceau, Georges, 110.

Clinton, Bill, 281-6 e 305.

Clubes Árabes, 124, 126 e 342.

Código da Terra Otomano de 1858, 226.

Colinas de Golã, 207, 218 e 220.

colônias europeias, 101-2 e 112.

colonização, 37 e 67-97.

assentamentos judeus na Palestina (1881-1914), 82.

Herzl e a, 70-7.

mudança de significado da palavra, 81.

Organização Sionista Mundial e a, 74-5.

sionista, características únicas da, 123.

ver também descolonização.

Comissão Anglo-Americana de Inquérito, 152 e 342.

Comissão Histórica Judaica, 79.

Comissão Real (1937), 145-6.

Comitê Especial das Nações Unidas para a Palestina (UNSCOP), 153 e 342.

Comitê Executivo Árabe, 126 e 344.

Comitê Intergovernamental para os Refugiados, 152 e 342.

comitês nacionais, 137.

Companhia de Petróleo do Iraque, 130.

Comunidade Europeia, 248.

comunismo, 75, 155, 192, 248 e 270.

Conferência de Madri (1991), 175, 210 e 273.

Conferência do Cairo (1921), 113 e 342.

Conferência Mundial contra o Racismo, Discriminação Racial, Xenofobia e Intolerâncias Conexas, 233-4.

Conferência Sionista Extraordinária (1942), 151.

Conferências de Genebra, 175 e 210.

conflito árabe-israelense, 197-229.

guerra de 1973, 214-5.

Guerra de Suez, 205-6.

negociações de paz, 209-11.

primeiros anos do Estado de Israel, 197-204.

territórios ocupados, 215-29.

Congo, 237.

Congresso Geral da Palestina, 125-6 e 343.

Congresso Geral da Síria, 112 e 343.

conquista da terra, 88, 91, 94, 120 e 343.

conquista do trabalho, 88-91, 120 e 343.

Conselho do Comando Revolucionário do Egito, 243.

Conselho Nacional Palestino (PNC), 241-2 e 343.

Conselho Supremo Muçulmano, 137 e 343.

Constantinopla, 38.

Acordo de, 105 e 341.

ver também Istambul.

Convenção de Genebra, 226-7.

Coolidge, Calvin, 111 e 271.

Coreia do Norte, 154 e 249.

Coreia do Sul, 154.

corrupção na Organização para a Libertação da Palestina (OLP), 280.

coups d'état, no mundo árabe, 203.

"Crianças brincando com pedras", (Qabbani), 250-1.

Cristãos, 35, 110, 149, 189 e 283.

maronitas, 104.

na Palestina (censo de 1922), 127.

no conselho consultivo do mandato, 128.

no Império Otomano, 47.

significado de Jerusalém para os, 22.

crônica judaica, A, 71-2 e 74.

Cruzada, 20.

Cuba, 237.

cultivo de subsistência, 81 e 84.

cultivo visando ao lucro, 44.

cultura do nacionalismo, 36, 125 e 129.

Cúpula da Rocha, 28.

Damasco, 35, 39, 122, 124-6, 134, 171, 187, 211, 215 e 265.

Darwish, Mahmoud, 187, 190-4, 274 e 310.

Davi, rei, 23, 157, 159, 190, 216 e 254.

Dawayima, 168.

dawra, 41 e 343.

Dayan, Moshe, 217-8.

de Gaulle, Charles, 291.

Década da Decisão, 175.

Declaração de Balfour, 114 e 127.
    definição, 343.
    marco para o movimento sionista, 108.
    oposição à, 124.
    oposição palestina à, 145-6.
    texto da, 106-7.

Declaração de Princípios, 275-6.

Degania, 92.

Deir Yassin, 95 e 168.

demonstrações, 301-2.

depressão da Jordânia, 20.

descaroçador de algodão, 44.

descolonização, 81, 154, 156, 197-8 e 237.

desobediência civil, 254 e 300-2.

DFLP. *Ver* Frente Democrática Popular para a Libertação da Palestina.

Dia de Fúria, 301.

diáspora,
    definição, 343.
    judaica, 23, 78-9, 88, 95, 177-8, 181 e 198.
    palestina, 29, 243, 245 e 249.

Dinur, Benzion, 190.

direito ao retorno, 161, 172, 297-8, 305 e 343.

disciplina revolucionária, 257.

discriminação,
    contra judeus árabes, 200-1.
    contra palestinos, 233 e 253.

"disputa árabe-israelense", 156-7.

distrito de Hawran, 122 e 125.

Doctorow, E. L., 176.

dois Estados, solução de, 245, 263-4 e 305.

Doumani, Beshara, 53.

doutrina do lar, 227.

doutrinas do livre mercado, 202.

Druso, 188-9.

Dulles, John Foster, 204.

Eban, Abba, 164-5 e 167.

economia,
    de Israel, 202-3 e 221.
    global, 42, 45 e 270-1.
    ideologia e, 271.
    mercado, 42 e 45.
    na Palestina, 130-3 e 149-50.
    no Império Otomano, 42 e 45.
    no Império Russo, 60-2.
    nos territórios ocupados, 218-9.
    ponto de venda, 42.
    protestos na Cisjordânia contra a, 301-2.
    relações judeus-árabes, 85.

economia global, 42-5, 56, 202 e 270-1.

economias de mercado, 42-5 e 343.

economias de ponto de venda, 42 e 343.

Ecrom, 28.

Egito, 20, 21 (m. 2), 27, 38 e 45-6.
    a guerra de 1948 e o, 155 e 159-60.
    ataques de Israel ao, 200 e 204.
    ataques de represália ao, 199.
    construção do, 242-3.
    emigração judaica do, 200.
    exílio judaico no, 24.
    Faixa de Gaza e o, 164, 200, 204 e 261.
    guerra de 1967 e o, 205-14.
    guerra de 1973 e o, 214-5.
    Guerra de Atrito e o, 214.
    Guerra de Suez, 205.
    Palestina Otomana ocupada pelo, 45-7.
    Península do Sinai, 206-7, 212, 247 e 276.
    radicalização do, pós-Suez, 237 e 242.
    reintegração no mundo árabe, 251.
    República Árabe Unida, 205.

ÍNDICE REMISSIVO | **319**

tratado de Israel com o, 211, 216, 251, 275 e 283.

tratado de paz com Israel, 211.

Eilat, 204.

Einstein, Albert, 185.

Eisenhower, Dwight, 135 e 298.

elites,

imperiais, 35, 37, 39 e 58.

rivalidades entre elites, 128-9.

urbanos notáveis da, 51-2, 122-3 e 128.

emancipação judaica, 57-62, 67, 71 e 343.

emprego,

discriminação contra palestinos, 280.

taxa de, nos territórios ocupados, 219.

ensinamentos bíblicos, 68.

Erekat, Saeb, 303.

"Eretz Israel", 224, 229 e 343.

escola de história de Jerusalém, 190.

Escritura da Ação Nacional (Egito), 242.

Escritura da Organização para a Libertação da Palestina, 27, 239, 244 e 278.

Esdrelão, 20 e 180.

esforço armado, doutrina do, 237-40 e 247.

esforços nacionalistas, 121.

espaço social, 45.

Espanha, 28 e 193.

estadismo. *Ver mamlachtiyut.*

Estado, 56.

absolutista, 56-7 e 343.

moderno, 34-7.

Estado absolutista, 56 e 343.

Estado binacional, 304-6 e 343.

Estado Judeu, O (Herzl), 71 e 74.

Estado Palestino. *Ver* palestino, Estado; Acordo de Oslo.

Estado único, solução de, 303-4 e 349.

Estados Árabes,

a OLP e os, 236.

guerra de 1948 e os, 156-9, 161 e 197.

guerra de 1967 e os, 236.

imigração de judeus para Israel dos, 200-1.

número de judeus restantes nos, 200.

os três nãos dos, 213.

rivalidades entre os, 159-60.

Estados Unidos,

ajuda econômica a Israel, 203.

apoio à partilha, 154.

assentamentos israelenses e os, 227-8.

ataques de 11 de setembro aos, 286.

comissão anglo-americana de inquérito, 152.

Declaração de Balfour e os, 107.

Egito e os, 205.

esforços de paz mediados pelos, 209-12 e 297-9.

Guerra Civil nos, 44.

guerra de 1948 e os, 156-7.

guerra de 1973 e os, 210 e 214-5.

Guerra do Vietnã e os, 215 e 283.

Guerra Fria, 270-1.

Guerra Global ao Terror, 135.

imigração para os, 63-4, 78 e 198.

intervenção no conflito árabe-israelense, 206-7 e 213-5.

invasão húngara e os, 203.

leva e traz, diplomacia do, 211.

negociações em Camp David, 281.

Nova Ordem Mundial, 270-1.

OLP e os, 251 e 283.

opinião sobre a política de assentamento, 227.

Oslo 2, assinatura, 276.

partilha palestina e os, 154.

Plano Rogers, 275.

posição sobre o Hamas, 294.

Primeira Guerra Mundial e os, 109-12.

Quatorze Pontos, 110-3.

reconhecimento de Israel, 155.

Revolução Argelina e os, 239.

saída da Conferência Mundial contra o Racismo (…), 233.

Segunda Guerra Mundial e os, 150-1.

sistema de mandatos e os, 109-12.

venda de armas para Israel, 214.

ver também Guerra Fria.

"estagflação", 221.

estradas de ferro, 130 e 345.

estradas secundárias, 228, 278 e 344.

estratégia da terra pela paz, 209-10, 212 e 350.

320 | ISRAEL X PALESTINA

Estreito de Tiran, 204 e 206-7.

Estrutura da paz para o Oriente Médio (1978), 175.

"Eu te amo mais" (Salma), 187.

Exodus (Uris), 157-8 e 168.

expansão natural por crescimento, 298.

Exposição Internacional de Cleveland, 186.

Facebook, 301.

Faixa de Gaza, 17, 20, 21 (m. 2), 141, 163, 169-71, 208, 227-30, 242, 251, 257, 282 e 301.

    Acordo de Oslo sobre a, 274.

    assentamentos na, 227-8, 252 e 290-1.

    ataque israelense à, 204.

    ataques aéreos de Israel sobre a, 293.

    bombardeios suicidas na, 290.

    densidade populacional da, 20 e 253.

    economia da, 218-20.

    Egito e a, 164, 200, 204 e 261.

    Hamas na, 263 e 297.

    intifada na, 252.

    Israel assume o controle da, 207.

    Operação Escudo Defensivo na, 286.

    organizações islâmicas na, 260-1.

    planos de separação israelenses, 291-2.

    refugiados palestinos na, 168.

Falange, 149.

família Husayni, 129 e 137.

    ver também Al-Hajj Amin al-Husayni.

Fanon, Franz, 239-40.

Fatah, 236, 240, 263-4, 296-7, 301 e 344.

"fatos à mesa". *Ver* assentamentos.

Faysal, (Amir), 106 e 122.

Fayyad, Salam, 302.

fedayin, 119-20, 205, 235-6, 246-7, 300 e 344.

Federação Sionista Britânica, 106.

Feira Mundial (Doctorow), 176.

Feira Mundial de Nova Iorque (1939-1940). *Ver* Pavilhão Palestino Judaico.

Fez, 199 (i. 17).

Filastin (nome árabe para a Palestina), 23.

Filipinas, 154 e 253.

filisteus, 27.

"Fim da História, O" (Fukuyama), 270.

firman, 74 e 344.

Forças de Defesa de Israel (IDF), 91 e 202.

formato de conferência, 211, 269 e 287.

formato Rodes, 210 e 344.

França, 70-1 e 111.

    Argélia e, 84, 133, 205, 237-9 e 291.

    auxílio militar a Israel, 202.

    comunismo na, 155.

    Egito e, 205.

    emancipação judaica na, 57.

    Guerra de Suez, 205.

    Império Otomano e a, 43.

    locais sagrados de Jerusalém e a, 104.

    Primeira Guerra Mundial e, 101-2 e 104-5.

    Síria e, 104-5, 109, 112-3, 123-5 e 133.

    sistema de mandatos e a, 112-3 e 116.

Frankfurter, Felix, 108.

Franz Ferdinand, arquiduque, 101 e 207.

Frederico, o Grande, rei da Prússia, 56.

Frente da Libertação Árabe (ALF), 241.

Frente Democrática Popular para a Libertação da Palestina (PDFLP), 241 e 246-7.

Frente do Esforço Popular Palestino (PPSF), 241.

Frente Popular para a Libertação da Palestina (PFLP), 241 e 246-7.

Frente Popular para a Libertação da Palestina – Comando Geral (PFLP-GC), 241.

Fronteiras de Esperança (Kallen), 86.

Fukuyama, Francis, 270.

Fundo da Fundação Palestina, 115 e 344.

Fundo Nacional Judaico, 52, 85, 115, 133, 202 e 344.

Galícia, 53.

Gana, 237.

Gate, 28.

Gaza (cidade antiga), 28.

"Gaza Primeiro", propostas, 290.

Gazit, Shlomo, 141-2.

Gegenwartsarbeit, 178 e 344.

Gelernter, David, 176.

   1939: O mundo perdido da feira, 176.

Gemayel, Bashir, 149.

Gemayel, Pierre, 149.

genocídio, 18.

   ver também limpeza étnica; Holocausto.

George, David Lloyd, 108.

globalização, 44 e 270-1.

Golfo de Aqaba, 17, 21 (m. 2), 204 e 208.

Gorbachev, Mikhail, 248 e 269.

Grã-Bretanha,

   a Grande Revolta e a, 130, 132, 134, 136-42 e 147-8.

   apoio à causa sionista, 107-8.

   Conferência de St. James, 146-7.

   Egito e a, 203-5.

   emancipação judaica na, 57.

   guerra de 1948 e a, 158-60.

   Guerra de Suez, 205.

   Império Otomano e a, 46.

   investimentos na Palestina, 130 e 132.

   nacionalismo palestino e a, 123.

   Primeira Guerra Mundial e a, 104-6.

   refugiados judeus e a, 152.

   Segunda Guerra Mundial e a, 150.

   sistema de mandatos, 112-6.

   ver também Declaração de Balfour; Mandato palestino.

Grande Depressão, 130 e 132.

"Grande Israel", 223.

Grande Revolta (1936-1939), 130-42, 145-6, 182 e 234.

   Arafat influenciado pela, 243-4.

   catalisadores da, 130-1.

   efeitos de longo prazo da, 159.

   importância da, 140-2.

   influência islâmica na, 133-6.

   intifada comparada com, 258.

   Irmandade Muçulmana e a, 261.

   perdas e ganhos da, 140-2.

   raízes da, 130-4.

   visão israelense da, 141-2.

"Grande Síria", 45, 122, 127, 161 e 344.

Grécia, 23, 45, 104-5 e 154.

greves, 138-9 e 254-6.

greves gerais, 138-9, 141 e 254-6.

grupos de direitos humanos, 258 e 289-90.

grupos de guerrilha, 235-6, 240-1, 243 e 245-7.

   ver também fedayin; *nomes de organizações específicas.*

Guerra ao terror, 135, 227, 286-7 e 344.

Guerra Civil Americana, 44.

Guerra da Crimeia, 44, 80, 104 e 344.

Guerra da independência israelense, 26 e 155.

   ver também guerra de 1948.

guerra de 1948, 20, 26, 155-65, 203, 234 e 272.

   acordos de armistício da, 163 e 165.

   discussões sobre a paz, 164-5.

   dois conflitos na, 155.

   efeitos imediatos da, 155.

   mitologia da, 157-8.

   nomes diferentes para a, 155.

   participação dos Estados Árabes na, 159-64.

   pesquisas recentes sobre a, 158-9.

   questões não resolvidas da, 197.

   refugiados palestinos, 165-73.

guerra de 1967, 119, 206-14 e 244.

   discussão da, 207.

   eventos que levaram a, 206-7.

   negociações seguintes a, 207-14 e 275.

   poesia palestina inspirada pela, 250-1.

   possessão de Jerusalém, 216.

   territórios conquistados durante a, 206 e 208.

guerra de 1973, 210, 214-5 e 275.

Guerra de Atrito, 214 e 344.

Guerra do Golfo Pérsico (1991), 170, 218 e 271-3.

Guerra dos Judeus, A (Josefo), 25.

Guerra Fria, 153, 160, 211, 214 e 269-71.

guerra russo-japonesa, 87.

guerra submarina, 150.

guetos, 56, 67, 71, 75, 147 e 344.

Guiné, 237.

Gush Emunim, 223-5, 278-9 e 344.

322 | ISRAEL X PALESTINA

Hadassah, 183-4.

Haganá, 91, 148, 282 e 344.

Haifa, 20-1, 43, 47, 81-3, 95, 130, 134, 162-3, 180, 187, 192 e 285.

Haiti, 154.

hajj, 39-40 e 344.

hamail (*hamula* no singular), 50 e 345.

Hamas, 259-66 e 293-6.

    bombardeios suicidas, 259 e 285-7.

    brigadas de Qassam, 141.

    definição, 344.

    facções, 265-6.

    Gush Emunim comparado com o, 279.

    Israel, e, 263-4.

    Memorando Introdutório do, 262-3.

    movimento de 15 de março e o, 301.

    na Cisjordânia, 263.

    na Faixa de Gaza, 263.

    objetivos políticos do, 259-60.

    opinião sobre a solução dos dois Estados, 264-5.

    sanções sobre o, 294.

    surgimento do, 259-60.

    vitória eleitoral em 2006, 263-4.

Handelman, Don, 179.

Haniya, Ismail, 295.

Hapoel Hatzair, 91.

Haram al-Sharif. Ver Templo, Monte do/ *Haram al-Sharif.*

Harrison, Earl, 152.

Hashemita família/reino, 17, 114, 122 e 160.

Haskalá (Iluminismo Judaico), 54, 68-9 e 345.

Hatti Sharif de Gulhane (1839), 52 e 345.

Hebrom, 20, 21 (m. 2) e 279.

    assentamentos em, 225.

    ataque em (1929), 120.

    nome diferente para, 26-7.

    Operação Escudo Defensivo em, 286.

    palestinos residentes em, 20.

Hejaz Railway, 47 e 345.

Hertzberg, Arthur, 89.

Herzl, Theodor, 70-7, 81, 95, 97, 167 e 180.

    condição de ícone de, 76.

    história de, 70-1 e 310.

    novo funeral de, 77 e 97.

    opções de lar consideradas por, 72.

    opinião sobre a transferência, 167-8.

    Organização Sionista Mundial, 73-5.

    sobre a língua do *Yishuv*, 90.

    talentos organizacionais de, 70.

Herzliya, 76.

Hezbollah, 259, 265, 293, 296 e 345.

Hirsch, Barão Maurice de, 85.

Histadrut, 90, 97, 201 e 345.

Hitler, Adolf, 148-9 e 151.

Hobsbawm, Eric, 121.

Holocausto, 130, 152, 155, 176 e 202.

Hourani, Albert, 165.

hudna, 264.

Hungria, 205.

Husayn, Abdullah, 114 e 158.

Husayn, Sharif, 106, 109, 114 e 122.

Hussein, rei da Jordânia, 251 e 310.

Hussein, Saddam, 170, 248 e 252.

Ibrahim Pasha, 45-6 e 310.

Iêmen, 146, 200 e 300.

Iêmen do Norte, 203.

iídiche, 60 e 345.

Iluminismo,

    europeu, 36, 68, 72 e 81.

    judaico, 53 e 68-70.

Iluminismo judaico (Haskalá), 53, 68-9 e 345.

imigração para a Palestina/Israel,

    Comitê executivo para a, 126.

    compra de terras, 132-3.

    de judeus europeus, 49, 62-4, 177-9 e 201.

    de judeus poloneses, 63 (i. 6), 94 e 152.

    de judeus russos, 78-80 e 86-7.

    de judeus soviéticos, 272-3.

    de refugiados do Holocausto, 152.

    durante a Segunda Guerra Mundial, 149.

    em Israel na metade do século XX, 198.

    equilíbrio demográfico alterado pela, 198-00.

    no Império Otomano, 50 e 74.

    processamento da, 131 (i. 11).

ÍNDICE REMISSIVO | 323

restrições da, 114-5, 146-7 e 151.

trabalhadores internacionais, 220.

ver também aliyot.

imperialismo, 29, 37, 72, 76, 110, 112, 148, 158-9, 203-4 e 237.

ver também colonização.

Império Bizantino, 38.

Império Otomano, 20, 29, 35, 37, 53, 56-7, 133-4 e 136.

código da terra, 49-53.

conquistas do, 39.

decretos emitidos pelo, 53.

dissolução do, 103.

economia do, 41-5.

espaço social no, 44.

estatuto da Liga das Nações e, 112-3.

expansão do controle do Estado, 45-9.

identidade de súdito, 121-2.

idiomas e religião no, 35.

imigração para o, 74.

mapa do, 38 (m. 3).

nacionalismo no início do, 129 e 136.

permissão para imigração judaica, 74.

população da Palestina, 40-1.

Primeira Guerra Mundial e, 102-9.

religião no, 39-40.

tratamento de grupos religiosos na Palestina, 127-8.

vida nos vilarejos do, 47-51.

Império Romano, 23-5, 34-5 e 38.

impérios,

efeitos da Primeira Guerra Mundial sobre os, 103.

pré-moderno e início do moderno, características dos, 34-7.

Impérios Centrais, 103-5 e 345.

importância do nome, 26.

Índia, 37, 105, 107-9, 145, 148, 150, 153 e 240.

Indonésia, 237.

infiltração, 141 e 199.

Iniciativa da Voz do Povo, 287.

Iniciativa de Paz Árabe (2002), 210.

Innocents Abroad (Twain), 49.

instituições de caridade, islâmicas, 260-1.

instituições islâmicas, 259.

insurreições árabes de 2010-2011, 265-6 e 300-6.

intifada, primeira, 141, 191, 215, 251-8, 300 e 345.

catalisadores para a, 251-4.

comparada à Grande Revolta, 258.

coordenação regional na, 256.

duração da, 253.

facciosimo na, 257-8.

mobilização passiva na, 255.

organização da, 253-5.

perdas humanas na, 257-8.

soldados israelenses se negar a monitorar, 257.

tradução do termo, 251.

intifada, segunda, 141, 220, 258, 280 e 303.

barreira de separação, 287-90.

bombardeios suicidas durante a, 285-6.

catalisadores para a, 121 e 284-5.

negociações de cessar-fogo, 290-1.

Irã, 153, 252-3, 265 e 306.

Guerra Irã-Iraque, 17-8.

Revolução Iraniana, 252 e 259.

Iraque, 21, 23, 102, 109, 112, 122-3, 125, 146, 148, 164, 181, 218, 256, 271 e 273.

ALF e o, 241.

Companhia de Petróleo do, 130.

discriminação contra judeus no, 200.

golpe de Estado no, 203.

guerra de 1948 e, 155-61.

Guerra Irã-Iraque, 17-8.

Irã atacado pelo, 252.

Kuwait invadido pelo, 248.

República Árabe Unida e, 205.

ver também Guerra do Golfo Pérsico.

Irgun Zvai Leumi, 95, 148, 153, 202 e 205.

Irmandade Muçulmana, 261-2 e 345.

Islã, 37 e 120.

Grande Revolta e, 134-6.

importância de Jerusalém para o, 22 e 28.

intifada e, 259-60.

nacionalismo e, 135-6.

no Império Otomano, 35, 39-40, 134 e 136.

324 | ISRAEL X PALESTINA

normas de comportamento, 259.

organizações filantrópicas do, 259-60.

papel simbólico da Palestina no, 28.

sufismo, 133 e 349.

sunita, 39.

Islahat Fermani (1856), 52 e 345.

"islamização", 257.

Israel,

Acordo de Oslo, 273-5.

ajuda estrangeira para, 202-3.

apropriação de propriedades dos refugiados, 198-9.

ataque à Gaza, 204.

centralização da autoridade em, 201-2.

cidadão árabes de, 191.

colonização pré-estado. *Ver* colonização.

comandado por Olmert, 292-3.

comparado a outros novos Estados independentes, 197-8.

construção da barreira, 287-90.

discriminação contra judeus árabes em, 200-1.

Egito e. *Ver* Egito.

emblema nacional de, 179.

Estado binacional, 304-7.

formação do Estado de, 155.

fronteiras informais de, 164.

função da Declaração de Princípios, 273-5.

guerra de 2006, 293-6.

Guerra de Suez, 205.

independência proclamada por, 90 e 155.

Jordânia e. *Ver* Jordânia.

Líbano invadido por, 149, 175, 189, 192, 215, 244 e 282-3.

mapa de, 21 (m. 2).

mitos da fundação de, 159.

mudança demográfica em, 198-200.

negociações em Camp David, 281-2.

novo funeral de Herzl, 76 e 97.

novo funeral de Jabotinsky, 97.

Operação Escudo Defensivo, 286.

organizações filantrópicas islâmicas e, 260-1.

política do Likud, 272-3.

política em relação aos vizinhos, 282-93.

população de, 17.

pós-sionismo e, 191 e 272.

propriedade privada em, 86.

reconhecimento de, 155, 197, 265 e 273-4.

reconhecimento norte-americano de, 155.

refugiados internos de, 165.

retirada da Faixa de Gaza e da Cisjordânia, 278 e 290-1.

retirada do Sinai, 216.

sistema educacional de, 187 e 189-92.

solução de Estado único, 304-7.

tamanho de, 17.

territórios ocupados, 215-29.

tratado com Egito, 251.

União Soviética e, 155, 213 e 270.

valor ideológico de Jerusalém, 215-6.

venda de armas norte-americanas para, 214.

ver também guerra de 1948.

Istambul, 35, 38-40, 51-3 e 104-5.

Itália, 54, 57, 104-5 e 155.

Iugoslávia, 153 e 306.

Jabalia, campo de refugiados, 252.

Jabotinsky, Vladimir, 95-7, 114, 146, 282 e 310.

Jafa, 20, 44 (i. 3), 47, 52, 81-3, 120, 122, 130, 131 (i. 11) e 138.

Japão, 87 e 154.

Jarring, Gunner, 210.

Jebuseus, 22.

Jenin, 286.

Jericó, 20, 21 (m. 2), 222 (m. 9), 275, 277 e 290.

Jerusalém, 20, 21 (m. 2), 82-3, 122, 137, 146 e 160.

Acordo de Oslo e, 275-6.

ataques em (1929), 120-1.

bombardeios suicidas em, 285.

chegada oficial dos britânicos em 1917, 111 (i. 10).

conquista de Roma de, 22-3.

cruzadas e, 20.

declarada capital de Israel, 216.

geografia ao redor de, 20.

imigrantes em, 81.

Império Otomano e, 39-40, 47 e 52.

importância do islamismo, 28.

importância ideológica de, 215-6.

Israel assume o controle de, 207.

leste de, 207, 216, 220, 252, 280, 289-90, 299 e 301-2.

na narrativa histórica da Palestina, 28.

o muro de separação e, 288.

política israelense em, 216.

reino estabelecido, 20.

reunião de cúpula em Camp David e, 281.

significância religiosa de, 21 (m. 2), 28, 104 e 109.

UNSCOP em, 153.

Jerusalem Post, 141-2.

Jezrael, Vale de, 20, 47, 52 e 168.

Jibril, Ahmad, 241.

jihad, 135 e 345.

Jihad islâmico palestino, 259, 284-5, 294 e 345.

Johnson, Samuel, 210.

Johnston Plan, 175.

Jordânia, 21 (m. 2), 97, 102, 112, 123, 146, 156 e 160.

ataques israelenses a, 200, 235 e 282.

Cisjordânia e, 164, 212 e 223.

criação da, 114.

guerra de 1948 e, 156, 159-60 e 164.

guerra de 1967 e, 206-7.

independência concedida a, 114.

política das pontes abertas e, 218.

Primeira Guerra Mundial e a, 102.

refugiados palestinos na, 170.

relacionamento entre OLP e a, 245-6.

Resolução nº 242, 209-10.

Setembro Negro e, 245-6.

tratado de Israel com, 211.

"velha cidade" de Jerusalém e, 164.

José, 193.

José II, rei da Áustria, 56.

Josefo, 24-5.

jovens turcos, 151.

Judeia, 20, 24, 26-7, 223 e 345.

Judenrein, 149.

judeus,

antissemitismo e os, 61, 130, 200, 233 e 341.

árabes, 200-1.

discriminação contra os, em países árabes, 199.

emigração de. *Ver* imigração para Palestina/Israel.

europeus. *Ver* judeus europeus.

expulsão espanhola dos, 193.

importância religiosa de Jerusalém para os, 22.

na diáspora, 23, 77, 79, 88, 95, 177-8, 181 e 198.

não sionistas, 115, 176-7 e 183.

no conselho consultivo do mandato, 128.

norte-americanos, 153 e 203.

ortodoxos, 115 e 226.

relações econômicas com os árabes, 85.

judeus árabes, imigração para Israel, 200-1.

judeus europeus,

emancipação judaica, 57-61.

imigração dos, 49, 62-4, 177 e 201.

movimentos intelectuais que influenciaram os, 68-70.

nacionalismo, impacto sobre os, 53-5.

Segunda Guerra Mundial e os, 149-50.

tratamento dos, em Israel, 200.

urbanização dos, 62.

Kadima, partido, 291-6 e 347.

Kahan, comissão de, 283.

Kallen, Horace M., 86.

kanun, 39 e 345.

Karameh, batalha de, 236.

Karpf, Maurice J., 178.

Kedourie, Elie, 200.

Kennedy, John F., 135 e 239.

khirab (*khirba*, no singular), 48-9 e 345.

kibutzim (*kibutz*, no singular), 86, 91-3, 217, 221 e 345.

kibutzniks, 91 e 346.

King David, Hotel, 153.

King Fuad, Universidade, 236-7.

326 | ISRAEL X PALESTINA

Kissinger, Henry, 175, 210, 215, 270 e 276.

Klinghoffer, Leon, 247.

Knesset, 199, 216, 223, 228-9 e 346.

Kook, Abraham Isaac, 224.

Kook, Zvi Yehuda, 224.

Kosovo, 270 e 286.

Kuwait, 170, 240, 248, 260 e 271.

Lamentações, Muro das, 22 e 120.

laranja de Jafa, 45 e 346.

Laub, Karin, 279.

Lavon, a Questão, 204 e 341.

Lavon, Pinhas, 204.

Lawrence, T. E. (Lawrence da Arábia), 28 e 106.

Legislação Educacional do Estado (Israel), 190.

Lei do Retorno, 199 e 346.

leis antiterrorismo norte-americanas, 294.

leis comuns, 39.

leis temporárias, 78.

Lênin, Vladimir, 168.

leste da Prússia, 63 e 88.

leste de Jerusalém, 207, 216, 220, 252, 280, 289, 299 e 301-2.

Letônia, 60.

leva e traz, diplomacia do, 210, 270 e 343.

Levante, 109.

Levin, Judah Leib, 63-4.

Líbano, 17, 20, 21 (m. 2), 104, 112, 123, 141, 148, 162-3, 171, 260, 265 e 293.

    ataques aéreos israelenses sobre o, 293.

    Falange, 149.

    guerra civil no, 149.

    guerra de 1948 e o, 155 e 159-60.

    guerra de 2006 e o, 293-6.

    Império Otomano e o, 43 e 45.

    invasão israelense do, 149, 175, 189, 192, 215, 244 e 282-3.

    nos planos da Grande Síria, 160.

    OLP e o, 246, 251 e 283.

    Primeira Guerra Mundial e o, 102.

    refugiados palestinos no, 170.

Libéria, 154.

Líbia, 134, 170, 200, 203 e 300.

Lida, 272.

Liderança Nacional Unificada para a Insurreição (UNLU), 141, 256-7 e 262.

Liga Árabe, 159-60, 197, 251, 300 e 346.

Liga das Mulheres da Palestina, 184.

Liga das Nações, 112-4 e 153.

"liga de cinco cidades", 28.

"ligação", 298.

ligas de vilarejos, 243 e 283.

Likud, Partido, 97, 121, 201-10, 223-5, 272-3, 278, 282-4 e 291.

    Acordo de Oslo e o, 279.

    judeus árabes no, 200-1.

    rejeicionistas palestinos comparados com o, 279.

    separação de Gaza e o, 292.

Limites do Assentamento Judaico, 59 (m. 4), 60, 67 e 346.

limpeza étnica, 167-8, 290 e 304.

Lincoln, Abraham, 78 e 135.

língua,

    maskilim e a, 68.

    nos impérios pré-modernos, 35.

    política de Israel sobre a, 90.

língua árabe, 27, 35 e 37.

língua francesa, 35 e 123.

língua hebraica, 27, 68 e 91-2.

Lituânia, 60.

Livro Branco de 1922, 116.

Livro Branco de 1939, 147-9, 152, 185 e 346.

locais sagrados, 104, 110, 120 e 180.

Lod, 168.

"longo século XIX", 45 e 346.

"Lua de Shaqeef, A" (Abd al-Aziz), 189.

Luís XIV, rei da França, 56.

Lumumba, Patrice, 237.

Luxemburgo, Rosa, 75.

Ma'ale Adumin, 226.

Maalot, 247.

macabeus, 23.

Maginot, linha, 221-3.

Maimon, Solomon, 69.

mamlachtiyut, 190, 201 e 346.

ÍNDICE REMISSIVO | 327

Mandato palestino, 109-16.

agência judaica e o, 114-5.

conselho consultivo do, 128.

economia sob o, 128-9.

esboço do instrumento de governo do, 113-4.

nacionalismo palestino e o, 121-2.

Nações Unidas e o, 153-4.

oposição ao, 124.

Peel, comissão de, sobre o, 145-6.

renúncia britânica do, 145-6.

mandatos, sistema de, 102, 109-16, 123-4, 145-6 e 349.

ver também Mandato palestino.

Manifesto Comunista, 91.

"Manifesto por Mudança da Juventude de Gaza", 301.

Mapa da Paz, 287, 298-9 e 346.

Mapai, 90-1 e 346.

ver também Partido Trabalhista.

mar da Galileia, 21 (m. 2), 81-3, 92, 162-3 e 208.

mar Morto, 20, 21 (m. 2), 24, 82-3, 162-3, 208, 222 (m. 9), 277 e 288 (m. 11).

mar Vermelho, 204.

Margalit, Avishai, 226.

Maria Teresa, rainha da Áustria, 56.

maronitas, cristãos, 104.

Marrocos, 38 e 199-200.

Marx, Karl, 76 e 248.

maskilim, 68 e 346.

Massada, cerco de, 24-6.

Meca, 28, 39 e 106.

Medina, 28 e 39.

Mediterrâneo, mar, 17, 19-20, 21 (m. 2), 28, 41, 45, 150, 162-3, 208 e 222 (m. 9).

Mehmet Ali, 45-6 e 310.

Meir, Golda, 119-20.

Memorando Introdutório do Hamas, 262.

"Memorando sobre a transformação dos judeus para o benefício do império" (memorando russo), 60.

Memorando Wye, 279.

Mendes-Flohr, Paul, 57.

menorá, 178-9.

mesquita de Al-Aqsa, 28 e 284.

mídia social, 301.

migração internacional. *Ver* imigração para Palestina/Israel.

mini Estado, proposta, 172 e 245.

miri, terras, 49 e 346.

Mitchell, relatório, 284 e 298-9.

Mizrahi, 94 e 346.

mizrahis, 191 e 346.

mobilização passiva, 254.

Moisés, 216.

Moldávia, 78.

monocultura, 84.

Montagu, Edwin, 107.

monte Herzl, 77.

Morris, Benny, 167-8.

moshavim (*moshav*, no singular), 91 e 346.

moshavot (*moshava*, no singular), 81, 85-6, 221 e 346.

Mossul, 130.

mouros, expulsão da Espanha, 193.

movimento Artamenan, 88 e 346.

movimento de 6 de abril (Egito), 301.

Movimento de Resistência Islâmica. *Ver* Hamas.

movimento dos Oficiais Livres, 203.

movimento jovem de 15 de março, 301.

movimento romântico, 37, 88 e 90-1.

movimentos nacionalistas, 128-9 e 247.

características comuns dos, 22.

nações criadas pelos, 34.

Primeira Guerra Mundial e, 103 e 110.

muçulmanos. *Ver* Islã.

mufti, 137, 161 e 346.

Muhammad (profeta do islã), 22, 28, 37 e 284.

mujahidin (*mujahid*, no singular), 139-40 e 346.

mulheres,

intifada e as, 255-7.

islã e as, 259.

Liga das Mulheres da Palestina, 184.

Pavilhão Palestino Judaico, retrato das, 183-4.

328 | ISRAEL X PALESTINA

multiculturalismo, 191.

multilateralismo, 270-1.

Muro das Lamentações, 22 e 120.

"muro de ferro", 282 e 284.

Nablus, 20, 21 (m. 2), 41, 82-3, 136-7, 162-3, 171, 277, 286 e 288 (m. 11).

nacionalismo,
 árabe, 105-6, 109, 122 e 125-9.
 cultura do, 36, 125 e 129.
 diáspora, 177-8.
 imagens religiosas e vocabulário na retórica do, 134-6.
 impacto do, nos judeus europeus, 51-64.
 institucionalização do, 127.
 rebeliões primitivas *versus*, 121.
 reivindicações, 22.
 surgimento do, no Império Otomano, 37-52.
 surgimento do Estado moderno, 34-7.
 visão geral, 33-4.
 ver também nacionalismo palestino; sionismo.

nacionalismo árabe, 105-6, 109, 122 e 125-9.

nacionalismo na diáspora, 177-8 e 347.

nacionalismo palestino, 119-42.
 crescimento do, 33-4.
 depois da Primeira Guerra Mundial, 121-3.
 dificuldades organizacionais, 126-9.
 diversidade ideológica no, 175-6.
 Grande Revolta, 130-42.
 imagens religiosas e vocabulário, 134-6.
 início do, 119-20.
 Islã e o, 135-6.
 notáveis urbanos no, 124-6 e 128.
 organizações populistas no, 124-6.
 primeiras organizações nacionalistas, 123-6.
 refugiados e o, 172-3.
 reivindicações territoriais, 27-9.
 resistência ao assentamento sionista, 120-1.
 sionismo comprado ao, 175-94.
 ver também Grande Revolta; *intifada*; *nomes das organizações nacionalistas específicas.*

Nações Unidas, 153.
 assentamentos criticados pelas, 227.
 Conferência Mundial contra o Racismo (...), 233.
 guerra de 1948, negociação de paz, 161-4.
 Guerra do Golfo e a, 271.
 Mapa da Paz e as, 287.
 número de membros das, 197.
 Operação Escudo Defensivo e as, 287.
 pedido palestino de reconhecimento do Estado, 302-3.
 plano de partilha (1947), 162-3.
 questão palestina e as, 160-1.
 refugiados palestinos e as, 165.
 Resolução nº 242, 209-10, 212-3, 215, 245 e 342.
 Resolução nº 338, 342.

nakba, 26, 140, 142, 155, 187-8, 234 e 347.
 ver também guerra de 1948.

não alinhamento, doutrina de, 154 e 203.

não violenta, desobediência civil, 300-2.

narrativas nacionalistas, 22-9 e 33.
 da escola de Jerusalém, 190.
 palestinas, 27-9.
 sionistas, 22-8 e 178-9.
 ver também nacionalismo.

Nashashibi, família, 129, 137 e 140.

National Interest, 270.

Nazaré, 146.

negação do exílio, 88, 177-8 e 347.

negociações de Camp David (2000), 281-2.

Negueve, 20, 21 (m. 2) e 296.

Netanya, 285.

Netanyahu, Benjamin, 97, 278, 284, 296 e 299.

Neve Sadiq, 166.

New York Times, 172-3.

Newman, Paul, 157.

Newsweek, 193.

Nicarágua, 253.

Nicolau II, Czar da Rússia, 103.

Nilo, rio, 204.

Nixon, Richard, 214 e 291.

"No Muro de Ferro (Nós e os Árabes)" (Jabotinsky), 282.

norte da África, 38 e 84.

notáveis urbanos, 51-2, 122 e 137.

    Grande Revolta e os, 128-9.

    nas organizações nacionalistas palestinas, 124.

Nova Escola para Pesquisas Sociais, 86.

Nova Ordem Mundial, 270-1, 286 e 347.

Nova Organização Sionista, 115.

"novo homem sionista", 199.

novos historiadores, 159, 167, 190 e 347.

NRP (Partido Religioso Nacional), 94-5 e 225.

nutrição e abastecimento, comitês de, 138.

"O Pedido de um Poema de Guerra" (Yeats), 186.

Obama, Barack, 298-9.

Odessa, 59, 62 e 68.

oleoduto, 21 e 130.

Olmert, Ehud, 292, 295 e 297.

OLP. *Ver* Organização para a Libertação da Palestina.

"Onze Planetas no Último Céu da Andaluzia" (Darwish), 193-4.

OPEP, 215.

Operação Carpete Mágico, 200.

Operação Escudo Defensivo, 286.

Operação Hiram, 168-9 e 347.

Organização das Mulheres Pioneiras, 184.

Organização de Trabalho Internacional, 220.

Organização para a Libertação da Palestina (OLP), 233-66.

    Acordo de Oslo e a, 272-5.

    acordo sobre a autonomia palestina e a, 272.

    aspirações nacionalistas mantidas pela, 240-1, 243-4 e 249.

    banida por Israel, 243.

    bombardeios suicidas, 285-7.

    Comitê executivo, 192 e 240-1.

    corrupção na, 280.

    Darwish na, 192.

    definição, 347.

    eficácia da, 248-50.

    esforço armado como doutrina da, 239-40.

    Estados Unidos e a, 269-71.

    estatuto da, 239 e 244.

    estrutura da, 240-2.

    estrutura organizacional da, 240-3.

    eventos internacionais que inspiraram a, 237 e 239.

    fundação da, 235.

    grupos de guerrilha na, 239.

    guerra civil na, 244.

    Guerra do Golfo e a, 169.

    Hamas e a, 259-66.

    intifada, 250-8.

    legitimidade da, 250.

    organizações islâmicas que desafiam a, 259-66.

    Palestina, Estatuto Nacional da, 235-6.

    políticas da, 243-5.

    proposta de mini Estado, 245.

    relação entre a UNLU e a, 256-7.

    Resolução nº 242 e a, 209.

    Sharon e a, 282.

    solução de dois Estados apoiada pela, 245.

    terrorismo, 245-6.

    União Soviética e a, 269-70.

Organização Sionista da América, 183 e 185.

Organização Sionista Mundial, 73-5, 114, 151 e 347.

Oriente Médio,

    conquista otomana do, 38.

    golpes de Estado no, 203.

    mapa do, 18 (m. 1).

    ver também Estados Árabes; *nomes específicos dos países.*

Oslo 2, 276-9 e 347.

Osman, 38-9.

osmanlilik, 122 e 347.

Ostjude, 53 e 347.

otomanidade (*osmanlilik*), 122 e 347.

Owen, Robert, 89.

Owen, Roger, 130 e 149.

países "nucleares", 42.

Palestina, 17 e 29.

    apoio norte-americano para a autonomia da, 280-1.

    assentamentos judaicos na (1881-1914), 82-3.

barreira de separação, 288-90.

Basileia, programa da, 73-5 e 348.

capacidade de absorção da, 115, 147 e 149.

cidades e vilarejos importantes, 19-20.

colonização sionista da. *Ver* colonização; sionismo.

conquista islâmica da, 37.

Declaração de Balfour e. *Ver* Declaração de Balfour.

economia da, 130-3 e 149-50.

Estado único, solução de, 304-7.

geografia da, 19-20.

Grande Síria e, 122 e 160.

limites do armistício, 162-3.

Livro Branco, 147-8.

mapa da, 18 (m. 1).

Meir sobre a, 119-20.

movimentos nacionalistas, 22.

Operação Escudo Defensivo, 286.

origem do nome, 22-3.

otomana, 37-53 e 74.

   ver também Império Otomano.

população da, 17.

Primeira Guerra Mundial e a, 101-16.

proposta de partilha, 146, 153-4 e 162-3.

restrições de imigração na, 74, 115, 147 e 151.

Segunda Guerra Mundial e a, 148 e 150.

Síria separada da, 123-5.

território concedido pelo Acordo de Oslo, 274.

território e área da, 17.

UNRWA – campos de refugiados operados pela, 171.

uso do termo "Cisjordânia Ocupada", 25.

ver também Hamas.

Palestina, Autoridade (AP), 192 e 275.

Acordo de Oslo e a, 279.

Arafat como presidente da, 276.

corrupção na, 281.

definição, 342.

guerra de 2006, 293-6.

Hamas e a, 262 e 293-4.

pedido de reconhecimento de Israel como Estado judaico feito para a, 297-8.

selos, 173 (i. 15).

separação de Gaza e a, 289.

Sharon e a, 286.

Palestina, Estatuto Nacional da, 235-6 e 239.

Palestina antiga, 23.

Palestino, Comitê Executivo Sionista, 114.

palestino, Estado,

proposta de mini Estado, 172 e 245.

Rabin e o, 274.

reconhecimento do, 302-3.

solução dos dois Estados, 245 e 263-5.

palestinos,

diáspora, 29, 243, 245 e 249.

Estado binacional, 304-7.

guerra de 1948 e os, 157-8 e 161.

lutas de facção entre os, 152.

massacres sionistas dos, 168.

na Cisjordânia, 164.

Pavilhão Palestino Judaico e os, 176 e 182.

poesia, 186-94.

política das pontes abertas, 218.

primeiras oposições aos assentamentos sionistas, 120.

Palmach, 282 e 347.

Partido Comunista,

Alemão, 75.

Italiano, 155.

Partido Congressista (Índia), 148.

Partido Religioso Nacional (NRP), 94-5 e 225.

Partido Trabalhista, 91, 221-3, 258, 272 e 349.

Pavilhão Palestino Judaico, 176-86.

grupo de planejamento do, 177-8.

objetivos representativos da, 176-7.

popularidade do, 185-6.

projeto do, 181-2 e 184.

representação das relações entre árabes e o *Yishuv*, 180-3.

retrato da mulher no, 183-4.

símbolos sionistas no, 178-80.

paz, troca da terra pela, 209-10, 212 e 350.

PDFLP (Frente Democrática Popular para a Libertação da Palestina), 241 e 246-7.

ÍNDICE REMISSIVO | **331**

Pedro, o Grande, czar da Rússia, 58.

Peel, Comissão de, 147, 178 e 342.

Peel, Earl, 145-6.

península árabe, 28 e 38.

Pérsia, 38.

   ver também Irã.

petróleo, 154, 215-6 e 260.

PFLP (Frente Popular para a Libertação da Palestina), 241 e 246.

PFLP-GC (Frente Popular para a Libertação da Palestina – Comando Geral), 241.

Phantom, caças-bombardeiros, venda de, 214.

Pinsker, Leo, 80-1 e 310.

planície de Esdrelão (Vale de Jezrael), 20 e 180.

planície litorânea, 19 (i. 1), 20, 40-1 e 48.

plano de convergência (realinhamento), 291-2, 295-6 e 347.

Plano Reagan, 175.

plantations, 84-5 e 348.

PNC (Conselho Nacional Palestino), 242 e 343.

Poale Zion, 91.

poder social, 36.

poesia,

   judaica, 78-80 e 285.

   palestina, 134, 186-94 e 250-1.

pogroms, 61, 74, 78-9, 86-7 e 348.

policultura, 91 e 348.

política de contenção, 211, 270 e 348.

política de fechamento, 219.

política de represália, 199 e 282.

política de russificação, 61 e 67.

política do "pulso de ferro", 254, 258 e 272.

Polônia,

   emigração da, 63 (i. 6).

   quarta *aliyah*, 94.

   refugiados do Holocausto da, 152.

   vilarejo judaico na, 58 (i. 5).

Polônia, T.S.S. (navio), 63 (i. 6).

pontes abertas, política das, 218 e 348.

população e povos,

   conceitos dos, 36.

   da Faixa de Gaza, 20 e 253.

da Palestina (2013), 17.

da Palestina, durante o comando otomano, 40-1.

da Palestina, imigrantes judeus como percentual da, 49.

da Palestina, não judaica, 127-8.

de Israel (2013), 17.

de judeus em Varsóvia, 62.

de Tel Aviv (década de 1920), 95.

dos judeus europeus (fim do século XIX/ início do século XX), 62.

do *Yishuv* (década de 1930), 159.

Palestina (1948), 159.

pós-Guerra Fria, era, 270-1.

pós-sionismo, 191, 272 e 348.

Potências da Entente, 103-5 e 348.

Povos do Mar, 27.

PPSF (Frente do Esforço Popular Palestino), 241.

"Primavera Árabe", 300.

primeira *aliyah* (1882), 78-85.

Primeira Cruzada, 20.

primeira *intifada. Ver intifada*, primeira.

Primeira Guerra Mundial, 87, 93, 101-16, 121-2, 126 e 206.

   alianças na, 101 e 104-6.

   catalizadores da, 101, 130 e 252.

   Declaração de Balfour, 106-8.

   efeitos de longo prazo da, 102-4.

   mortes na, 102.

   negociações de paz decorrentes da, 108-16.

   tratados secretos na, 105 e 109-10.

Primeiro Congresso Sionista (1897), 73, 76 e 85.

principados do algodão, 43-4 e 348.

processo, fórmula baseada em, 276.

Proclamação da Independência (EUA), 78.

"Proclamação da Liderança Geral da Revolta Árabe na Região Sul da Síria-Palestina", 135.

produção de algodão, 42-7.

produção de frutas cítricas, 131.

Programa da Basileia, 73-5 e 348.

Programa de Biltmore, 151 e 348.

332 | ISRAEL X PALESTINA

propriedade da terra,

no Império Otomano, 49-53.

privada, 85.

propriedade livre, 50.

proprietários ausentes, 52.

prosperidade, a, 149-50.

"Protocolos dos Sábios de Sião, Os", 61.

Prússia, 58 e 59 (m. 4).

Qabbani, Nizar, 250-1.

Qadariyya sufi, ordem, 133-4.

Qalqilyah, 289.

Qassam, brigadas de, 141.

quarta *aliyah* (1924-1928), 130 e 182.

Quarta Convenção de Genebra de 1949, 226-7.

Quarteto, 287, 296 e 348.

Quatorze Pontos, 110-2, 271 e 348.

Quatorze Pontos de Woodrow Wilson, 110, 271 e 348.

"Questão Judaica", 71, 75, 80 e 178.

quinta *aliyah* (1929-1939), 130, 149 e 182.

Rabin, Yitzhak,

ações com respeito aos, 254 e 272.

Acordo de Oslo e, 273-6.

assassinato de, 278.

Declaração de Princípios, 274-5.

eleição de, 258.

história de, 310.

Oslo 2, 276-9.

Ramalá, 20, 21 (m. 2), 82, 162-3, 171, 222 (m. 9), 248, 286 e 288 (m. 11).

Ramla, 272.

Reagan, doutrina de, 202.

Reagan, Ronald, 175, 202, 227 e 270.

realinhamento (convergência) plano, 292-3, 295-6 e 347.

rebeliões primitivas, 121 e 348.

recultivo das planícies, 47.

recursos hídricos, 219, 228, 235 e 281.

reforma educacional, 189-92.

refugiados, judeus (Holocausto), 152.

refugiados palestinos, 165-73.

como percentual da população, 165.

definição das Nações Unidas dos, 165.

direito ao retorno, 164, 172, 297-8, 304 e 343.

infiltrações dos, 199.

massacre em Sabra e Chatila, 283.

nacionalismo entre, 172-3.

nos campos, 167-72.

número de, 165.

o Acordo de Oslo e os, 278.

Rabin e os, 272.

razões para a fuga dos, 165-8.

reassentamento dos, 165-7 e 169-70.

Resolução nº 242, 210.

transferência de pensamento, 167-9.

tratamentos dos, por países hóspedes, 170.

uso árabe dos, 167.

região da Galileia, 20, 43-4, 47, 81, 122, 168, 192 e 217.

regra dos 30 anos, 159.

Reinharz, Jehuda, 57 e 198.

rejeicionista, frente, 175 e 247.

religião,

cívica, 35.

Herzl e a, 72-3.

imagens e vocabulário na retórica nacionalista, 134-6.

no Império Otomano, 39-40.

nos impérios/Estados pré-modernos, 34-5.

ver também nomes de religiões específicas.

Renan, Ernest, 24 e 29.

repatriação, 161, 169 e 198.

represa de Assuã, 204.

Resolução nº 242, Conselho de Segurança das Nações Unidas, 209-10, 212-3, 215, 245 e 348.

Resolução nº 338, Conselho de Segurança das Nações Unidas, 349.

revisionismo sionista, 17, 94-7, 115, 146, 151, 175, 216 e 349.

Revolta Árabe, 106, 124 e 349.

Revolução Argelina (1954-1962), 237 e 239.

Revolução Francesa, 57.

Revolução Industrial, 43-4 e 89.

ÍNDICE REMISSIVO | **333**

Revolução Russa (1905), 87.

Revolução Russa (1917), 110.

Riga, 59 (m. 4) e 68.

rio Jordão, 21 (m. 2), 41, 82-3, 113, 162-3, 206, 208 (m. 8), 222 (m. 9), 235 e 288 (m. 11).

rivalidades entre elites, 128-9.

Robinson, Mary, 233.

Rockefeller, Nelson, 233.

Rogers, iniciativa, 175 e 214.

Rogers, Mary Eliza, 41-2 e 46.

Rogers, plano, 175, 214 e 275.

Rogers, William, 214-5.

Romanov, dinastia, 104.

Romênia, 80.

Roth, Joseph, 53-5.

Rothschild, barão Edmond de, 81, 84 e 311.

Rothschild, barão Lionel Walter, 106.

Ruanda, 18, 270, 286 e 306.

Rússia, 248 e 271.

    assimilação judaica na, 60-1 e 67-8.

    correntes intelectuais na, 67-8.

    declaração de Balfour e a, 106-7.

    emancipação judaica na, 57-62.

    emigração judaica da, 77-80 e 86-7.

    governo bolchevique da, 110.

    libertação dos servos na, 62 e 78.

    Limites do Assentamento Judaico, 59 (m. 4), 60-2, 67, 79 e 346.

    língua da corte da, 35.

    locais sagrados de Jerusalém e a, 78.

    Mapa da Paz, 287.

    pogroms na, 74, 78-80 e 86-7.

    Primeira Guerra Mundial e a, 101, 103-5 e 107-8.

Sabra, 175 e 283.

Safed, 21 (m. 2), 82-3 e 120.

Safran, Nadav, 219.

Said, Edward, 240 e 300.

Saint, Eva Marie, 157.

Saki (H. H. Munro), 17.

Saliha, 168.

Salomão, rei, 23.

Samaria, 20-1, 26-7 e 345.

Samuel, Herbert, 128.

Sarajevo, 55 e 101.

Sarona, 255-6.

satélites, assentamentos (*khirab*), 48-9.

Schultz, plano, 175.

segunda *aliyah* (1904-1914), 86-94, 97, 178, 182-3 e 199-200.

segunda *intifada. Ver intifada*, segunda.

Segunda Guerra Mundial, 147-53.

senhores da guerra, 43, 45, 106, 109 e 141.

separação, 228-9, 247, 291-2 e 295.

sequestros, 246-7.

Sérvia, 101.

sérvios, bósnios, 78.

setembro, 11 de, ataques terroristas, 270 e 286.

Setembro Negro, 246 e 349.

Sete Pilares da Sabedoria (Lawrence), 28-9.

Shafir, Gershon, 92-3.

Shamgar-Handelman, Lea, 179.

Shamir, Yitzhak, 97, 210 e 283.

Sharon, Ariel, 97, 121, 200, 210, 229 e 311.

    assentamentos e, 223, 229 e 291.

    ataques de represália liderados por, 200.

    barreira de separação, 287-9.

    carreira militar, 283.

    história de, 282-4.

    invasão do Líbano, 283-4.

    ministro da agricultura, como, 224.

    ministro da Defesa, como, 282.

    ministro da habitação, como, 284.

    Monte do Templo/*Haram al-Sharif*, incidente, 120, 282 e 284-5.

    no Acordo de Oslo, 291.

    Operação Escudo Defensivo, 286.

    partido Kadima, 291.

    planos de separação de Gaza e, 290-1.

    reabilitação política de, 284.

    setembro, 11 de, ataques e, 286-7.

shaykh, 50.

Shertok, Moshe, 181.

Shlaim, Avi, 161 e 282.

shtetls, 58, 60 e 349.

334 | ISRAEL X PALESTINA

shuhada (*shahid*, no singular), 135 e 349.

Shuqairy, Ahmad, 119, 235 e 311.

sicários ("manejadores de facas"), 25.

Sidi Bouzid, Tunísia, 300.

Sídon, 21 e 43.

Sinai, Península do, 206, 212, 276 e 290.

    assentamentos no, 220, 221 e 229.

    bombardeios suicidas, 290.

    saída israelense do, 216.

sionismo, 177-8 e 180-1.

    a importância de Jerusalém para o, 216.

    correntes intelectuais dentro do, 87.

    cultural, 74.

    Declaração de Balfour e o. *Ver* Declaração de Balfour.

    definição, 349.

    desafios judaicos do, 75-6.

    diversidade ideológica no, 175-6.

    Grande Revolta e o. *Ver* Grande Revolta.

    institucionalizção do, 127.

    judeus russo, apelo do, 62.

    Livro Branco rejeitado pelo, 147.

    mulher e, 183-4.

    na Palestina otomana, 49 e 51.

    nação palestina rejeitada pelo, 164.

    nacionalismo palestino comparado com o, 120.

    narrativa histórica do, 22-9, 33 e 178-9.

    opções de lar consideradas pelo, 74-5.

    Pavilhão Palestino Judaico e o, 176.

    política da OLP em relação ao, 244 e 248.

    pós-sionismo, alternativa, 191 e 272.

    pré-requisitos para o surgimento do, 69-70.

    Primeira Guerra Mundial e, 102-3 e 110.

    racismo e, 233.

    razões para o surgimento do, 33-4.

    reivindicações territoriais, 22-7.

    religioso, 94-5 e 175.

    resistência palestina ao, 120-1 e 123.

    revisionista, 17, 95-7, 115, 146, 151, 175, 216 e 349.

    Segunda Guerra Mundial e, 150-1.

    sistema de mandatos e o, 112-3 e 127.

trabalho. *Ver* sionismo trabalhista.

transferência de pensamento, 168.

sionismo cristão, 108 e 349.

sionismo cultural, 74.

sionismo norte-americano, 177-8, 180-1 e 183-4.

sionismo religioso, 94-5 e 175.

sionismo trabalhista, 91-2, 94, 97, 114, 175, 178 e 349.

    desafios do, 94.

    instituições de Estado e o, 201.

    Pavilhão Palestino Judaico e o, 178 e 183.

    preocupações sobre o futuro do, 221.

Síria, 21, 102 e 112-3.

    ALF e a, 241.

    al-Qassam, resistência na, 134.

    divisão do rio Jordão e a, 206 e 235.

    elites, 123.

    emigração judaica da, 200.

    França e a, 104-5, 109 e 112-3.

    Grande, 45, 122, 127 e 160.

    guerra de 1948, 155 e 159-60.

    guerra de 1967, 206.

    guerra de 1973, 214-5.

    Império Otomano e a, 45.

    nacionalismo na, 122-3 e 127.

    negociações com o partido trabalhista, 280.

    OLP e a, 241.

    Palestina separada da, 122-4.

    Primeira Guerra Mundial e a, 102.

    refugiados palestinos na, 169.

    República Árabe Unida, 205.

    sistema de mandatos e a, 113-4 e 122-3.

sistema de Estado moderno, surgimento do, 34-7.

sistema educacional de Israel, 187 e 190-2.

"Situação Política à Luz dos Desenvolvimentos com a Administração dos Estados Unidos e do Governo Israelense e o Contínuo Golpe de Estado do Hamas, a", 303.

social, espaço, 45.

social, mídia, 301.

social, poder, 36.

socialismo, 62 e 68.

    ver também socialismo utópico.

socialismo utópico, 89 e 349.

Sociedade Literária, 129 e 349.

Solimão, o Magnífico, 40.

Somália, 270.

Srebrenica, 78.

St. James, Conferência de, 146-7 e 342.

Stalin, Joseph, 155.

Stern Gang, 95, 148-9, 153 e 349.

subsistência, agricultura de, 81 e 84.

Sudão, 18 e 213.

Suez, Canal de, 107, 110, 204 e 214.

Suez, Guerra de, 204-5 e 344.

sufismo, 133-4 e 349.

Suíça, 57, 73 e 90.

Sukarno, Achmed, 237.

sultões, 39 e 349.

Sunday Times (Londres), 119.

sunita, islamismo, 39.

Suriya janubiyya, 122.

Sursoq família, 52.

Sykes-Picot, acordo de, 109 e 341.

tarefa do homem branco, 81.

taxas,

    em Israel, 202.

    no Império Otomano, 39, 41 e 50.

    no império pré-moderno e no início da era moderna, 34 e 41.

    no sistema de mandatos, 115.

Tchecoslováquia, 147, 151, 153-5, 204 e 253.

Tel Aviv, 20 e 132 (i. 12).

    crescimento populacional durante a quarta *aliyah*, 95.

    custo de vida, 225.

    rebelião em, 220.

templário, movimento, 47, 88 e 349.

Templo, Monte do/*Haram al-Sharif*, 120-1, 282, 284-5 e 345-6.

terceira *aliyah* (1918-1923), 86-94, 97, 178, 182-3 e 201-2.

terceiro mundo, 237 e 349.

terra,

    apropriação das, dos refugiados, 198-9.

    como base de disputa, 19.

    Grande Revolta e a, 132-3.

    na Palestina otomana, 49-53 e 226.

    propriedade privada da, 85.

    recomendações do Livro Branco, 147.

    venda/compra da, 52, 74, 85, 115, 126, 129, 133 e 146.

terra sagrada, 19 (i. 1), 42, 63-4 e 135.

territórios ocupados, 215-29, 252-3 e 284.

    assentamentos israelenses nos, 220-9.

    depois da guerra de 1967, 208.

    economia nos, 218-9.

    ligas de vilarejos nos, 243.

    mapa dos, 21 (m. 2) e 207.

    OLP e, 192, 242-3 e 260-2.

    Operação Escudo Defensivo, 287.

    política islâmica nos, 260-1.

    Rabin e os, 253 e 259.

    taxa de emprego nos, 219.

    valor defensivo para Israel, 217-8.

    valor ideológico para Israel, 215-6.

    ver também estratégia da terra pela paz; assentamentos.

terrorismo,

    ataques de 11 de setembro, 286.

    bombardeios suicidas, 285-7.

    contra os britânicos, 152-3.

    das guerrilhas da OLP, 245-6.

    das organizações islâmicas, 141 e 294.

    do Irgun, 95 e 152-3.

    guerra contra o, 135, 227, 286-7 e 344.

    massacres sionistas aos palestinos, 168.

    na segunda *intifada*, 285-6.

    objeto de, 168.

Thatcher, 202.

Thurber, James, 219.

Times (Londres), 106.

Tito, Marshal, 237.

Tolstói, Lev, 35.

torre e paliçada, assentamentos de, 182 e 221.

Touré, Ahmed Sékou, 237.

336 | ISRAEL X PALESTINA

trabalhadores convidados, 170 e 220.

trabalho,

    árabe, 84, 89 e 92.

    discriminação contra os palestinos, 250-1 e 281.

    Histadrut e o, 90, 97 e 201.

    nos territórios ocupados, 218-9.

    separação de Gaza e o, 290.

    trabalhadores convidados, 170 e 220.

transferência de pensamento, 167-8.

Transjordânia, 97 e 350.

    ver também Jordânia.

Tratado de Londres, 105.

"três nãos", 213.

tributos, 34 e 41.

    ver também taxas.

Tripolitânia, 134.

Trotsky, Leon, 107-8.

Truman, Harry S., 152 e 198.

T.S.S. Polonia (navio), 63 (i. 6).

Tulkarm, 138, 187, 279, 288 (m. 11) e 289.

Tunísia, 246, 281 e 300.

turcomanas, invasões, 28-9.

Turcos, Estreitos, 104-5.

Turquia, República da, 38.

Twain, Mark, 49.

Ucrânia, 60.

Uganda, 74.

ulemás, 133-4.

umma, 135 e 350.

União Alemã de rabinos, 75.

União dos Estudantes da Palestina, 237.

União Europeia, 281, 287 e 294.

União Geral das mulheres palestinas, 242.

União Geral dos estudantes palestinos, 242.

União Geral dos fazendeiros palestinos, 242.

União Geral dos trabalhadores palestinos, 242.

União Síria, 124 e 126.

União Soviética,

    desintegração da, 272-3.

    emigração judaica da, 272-3.

guerra de 1967 e a, 206-7.

Guerra de Atrito, 214.

Guerra Fria, 270.

inclusão no formato de conferência, 211.

intervenção no conflito árabe-israelense, 214-5 e 269-70.

invasão húngara da, 205.

Israel, reconhecimento de, 155.

Israel, rompimento da relação com, 213-4.

partilha palestina e a, 155-6.

política de contenção e a, 270.

Unida, República Árabe, 205-6 e 348.

Unidade 101 e 282.

Universidade de Jena, 28.

UNLU (Liderança Nacional Unificada para a Insurreição), 256-7 e 262.

UNRP (Nações Unidas para o Auxílio da Palestina), 169 e 347.

UNRWA (Agência das Nações Unidas para o Auxílio e o Trabalho), 169-72 e 347.

UNSCOP (Comitê Especial das Nações Unidas para a Palestina), 153 e 342.

urbanização, 62 e 67.

Uris, Leon, 157 e 165-7.

vale do rio Jordão, 221.

Varsóvia, 62.

Velha Nova Pátria (Herzl), 71.

"Viajante, O" (Abd al-Aziz), 188.

Viena, 53, 70, 77 e 247.

Vietnã, Guerra do, 215 e 283.

vilarejos otomanos, 50.

Vilnius, 59 (m. 4), 68.

vinho, indústria do, 84.

viticultura, 84 e 350.

Walsh, Joe, 304.

Weisglass, Dov, 291.

Weizmann, Chaim, 108 e 151.

Whitney, Eli, 44.

Wilson, Woodrow, 108, 110-2, 135 e 271.

Yadin, Yigael, 25.

Yeats, W. B., 186 e 193.

Yishuv, 83, 94, 160 e 178-80.
  agência judaica e o, 115-6.
  crescimento econômico do, 130-3.
  definição, 87 e 350.
  guerra de 1948, 155-6.
  linguagem no, 90.
  milícia no, 91.
  Pavilhão Palestino Judaico e o,
    178 e 180-6.

  políticas e instituições desenvolvidas pelo,
    90-2.
  população, 130 e 159.
  proposta de partilha, 146.
  rompimento das relações dos árabes com o, 90.
  Segunda Guerra Mundial, 147-8.

zelotes, 25.
Zola, Emile, 70.

GLOSSÁRIO

A Questão Lavon. A trama de 1954 atribuída ao ministro da Defesa de Israel para explodir instalações norte-americanas e britânicas no Egito e, em seguida, culpar os egípcios.

Acordo de Camp David. Acordo negociado por Jimmy Carter, Menachem Begin e Anwar al-Sadat em 1978; ele contemplava uma estrutura para a conquista da paz entre Israel e Egito, e uma já falida estrutura para a conquista da paz na região.

Acordo de Constantinopla. Tratado assinado em 1915 por Grã-Bretanha, França e Rússia para estabelecer as premissas da divisão do território otomano depois da Primeira Guerra Mundial.

Acordo de Oslo. O acordo fechado em 1993 entre Israel e os palestinos; incluía uma troca de cartas na qual cada lado reconhecia o outro e estabelecia uma estrutura para negociações futuras.

Acordo Sykes-Picot. Tratado secreto negociado entre França, Grã-Bretanha e Rússia em 1916; ele dividia o Império Otomano em zonas de controle direto e indireto e colocava Jerusalém sob controle internacional.

Agência judaica. Corpo governante do *Yishuv*; estabelecido em 1929.

Al-Azhar. Universidade islâmica no Cairo.

Aliyah (aliyot *no plural*). Onda de imigração judaica para a Palestina.

Alto Comitê Árabe. Conselho estabelecido por líderes proeminentes da Palestina e seus aliados nacionalistas durante a Grande Revolta Árabe de 1936-1939; liderados por Hajj Amin al-Husayni.

Alto Comitê Nacional. Organização nacionalista popular baseada em Damasco, estabelecida no início da Primeira Guerra Mundial, com filiais na Palestina.

Aluguel. Receitas do Estado derivadas de fontes diversas à tributação interna.

Amir. Líder militar ou governante do Oriente Médio.

Antissemitismo. Ódio de judeus.

Associações Cristãs-Muçulmanas. Associações nacionalistas fundadas na Palestina no final da Primeira Guerra Mundial; queriam que a Palestina fosse parte de uma Síria independente e confederada.

Autoridade Palestina (AP). A "autoridade interina com governo próprio" que, conforme o Acordo de Oslo, devia administrar as áreas da Cisjordânia e da Faixa de Gaza que não estavam sob domínio de Israel.

Califa. Literalmente, "o sucessor de Muhammad"; líder da comunidade islâmica.

Caso Dreyfus (1894). A acusação e julgamento do capitão Alfred Dreyfus, um oficial militar judeu e francês acusado de passar segredos militares para a Alemanha.

Centro de Abastecimento do Oriente Médio. Originalmente estabelecido pelos aliados na Segunda Guerra Mundial para organizar o espaço de carga nos navios que circulavam no Mediterrâneo; o centro de abastecimento acabou responsável por planejar e controlar as economias nacionais na região do Oriente Médio.

Chalutzim (chalutz no singular). "Pioneiros", em hebreu.

Charia. Lei islâmica.

Clube Árabe. Sociedade nacionalista organizada no início da Primeira Guerra Mundial e baseada em Damasco.

Comissão de Inquérito Anglo-Americana. Estabelecida depois da Segunda Guerra Mundial para resolver o problema de pessoas deslocadas na Europa; recomendou que os britânicos permitissem a imigração de 100 mil judeus refugiados para a Palestina.

Comissão de Peel. Comissão estabelecida pelos britânicos em 1937 para investigar as revoltas contra o mandato palestino e propor medidas corretivas; a comissão declarou que o mandato era impraticável e propôs a divisão da Palestina em comunidades.

Comitê Especial das Nações Unidas para a Palestina (na sigla em inglês, UNSCOP). Comitê da Assembleia Geral estabelecido em 1947 para investigar o problema da Palestina e fazer recomendações; o relatório majoritário recomendou a partilha.

Comitê Intergovernamental de Refugiados. Estabelecido pelos Aliados no final de Segunda Guerra Mundial para buscar uma solução para o problema de deslocamento de várias pessoas dentro da Europa.

Comitês dos "Amantes de Sião". Comitês estabelecidos na Romênia e na Rússia depois dos pogroms de 1881 para auxiliar a imigração judaica para a Palestina.

Conferência de St. James. Conferência convocada pelos britânicos durante a Grande Revolta; como a lista de participantes incluía Egito, Iraque, Arábia Saudita, Transjordânia e Iêmen, a conferência, de fato, internacionalizou o conflito na Palestina.

Conferência do Cairo de 1921. Reunião convocada por Winston Churchill na qual a Transjordânia, depois chamada de Reino Hashemita da Jordânia, foi criada.

Congresso Geral Palestino. Assembleia convocada em fevereiro de 1920; pedia a independência da Síria e a eliminação do sionismo na Palestina.

Congresso Geral Sírio. Parlamento eleito depois do fim da Primeira Guerra Mundial; pedia a independência e a unidade da "Grande Síria".

Conquista da terra. Conceito popularizado durante a segunda e a terceira *aliyot*; era a convocação dos judeus para espalhar colônias pela Palestina e registrar sua presença na região.

Conquista do trabalho. Conceito popularizado durante a segunda e a terceira *aliyot*; era a convocação dos judeus para assumir todas as vocações a fim de reconstituir seu povo como uma verdadeira nação.

Conselho Nacional Palestino (PNC, na sigla em inglês). A unidade legislativa da OLP.

Conselho Supremo Muçulmano. Corpo estabelecido pelos britânicos durante o período do mandato para administrar os tribunais islâmicos e legados religiosos.

Dawra. Literalmente, "círculo"; refere-se ao circuito utilizado pelo governo otomano ou seus agentes para coletar taxas.

Declaração de Balfour. Declaração emitida pelo governo britânico em 1917 que estipulava, entre outras coisas, que o governo britânico via "como favorá-

vel" o estabelecimento de um lar judaico na Palestina.

Diáspora. A dispersão de pessoas com características comuns, como origens, crenças etc., como os judeus; os lugares onde essas pessoas se assentam.

Diplomacia do leva e traz. A estratégia diplomática conduzida por Henry Kissinger, em que ele mediava a separação das forças israelenses e árabes indo de uma capital à outra depois da guerra de 1973.

Direito ao retorno. O direito, reivindicado por muitos palestinos, de retornar aos seus lares dentro da linha verde, abandonados durante o *nakba* de 1948.

Economia de mercado. Economia em que as pessoas produzem principalmente para comercializar, e não para consumir.

Economia de ponto de venda. Economia em que as pessoas produzem principalmente para seu próprio consumo e dependem do comércio apenas para aqueles produtos que não conseguem produzir.

Emancipação judaica. O processo pelo qual os Estados do oeste europeu integraram os judeus em seu corpo público.

Eretz *Israel.* A "terra de Israel" em hebraico.

Estado absolutista. Um dos diversos tipos de Estado estabelecidos na Europa durante o século XVIII no qual imperadores ou reis tentavam centralizar o poder em suas próprias mãos.

Estado binacional. Ver: *Solução de Estado único.*

Estradas secundárias. Estradas construídas dentro de territórios ocupados na Palestina, que conectavam os assentamentos uns com os outros e com Israel.

Executivo Árabe. Órgão de vida curta organizado em 1920 para coordenar as atividades das associações muçulmanas-cristãs.

Fatah. Grupo guerrilheiro fundado por Yasir Arafat no final da década de 1950.

"Fatos da terra". Expressão israelense que se refere aos assentamentos nos territórios ocupados.

Fidaiyyun (fedayeen). Literalmente, os "que se sacrificam"; soldados de guerrilha.

Firman. Ofício emitido pelo sultão otomano.

"Formato Rodes". Fórmula de negociação que evitava unir Israel e os Estados Árabes em negociações frente a frente; em vez disso, um mediador arbitrava a disputa entre as duas partes, que não se encontravam para negociar.

Fundo da Fundação Palestina. Corpo governado pela Agência Judaica que firmava atividades de imigração e assentamento.

Fundo Nacional Judaico. Corpo estabelecido em 1901 para comprar terras para a comunidade judaica na Palestina.

"Gegenwartsarbeit". Literalmente, "trabalho de bastidores"; uma doutrina sustentada por alguns sionistas que defendiam o estímulo de um renascimento nacional judaico entre os judeus da diáspora.

Grande Síria. Território que compreendia a Síria contemporânea, o Líbano, a Jordânia, Israel, os territórios ocupados e o extremo oeste do Iraque.

Guerra Global ao Terror. A grande estratégia norte-americana adotada depois dos ataques da Al-Qaeda, em 9 de setembro.

Guerra da Crimeia (1853-1856). Guerra entre Rússia, de um lado, e Grã-Bretanha, França, Piemonte (hoje a Itália) e o Império Otomano, do outro; o nome deriva do local principal de ocorrência do conflito.

Guerra de Atrito. Iniciada pelo Egito no início da guerra de 1967; começou com duelos de artilharia entre Egito e Israel em lados opostos do Canal de Suez até chegar à condição de grande crise internacional.

Guerra de Suez. Invasão do Egito em 1956 por parte de Israel, Grã-Bretanha e França; conhecido no Egito como "Agressão Tripartida".

Gueto. Partes da cidade nas quais judeus ficavam restritos.

Gush Emunim. Literalmente, "bloco dos fiéis"; organização de nacionalistas religiosos judeus fundada em 1974; conhecida por iniciar os assentamentos nos territórios ocupados.

Haganá. A força militar judaica durante o período do mandato.

Hajj. Peregrinação anual feita pelos muçulmanos.

Hamas. Acrônimo para "Movimento de Resistência Islâmico"; organização islâmica fundada nos territórios ocupados durante a intifada.

GLOSSÁRIO | 343

Hamula *(hamail no plural)*. Clã.

Haram al-Sharif (ver também Monte do Templo). Local em Jerusalém onde fica a mesquita de Al-Aqsa e a Cúpula da Rocha.

Haskalá. Movimento intelectual de judeus que se espalhou no final dos séculos XVIII e XIX; também chamado de "Iluminismo Judaico".

Hatti Sharif de Gulhane (1839). Decreto otomano que prometia igualdade e direitos a todos os cidadãos otomanos.

Hejaz Railway. Estrada de ferro construída no final do século XIX para conectar Istambul a Arábia.

Hezbollah. Organização islâmica libanesa.

Histadrut. O sindicato federal do *Yishuv/* Israel.

Iídiche. Língua franca dos judeus do leste europeu; derivada em grande parte do alemão e hebreu, com um pouco de eslavo e francês antigo.

Impérios Centrais. Uma das duas principais alianças da Primeira Guerra Mundial; os Impérios Centrais incluíam, entre outros, Alemanha, o Império Austro-Húngaro e o Império Otomano.

Intifada. As insurreições palestinas contra a ocupação israelense; a primeira *intifada* aconteceu entre 1987 e 1993; a segunda *intifada* (a *intifada* de Al-Aqsa) começou em 2000 e seguiu até 2005.

Intifada *de Al-Aqsa*. Levante contra a ocupação israelense que eclodiu em 2000, depois que Ariel Sharon visitou o local onde fica a mesquita de Al-Aqsa.

Irgun Zvai Leumi (Irgun). Milícia alternativa estabelecida por seguidores de Vladimir Jabotinsky.

Irmandade Muçulmana. Fundada em 1928 no Egito, a Irmandade Muçulmana foi possivelmente a primeira associação política islâmica moderna baseada em massas do mundo árabe; ela enviou voluntários para lutar tanto na Grande Revolta como na guerra de 1948.

Islahat Fermani (1856). Decreto promulgado pelo governo otomano que reafirmou os direitos garantidos aos cidadãos otomanos pelo Hatti Sharif de Gulhane.

Jihad. Literalmente, "esforço"; jihad pode se referir a um "esforço interior" contra o pecado, por vezes similar semanticamente à "guerra santa".

Jihad Islâmico Palestino. Grupo islâmico militante fundado em 1979.

Judeia e Samaria. Termo usado por israelenses para se referir à Cisjordânia ocupada; deriva de nomes bíblicos do território.

Kanun. No Império Otomano, lei derivada de decreto imperial.

Khirba *(khirab, no plural)*. Vilarejos satélites estabelecidos por habitantes nativos da Palestina para atividades agrícolas sazonais.

Kibutz *(kibutzim, no plural)*. Fazenda comunal do *Yishuv* israelense; o primeiro *kibutz* foi estabelecido em 1909-1910.

344 | ISRAEL X PALESTINA

Kibutzniks. Habitantes do *kibutzim*.

Knesset. Parlamento israelense.

Laranja de Jaffa. Fruta cultivada pela primeira vez no final do século XIX na Palestina; tem como característica sua casca grossa.

Lei do Retorno. Lei israelense, aprovada em 1950, que garantia a todos os judeus o direito à cidadania.

Liga Árabe. Associação cooperativa de Estados Árabes fundada em 1945; a equivalente regional das Nações Unidas.

Limites do Assentamento Judaico. Território na porção oeste do Império Russo separado para habitação dos judeus; estabelecido em 1791.

Livro Branco de 1939. Relatório emitido pelo governo britânico às vésperas da Segunda Guerra Mundial, recomendando a não partilha da Palestina, a eventual independência palestina depois que a situação estivesse controlada, limitar a imigração judaica e restringir a venda de terras; o relatório foi a política oficial da Grã-Bretanha durante a guerra.

"Longo Século XIX". Termo utilizado por historiadores para se referir ao período entre 1789 e 1914.

Mamlachtiyut. Literalmente, "estadismo"; doutrina divulgada por David Ben-Gurion para reduzir o poder das organizações voluntárias ativas durante o período do *Yishuv* e colocá-lo nas mãos do Estado.

Mapa da Paz. Plano de paz traçado para resolver tanto o conflito Israel x Palestina quanto o conflito Árabe-Israelense, endossado pelo Quarteto.

Mapai. Partido trabalhista do *Yishuv/* israelense.

Maskilim. Devotos do Iluminismo Judaico (Haskalá).

Miri. Um tipo de terra definida pela lei otomana; campos aráveis, prados, pastos e florestas nos quais o Estado detinha o direito de uso.

Mizrahi. Judeu que imigrou para Israel a partir de terras árabes depois do estabelecimento do Estado de Israel, ou o descendente destes judeus.

Mizrahi. Partido sionista religioso; precursor do Partido Religioso Nacional contemporâneo.

Monte do Templo (ver também Haram al-Sharif). Local em Jerusalém onde, de acordo com muitos judeus, foram construídos o primeiro e segundo templos.

Moshav (moshavim, *no plural).* Policultura cooperativa estabelecida no *Yishuv.*

Moshava (moshavot, *no plural).* Primeiros assentamentos agrícolas sionistas que herdaram diversas práticas dos habitantes nativos da Palestina.

Movimento artamenan. Movimento de jovens alemães no século XIX que estabeleceu colônias na fronteira da Alemanha com a Polônia.

Mufti. Oficial do judiciário muçulmano que interpreta a lei islâmica.

Mujahid (mujahidin, *no plural).* Indivíduo que participa do jihad.

Nacionalismo de diáspora. A teoria de que todos os judeus pelo mundo representavam um único projeto nacionalista e tinham os mesmos direitos políticos de qualquer outra nacionalidade.

Nações Unidas para o Auxílio da Palestina. Primeira instituição organizada pelas Nações Unidas para lidar com o problema dos refugiados palestinos.

Nações Unidas para o Auxílio e o Trabalho (na sigla em inglês, UNRWA). Organização que foi a sucessora das Nações Unidas para o Auxílio da Palestina.

Nakba. Literalmente, "desastre"; palavra usada pelos palestinos para se referir à guerra de 1948.

Negação do exílio. Ideia sustentada por muitos sionistas que achavam que os judeus deviam renunciar culturas e valores da comunidade judaica pós-exílio para se tornar uma verdadeira nação.

Nova Ordem Mundial. A primeira estratégia pós-Guerra Fria dos Estados Unidos, baseada na premissa que este país poderia manter mais efetivamente sua posição nos assuntos internacionais fazendo uso dos princípios do multilateralismo e da globalização econômica.

Novos Historiadores. Grupo de historiadores israelenses que surgiram na década de 1980; os Novos Historiadores vieram com uma nova abordagem da historiografia do sionismo, fazendo uso de novos documentos descobertos.

Operação Hiram. Ocorreu durante a Guerra de 1948; campanha militar sionista na região palestina da Galileia, para remover a população palestina.

Organização para a Libertação da Palestina (OLP). Fundada em 1964 é comumente reconhecida como a "única representante legítima do povo palestino".

Organização Sionista Mundial. Organização estabelecida em 1897 no Primeiro Congresso Sionista "para criar para o povo judeu um lar na Palestina assegurado pela legislação pública"; a organização foi a expressão institucional central do movimento sionista internacional.

Oslo 2. Acordo territorial interino negociado entre israelenses e palestinos que estabelecia zonas com diversos níveis de controle palestino.

Osmanlilik. Consciência ou nacionalismo otomano.

Ostjude. Judeu do leste europeu.

Palmach. A "força de ataque" do *Yishuv*, organizada em 1941.

Partido Kadima. Partido israelense estabelecido por Ariel Sharon em 2005 para promover o que ficou conhecido como plano de realinhamento.

Plano de convergência. Ver: *Plano de realinhamento.*

Plano de realinhamento. Plano promovido pelo partido Kadima para estabelecer unilateralmente as fronteiras de Israel.

ISRAEL X PALESTINA

Plantation. Unidade agrícola de larga escala normalmente identificada pela monocultura; os imigrantes da primeira *aliyah* tentaram estabelecer uma economia baseada em *plantations*.

Poder mandatário. Uma nação que assumiu controle sobre territórios submetidos a um mandato; a Grã-Bretanha era o poder mandatário que assumira o controle da Palestina.

Pogrom. Ataques antissemitas, que se tornaram comuns no Império Russo no final do século XIX e no início do século XX.

Pogrom de Chisinau. Pogrom ocorrido em Chisinau, na Moldávia, em 1903.

Policultura. A prática de diversificar os bens agrícolas produzidos em uma fazenda, em oposição à monocultura.

Política de contenção. A grande estratégia norte-americana durante a Guerra Fria para prevenir a expansão soviética.

"Pontes abertas". Política israelense, adotada depois da guerra de 1967, que permitia que os residentes da Cisjordânia ocupada continuassem a ter acesso à Jordânia.

Pós-sionismo. A ideia de que Israel poderia ou deveria superar o pesar de seu passado sionista e se tornar um Estado "normal".

Potências da Entente. A outra aliança principal da Primeira Guerra Mundial; a Entente consistia de, entre outros, Grã-Bretanha, França, Rússia e, eventualmente, os Estados Unidos.

Principados do algodão. Domínios autônomos da Palestina Otomana no século XVIII; o nome deriva do principal produto de exportação e fonte de renda.

Programa da Basileia. Políticas adotadas pelo Primeiro Congresso Sionista de 1897; requisitava que a criação do lar judaico na Palestina fosse assegurada por meio da diplomacia.

Programa de Biltmore. Emitido pelo Congresso Sionista Extraordinário de 1942; o programa pedia o estabelecimento imediato de uma "comunidade judaica" em toda a Palestina.

Quarteto (também: Quarteto do Oriente Médio). Um grupo que consistia em Estados Unidos, Rússia, União Europeia e Nações Unidas, responsável desde 2002 por mediar o conflito Israel *x* Palestina.

Quatorze Pontos. Objetivos de guerra da Entente elaborados por Woodrow Wilson; pedia a "autodeterminação" dos povos e o estabelecimento da Liga das Nações, entre outras coisas.

Rebelião Primitiva. Rebelião pré-nacionalista ou não nacionalista, caracterizada por sua brevidade, espontaneidade, alcance limitado e natureza defensiva.

República Árabe Unida. União entre Egito e Síria que durou de 1958 a 1961.

Resolução nº 242 das Nações Unidas. Resolução aprovada pelo Conselho de Segurança das Nações Unidas depois da guerra de 1967; ela estabeleceu a fórmula da "terra pela paz".

GLOSSÁRIO | 347

Resolução nº 338 das Nações Unidas. Resolução aprovada pelo Conselho de Segurança das Nações Unidas depois da guerra de 1973; ela fundamentalmente reforçava a Resolução nº 242 das Nações Unidas.

Revolta Árabe. Rebelião provocada e financiada pelos britânicos e liderada por Amir Faysal contra o Império Otomano durante a Primeira Guerra Mundial.

"Setembro Negro". Nome dado à brutal repressão sofrida pelas guerrilhas da OLP e a sua expulsão da Jordânia, seguida por uma insurreição abortada em 1970.

Shtetl. Vilarejo judaico nos assentamentos.

Shuhada (*shahid*, no singular). Mártir.

Sionismo. A crença de que judeus representam uma comunidade nacional merecedora de seu próprio Estado independente; os sionistas geralmente (mas nem sempre) viam a Palestina como local ideal para este Estado.

Sionismo Cristão. Uma ideologia conduzida pelos cristãos e normalmente baseada na Escritura Sagrada, que apoiava ou simpatizava-se com as aspirações judaicas na Palestina.

Sionismo revisionista. Facção do sionismo que busca o estabelecimento de um Estado judaico em ambos os lados do rio Jordão e rejeita os traços socialistas do sionismo trabalhista.

Sionismo trabalhista. Facção do sionismo associada com o Partido Trabalhista israelense e seus antecessores; promove uma ideologia baseada em princípios socialistas.

Sistema de mandatos. Um sistema administrativo estabelecido pela Liga das Nações onde Estados mais "avançados" eram designados para supervisionar o desenvolvimento de povos menos avançados para prepará-los para enfrentar "as condições difíceis do mundo moderno".

Socialismo utópico. A crença de que uma sociedade harmoniosa e igualitária, livre de exploração, competição e divisão de classes poderia ser construída por meio de esforços voluntários e cooperativos.

Sociedade Literária. Sociedade nacionalista, similar ao Clube Árabe, com filiais por toda a Grande Síria.

Solução de Estado único. A ideia de que o conflito Israel x Palestina poderia ser resolvido por meio da união de israelenses e palestinos em um Estado democrático de estrutura única.

Stern Gang. Subproduto terrorista da Irgun.

Sufismo. Islã popular, por vezes com inclinação mística, na qual os seguidores de um santo fundador se organizam em redes.

Sultão. Título adotado por líderes, como o chefe do Império Otomano, no Oriente Médio.

Templários. Grupo de colonos protestantes alemães que estabeleceram colônias na Palestina no final da década de 1860.

Terceiro-mundismo. Uma doutrina perdida que combinava anti-imperialismo, não alinhamento e desenvolvimento econômico guiado pelo Estado. Ficou popular entre governos dos países em desenvolvimento da década de 1950 até início da década de 1970.

"Terra pela paz". Fórmula estipulada pela Resolução nº 242 das Nações Unidas, que pedia que Israel devolvesse os territórios por eles ocupados para os Estados Árabes em troca do fim do "estado de beligerância" nesses Estados; a base de todas as iniciativas sérias de paz tomadas pela comunidade mundial entre 1967 e 1993.

Transjordânia. O território da parte leste do rio Jordão; conhecido como Reino Hashemita da Jordânia.

Umma. Originalmente se referia à comunidade dos muçulmanos; eventualmente passou a significar nação também.

Viticultura. Cultivo de uvas.

Yishuv. O pré-Estado da comunidade judaica na Palestina.

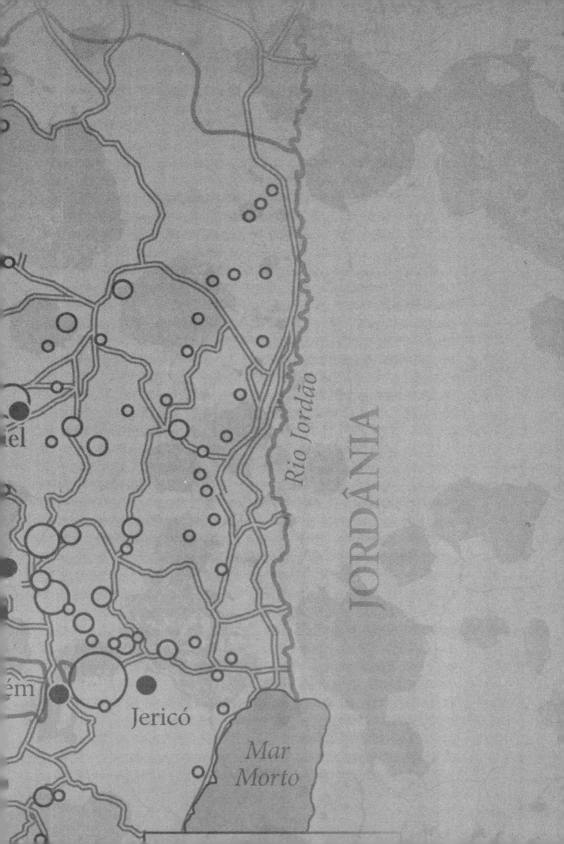

Este livro foi impresso pela Gráfica Rettec
em fonte Minion Pro sobre papel Pólen Bold 70 g/m²
para a Edipro.